20世纪学术发展丛书

20世纪的
西方哲学

谢劲松　著

WUHAN UNIVERSITY PRESS
武汉大学出版社

图书在版编目(CIP)数据

20世纪的西方哲学/谢劲松著. —武汉：武汉大学出版社,2009.10
20世纪学术发展丛书
ISBN 978-7-307-07293-0

Ⅰ.2… Ⅱ.谢… Ⅲ.哲学史—西方国家—20世纪 Ⅳ.B5

中国版本图书馆CIP数据核字(2009)第154619号

责任编辑:黎晓方　　责任校对:王　建　　版式设计:马　佳

出版发行：**武汉大学出版社**　(430072　武昌　珞珈山)
(电子邮件：cbs22@whu.edu.cn　网址：www.wdp.com.cn)
印刷:湖北恒泰印务有限公司
开本：720×1000　1/16　印张:21.75　字数:312千字　插页:2
版次:2009年10月第1版　2009年10月第1次印刷
ISBN 978-7-307-07293-0/B·238　定价:40.00元

前言　沉思存在

当海德格尔（Martin Heidegger，1889—1976）把他的《存在与时间》送给他老师般的胡塞尔（Edmund Husserl，1859—1938）时，胡塞尔翻了翻，读了没几页就丢到了一边，并不曾再读。胡塞尔认为海德格尔不是自己思想的继承者，不是按照他的现象学来思想的。这本书的扉页上印上了这样的献词：

> 献给：埃德蒙德·胡塞尔
> 以示敬意和友谊
> 黑森林·巴登·托特瑙堡
> 一九二六年四月八日

尽管如此，胡塞尔一点也不领情。海德格尔也只有无奈。尽管如此，胡塞尔也不因对自己的敬意而放弃自己的学术原则。他的学术原则就是他自己提出的“走向事情本身”的现象学原则。他认为海德格尔的著作并没有实现他的原则，并没有按照他开创的现象学道路前进，因此，他不读，更不赞美。事实上，胡塞尔很少读同时代人的哲学著作，他先前的哲学家的著作虽然读过，他也很少运用他们的思想成果。胡塞尔不在意别人的研究，不关心他人的思想，更不管同时代的人在说什么，他只专注自己的现象学如何发展，如何能成为严格的科学。这是一个原创性的思想家的学术态度。专注在自己的思想中，这是所有思想家，特别是伟大的思想家所共有的特性。胡塞尔是最为典型的。在常人看来，他对海德格尔著作的态度有些不讲人情，不给面子，甚至不知道如何提携后秀，不知道如何拉拢有意示好的人，扩大自己的“团队”，增加自己的势力。在我们这个讲究科研合作的时代和讲究人脉关系的国度，人们似乎对此会特别的不理解，特别的困惑。对于思想来说，不像自然科学和技术科学，它不是集体的创作，而是个人才智的作为。它不需要表面的合作，不需要夸张的恭维，只需要浸淫在自己的思索中。一个思想家只有在自己的思想中才会获得自身的生命，如果他不再思想，如果他总在期望得到平庸的赞扬，那他就不可能成为真正的思想家。平庸的赞扬来自平庸者的无知。只有平庸者才把平庸的赞扬当真。一个思想家只赞扬那高于自身思想的思想。他也不会去指责那些还不如自己思想的思想，因为他用不着“拿导弹打蚊子”。

海德格尔给予胡塞尔的“敬意和友谊”，我们不管他是不是发自内心的，但至少是一种礼节，而且是著作者给予的最高的礼节。因为这写在著作扉页上的献词表明了著作与献词接受者的思想关系。它是著作者承认自己或自己的著作与被献词者的关系。这种关系也许是思想的关系，也许是非思想的关系。不管是哪种关系，都表明了一种亲密的关系。海德格尔给予胡塞尔的献词是出自思想的关系，是海德格尔对胡塞尔思想和个人的感激。正是阅读胡塞尔的《逻辑研究》，使大学时代的海德格尔从神学系转到了哲学系，并因此而走上了现象学的道路，也因此才有了《存在与时间》这本著作。海德格尔献词所表达的正是思想的亲密关系。

思想的亲密关系，是思想的渊源关系，是思想的“血脉”，也是思想的恩情。著作者记得这一血脉，记得这一恩情，表明著作者懂得感谢。一个会思想的人一定是一个懂得感谢的人。感谢那些让他学会了思想的人。感谢与思想在德语中是同一个词根，而思想这个词又与纪念、教训等词的词根一致。这种内在的联系表明，著作者作为一个思想者通过他的著作来感谢那些要感谢的人，这一感谢是永久的纪念。著作是思想的系统表达，纪念和感谢本身就是思想自身。感谢是著作者也即献词者对于他自身思想和思想渊源的纪念。与其说这一感谢是给予受谢者的，不如说是感谢者自己对自己思想的纪念。因此，即使受谢者不接受献词，献词者也并不会因此而失望、委屈、后悔，也不会觉得是如何地丢面子。面对胡塞尔对自己著作的冷淡，海德格尔当然不是高兴，不是期待的实现，但他只能接受这一事实。他给予了胡塞尔最高的礼节，这是思想的献礼。

一个学生给老师的最好的礼物就是他的思想，一个思想者给世界的最好礼物就是他的著作。但思想者也必须经得起他人、特别是自己最尊敬的人对自己思想的拒绝和冷淡。他人的拒绝和冷淡并不表明自己思想的幼稚和无意义，而只是表明思想尚未找到他的倾听者和交流者。胡塞尔和海德格尔都是20世纪最伟大的哲学家，《逻辑研究》和《存在与时间》是20世纪两本最伟大的哲学著作。海德格尔的著作没有得到胡塞尔的认可，这既不表明胡塞尔的狭隘、嫉妒和缺乏眼光，也不表明海德格尔著作的缺陷、不足与没有价值。这里所发生和显示的只是思想自身的命运。思想并不是一产生就会得到非凡的响应和赞誉，特别是那些伟大的思想，由于它伴随着真理，由于接受者理解力的不够，或视阈的尚未交融，它一定有可能被误解、被悬置，甚至受到抵制和打击。这一方面表明思想的认可需要一个过程，需要时间，另一方面也需要传播，需要讲解和介绍。思想者如果急于想得到人们的肯定和赞誉，就有可能失望，有可能增加自身的痛苦。

思想的命运源于真理的命运。真正的思想如果离开了真理，如果没有开拓和激发其他的思想者的思想，就不是原创性的有价值的思想；真正的思想一定是真理的显现，而真理作为与对象的符合，一定是揭示了事情的真相，将人们视而不见的事情变成可见的，将人们不能知道的事情变为可知的。这样一个变不可见为可见，变不可知为可知的过程是通过去蔽来实现的。去蔽就是去掉遮盖在事情之上的它物，使事情自身显现出来。事情的视而不见，一方面是视者自身视力之不够，另一方面也是事情具有隐藏自身的特性。一个真正的思想者就是将一个不为人知的事情敞开在人们的视阈里，不仅如此，他还将与这个事情无关的一切似曾相关的事情排除掉，使该事情作为自身而显现出来。敞开一个事情，不是拿出一个事物的物体，不是摆出一些事实，而是提出一个问题。这个问题在传统哲学中是形而上学的问题，是概念的和纯粹思想的，问题所关涉的只是思想本身，与现实存在无关。在现代哲学中，这个事情不是纯粹的概念，而是现实的存在。这样一个差别也是胡塞尔和海德格尔现象学的分歧所在。胡塞尔的现象学中的事情是意识现象，而海德格尔的事情是存在现象。海德格尔的存在并不是意识存在，而是现实的真实的存在，但这个存在又不是存在者，不是存在的事物，而是存在的本性，是存在的存在性。存在现象在根本上是存在的存在性。这一存在本性是无。但无不是一个概念，而是存在自身。这一本性在《存在与时间》中并没有充分揭示出来，只有在《形而上学导论》中才提出并回答了“为什么存在存在而虚无反而不存在”这样的问题。海德格尔实际是敞开了一个秘密：存在就是虚无。这是一个悖论。这个悖论是划时代的思想。《存在与时间》只是一个导引，只是以人的存在，亦即以此在的存在来通向和追问存在自身。此在规定了人，此在自身还是一存在者，但是一特别的存在者，即能追问存在的存在者。此在是在世界中的存在，也是有死的存在。人生天地间和人在生死间成为海德格尔《存在与时间》的主题。胡塞尔对海德格尔的如此思路和思想不感兴趣，也不能说是他思想的狭隘，只能说是他只关心他自己的问题及其解决。海德格尔的思想不能在胡塞尔这里得到响应，但由于其思想的真理性却在后来得到了全世界整个思想界的响应。这两个伟大的思想家的思想在一个世纪以来，至今仍具有非凡的持续的魅力。

思想的这种魅力并不是一开始产生就出现了。思想的接受总是滞后于思想的产生和传播。一个伟大的思想家在他活着时甚至是默默无闻的。尼采（Nietzsche，1844—1900）如此，胡塞尔和海德格尔也多少有些如此，他们思想的伟大声誉都是在他们死后获得的。一个伟大的思想家也常常不能确切地知道自己思想的可靠性和真理性，胡塞尔甚至怀疑过自己能不能算个哲学家。这不是谦虚，而是真理本身具有不确定性。思想家对于真理的追求之执著使得他对自身工作的意义也有疑惑。这种疑惑恰恰表明了他是一个真正的思想家，表明了他自身正在思想中。笛卡儿（Descartes，1596—1650）的怀疑也能为此提供理由，说明这个道理。

思想者的思想不被人接受，特别是一个伟大的思想者的思想常常不是很容易地被人们接受，这在常人看来思想者是何等的寂寞和孤独。不过常人看法未必是真实的，甚至恰恰是掩盖真实的。思想者虽独却不孤。所谓独，是独一而无二。思想家必须有自己独立的思想，独立的见解。一个思想家的思想只有达到独一性，没有第二个人能如此思想，那他的思想才是原创性的。所谓独一，也是唯一性，没有第二个人能在他所思想的某一个问题上超越他，但这并不等于其他人不受其思想的启发，不继续在其思想的基础上再思想，而是说他不是在重复他人的思想，而是在开创新的思想和新的思想领域。所谓独，虽不是独身，但也是独处。康德（Kant，1724—1804）那样的独身者和独处者虽然只是特例，但思想家是具有独处能力的，他能中断与外界的联系而专注到自己的思想中。思想家因为有思想和能思想，因而他并不感到孤寂，他独而不孤。

一个思想家的孤独并不是常人理解的曲高和寡，不是他不与人交往，不是他有意孤立自己，因此思想者又虽孤而不独。所谓孤是思想者必须回到自身的思想，在思想时他必须中断和外界的联系而专注在自己的思想中。所谓孤，是他只与自己的思想和精神打交道。因此一个思想者是与自己的思想为伴。思想者思想时是不寂寞的，因为他思想就是他在创造和发现。他越是能思想就越是具有创造和发现的能力，他越是能创造和发现他就越是兴奋和喜悦。这种兴奋和喜悦是宁静的、无声的。康德一辈子孤身一人，每天像钟表和计时器一样准确地出来散步。他沉浸在自己的思想中，不需要外人来肯定，不需要报研究选题来获得研究支助，也不会按各种外在需要来确定自己的研究计划。真正的思想者是由自己思想的内在发展来思想的，任何与自己思想的真理性无关的影响都是他所排除的。任何一个伟大的思想家都不是由各种外在力量帮助出来的。

一个真正的思想者是自由的。他的自由是思想自身的自由。思想的命运在于思想和精神的自由。思想者的精神永远是自由的，任何外在暴力都限制不了。暴力即使囚禁了一个思想者的肉体，也囚禁不了他的心灵，囚禁不了他的精神的自由。一个精神自由的人是不孤独的。思想家的孤独，并不是真正的孤独，他是孤而不独，独而不孤。

写诗的人越稀少，沉思的人更寂寞。海德格尔是感觉到了思想者的寂寞。这是一个思想贫乏时代思想家的内心独白。因为我们尚不会思想，所以我们也无法参与和聆听他人的思想。思想者毕竟是少数。思想者即使有也难以和其他的思想者共同思想。思想是独立进行的事情，在根本上难以有思想的共鸣。只有在面对文本，特别是面对经典的文本时才可以学习从前的思想者的思想。只有已思的思想才会启发思想者思想，而那个作者思想时是得不到任何其他思想者的回应的。思想者只能默默无闻地思想，这是思想的本性。共同思想是不可能的，即使是交谈，也不可能深入。思想家的孤独，是思想家的思想不会得到他人的立即肯定和赞扬，他甚至找不到一个自己思想的对话伙伴，他只能与自己的思想对话，而不能与另一个思想者对话。与另一个思想者的对话只能在阅读文本时进行，亦即聆听他已思的思想。思想者和思想者之间可以没有往来，但思想和思想之间却可以有联系，思想的联系是思想自身内在的关系。这种内在关系并不一定是严格的对应关系，但一定是互补的或再生的关系。它是思想的新生和再创。

思想的新生和再创是令人喜悦的。思想者创造时是喜悦的，后来的阅读者阅读时也是喜悦的。思想的喜悦在于它指明和开拓了一条思想的道路。思想的道路是真理自身。真理指引人的生活，人只有生活在真理中才是人。尽管如此，谁也不敢声称自己就生活在真理中。因为真理并不直接向人敞开自身，它需要人的发现，需要人的思考和求索。真理自身是既显现又遮蔽的。真理的显现使人的思想能够成为指引性的思想，真理的遮蔽使人处于迷途。迷途也是路途，思想的迷途也是思想道路。一切思想的道路都是迷途。思想的迷途乃是思想的冒险，冒险是要走向危险并克服危险。思想的危险是思想的犯错和错误的思想，危险的克服是思想汲取了错误的教训，摆脱了事情的遮蔽而通达了光明。思想的危险之地并不是毁灭之地，而是思想的新生和创造之地。危险是思想生成与剥夺的边界。在此边界处思想既惊喜也焦虑。这是走入迷途的焦虑和走出迷途的惊喜。谁想思想谁就会经历这样的焦虑和惊喜。

目　　录

第一章　哲学的终结 …… 1
一、哲学的规定 …… 1
二、思想的开端 …… 8
三、时代的区分 …… 12
四、形而上学的终结 …… 16
五、反形而上学 …… 23

第二章　思想的事情 …… 30
一、走向事情自身 …… 30
1. 生平与著作 …… 31
2. 走向事情自身 …… 34
3. 创立现象学 …… 37
二、哲学理想 …… 41
1. 严格的科学 …… 41
2. 理想的障碍 …… 43
3. 理性的重建 …… 47
4. 科学的整体 …… 53
三、现象学的方法 …… 55
1. 基本概念 …… 56
2. 现象学还原 …… 64
四、生活世界 …… 73
1. 生活世界的涵义 …… 73
2. 生活世界的主观性 …… 76

3. 生活世界的悖论 …… 81
五、先验现象学 …… 86
1. 先验的彻底化 …… 86
2. 自我的纯粹化 …… 88
3. 主体的间性化 …… 91

第三章 存在的追问 …… 95
一、思想的道路 …… 95
1. 生平与著作 …… 95
2. 思想的结构 …… 98
3. 思想的变化 …… 99
二、此在与常人 …… 101
1. 此在 …… 101
2. 常人 …… 103
3. 存在之路 …… 107
三、虚无的经验 …… 110
1. 虚无 …… 110
2. 畏惧 …… 113
3. 死亡 …… 115
四、真理的显现 …… 118
1. 真理 …… 118
2. 林中空地 …… 123
3. 存在的历史 …… 127
五、本性的语言 …… 131
1. 语言的去蔽 …… 131
2. 思想的经验 …… 133
3. 宁静的排钟 …… 141
六、技术的本性 …… 145
1. 科学不思想 …… 145
2. 计算与思索 …… 148
3. 去蔽 …… 151

4. 构架 …… 153
5. 危险 …… 157
七、人的居住 …… 161
1. 无家可归 …… 162
2. 诗意的居住 …… 166
3. 克服技术主义 …… 171
八、纳粹事件 …… 173
1. 政治理念 …… 174
2. 道路而非政治 …… 177
3. 思想与生命 …… 181

第四章　思想的解构 …… 186
一、疯狂守护的思想 …… 186
1. 生平与著作 …… 186
2. 疯狂与理性 …… 189
二、解构 …… 193
1. 逻各斯中心主义 …… 193
2. 在场的形而上学 …… 197
3. 写下的存在 …… 200
4. 并非摧毁 …… 203
三、延异 …… 208
1. 差异 …… 208
2. 踪迹 …… 215
3. 替补 …… 220
四、文字 …… 224
1. 拼音文字 …… 224
2. 能指 …… 228
3. 隐喻 …… 235
4. 书本 …… 249
五、幽灵 …… 253
1. 幽灵性 …… 254

2. 正义性 …………………………… 261
3. 回到马克思 …………………………… 265
4. 弥撒亚性 …………………………… 271

第五章 语言的分析 …………………………… 277
一、思想渊源 …………………………… 277
二、罗素 …………………………… 282
1. 思想的发展 …………………………… 283
2. 逻辑原子论 …………………………… 287
3. 悖论与类型论 …………………………… 289
4. 摹状词理论 …………………………… 292
三、维特根斯坦 …………………………… 298
1. 人生足迹 …………………………… 298
2. 早期思想 …………………………… 303
3. 界限与神秘 …………………………… 309
4. 语言的游戏 …………………………… 315
5. 家族相似 …………………………… 319
6. 生活形式 …………………………… 324
7. 意义即使用 …………………………… 330

走在完成的途中 …………………………… 336

第一章　哲学的终结

西方哲学可区分为古希腊、中世纪、近代、现代和后现代，这是五个不同的时代，各时代的开端与主题各不相同。哲学作为形而上学是以理性作为开端的，亦即以理性来规定思想和存在，理性是思想和存在的根据。现代哲学却反其道而行，以存在作为开端，存在规定理性，而不再是理性规定存在。因此现代哲学从反对形而上学，克服理性对存在的规定而使哲学走向了终结。哲学的终结就是西方形而上学的终结。

20 世纪的西方哲学包含了现代哲学和后现代哲学这两个时代的思想。这两个时代的思想虽然是有差异的，但反形而上学却是它们的共同特征。因此从反形而上学这个特征来进入 20 世纪的西方哲学，是本书的一个思路，这一思路也就是一条从形而上学到反形而上学的思想道路。

我从如下的问题开始踏上这条思想的道路：

一、哲学的规定

西方哲学起源于古希腊。在古希腊哲学的本意是爱智慧①。哲学的德文词是“die philosophie”，英文词是“philosophy”，这个词来源于希腊文“Philoa”（爱）与“Sophia”（智慧）的合成，意思为爱智慧。希腊文的爱有三种写法：“Philia”指友爱，是一般的爱；

① 参见柏拉图的《会饮篇》，朱光潜译，载于《柏拉图文艺对话录》，人民出版社，1997 年版，第 261 页。

“Eros”指情爱，亦即性爱；“Agape”指神爱，亦即博爱。谁爱智慧？古希腊的神不爱智慧，因为神是完全的智慧。人爱智慧吗？人区分为无知者和智者。无知者是盲目的人，是完全没有智慧的人，一个完全没有智慧的人也不会追求智慧。只有介于神与无知者之间的人即智者，他没有完全的智慧，也不是完全没有智慧，只是智慧还不够，这样的人才追求智慧。这样的人是爱智者。

爱智慧是爱与智慧的合一。一方面表现为对智慧的爱（Love to Wisdom），另一方面表现为爱的智慧（Wisdom of Love）。爱智慧就是追求智慧。追求什么样的智慧？追求爱的智慧。爱的智慧亦即这智慧始终包含了爱。但这里的爱不是激情、想象，不是感情的爱，而是对思想的爱，对智慧的爱，它是一种冷静和宁静。因此爱智慧是对思想、观念和智慧的追求与思恋，它的表现形态是思想。爱与所爱是一种包含关系。爱的智慧是指爱将爱的对象化为思索，而这思索又要以一种知识系统的形式表达出来而成为哲学。这里的哲学成为科学，科学是一种知识系统，而非近代意义上的狭隘的自然科学。因此在古希腊意义上的哲学是科学的最早形式，哲学就是科学。

爱智慧是对智慧的追求和规定。这规定是以理性的、逻辑的方式进行的，是通过区分智慧的边界而使智慧本身得到规定的。智慧与爱智慧的边界在于：前者是区分也即说出存在与虚无，后者是说出为什么存在是存在，为什么虚无是虚无，说出存在与虚无的根据。

哲学作为爱智慧之学，首先得有智慧。因此，智慧乃哲学的开端。如果没有智慧，爱智慧是不可能的；如果不爱智慧，任何炫耀自身为哲学的学问都不是哲学。作为对智慧的追求，也就是求真理，求大道，通过对真理的追求而体现出对智慧的爱。“哲学的产生只是在智慧发生所谓危机的时候，亦即智慧丧失了其说服力，才要求一种确定性”，来证明真理不是谎言①。这就是说，智慧不是

① 彭富春：《哲学与美学问题》，武汉大学出版社，2005年版，第215～216页。

哲学，只有当智慧转化为关于真理的知识时才会成为哲学。哲学将智慧的洞见表达为确定的知识。

哲学产生于智慧丧失说服力的时候也表明，当人是智慧的人时，是不需要哲学的，这实际上是柏拉图意义上的神有完全的智慧而不从事哲学的理由。对于人来说不会有完全的智慧，但也不会毫无智慧而等同于动物。他只有不断地求智慧，才可以不断地超越自己，不断地与自己相区分。与自己相区分，即是从欲望之我达到智慧之我，也即从旧我到新我，从假我到真我。新我是觉悟的我，一个觉悟了的人不是假我，而是真我①。当我们拥有智慧时，我们就知道人是什么，自己是谁，从而也知道如何做人，知道自己从哪里来到哪里去，不至于只知道对象是什么（自然科学、社会科学）而不知道自己是什么（人文科学）。

哲学为什么是发生在智慧丧失说服力的时候？因为智慧是一个人自身的最高规定。智慧使一个人能区分真理与谎言，存在与虚无。智慧无需言说而能辨别是非。对于一个没有智慧做此区分的人来说，就必须从他人那里接受智慧的分辨，倾听他人智慧的言说。对一个爱智慧的人来说，他必须把智慧转化成具有普遍性的可接受、可学习的知识。这知识不是关于客观对象的，而是自我对真理的洞见。洞见源于显现，有显现才有洞见。显现即无蔽。无蔽由去蔽而来。传统的真理观是符合论的真理观，即认识与认识对象相符合。符合论的真理观没有看到在认识之先有显现，有显现才有认识，才有洞见。因此，真理作为洞见，就是去蔽。在古希腊真理这个词的词义就是去蔽。真理作为去蔽，其遮蔽正是那些不是它自身的东西。将其遮蔽从自身中剥离，划分其“是”与“不是”，就是去蔽。去蔽的能力实际是一种分辨力。这种分辨力就是人的智慧。要将智慧洞见到的转化为确定的知识和理论，即是爱智慧，亦即追求智慧。爱智者成为哲人，追求智慧、追求真理的方式和追求的结果

① 参见彭富春：《哲学与美学问题》，武汉大学出版社，2005年版，第330～332页；或见彭富春：《谁是我?》，《1999独白》卷一，萌萌主编，上海远东出版社，1998年版。

便成为哲学。

关于哲学的规定，除了爱智慧这一本义之外，还有不同时代哲学家的其他一些规定。这些不同的规定表明了哲学自身的差异和不同时代区分。它既是哲学的发展与变化，也是思想的断裂与创造。

古希腊的亚里士多德(Aristotle，公元前384—前322)认为，哲学是形而上学①，形而上学是第一哲学。形而上学就是追问一个事情的根据和原因，而且是第一原因。所谓第一原因就是事物最初的原因。牛顿(Newton，1642—1727)问运动物体第一推动是谁给的?这个问题自然科学是回答不了的，只有哲学才去回答这样的问题。科学回答不了的问题，可能是哲学的问题，也可能就是形而上学的问题。如果一个问题自然科学能够回答，那这个问题就不是哲学问题。比如说"火为什么能够取暖"、"火是如何产生的"都不是哲学问题，都是科学问题，哲学不问不答这样的问题。不过古希腊的哲学家赫拉克利特(Herakleitos，盛年约在公元前500年)说"火是世界的本原"。这里不是什么产生了火，也不是火如何产生了世界和万物，而是作了一个假设。这一假设表明了科学和哲学提问方向和关注的问题是不同的。形而上学问题关心的是万物的本原问题，它首先假定了万物有共同的本源，亦即有一个共同的根据，然后再找出此根据。对于其根据的回答形成了关于事物系统的、本质的知识，这些回答不是靠经验来作为根据的，不是靠经验归纳获得系统的知识，而是靠演绎的方法来获得确定的、必然的知识。这是形而上学的基本特征。

形而上学也可表达为关于存在者的存在的知识。万物即存在者，存在就是其根据。在不同的哲学家那里，这个存在有不同的表达，在柏拉图那里这个存在是理念，在亚里士多德那里是实体，在

---

① 形而上学是 Metaphysics 的中译。《易经·系辞》形而上者谓之道，形而下者谓之器。古希腊的形而上学相似于中国的道、相当于道学、玄学。笛卡儿将全部哲学描述为一棵树，形而上学是根，物理学是干，其他科学是干上生出的枝叶。白玄主编:《笛卡尔》，英汉对照，中央文献出版社，2000年版，第166~167页。

中世纪是上帝，在康德那里是物自体，在黑格尔(Hegel，1770—1831)那里是绝对精神，在马克思(Marx，1818—1883)那里是物质，在尼采那里是创造力意志，在海德格尔那里是存在即虚无的悖论，在后现代哲学那里，不再有作为根据的思想。马克思、尼采和海德格尔作为现代哲学家反形而上学，不再如形而上学家那样以理性作为根据来规定存在，而是用存在来规定思想。形而上学的存在是思想中的存在，现代哲学家的存在是现实的在场的存在，这是两者的不同，但现代哲学家仍然有规定和根据的思想，他们反形而上学只是颠倒了存在和思想的关系。正如一个颠倒了的三角形仍然是三角形一样，海德格尔认为马克思仍然是形而上学的，不过在后现代思想家看来，现代哲学家的思想仍都具有形而上学的残迹。

康德关于哲学有这样的说法："哲学家就是人类理性的地理学家。"康德的意思是说：哲学家就是对理性进行区分。在这里，地理学家即划分边界的人，哲学家与此类似，但不是对实际的土地和图纸划界，而是对人类的理性进行划界，即分辨理性的各种差异，同时也研究理性的各种可能性。康德这样做是要为知识(认识)确立根据，研究认识的先验原理。

康德将理性区分为理论理性、实践理性和判断力。理论理性建立对自然现象的认识规律，比如说明牛顿为什么能建立三大定律，说明科学为什么是科学的根据和原因。因为科学自身回答不了这个问题。科学只说"这就是科学"。牛顿三大定律是真的，但不说它为什么真，或者说，科学的真只在实验验证它为真，有可用性。实践理性就是用来说明人类道德的根据，回答人为什么会有道德；判断力用来说明人类为什么会有审美的能力，回答美是什么。理论理性面对的是自然，实践理性面对的是自由，判断力是自然与自由之间的桥梁，它建立自然与自由的联系。自然和自由是两大领域，自然是人所面对的，在人之外的，自由是人自身的，内部的。自然是一个对象的世界，自由是一个在自身实现的内在世界。相当于一个是主体的，一个是客体的。康德的思想和学说是一个严密的结构，是科学的体系。在康德这里，哲学所要达到的目的就是为自然科学建立根据。

马克思作为一个现代的西方思想家，关于哲学有一句名言："任何真正的哲学都是自己时代精神上的精华。"①问题是：什么是这个"时代"？这里的"精神"又是什么样的精神？对于思想来说，必须回答这样的提问。马克思自己并没有给予一个明确的回答。这一说法，只是强调了哲学的重要性以及对哲学的要求。从重要性来说，时代精神是一个民族和国家在这个时代的文化和思想的体现，它的精华就是此时代的文化与思想的核心。今天讲"精品"，精神如同精品一样，从物的角度讲是最有价值，最宝贵的，最珍贵的；从精神自身的角度讲，精神的精华就是核心的核心，就是文化与思想的"精品"，它对于这个时代是最有意义的。从精神的角度讲，哲学是精神，精神就是思想，就是文化。作为精神的精华，它不是一般的思想和文化，而是特殊的思想与文化。它特殊在是最核心、最典型的思想与文化，是能够指引其他思想和文化的思想，是思想的思想。

现代西方哲学的另一个伟大代表海德格尔认为，从事哲学就是走在一条思想的道路上。这里的关键词是"走"、"思想"和"道路"。这句话的意思就是：哲学就是"去思想"。这里的"思想"是动词而不是名词。哲学是纯粹的思想，纯粹就是思想自身。"我追求思想"是一个思想作名词的最简单的句子。如果思想作动词，它的最简单的句子有"我去思想"或者"我思想"。思想不是一个静止的结果，不是某种观点的表达，而是思想的活动，更准确地说，它是思想的道路，是思想的思想过程，它是这个过程所留下的痕迹。这个痕迹就是词语和词语构成的话语，是话语和话语的生成。所以思想就是话语的生成。此话语又不仅仅是话语，它还是思想和事情，是智慧自身。思想是思想的结果。这句话中前一个"思想"是名词，后一个"思想"是动词。走在思想的道路上，只能是通过思想进入到思想中去，需要把思想理解为动词。

对于海德格尔来说，哲学的规定本身就是一个哲学问题。1955

① 《马克思恩格斯全集》，第一卷，人民出版社，1995 年版，第 220 页。

年8月，他在一个讨论会上这样提问：“Was ist das——die philosophie?”①他的提问表明：“哲学”虽古老，但我们对它并不真正了解和清楚，我们所熟知的被称为“哲学”的东西，恰恰还不是那个“哲学”，我们对那个真正是“哲学”的东西还很陌生。因此，有必要提出这一个问题。他不是直接问“什么是哲学”，而是问“什么是这——这个哲学”。这一问法的不同本身就包含了新意。这新意是语言句式的变化带来的。尽管我们是用古老的语言叙述着一门古老的学问，这古老的学问总是常的，就在于新的语言模式与句式，新的语言的不断出现。新语言唤起人新的思索。哲学的发展就在于面对旧问题有新的问法，从而也有新的思路与回答。这旧问题也并不是从古老时代已问起就不需再问，就已有了答案。在哲学史上没有真正解决了的哲学问题，只有不再问或换一种问法问的哲学问题。

在人类的所有学科中，只有哲学才有这样的困惑。科学不问自身为何是科学，一个数学家或物理学家并不会被“什么是数学”、“什么是物理学”所困惑；也不会为解答这一提问，像海德格尔那样，去专门写一本书。这一差异也显示了哲学与其他学科的差异：哲学总处在对自身的怀疑与清理之中；越反思，越发现原来信以为真的并非那么真，并非那么有根据证明其真。

在后现代思想家中除了德勒兹(Deleuze，1925—1995)认为哲学就是创造概念外②，德里达的“哲学就是无底棋盘上的游戏”之说最具代表性，它是后现代思想的最好说明。如果说棋盘上的游戏是有规则的游戏，一个无底的棋盘则是说这个游戏是没有游戏之外的根据的。哲学作为游戏，不再有自身之外的目的，游戏的目的不在游戏和游戏者之外。哲学的游戏是语言的游戏。语言的游戏是能指

① 英国哲学家乔治·斯坦纳认为海德格尔这句话的完整译文是：要追问什么——这个东西，即哲学，是什么？参见J. 斯坦纳：《存在主义祖师爷——海德格尔》，湖南人民出版社，1988年版，第24～25页。

② 德勒兹：《何谓哲学》，载于《后现代性的哲学话语》，浙江人民出版社，2000年版，第62页。

和能指的差异构成的游戏，而不是能指与所指的关系。语言的游戏既是词语的创造，更是词语的自我区分。在现代和后现代思想中，取消了传统哲学中作为思维工具的概念，有语言与言语、词语与文字，但不再有概念，不再将词语看成是概念，也不再认为抓住了概念就把握了事物的本质。

以上谈到了从古希腊到现代和后现代，已有的关于哲学的不同规定、关于哲学的不同谈论，从这些不同的规定和谈论中，我们可以发现这是一条形而上学与反形而上学的思想道路。

二、思想的开端

哲学的开端是一个真正的哲学问题。开端亦即开始，希腊文是"Arché"，也就是某物作为某物的根据、原因、原则、基础、中心等。古希腊泰勒斯(Thales，约公元前624—前547)以水为始基，从自然中找根据；康德从纯粹理性找根据，开端便是思想本身的基础、原则；黑格尔以"存在"作为他的整个哲学体系的开端；海德格尔追问古之又古的东西，追问第一开端，即寻找"思想的事情的规定"。到了后现代，反对"Arché"，即"Anarchism"，可译为无政府主义，无原则主义，它表明的是不再有原则和开端，不再有中心和根据，也不去找根据了。总之，形而上学的哲学必须回答思想的开端是什么，此开端亦即存在者的存在，形而上学是思想中的存在，现代是现实的存在，后现代哲学彻底的反形而上学，排除了存在对于思想的开端性。

形而上学哲学必须追问开端。《新约·约翰福音》第一句说："太初有道，道与神同在。""道"(Word，即古希腊的Logos)在《新约》中成为耶稣，即道成肉身。"道"不仅有精神意义，也有现实意义，公元纪年就是根据耶稣出生而定的。歌德的《浮士德》相对于"太初有道"说"太初有为"，"为"是"work"，上帝说(word)，人类做(work)。人性意义上的做才是人类历史的真正开端。后现代没有开端，有言而无"太初"，这言就是欲望的语言，它是没有规定性的语言。欲望的语言是赤裸裸的，它是自身欲望的宣泄和敞开；

当它被智慧规定时，就是智慧和真理的语言，就是道的语言，而不是欲望的语言；当它被技术所规定时，它就是技术语言，是符号化和工具化了的语言。西方思想中作为开端的是“道”和“存在”，它是被语言、理性和神所规定的，不像中国思想中的道是自然之道。在中国思想中，自然规定了思想和言说，自然对于思想具有优先性。

古希腊的柏拉图(Plato，公元前427—前347)认为哲学起于惊讶，中世纪强调对上帝的信仰，近代笛卡儿提倡从怀疑开始思想，惊讶、信仰和怀疑表明了形而上学三个不同时代哲学的思想情态。关于惊异，康德的看法是：惊奇和敬畏虽然也能够激起人们去进行探索，但毕竟不能代替探索。对他来说，惊奇不是探索的原因，而是结果；或者说既是原因也是结果。他在《实践理性批判》一书最后的结论中说道：“有两样东西，我们对它的思考越是深沉和持久，它们就越是能唤起内心越来越大的惊奇和敬畏：这就是我头上的星空和我心中的道德律。”①对这位不朽的哲人来说，宇宙和人从何而来是令人惊讶的。这种惊讶不是靠“大爆炸”理论和上帝造人的信仰就可以消失的。尼采也说：“一个哲学家：就是这样的一个人，对异乎寻常之事持久的去经验、去看、去听、去怀疑、去希望和梦想……”②

无论是惊讶、好奇、信仰或怀疑，都还是一种情绪，当思想将它们表达出来时，便是思想的情态。情绪不会直接产生智慧和知识，不会和真理直接相关，但它可以成为一种纽带，联结和调整着存在者和存在的关系，并使存在者之存在敞亮和显现出来。没有它智慧降为学问，真理变为知识。惊讶、信仰和怀疑是一种情绪，而且是带有意向的情绪。这意向是说包含了对象的，即总是对某事或某一观念、某一话语的惊讶、信仰和怀疑。无论是爱智还是求真，

① 参见康德：《实践理性批判》，邓晓芒译，人民出版社，2003年版，第220页。

② 尼采：《著作第七卷》，第269页，转引自海德格尔：《形而上学导论》，图宾根，马克斯·尼迈出版社，1987年版，第10页。

都离不开理性。理性不只是逻辑能力，还有对思想方向的选择与洞察。思想方向的选择与洞察往往离不开惊讶、好奇、信仰或怀疑。思想要寻找自身的根据。理性保证不了智慧，但智慧必包含着理性。惊讶的情绪并不是哲学活动开始后，就消失了，就成了多余。惊讶是哲学的开端，并贯穿于哲学活动的始终，甚至贯穿于哲学活动的每一步骤中。

如果说惊讶、好奇、信仰或怀疑是思想的情态的话，它所表明的只是思想的一种特性，它为何如此？那是因为存在者存在。希腊思想表现为对存在的惊讶和好奇，中世纪的思想表现为对上帝存在的信仰，而近代思想则表现为对存在的怀疑。思想虽然表现为怀疑的形态，但仍依靠和相信主体的理性，相信自我意识的可靠。现代思想的情态是无聊。无聊是存在被思想遗忘之后，人们对于虚无的经验。到了后现代这一情态成为无所谓，亦即一个无中心无原则的思想的表现。思想情态的这一变化源自存在的变化。这一变化正是存在在不同时代的差异：古希腊的存在是在场的，中世纪的存在是上帝的给予，近代的存在是主体对客体的设立，现代的存在是人的现实生活，后现代解构了存在。

古希腊的存在是思想中的存在，它是理性洞见到的在场者的存在，中世纪是上帝的存在，亦即上帝给予人的恩惠，近代是理性设立的存在，亦即主体对于客体的设立，这三个时代是形而上学的时代。作为开端的存在实际上是理性和思想自身，与其说是存在作为开端，不如说是理性和思想自身作为开端。但现代是思想的开端不再在思想自身之内，而是一现实的具体的存在——马克思的物质生产劳动、尼采的生命存在、海德格尔作为虚无的存在。后现代则取消了存在，德里达（Derrida，1930—2004）声称“文本之外无他物”，后现代思想是无规定的语言的存在，亦即综合文本的存在。

在形而上学中，存在是思想的根据，也是思想的开端，但这个存在是思想中的存在，如巴门尼德（Parmenides，约前515—?）把存在看成是个无比光滑的圆球，这个球的球心到球面任何一点的距离都绝对相等，这样的球只能是思想中想象的存在，是理性制造出来的，现实中是找不到的，如同数学定义中的圆在现实中找不到一样。对于反形而上学的思想家来说，他们指出形而上学思想开端的不真实性。一个思想中的存在是虚幻的，也是虚无的。对马克思来说精神不能作为世界的本源，只有物质才是世界的本源。思想的开端和现实的开端在马克思那里，通过物质生产劳动达到了统一，并且改造物质世界的实践活动正是具有存在真实性而具有批判的力量。批判资本主义的力量正是来自于对于一个现实的经济事实的揭示，而不是来自理性的可靠性。尼采自信的认为自己揭穿了一个千古谎言："当人们捏造了一个理想的世界，便相应地抹杀了现实世界的价值、意义、真实性……"于是，他说上帝已死，一切价值要重估。"上帝已死"意味着意义的丧失，最高价值废黜，一个虚无主义时代的来临。尼采的思想直接影响了20世纪的西方哲学，特别是对海德格尔和福柯(Foucault，1926—1984)影响巨大。

海德格尔接过了尼采传递来的思想气息，准确地把握到了虚无即是存在自身，无聊就是虚无的情态，无家可归成为现代思想的经验。存在的经验就是虚无的经验，虚无感就是无聊感。存在作为思想的开端亦即虚无即是思想的开端。但存在与虚无是悖论，这悖论不是逻辑的，而是存在自身的本性。它正是自身的遮蔽与显现，是光明与黑暗的游戏。这一游戏发生于林中空地。林中空地是光明与黑暗的游戏之所，是海德格尔思想的真正开端。林中空地就是存在、就是真理。光明所到之处，是事情——思想的呈现。光明能去之地，只能是虚空，虚空是先有的。海德格尔称为林中空地。有了空地，有了光，才有光与影的游戏。影是被遮蔽的、是黑暗的。黑暗就是虚无，就是存在，光明就是显现，就是存在者。光与影不是规定和被规定的关系，不是先后关系，两者是游戏关系。这游戏就是思想的发生。存在的历史就是一个游戏的历史。游戏是自身设立根据(规则)，无需像传统哲学那样去追问根据何以为根据，无需在存在者之外去寻求根据，海德格尔发现虚无就是根据。

开端是事情发生的根据。形而上学的历史中都是光作为开端，亦即作为思想的根据。在西方思想的历史上有三种光作为开端：科学的自然之光、哲学的理性之光、宗教的上帝之光。自然之光照亮了自然物体，理性之光不仅照亮了自然物体的本性和规律，也照亮了人自身，上帝之光照亮了万物和人的生命。它们分别是物理的、人性的和神性的光，分别来自自然、人和神。作为现代思想家的海德格尔不接受思想史上已有的任何思想开端，而以林中空地这一喻像来作为思想的开端，表明自己与以往思想的不同，他认为理性之光也要接受林中空地的照亮。

三、时代的区分

以往思想的不同，不是思想的好坏优劣，而是思想自身的发展变化。它是思想的断裂与再生。时代不是时间，而是指一个思想整体。思想的整体包含了思想的开端、中间和终结。各时代的思想是相互断裂的①。西方哲学经历了五个不同的时代：即古希腊、中世纪、近代、现代和后现代。每一个时代的思想都是一个完整的整体。各时代的思想都不是其他时代思想的继续，而是断裂。西方哲学与中国思想不同，中国思想没有时代区分，只有朝代的更替。中国没有西方形而上学意义上的哲学，中国有思想，有智慧，但没有追问事情根据的哲学，没有系统化的关于事物本源的知识学。

当西方哲学立足于它自身的希腊传统时，无论它是分析的还是思辨的，是想象的还是实证的，是经验的还是超验的，它都脱离不了形而上学的本性。形而上学的传统又具有不同的哲学形态。如果说古希腊是理论理性、那么中世纪则是实践理性、近代是诗意理性，现代则是反形而上学，是非哲学，非知识的，后现代在严格的意义上则不称自身为哲学，已与形而上学彻底分离。

---

① 德语的时代是“epoché”，它有悬置之意，悬置就是中断，亦即划时代。“所谓时代在根本上是划时代，是时间的终止和断裂。由此它形成完成和开端，并自身构成一个与其他历史时期不同的整体……与此不同，中国从先秦到晚清，基本是一个朝代到另一个朝代的改变。虽然王朝变了，但天地未变，天地君亲师的结构和序列未变。不过，中国从古代到现代的转变是划时代性的。”彭富春：《哲学美学导论》，人民出版社，2005 年版，第 40 页。

从思想的角度看，思想在不同时代的差异是：古希腊是洞见，理性洞见到存在的真理，中世纪是人对上帝的信仰，是一个罪人对全智全能全善的上帝的信仰，近代思想是生产，主体生产出存在和对象，现代的思想是经验，这经验不是指个人在时空中的经历，而是思想经验到存在自身，经验到存在的虚无，后现代的思想是解构，它是对已有思想中缺陷的揭示和瓦解，它自身不建立在任何基础上，从而成为无规定的思想。

哲学是对自我意识的唤醒。这是近代哲学的开端之一。这一开端是源于笛卡儿的伟大贡献。他以怀疑作为方法，达到了人(主体)的自我意识的觉醒。在这个意义上，凡不能唤醒人的自我意识的哲学就不是哲学。近代哲学的另一开端是由康德建立的。这一开端就是理性的确立。哲学研究人的理性，对理性进行区分和划界。人的理性为自然立法，树立理性精神和自由的原则就是启蒙。理性启蒙是哲学的任务。在这个意义上讲，凡是不能达到理性启蒙的哲学就不是哲学。

每一时代的哲学都有它自身的主题。如果把哲学的时代区分为古希腊、中世纪、近代、现代和后现代的话，那古希腊探求的是真理，此真理即是洞见，洞见区分于无知和意见，洞见即是理性看到存在。古希腊的真理是在场的存在的真理，而思想与存在又是同一的，所以可以说古希腊哲学的主题是思想。中世纪是所谓信仰的时代。上帝作为形而上学的设定，仍然是信仰的对象。这一对象成为哲学探讨的对象，与人的生活状态和内心需求直接关联，哲学因而具有实践形态。但哲学研究的上帝是关于上帝的思想、理论，是理性化的上帝。可以说这个时代的哲学主题仍然是思想。近代的自我意识与理性仍然属于思想的维度。现代思想的主题从思想变成了存在。马克思的劳动(物质生产)、尼采的生命(权力意志)和海德格尔的存在是他们各自思想的核心。劳动、生命与存在是思想之外的存在，与思想处于不同维度。海德格尔的存在，也不是纯思的，不是关于纯粹思想的存在，而是与人的此在(Dasein)相关联的存在，是作为本源性的虚无的存在，亦即自身遮蔽的林中空地。此在是站立于林中空地的存在。

以上关于哲学的时代和主题区分的极其简要的描述，为的是说明不同时代不同哲学家有不同的哲学。认清这点，可以避免用一个哲学家的思想来评判另一个哲学家思想的正确性，从而轻易地否定和放弃学习其他伟大哲学家的思想。在众多的哲学思想中，各有其自身学说的合理性，要使所有哲学具有共同的统一性是不可能的。思想永远是个人的思想，而个人的思想越是独特才越有价值，才越是可能成为永恒的。但个人的独特思想并不意味着是个人独特经验和体验的理论表达，而是个人对于存在和真理的独特洞见。所谓个人思想的独特性是它区分于其他时代的思想和同时代的其他思想家而言，它不是对其他思想家思想的复制和重复。那种仅仅复制别人思想的思想，对于思想的事业是毫无贡献的。

形而上学是理性的哲学。理性成为哲学的规定。20 世纪的西方哲学不能简单地认为是反理性的哲学，准确地说它是反对理性对于哲学和思想的规定，而不是反理性，不是不讲理性。

理性在古希腊的涵义是逻各斯(logos)，逻各斯到中世纪变成了“reason”，“reason”译为理性。

作为逻各斯，希腊理性又区分为理论理性、实践理性和诗意理性。理论理性是用来探求永恒的、不变的真理的。希腊的哲人设定了一个永恒的、普遍的存在和真理，这个存在是思想的开端、是万物的本原。理论理性是一种静观的洞见，它只相关于理论和思想自身。实践理性相关于人的行动和道德，用于判断行为的正当性，探讨人的各种行为和活动的合理性。亚里士多德把伦理学和政治学看做是实践的科学，它们是依靠实践的理性。诗意的理性是创造的能力，文学、修辞学、艺术依靠它而产生。

理性在中世纪的涵义只是用于探讨和把握一般科学，神学是超理性的、用于探求上帝的奥秘。上帝是信仰的对象，不是理性认识的对象。但理性可以不反对神学，也可以不反对信仰，甚至还可以帮助信仰。托马斯·阿奎那(Thomas Aquinas，约 1225—1274)认为虽然上帝已经存在，我们却不能认识，理性不可能认识全部的神学真理，但可以认识一部分神学真理，如可以用理性证明上帝的存在，但理性不可能认识三位一体、道成肉身的上帝。其实，理性的证明不是对上帝本身的认识，而是证明理性自身对于存在的规定。上帝是存在在中世纪的名字。托马斯·阿奎那说“哲学是神学的婢女”，是说哲学不可能认识到神学凭启示和信仰而获得的真理。在此，理性依然规定了哲学。

在近代哲学中，笛卡儿树立理性是为了反对信仰。普遍的怀疑作为方法，一方面含蓄地表达了上帝也不能作为思考的开端，不能作为根据，另一方面是说明理性才是可靠的、可信的。虽然它从怀疑开始最后也推论出了上帝的存在，这个上帝仍然只是理性中的上帝，不是那个道成肉身的上帝。康德哲学中的理性是建立原则的能力。

总之理性规定哲学，是说哲学思考总是从一个原则出发，总要找到一个根据，一个开端。这是希腊哲学、中世纪哲学和近代哲学的一个共同特点。这个特点就是形而上学的特点。

就形而上学哲学的形式来讲，它有自身的证明逻辑和理论构架。在亚里士多德那里，哲学作为形而上学，其整个体系是从一个阿基米德点上构建起来的。形而上学的阿基米德点是理性的设定，具有明证性和质朴的直观性，依照逻辑的力量，以此演绎出一个具有意义等级序列的概念化的知识系统，以为这样就保证了整个思想体系的正确。纯粹几何学在形式上是形而上学的。严格说来，不符合形而上学原则的所谓“哲学”就不是哲学，因为哲学即形而上学。形而上学研究存在和存在者整体。形而上学要研究和寻求存在者存在的根据。寻求根据和本原的思想倾向到中世纪以后，变为了本体论。近代则是通过理性的怀疑法、思辨与辩证法的方法推导出先验原则，试图使哲学成为科学的科学，它所建立的是先验的形而上学。现代哲学是从克服形而上学为出发点的，但形而上学的克服和终结，也意味着哲学的终结。

20世纪的西方哲学是理性哲学终结之后，一个思想的新时代的开始。这个新时代的思想动摇了传统的理性哲学，不再以理性作为思想和存在的根据，而是以存在作为根据，亦即不是以理性规定思想和存在，而是存在自身的规定和显现。在此意义上现代西方哲学是反形而上学的。

四、形而上学的终结

当我们说形而上学的终结时，并不意味着是因为反对而终结，而是因为形而上学自身的完成。在进入它的终结的描述之前，我们再次描述一下形而上学的结构。

哲学就是形而上学。形而上学就是用概念建立世界的秩序，解释世界何以如此。按照德里达的说法：所谓形而上学，就是依赖一种无懈可击的基础，一种第一原则或不可怀疑的根据，来建造整个意义等级的思想体系。形而上学的这种等级建构，“就是存在作为在场(在这个词的全部意义上)的规定。很明显，所有与基本原理、原则或中心有关的词，如本质、存在、实体、主体、超越、意识、良知、上帝、人，等等，都表明了显现的永恒性”①。这种形而上学必然导致一种二元对立，即物质与精神、主体与客体、真与假、身体与灵魂、内在与外在，显现与本质、本文与意义、描写与出场等两极的分离和对立。因此，这种形而上学的根本所在，是一个永恒中心存在，即“逻各斯中心主义”。

德里达用逻各斯中心主义来描述形而上学，当然也用了语音中心主义、阳物中心主义等其他描述。德里达对形而上学特征是这样描述的：

第一，形而上学有个永恒的中心，这个中心就是逻各斯中心、语音中心。

第二，形而上学有个概念系统，概念系统有等级，形成了概念的高与低，概念有不同层次，高的规定低的，靠此概念系统建立了一个概念的知识体系，建立的方法就是演绎。

第三，概念总是二元对立的，如物质与精神，主体与客体、人与人的本质，等等，这些概念都是由两个两个组成的对子。

形而上学的永恒中心就是存在，就是逻各斯。

---

① 参见德里达：《书写与差异》，张宁译，生活·读书·新知三联书店，2001 年版，第 504 页；芝加哥大学出版社，1978 年版，第 279 ~ 280 页。

至于逻各斯，在西方哲学史上的演变大致是这样的：赫拉克利特的逻各斯意为规律、尺度、他将逻各斯形成了思想的主题；中世纪逻各斯就是上帝，就是道，道成肉身，肉身就是耶稣；在近代，逻各斯指理性，现代和后现代是反逻各斯(alogos)。

逻各斯的希腊涵义有尺度、语言、言说，关系、显现、原则、规律、现象、聚集、计算等多种涵义。就与人相对的外在世界而言，逻各斯可理解为世界的规律、尺度、原则、现象、关系，就与人相关的方面说，逻各斯可以是语言、言说、理性、计算，等等。作为哲学概念的逻各斯是聚集，聚集是逻各斯的本义，相当于德语中的“lessen”，它有三层意义：恒定性、存在者合一和显现于此。因此逻各斯聚集存在、聚集真理，将存在和真理显现于此。逻各斯将世界的各种现象、各种感性的、可见的事物聚集在某一个概念之下。在此形成了概念与现象的对立。现象被描述为感性的、不真实的、虚幻的，而概念被当作普遍的、永恒的、真实的存在。逻各斯在古希腊语有语言、言说的涵义，但不是现代哲学理解的语言，而是指语言的本质，语言的本质是逻各斯。

形而上学哲学就是关于逻各斯的学问和知识。它探求的主题、对象就是逻各斯。逻辑是逻各斯的一种形式。逻辑并非逻各斯的原初涵义。逻各斯的涵义不是狭隘的逻辑、不是概念性、不是合理性。在形而上学上，狭义的逻辑是形而上学的基础，是概念系统的结构根据和原则。

在形而上学中存在和真理实际上是一个概念。这个概念是理性构造出来的。存在和真理被当作普遍性的概念。存在之所以是概念，是因为存在是思想中的存在，是理性设定和规定的。存在不是思想之外的，而是思想之中的存在。思想是理性的思想，理性是思想的根据和能力。逻各斯作为理性，规定了哲学；逻各斯作为聚集，是聚集智慧的方式。哲学成为追求智慧与真理的一种方式。这种方式就是通过构建概念实现的。概念是概括思念，概括对思想的思念。思念思想不是凭人的感情，而是凭人的理性。

希腊第一个哲学家是泰勒斯，因为他说出了万物的始基是水。这一说法承认了万物有始基，承认了差异中有同一性。这里的水是思想中的水，不是物质化的水。后来有思想家说它不对，说始基应该是气，应该是无限者(阿派朗)、是火，并说出了他们各自的道理，但这些道理都是在接受万物有始基这个前提下提出的，如赫拉克利特说“世界的本原是火”，火的燃烧和熄灭都遵循逻各斯，逻各斯就是尺度，就是法则。赫拉克利特是柏拉图之前的思想家，这个时候哲学还没有成为哲学，只是思想，也就是说思想还没有成为哲学(概念体系)。思想到柏拉图才成为哲学，也就是说，从柏拉图开始思想成为概念化的体系。尽管如此，海德格尔认为柏拉图之前，形而上学的冲动和思考已经在思想中产生，只是这些思想还没有成为哲学。

在哲学之父巴门尼德那里“存在存在，虚无虚无”。存在不是虚无，两者是相互对立的概念。存在与虚无的二元对立成为形而上学的思维模式和结构形式持续了两千年，成为思想的概念机器。巴门尼德将存在描述为金色的圆球，这样的存在当然只能在思想中存在，他用论证的形式说明自己的观点。柏拉图在这一思维模式下将存在的思想体系化，亦即哲学化。存在成为思想的根据，万物的始基，世界的开端。柏拉图和黑格尔是两个最伟大的形而上学家，一个在其开端，一个在其结尾，其辉煌无与伦比。他们的存在一个是理念，一个是绝对精神，只是对存在的不同说法而已，其本质是一样的。他们的整个哲学始终是由此作为根据建立和发展起来的。海德格尔区分了存在与存在者的，这叫基础存在论。这个区分发现哲学本来是要研究存在，但结果存在自身被遗弃了，思想因此也遗忘了存在。存在者是一切可见的、可显现的事物，存在是不可见的，是一切存在者的根据。海德格尔指出形而上学中所追问出来的存在，不是存在自身，而是存在者，存在自身被遗忘和遗弃了。存在和存在者也有二元对立的概念之嫌，但这是海德格尔想避免的，到晚期他对存在打叉就是想避嫌的无奈之举。

从形而上学走向形而上学的终结，是西方哲学从古希腊到中世纪到近代三个时代的思想变迁，也是西方哲学从传统到现代的转变。但形而上学的终结并不是形而上学对自身的描述，而是现代哲学对它的描述，具体说，是海德格尔在 1964 年对它的描述。

形而上学的终结到底是如何发生的呢？

作为完成，终结意味着形而上学走到了它的顶峰，意味着在形而上学自身的传统内不可能再有思想的发展，也意味着不可能用形而上学的方式来超越黑格尔的哲学。这就是说，形而上学的三个时代都是用理性来规定思想，把理性当成最高的原则，将人看成是理性的动物，而现代哲学不再将理性当成最高原则，相反，理性要接受存在的规定。逻各斯也不再是尺度和根据，亦即不再在思想之内找到思想的根据，而要在思想之外找根据。现代哲学之前，把理性当成是人固有的属性，现代之后把理性看成是人的“发明”。理性规定哲学就是将理性看成是最具根本性和本源性的，将理性当成一个可靠的根据；相反将理性看成是“发明”出来的，便说明理性并非人固有，不是存在，而是存在者。理性规定的哲学，是概念思维，由概念构造思想。现代哲学不再是理性的思辨，不再是概念的逻辑构造，也不再是论证，它是一条思想的道路，思想的道路不是由概念构造的，而是由思想自身显现的，思想的过程显现为一条思想的道路。伟大的哲学家开辟的是一条思想的道路，此道路自身显现，自我生成，它无需任何思想之外的他物来确证，也不相关于思想之外的他物，它就是纯粹的思想。

在西方哲学中思想、存在和语言分别成为形而上学哲学、现代哲学和后现代哲学的主题。了解这一思想的历程，就基本掌握了哲学作为哲学，它的本原何在和它的时代差异，就能辨别非哲学。哲学终结之后，哲学成为非哲学。这个非哲学不同于那些没有自知之明的非哲学。非哲学不宣称自己是哲学。哲学的终结意味着形而上学的终结，意味着哲学的完成。这是现代哲学反抗传统的形而上学哲学的努力。作为现代哲学家的马克思、尼采和海德格尔为此做出了巨大的思想贡献，他们分别以不同的方式反抗形而上学。

马克思在《关于费尔巴哈的提纲》中说：“哲学家只是用不同的方式解释世界，而问题在于改变世界。”①这可认为是马克思反对形而上学的哲学宣言，也可用来区分近代哲学与现代哲学主题的变

① 《马克思恩格斯选集》，第1卷，人民出版社，1972年版，第19页。

化。只是哲学家的任务并不是为了改变世界。人们对世界的改变和他自己的行为是按照“理念”(Idea，观念)来进行的，所以哲学家的任务不可避免的是关于“理念”的合理性研究。海德格尔在《柏拉图的真理学说》一文中说：“任何人都是根据表象的正确性来获得真理的本性，根据‘理念’来思考一切存在者，根据‘价值’来估价一切现实。唯一的和首要的决定性事情，并非何种理念和何种价值被设定了，而是人们根本上是根据‘理念’来解释现实，根本上是根据‘价值’来衡量‘世界’。”①马克思的思想作为现代哲学的一个分界线，在于它鲜明地拒绝传统、批判传统，而以完全不同的方式和内容来重新建构思想。他走出传统哲学的学理限制，在一个更为广泛的学科背景中，围绕自身的革命目标——即人的全面解放来展开他的科学研究。唯物史观与剩余价值这两大发现，成为他一生学术事业的伟大成就，而对于哲学的贡献，是不再从理性的原则作为思想的开端，而是从具体事实，即物质生产劳动为出发点。马克思试图不用理念来解释世界，而要在实践中证明理论是否正确。他开始了一个思想的新时代。在海德格尔看来，“马克思完成了对形而上学的颠倒，哲学达到了最极端的可能性。哲学进入其终结阶段了”②。

在现代思想中，尼采反对理性对于存在的规定，反对理性建立的真理、道德、价值、目的。他认为理性建立的真理的历史是谎言的历史。理性是不死的，也是概念化的，是冰冷无生气的。上帝死了表明了理性的死亡，也以此成为他反抗形而上学的最响亮的口号。他以生命的权力意志和酒神精神对抗理性的无上权威，对抗基督教对人的压抑，提倡创造力和生命活力，反对平庸，反对毫无个性，也反对无血性的思想。他在 1875 年写道：“我们的思想应该是

① 海德格尔：《路标》，威廉·马克内里译，剑桥大学出版社，1998 年版，第 182 页；参见海德格尔：《路标》，孙周兴译，商务印书馆，2000 年版，第 273 页。

② 海德格尔：《面向思想的事情》，陈小文，孙周兴译，商务印书馆，1996 年版，第 59 页。

充满浓烈的芳香的，就像黄昏的夏日麦田。”①芳香决不是抽象空洞的，而是沁人心脾、振奋人的精神的。思想也一样要如此激发人的精神力量，振奋人的生命力。

海德格尔在现代哲学中是一个魅力无穷的人，他的精神资源还远远没有被充分发现和利用。他的思想是现代哲学的顶峰，他将现代哲学的研究推向了极致和边界。1964 年他写了《哲学的终结与思想的任务》。这里的哲学指的是形而上学。在形而上学的“哲学终结”之后，他提出了“思想的任务”。他说明了终结意味着什么，解释了哲学为何终结。他认为“终结”在此不是中止、不是没有发展，而是意味着形而上学的完成。科学是哲学完成的表现。终结一方面指任何复兴传统哲学的企图只会是简单的模仿，得到一种或多种变种的哲学而已，也意味着形而上学的哲学思维方式的中止；另一方面，“作为完成的终结意味着这种聚集”②。这种聚集不是新哲学的诞生，而是从哲学中分化出一个不是哲学自身的东西，比如科学从哲学中分化，乃哲学之完成。形而上学的哲学终结了，思想的任务不是继续原有的思想，而是去寻找关于“思想的事情的规定”。在此，他指出是存在规定了思想，思想是存在的思想，正如云是天上的云一样，而存在却不是思想中的存在。这就是说在现代思想中，思想是存在的思想而不是理性的思想。存在的思想是被存在规定的思想，而不是被理性规定的思想。海德格尔早期思想中的存在是此在，此在追问存在，中期是技术的本性，晚期是天地人神四元共处的游戏，此存在是既显现又遮蔽的林中空地，是真理的发生之地。总之，存在是思想之外的存在，而不是传统哲学的思想中的存在。但存在又是不可能显现的，它在根本上又是虚无。存在规定思想，思想是存在者。存在者不能规定存在者，而虚无唯有自身显现，不

① 海德格尔：《基本著作》，克雷尔译，哈普和劳出版社，1977 年版，第 70 页。海德格尔在引用了这句话之后问道：“今天，我们当中还有多少人对这种芳香有感觉呢?”海德格尔认为思想并不是获得知识的意义。思想是在存在之土壤里犁出沟来。

② 海德格尔：《哲学的终结与思想的任务》，《基本著作》，克雷尔译，哈普和劳出版社，1977 年版，第 375 页。

可能被存在者规定。因此，哲学终结之后思想的任务就是思想虚无，即虚无如何虚无化。

海德格尔之后，哲学被宣告为“非哲学”。无原则、无规定、无中心、多元化，解构、摧毁成为后现代“哲学”中的关键词和核心概念。后现代哲学通过对哲学文本的语言分析，实现了他的宣告，使传统哲学文本所建立的确定的思想观念得到了瓦解。后现代哲学以语言为主题，它不是原有哲学的深入和继续，而是一个思想的新开端。每一个在今天从事哲学和思想研究的人，如果不经过语言分析的洗礼，就无法理解当代西方哲学。作为一个新的时代，后现代不再追求传统哲学所追求的一切目标。它不再探求和追问原则、存在、理性、真理、美和善，它通过对语词——“Being”的研究，真正告别了存在问题。语言比存在和思想更本源。在德里达看来，形而上学研究的存在——“Being”，实际上是“to be”转化而来，而“to be”没有实指，只有语法功能，没有意义；同时，“to be”总是“to be sth”。这个“sth”是可以无穷替换的 X，替换显示差异，主词的意义只能在这种替换的差异中显现，而不可能得到一个终极的意义。所以，存在作为形而上学问题，在这样的语言分析中被摧毁了。

哲学的终结并不意味着原有哲学的死亡和无效，不意味着原有哲学的无意义。哲学作为一条思想的道路，留下了思想者之所思，留下了思想者思想的轨迹，每一个后思者都可从中获得思想的启示。哲学的终结也给思想者提出了新的任务：去思想，去思想过去的思想家尚未思想的。

哲学所不为的，是与思想无关的事。在胡塞尔那里，作为现象学口号的“走向事情本身”树立了哲学研究的原则：哲学只研究事情。胡塞尔这里的事情就是思想本身，亦即作为现象的意识。到海德格尔那里，哲学所要解决的是“思想的事情的规定”，亦即这个思想的事情是被什么所规定，它的本源是什么。在分析哲学那里，达米特(Michael Dummett，1925—)宣布：“仅仅是由于弗雷格，哲学的适当对象才最终被树立起来：即：首先，哲学的目标是思想的结构分析；其次，思想的研究要与思想的心理过程的研究严格区分开来；最后，分析思想的唯一适当的方法就在于语言的分析……自从他死后，我们花费了近半个世纪的时间才清楚地理解了他所设想的哲学的真正任务包含什么。”①达米特这一看法当然是站在分析哲学的立场来说的，他的灼见是建立了思想与语言的亲密关系，但如何切断和建立与现实存在的关系却被排除出了思想的任务。对于理查德·罗蒂（Richard Rorty，1931—2007）来说，“哲学充其量只是人类交谈中的另一种声音”②。对于他来说，哲学并不是一种探索方式，不要以为哲学所了解的关于知识、语言和思想的某些东西，是其他人都不懂的。他并不认为达米特的说法是对的。罗蒂认为杜威、维特根斯坦和海德格尔是20世纪最重要的哲学家。杜威的实用主义和维特根斯坦的分析哲学是在另一思路上进行的克服形而上学的努力。

五、反形而上学

形而上学与反形而上学，这是西方哲学从传统走向现代和后现代的一个基本特征。由此入手，可以把握整个西方哲学的来龙去脉，也是进入和理解20世纪的西方哲学和思想的一把钥匙。不仅如此，这也是进入整个现代西方思想的一座桥梁。

反形而上学是19世纪到20世纪哲学的思想特性，到20世纪开始了对整个形而上学的怀疑。如果说形而上学是哲学传统，那么在科学上也弥漫着反传统的思想特性。这不仅是指科学上不自觉的动摇了形而上学，在整个思想领域都弥漫着反形而上学的思潮。自海德格尔1964年指出“哲学的终结”之后，福山1992年写了《历史的终结》，随后以终结命名的书层出不穷。“终结”表明了一个时代的结束，另一时代的开端。它意味着思想的划时代性。在众多的终

① 理查德丁·伯恩斯坦：《超越客观主义与相对主义》，郭小平等译，光明日报出版社，1992年版，第6页。

② 理查德丁·伯恩斯坦：《超越客观主义与相对主义》，郭小平等译，光明日报出版社，1992年版，第7页。

结中，科学的终结与形而上学的终结最具有一致性。形而上学与科学是一致的。自然科学也是以形而上学为基础的，可以认为几何学是形而上学古老的、典型的形式。几何学的公理是自明的，不需要证明的。公理就成为最高的原则，或叫第一原则，然后从公理推论出各种定理、定律、原理，最后是应用，用它们去解决实际问题。几何学是形而上学的一种形式，合符形而上学的思维模式。不同的是几何学所研究的对象是点、线、面之间的关系，形而上学研究的是存在者的存在，它用概念构造一个思想体系。

伽利略(Galileo，1564—1642)第一次用数学符号表示自然。这就是为什么说伽利略是近代自然科学的开端。仅凭这点，伽利略成为近代自然科学之父。牛顿是经典物理学的伟大代表，他的 $F = ma$ 是数学方程式，是符号化的纯抽象的形式。它表明了力与物体的质量和速度改变三者间的关系，更重要的是表明了力不是维持物体运动的原因，而是改变物体运动的原因。这一观念的变化是革命性的。它的革命性不是数量关系的建立，不是将宏观物体抽象为质点，而是动摇了人们直观的常识。

用数学符号建立的关系，如物理学的定律、知识都具有形而上学性，是因为这些表达定律的知识是通过符号和方程式表达的，这些符号都是概念，方程式表达的就是概念的关系。这些关系的建立是演绎的结果，尽管近代物理学开创了实证科学，但实证科学的实证性只是在狭隘意义上的经验的实证性，近代自然科学也只是一种狭隘的科学，而不是研究永恒、无限的科学。海德格尔说："哲学发展为独立的科学——它们之间愈来愈显著的相互依赖的沟通起来——乃是哲学正当的完成。"①这可以说哲学是科学的古老形式，科学具有形而上学的结构。

然而，20 世纪的现代科学的发展，使传统科学的极致和边界显露出来，科学动摇了形而上学。这一动摇既与现代哲学思想遥相呼应，也促使思想的更新。科学的极限处就是哲学的生长处。科学

① 海德格尔：《哲学的终结与思想的任务》，《基本著作》，克雷尔译，哈普和劳出版社，1977 年版，第 376 页。

的极限处，就是科学思维无法回答面临的问题。处于极限中的问题不仅仅是科学的问题，而是超越了科学自身的、要用哲学来解决的问题。这时需要有一个思想的新方向，甚至需要某种信念来继续进行科学问题的思考，来克服处于极限中的困境。极限就是边界，困境的克服就是跨越边界。

在20世纪的科学中，爱因斯坦和玻尔的争论是最具典型意义的。它表明了处于极限中的科学问题，正是哲学问题。他们争论的具体问题是量子能否用统计方法来说明。统计方法就是对必然性的否定，爱因斯坦是相信必然性的，因为他认为“上帝不会随便掷骰子”。爱因斯坦相信上帝，但不是人格化的上帝，而是一个具有必然性的上帝，一个掌握了整个世界的上帝。统计方法可以解释量子力学的现象，而按爱因斯坦的必然性却解释不了。玻尔提出互补性原理，简单说就是AB不是要么A，要么B，而是既可A又可B。他们两人对这一问题的回答，是他们思想方向上的差异，不是在根据上的差异，它们思想的根据几乎是不可证实、不可比较的。这里不单纯是科学问题，而是哲学思想问题。如果说爱因斯坦相信必然性的思想仍然是古典思想的话，那么玻尔的思想更突出的表明了现代思想。此外海森柏的测不准原理，波粒二像性，也是对确定性、唯一性的瓦解。如果瓦解和动摇确定性的思想是现代思想的特征，那么一种两可的思想正符合后现代的思想。形而上学一直是相信和肯定确定性的，从来都不重视偶然性，偶然性在形而上学的体系中是没有地位的。20世纪在科学上承认了偶然性的价值和意义。这与20世纪的现代哲学和思想是一致的。

三个伟大的现代哲学家马克思、尼采和海德格尔动摇了形而上学大厦的地基。他们的哲学虽然仍然建立在一个地基上，但作为此地基的是具体的、现实的存在，而不是抽象的、思想中的存在。马克思的存在是物质生产劳动，尼采的存在是创造力意志（权力意志）、海德格尔的存在是存在自身，这样的存在是虚无。尼采说巴门尼德的存在是空洞的概念，理性是冷冰冰的，上帝已经死了。海德格尔指出形而上学中的存在是存在者，存在就是虚无，这是一个悖论。西方哲学是以存在作为研究的对象的，但结果是遗忘了存在。存在自身是不可能显现的，一旦显现就成了存在者。上帝、自在之物是最高存在者，也是最遥远的存在者。形而上学是探求存在者的存在、根据、原因、开端。哲学终结了，剩下的是思想，思想成为思想者的任务。对海德格尔来说，真正的任务是思想的事情的规定。什么规定了思想？在形而上学中是思想规定事情，即事情、存在被思想规定。理性是思想的一种表现，思想也是理性思想。思想、理性作为原则可以规定存在，因此形而上学的存在是思想中的存在，而不是现实的存在。海德格尔颠倒了这一规定，指出是存在规定思想。海德格尔的存在也因此与形而上学的存在是不同性质的存在。存在成为海德格尔思想的主题，存在问题成为海德格尔哲学的中心问题。

马克思通过实践反形而上学。马克思的实践就是物质生产劳动。劳动实践是沟通主客体的桥梁，它作为一种具体的改造活动，就是对自然世界的改造。作为理论的实践，是克服主客体分离，作为行动的实践就是生产劳动。尼采也反形而上学，他不是回到哲学的古希腊，而是回到神话时代的古希腊，回到酒神狄奥尼索斯的古希腊，回到一个充满泥土的芳香和明媚的阳光的古希腊，那个有大海和阳光的古希腊。海德格尔反形而上学，也就是希望回到柏拉图之前去，也即回到思想还没有成为哲学的前苏格拉底(Socrates，前469—前399)时代去，回到赫拉克利特和巴门尼德，回到纯粹的思想，回到思想自身。那是一个没有体系化，没有哲学化的思想。海德格尔通过词源学的考察来回到思想的古希腊。在面对一个大家熟悉的词语和概念时，他总是回到这个语词的古希腊的原初涵义。从这个原初的词义开始思想，由此建立一条思想的道路。

德里达反形而上学。他把西方形而上学称为逻各斯中心主义、语音中心主义。语音与书写是对立的。语音、声音是没有踪迹，瞬间就消失的，书写却有固定的踪迹。声音(语音)是不在场的，书写才是在场的。显现的是在场的，在场的可以是显现的也可以是隐匿的。比如说上帝的在场就是隐匿的在场。上帝存在但看不见摸不着，相信他的存在，他就在场，他就在，就对你发生影响，你就会畏惧他或者希望他照看你。声音仿佛在场，其实是立即消失的，而书写是永恒在场。声音与书写的对立也是“说”与“写”的对立，“说”相对于“写”来讲是不在场的。形而上学以“说”为中心，强调“说”的优先性，反形而上学以“写”来消解“说”的优先性，德里达通过“写”来反对“说”。形而上学的“说”，是说的一个永恒中心，永恒事物、一个永恒的实体的存在，亦即存在自身的存在。德里达通过“写”与“说”的对立来解构形而上学。

德里达提出了延异、踪迹、替补、幽灵、散播、困境等语词来消解形而上学的二元对立的概念。形而上学的概念是对事物本质的把握，二元对立的概念描述了两种不同的存在状态。如果说形而上学的二元对立概念是对绝对对立的本质的描述，是对两种对立的存在状态的描述，那么他试图对介于其间的边界状态的描述和关注，可以认为这是他受到海德格尔关于存在和存在者区分的存在论差异的启发。德里达关心一种既存在又不存在的状态，关心一种边界状态。比如说睡和醒是两种对立的不同状态，可还有一种既不是睡也不是醒的，似睡非睡、似醒非醒的边界状态，这是形而上学没有看到和不研究的状态，而德里达的解构却指出不仅有这样的边界状态，而且有研究的意义。他提出延异，difference，如我说话与你听到我说话，这之间是不同时的，是有时间差的，但我们不觉得，觉得说和听是同时的，我说话要表达的意义和你理解的意义实际上也是有差异的，可形而上学却看成是同一的，没有差异的。形而上学没有想到差异，这种差异他称为延异。又如踪迹，一个脚印，可能是人的，也可能是牛的，那一个人或牛不在了，离开了，不在场了，但脚印在场，脚印有显现。脚印作为踪迹是既在场又不在场的。又如同我们按个指纹，指纹也是踪迹，手指不在了，按手印的人也不在场了，但他留下了痕迹，痕迹还在场。替补呢？德里达说了许多甚至不大能说出口的不雅的事实和语词，如他说手淫就是对正常性交的替补。

德里达的这些思想，是他对海德格尔基础存在论思想的发挥。德里达认为海德格尔对存在和存在者的区分极其有价值、有意义，是远远没有得到应有的重视和思考的思想。他的延异、踪迹和替补的思想，在场又不在场的思想都是来自海德格尔的基础存在论区分。德里达对形而上学的解构，是对形而上学的动摇和瓦解，是摧毁亦非摧毁。摧毁是动摇了形而上学的可靠性，非摧毁是动摇，只是指出了形而上学的问题，只是如同计算机的病毒，存在但没发作，系统就还能工作。他的解构是策略性的。我们可以不谈他对形而上学的解构是否成功，但他的解构，至少给我们提供了看清形而上学特性的途径，加深了我们对形而上学的理解。

与此不同，分析哲学提供了反对形而上学的另一条思路。维特根斯坦(Wittgenstein，1889—1951)是分析哲学的杰出代表，虽然他自己不认同自己属于分析哲学，但却是因为他，分析哲学才真正形成。维特根斯坦认为形而上学哲学的困境在于语言的误用，解决办法是对语言进行分析，找出语言的病态来。我们看不到他的完整的理论，但能感受到他思想的魅力。他的片断式的思想记录，在文本方式上是对传统哲学文本的分离；他通过描述日常经验中自然平常的话语，指出了我们不曾发现的问题，在方法上实践了他为哲学“疗疾”的主张。

“哲学的目标是什么？——给苍蝇指出飞出捕蝇瓶的出路。”①形而上学以为概念代表了真实的实在，因而误解了语言而钻进了捕蝇瓶。哲学被困在了语言混乱的“捕蝇瓶”中，飞去此“瓶”的方法在于对此混乱的语言进行清理，亦即对语言进行思想的分析。他的“哲学只是把一切摆到那里，不解释也不推论。——既然一切都摆在那里，也就没什么要解释的。而我们对隐藏起来的东西不感兴趣，也可以把一切新发现和新发明之前的可能性称作‘哲学’”②。这是他的后期思想。如果说形而上学是解释世界的话，那么他所要做的既不是解释世界，也不是改造世界，而是将“世界”摆出来，但此“世界”却并非“只能如此这般”，也就是说，这并不是一个必然性的世界。世界只是一个语言的世界，语言并不承载实在。因

① 维特根斯坦：《哲学研究》I，§309，陈嘉映译，上海人民出版社，2001年版。

② 维特根斯坦：《哲学研究》I，§126，陈嘉映译，上海人民出版社，2001年版。

此，“无论谁在哲学里提出论点，都永不会有人同他辩论，因为所有人都同意这些论点”①。“哲学不推演出结论”，“哲学只确认人人认可的东西”。②

语言就是“人人认可的东西”，而语言之外的感觉和实在、离开语言的抽象的本质却不是人人认可的。“我们弄哲学的时候，愿意在没有感觉的地方把感觉设为基础。这些感觉被用来向我们解释我们的思维。”③这是形而上学的思想方式，总是假定了一个感觉背后的东西的存在。语言的分析不需要语词之外的任何基础，语词的意义不是外在于语词的实在提供的，也不是能指的差异提供的，而是语言的用法提供的。对维特根斯坦来说，日常语言是人人认可的。

在 1915 年 5 月 2 日的笔记中，维特根斯坦说：“哲学家们的一种重要艺术是不纠缠于与自己无关的问题。”对他而言，形而上学的问题不是他的问题，指出形而上学问题的谬误所在才是他的问题。这一问题也就是日常语言的用法问题，他对语言用法的分析解答了形而上学家们所困惑的问题。

让我们在反形而上学的思路上进入 20 世纪的西方哲学。虽然 20 世纪的西方哲学有许多做出过贡献的哲学家，但本书却只写了胡塞尔、海德格尔、德里达、罗素和维特根斯坦几位最为重要的哲学家的思想。如果说 20 世纪的西方哲学是一座万神殿，那么他们仅是此神殿中的几位神祇。理解了他们几位的思想，就了解了整个 20 世纪西方哲学的主流思想，这也是本书没有对 20 世纪西方哲学作更为全面和丰富的展开的原因。更为全面丰富细致地展开不是没有必要，而只能是将来的事情了。

---

① 维特根斯坦：《哲学研究》I，§128，陈嘉映译，上海人民出版社，2001 年版。

② 维特根斯坦：《哲学研究》I，§599，陈嘉映译，上海人民出版社，2001 年版。

③ 维特根斯坦：《哲学研究》I，§598，陈嘉映译，上海人民出版社，2001 年版。

第二章　思想的事情

现象学的创始人胡塞尔是近代哲学走向现代哲学的关键人物。马克斯·舍勒(Max Scheler，1874—1928)、梅洛·庞蒂(Merleau-Ponty，1908—1961)、萨特(Jean Paul Sartre，1905—1980)、茵加登(Roman Ingarden，1893—1970)和芬克(Eugen Fink，1905—1975)等人也为现象学作出了杰出贡献。20世纪的西方哲学和哲学家几乎都是从现象学的大门走出来的。海德格尔、加达默尔、德里达这些最有原创性和影响力的哲学家无不浸淫过胡塞尔的现象学，就连不怎么读同时代哲学家著作的维特根斯坦也有过“现象学”的痕迹①。现象学被称为一场运动，这场运动可以认为是走出形而上学思想传统的观念的革命，它不仅是哲学自身的革命，也是一切人文的、社会的和精神的科学的革命。

一、走向事情自身

作为现象学，虽然有其使哲学变为严格科学的理想，亦即建立一门指导其他一切科学的科学，这门科学胡塞尔自己称为先验的现

---

① 现象学史家斯皮格尔伯格1968年曾指出“维特根斯坦的‘现象学’之谜”，对此徐英谨进行了研究。参见徐英谨：《维特根斯坦哲学转型期中的“现象学”之谜》，复旦大学出版社，2005年版。

象学①、超越论的现象学、纯粹的现象学和先验本质的现象学，它所导致的哲学和学术思想之革命性的结果主要是在方法上的，用胡塞尔自己的话说就是“走向事情自身”。这一方法是继笛卡儿、康德之后，哲学方法的又一个里程碑，它既是去康德化的完成，也是笛卡儿式沉思的彻底化。虽然胡塞尔也受到新康德主义思想的影响，但它与20世纪的生命哲学、实证主义哲学一样，又表现了去康德化的倾向，表现了“向康德以前的思想家如经院哲学、斯宾诺莎和莱布尼兹哲学的一种复归”②。胡塞尔的思想因此也打上了深深的形而上学的烙印。他的哲学理想是形而上学性的，但他的现象学方法则恰恰为哲学摆脱形而上学提供了革命性的途径。他的哲学理想本身没有实现，但它却成就了20世纪的西方哲学。

现象学的方法体现在胡塞尔提出的“走向事情自身”的口号上，在走向现象学思想之前，我们先走向胡塞尔本人。

1. 生平与著作

埃德蒙德·胡塞尔（Edmund Husserl，1859—1938）1859年4月8日诞生于今天的捷克摩拉维亚（Moravia）地区的一座小城普罗斯涅兹（Prossnitz）。这个地方当时属奥匈帝国，因此他的国籍是德国。胡塞尔的父亲是一位犹太血统的商人，不算太富有，去世较

---

① 这里的“先验”译自“transzendental”，也译为“超越”、“超验”，是指非经验的，排除了自然的可靠性、来自纯粹意识的、经过现象学还原达到了一个本质和普遍的领域。它来自笛卡儿和康德的先验传统，因此，本书仍用“先验”来译“transzendental”。但胡塞尔的“先验”没有时间意义上的经验之前的“先天”意思，而恰恰是要摆脱时间上的经验，摆脱一切经验的实证态度，这种摆脱就是现象学的还原，就是对自然的经验的“超越”。神学中讲上帝既内在又超越（内在）。这里的“内在”指信仰者的内心，这里的“超越”译自“transzendental”。译“超验”也要避免理解为完全离开人的意识与经验的超验存在，而只能理解为是对自然经验的超越，胡塞尔讲对经验进行现象学还原后的先验的经验。从胡塞尔的现象学讲这个词译什么都不能完全切中其本意，需要读者自己领会。

② 参见［德］汉斯·约阿西姆·施杜里希：《世界哲学史》，吕叔君译，山东画报出版社，2006年版，第418页。

早。胡塞尔对父亲毕生都怀有敬爱之心。他有四个姊妹，胡塞尔排行第二。父亲死后，全靠母亲养活带大。他的母亲也是犹太人，对他的影响极大，特别是在性格上。在普罗斯涅兹读完小学后，仅十岁的胡塞尔就到了奥地利首都维也纳。1876 年至 1878 年他在莱比锡大学学习，1881 年至 1882 年在维也纳大学学习数学。

在莱比锡大学胡塞尔虽然听过哲学课程，但他的兴趣主要在天文学和数学。他第一次接触哲学是选修关于贝克莱(Berkeley，1685—1753)的哲学课程，这位英国主观唯心论者的思想与他后来的哲学研究兴趣与发展方向似乎有内在的联系。在莱比锡大学，胡塞尔还认识了后来成为捷克独立后的第一任总统(1918—1935)、国家的奠基者马萨里克(Thomas Masaryk)。马萨里克让胡塞尔注意到近代哲学的开端，注意到笛卡儿、莱布尼兹(Leibniz，1646—1716)和英国经验主义，最主要的是通过马萨里克了解到了布伦塔诺(Franz Brentano，1838—1917)。

1878 年春胡塞尔离开了莱比锡，转学到柏林，进了菲特列·韦含大学(Friedrich Wilhelm University)就读数学与哲学。这里有当时最顶尖的数学家克罗内克(Kronecker，1823—1891)、库默尔(Kummer，1810—1893)、外尔斯特拉斯(Weierstrass，1815—1897)。胡塞尔跟著名数学家克罗内克攻读数论，跟随维尔斯特拉斯攻读分析数学。克罗内克有一句名言："上帝创造自然数，其余的数都是人创造的"。克罗内克教授数学哲学，是他最先唤起胡塞尔的哲学兴趣。后来他又认识了科学哲学教授阿尔布莱希特(Albrecht)，二人成为挚友，彼此间的友谊成为胡塞尔哲学生涯永久的精神支柱之一。阿尔布莱希特后来改变了胡塞尔的信仰，1886 年，27 岁的胡塞尔到维也纳时，放弃了犹太教信仰，在路德教会受洗，成为一名基督徒，阿尔布莱希特担当了他的神父。

胡塞尔在柏林只学习了二年。1881 年他转学到了维也纳大学，完成了《变量微积分理论》的数学博士论文，24 岁时获得数学博士学位。获得学位后，受恩师维尔斯特拉斯之邀回到柏林，担任他的助手，帮助讲课。但不到一个学期，老师就病倒了，无法再任教。胡塞尔按惯例服了一年兵役，之后回到了维也纳大学，拜见了早就想见的布伦塔诺。这是在1884年。胡塞尔听了布伦塔诺的课①，立即倾倒。在其思想的影响下，胡塞尔决定以哲学作为终身职业。

1886年，胡塞尔接受了布伦塔诺的劝告，到哈勒大学(Halle University)担任布伦塔诺的学生——心理学教授卡尔·史通普夫(Karl stumpf，1848—1936)的助教，到1928年退休时，有长达44年的教学与研究生涯。退休后的胡塞尔还上了近三年的课，接到过许多讲学邀请，到过巴黎、布拉格、维也纳等地发表演讲，他一生从未停止过哲学思考，即使在旅行途中也如此。

胡塞尔在1887年6月与犹太后裔夏绿蒂·史坦因施纳德(1950年去世)结婚。妻子陪伴了他一生，对他充满了敬爱。她忍受了清贫困苦的生活和晚年排犹时的折磨。但她始终支持和理解胡塞尔从事的艰难而崇高的学术事业，深深懂得胡塞尔研究的价值。就在胡塞尔刚刚去世，希特勒对犹太人发动疯狂暴行之前夕，她机智果断地把胡塞尔的所有遗著和文稿转移出境。作为妻子，她未享受到丈夫的什么殊荣，却忍受了时代带给他的恐惧，忍受了战争带给她的失子的痛苦。长子格尔哈特(Gerhart，1973年去世)是一位法律教授和法律哲学家，在战争中两次身负重伤，第二个儿子是才气勃勃的东方语言学家，战死于第一次世界大战。1933年希特勒登台后不久，胡塞尔被逐出校园，女婿和长子也被开除公职。

胡塞尔一生从事教学和学术生涯，在哈勒15年(1886—1901)、哥廷根15年(1901—1916)、弗赖堡22年(1916—1938)。他只在这三个大学工作过，这也正好代表了他的学术生涯的三个时期。哈勒时期是现象学诞生时期，哥廷根时期是他现象学的顶峰，弗赖堡时期是现象学的普及化。在哈勒结束时有《数的概念》、《算术哲学》(1891)、《逻辑研究》(1900—1901)三本重要著作，哥廷

① 布伦塔诺原是天主教的神父，同时也是维尔茨堡大学的编外教授，后到维也纳大学当教授，此时胡塞尔在其门下听课。他与经院哲学和亚里士多德保持着精神上的亲密联系。胡塞尔的意向性理论直接受其影响。海德格尔也是在中学看了布伦坦诺的博士论文《论亚里士多德“存在者”的多种涵义》而一生追问存在问题。

根时期有《哲学作为严格的科学》(1910)、《纯粹现象学和现象学哲学的观念》(1913)、弗赖堡时期有《形式的和先验的逻辑》(1929)、《笛卡儿沉思》(1950)、《欧洲科学的危机与先验论的现象学》(1954)、《第一哲学》(1959)等。这些都是他重要的代表作。

2. 走向事情自身

走向事情自身(Zur Sache Selbst! To the things themselves!)是胡塞尔现象学的口号①，也是他的现象学目标、方法，是他严格科学的哲学理想的实现的具体措施，这一口号最先表达在《哲学作为严格的科学》一文中。

胡塞尔的“事情”不是一个物，而是一个现象。首先，物必须在一个“事情”中才能显现，即必须显现在意识现象中；其次事情也不是一个对象，因为胡塞尔试图克服主客体的分离，这里没有主客体的关系；最后现象学的事情不等同于一般的现象，传统哲学有现象与本质的区分，现象学的现象就是本质。现象学的现象是事情自身的显现，是被给予的意识现象，是可直观的、在意识中直接呈现的现象，其结构区分为意向对象与意向行为。

这一口号中的“自身”是什么呢？首先要排除事情之外的东西，它不相关于任何不是事情自身的东西；其次它也不是历史上其他哲学家和诗人对“自身”的规定，如康德的“自身”是理性，诺瓦利斯的“自身”是语言——他说纯粹语言只关注自身；最后“自身”就是事情的纯粹性。

这一口号中的“走向”，并不能理解为主体走向一个对象，走向一个实体，而是要理解为“让”，即让“事情自身显现”。现象学取消主客体的分离，也不是要“面向”一个对象，对象不在主体之外，在主体之外没有对象，或者说主体之外的一切存在者都被现象学还原悬置了。“事情自身”就在主体内部，就是主体内的意识显现，意向行为与意向对象显现为意识活动与意识内容。

---

① 这一口号更具体的理解可参看谢劲松：《胡塞尔传》，长江文艺出版社，2002 年版，第 207 ~ 210 页。

现象学的“走向事情自身”，提出了现象学的存在观，其核心是“事情自身”，即意识现象的客观实在性，而传统是“思想自身”，是“纯粹理性”，现代是“存在自身”。胡塞尔的“‘事情自身’就是所直观到的现象，包括对范畴和观念的直观，但胡塞尔仅仅把‘事情自身’局限于意向行为与被意向者、反思与被反思者之间是远远不够的，因为相对于意向性活动的‘构造’、‘给定’、‘理念直观’而言，意识的存在本身更是‘事情本身’。”但“胡塞尔忽视了纯粹意识活动的存在问题，是因为他以为这种活动是一个不言而喻的事实。在海德格尔看来恰恰犯了自然科学家常有的那种自然实在性错误”①。胡塞尔之后，舍勒将事情不仅局限于意识，也将它扩大到情感、爱、价值和存在本身，海德格尔和加达默尔（Gadamer，Hans-Georg，1900—2002）分别将“事情”变成了存在和语言。

早期海德格尔讲存在与存在者的区分，试图找出存在者存在的根据，仍隐含有形而上学性。中期讲“语言是存在的家园”，这是说人居住在语言之中，就是居住在存在之家园中。但人不是主人，而是思者，不能命令，只是家园的守护者。晚期思想中这样的人是诗人，诗人居住于存在的近邻，他倾听存在的道说。晚期的海德格尔真正走出了形而上学，走出了主体性，克服了主客体的分离，使思想不再是主体对客体的强暴，而是温柔的言说与倾听。这是胡塞尔想做到而没有做到的。加达默尔将海德格尔的话变成“能被理解的存在是语言”②，他强调存在与思想及语言不可能相互脱离，但最根本的规定是存在本身。加达默尔认为这样一个存在关键在于理解。他把被理解的对象的存在状态在普遍的意义上规定为语言，把语言与存在物的关系规定为解释。他的解释学的“存在”是“现在”，是一种语言哲学。语言是现在正在说的话语，是可以理解的存在，只有理解的才是存在的，存在在思想中走向语言。

“走向事情自身”也意味着哲学要研究事情本身，而不要研究

---

① 谢劲松：《胡塞尔传》，长江文艺出版社，2002年版，第208页。

② 加达默尔：《真理与方法》，洪汉鼎译，上海译文出版社，1999年版，第606页。

它之外的其他相关或不相关的事情。这一口号清楚地表明了现象学的基本态度、基本立场和基本方法。这一态度就是要告别形而上学的主客体的分离，但又有形而上学的理想，试图把哲学变成科学，成为一切科学的基础，通过现象学来为哲学奠基。它所采取的基本立场仍然是从笛卡儿、康德开创的主体性立场，假定了主体的优先性，但它排除了经验的、事实的主体，排除了笛卡儿和康德主体思想中的不纯粹性，以为如此就能实现其目标，以为笛卡儿和康德的不成功在于主体思想的不彻底、不纯粹，他以为通过先验还原和本质还原的现象学方法能成功地建立新的现象学，但实际上他只有方法上的胜利，而没有严格科学理想的胜利。

“走向事情自身”是现象学的基本原则和基本精神，在早期可表达为“大钞票换成小零钱”，但这一原则是贯穿在主体性中，也贯彻在他的整个现象学思想中。“大钞票换成小零钱”，意味着避免使用大概念，大字眼，只用具体的、看得见的、意识可直观到的现象。

胡塞尔现象学思想的发展大致经历了心理主义、描述的现象学和纯粹的现象学三个时期。

心理主义时期也被人称为现象学前期，这是在哈勒大学的 15 年，是胡塞尔教学和学术生涯的开始，是现象学诞生的阶段。这个时期的思想与《逻辑研究》第一卷基本相符。

描述的现象学时期是胡塞尔的学生芬克的看法，也称前现象学时期，现象学史家施皮格伯格(Herbert Spiegelberg)也称之为“知识论的现象学”。这是指 1896 年至 1901 年到哥廷根的前几年的思想，《逻辑研究》第二卷的思想反映了这一时期的思想，这些思想只限于知识论的研讨。

纯粹现象学时期的思想主题是建立作为哲学和科学基础的现象学。这一时期形成于 1906 年左右，之后，很快提出了一种不同于笛卡儿、康德的新的先验论和一种独断的现象学唯心论。胡塞尔 1916 年到弗赖堡，以后的主要课题就是不断地使纯粹现象学彻底化。

在第二阶段的描述时期，他试图用数学思维的描述心理学来解释数学，其根据在主体的心理，这一做法部分失败了，于是他提出了一个摆脱心理学的逻辑主义的计划。在现象学的初期，胡塞尔同样地强调经验的主体与客体两方面的相互关系。到了纯粹现象学时期，由于纯粹现象学的发展，重新导致了主体的优越地位，主体被视为一切客观性的基础和源泉，从心理学的经验主体发展到了纯粹现象学的先验主体。这发展并未被他的弟子们完全接受，直到今天也一样，人们主要接受的是胡塞尔现象学方法和思想的启发，而不完全同意他的一些观念。如海德格尔就把现象学当方法，而胡塞尔则把现象学当本体论，海德格尔接受的是现象学去蔽的方法，不再如胡塞尔是意识的现象学，不再在主体内部寻找奇迹的发生，而是关于存在自身的现象学，彻底摆脱了意识和理性的优先性。

在哈勒大学15年，胡塞尔树立了现象学的基本精神。通俗的说法是“把哲学史上的‘大纸票’兑换成有效的‘小零钱’”。这是这样一个信念：胡塞尔不信任哲学上的大话和空话。他把大话比作“大纸票”，大纸票在使用中必须兑换成小纸票。他把自己的使命形象地说为“小零钱”，其意思就是哲学要进行概念分析和事情（即事情本身）描述。他不接受那些未经检验的概念，检验的方法就是自己“看”，不带任何已有观念地直观，即是说，要把自己尽量“排空”地看，在“看”、在“直观”中把握到事物本身。由于这一信念的树立，哈勒时期的胡塞尔已有了现象学思维的特征。也是因为掌握了这一方法，使他有了从心理主义过渡到反心理主义的可能，这种方法实际上是现象学最突出的标志。现象学的直观可以说就是现象学的基本特征和基本方法。

3. 创立现象学

现象学（Phänomenologie）在德国思想的历史上早有出现，在布伦塔诺那里的意思是本质的现象的学说，作为哲学概念是德国哲学家朗伯（Jahann Heinrich Lambert，1728—1777）提出的，朗伯特是与康德同时代的哲学家，他第一次谈到一门叫做“现象学”的科学，他将人类经验的虚幻称为“现象”，因此他便把现象定义为“关于假象的理论”。康德也经常用到“现象”这个词，并且深入讨论过现象问题，但他只有两次用到"现象学"这一术语。康德的"现象"意指自然现实在意识中的显现，现象是与实体或物自体相对的概念，物自体不是认识的对象，是人不可知的，人可知的只是现象。康德的现象学仅仅是牛顿运动理论的一部分，他的《纯粹理性批判》正是对牛顿力学何以是科学的回答。

黑格尔曾提出过精神现象学。在他的哲学中，现象学被赋予了一种历史视野。他的历史是绝对精神自我发展的历史，他的现象学就是绝对精神的自我发展，这一发展是胚胎式的发展，他的现象学是精神的胚胎学，是精神的古生物学，他讲的是意识怎么生长，描述了自然的现象性的意识，通过科学与哲学的方式，达到绝对知识，它是绝对精神发展的一个过程。在黑格尔这里，现象学是从感性质朴的思想达到绝对观念的辩证运动，是科学的体系和逻辑学的分析，不是真正的现象学。

胡塞尔第一次引入现象学这个名称是在《逻辑研究》第二卷第一部的开始，用它取代"描述的心理学"①。这里的描述是本质直观，不是对自然经验和心理经验的描述，而是对先验的反思性经验的直观。因此，现象学在根本上是一种本质直观的方法。胡塞尔在使用"现象学"这一概念时，根据自己的看法，把现象规定为意识对象和它们的被给予方式——意向内容，以及意识活动和感觉材料——实在，同时继承了康德只有现象是给定的观点，但又进一步表示了自己与康德的不同。胡塞尔的看法是：事物的本质存在于现象中，也只能在现象中存在。胡塞尔通过对前人的批判和吸取其有益部分后，使"现象学"一词变为了自己的哲学。因此，现象学作为一门独立的哲学派别，作为一个独立的哲学方向或运动，更准确地讲，作为一个主题研究是由胡塞尔开始的。因此，胡塞尔是现象学的真正创始人。

胡塞尔的现象学不同于理性哲学与意识哲学。理性哲学借助于概念，而意识哲学借助于直观，现象学也有概念，也有直观，胡塞

① 参见胡塞尔：《逻辑研究》第二卷第一部分，第1、第2、第6节，倪梁康译，上海译文出版社，1998年版，第1～19页。

尔主要的不是概念，而是直观，且是本质直观。意识的显现过程即是本质直观。黑格尔仍然是理性哲学，他的事情本身是存在者的存在，用海德格尔的话说还不是存在自身。胡塞尔反对心理主义，理性不是心理，心理受时空影响；胡塞尔也反对历史主义，反对任何权威的理论，要从事情本身出发，要从问题本身出发。

胡塞尔的现象学坚持从主体出发，通过现象学的还原，排除了一切经验的和事实的观念，在主体内部寻找到了具有不可还原的“先验自我”，成为一切客观实在性的基础和根据。他从事情自身出发，追求意识的主体性，他的现象是一可显现的给予性，不是被给予的，而是自身给予自身，即事情自身的显现。哲学的事情“对胡塞尔来说与黑格尔如出一辙，都按同一传统而来，这个事情就是意识的主体性”①，都从主体性出发，这是他们的相同性，但黑格尔的事情是绝对精神的自我表达，其方法是思辨的辩证法，而胡塞尔的事情强调方法的优先性，采取的是现象学的还原方法(先验还原)。胡塞尔的方法不只是指向事情，它就是事情本身，是来源于先验的主体性。

西方近代哲学是主体性哲学。主体是一个思维的、理性的主体，笛卡儿的“我思故我在”是其最初开端，由此，一个纯粹思维的主体变成实存的实体，变成了真实的在场者。从前的哲学家们都认为思维与存在是两个截然相反的概念，但近代哲学通过主体对存在的优先性，使两者实现其同一。黑格尔认为，真理在于思维与存在的同一性，历史就是精神获得知识并努力掌握真理的过程。他明确指出“实体就是主体”。在黑格尔这里，主体性与实体性通过辩证的逻辑发展而实现了同一。在胡塞尔这里，彻底切断了外在于主体的实体与主体的联系，将此联系建立在主体内部，实体也只是主体内部的现象，现象自身具有实在性，不是外部实体才是实在的，相反，是主体内部意识显现的实在性，才有所谓外部实体的实在性，但胡塞尔对此悬置后，并不像笛卡儿那样倒推，他们的目的不

① 海德格尔：《哲学的终结与思想的任务》，载于《海德格尔选集》，孙周兴编，上海三联书店，1996 年版，第 1249 页。

一样。

胡塞尔坚持主体性，坚持“事情”是主体的事情，并且是一切原则的原则。他仍然如笛卡儿一样，要从明证性出发，因为在他看来，只有经过了现象学还原的主体才是真正自明的主体。走向事情自身是一明证性的原则。所谓明证性就是自身是明白的、通亮的、不需要论证，可直接通过直观而得到的。

胡塞尔的现象学是笛卡儿和康德先验唯心主义道路的彻底化。现象学的理想是想为一切科学奠基，建立一门既是本质的又是先验的科学，成为所有科学之科学性的保证。这一理想是康德哲学理想的继续，其思路接受了康德思想的先验性，对康德不可知的本体作了悬置，将康德的现象进一步限制为意识现象。要为科学提供可靠性的保证和根据，胡塞尔与康德一样认为只可能在主体性中寻找。主体性也就是主观性，主观性是一切奇迹中的奇迹。康德的主体是理性主体，胡塞尔的主体是意识主体。康德的理性是先验的理性，是建立原则的能力，胡塞尔的意识是观念，但观念要进行现象学的还原，从一个事实的观念经过先验还原获得先验观念，再进行本质还原获得先验本质的观念，或者先经过本质还原获得本质观念，再经过先验还原获得先验本质的观念。这样现象学的主体便是一个先验本质的观念主体。

胡塞尔和柏拉图、康德一样认为，只有先验的才是普遍必然的，也才是真正科学的。他们的主体都是一个构造的主体，它不是构造物质世界，而是构造精神世界、构造观念世界，也即构造现象世界。这里的构造是理性之光的构造，理性之光照亮世界。康德的理性作为构造的理性便是用理性照亮自然世界，用理性为自然立法。胡塞尔也是要恢复古希腊的理性，这个理性不是建立自然科学的狭隘的理性，而是探求永恒和无限的理性，这个理性是与存在同一的理性，是形而上学中规定存在、作为根据的理性。因此世界作为现象的世界，在康德那里，是理性建立的现象世界，在胡塞尔那里是一个先验的主观意识构造的先验的现象世界。先验论的现象学哲学把生活世界同样看做是主观构造的，并且生活世界是通向先验论哲学的道路之一。

胡塞尔晚年不再从主体性出发谈生活世界，但生活世界不是主体世界，也不是客观世界，而是超出了主客体区分、也存在着判断的原初的、朴素的世界，是一切基础的基础。生活世界仍然不是外在于人的自然世界，而是进入到主体性中的原初被给予的“世界”。

胡塞尔现象学哲学的诞生，是哲学史上的一个里程碑，也是西方文化史上一颗辉煌灿烂的明珠。海德格尔当时就借用狄尔泰(Dilthey，1833—1911)的话，将胡塞尔的研究成果看成是康德《纯粹理性批判》以来哲学界伟大的进步。胡塞尔之后，现象学有各种差异，舍勒的现象学是情绪、价值的现象学，海德格尔的现象学是存在的现象学，加达默尔的现象学是解释学的现象学。

二、哲学理想

1910 年，胡塞尔撰写了一篇长文《哲学作为严格的科学》，发表在德国哲学杂志《逻各斯》第一期(1910/1911，第 289 ~ 341 页)。这篇文章，既是他哲学理想的一次公开的、完整的阐述，也是他作为一个哲学家再次被抛到众目睽睽之下，再次引起了学术界深度惊讶和广泛讨论。

1．严格的科学

《哲学作为严格的科学》与晚年的《欧洲科学的危机与先验论的现象学》具有一个共同的主题，这一主题表明了胡塞尔一个坚持到底的哲学理想：哲学必须成为严格的科学。这两篇文章构成了胡塞尔哲学理想中持久的科学性关怀。《哲学作为严格的科学》是胡塞尔早期学术生涯中以科学的方式作全新的哲学思考的一次成功尝试，而《危机》则是他晚年面对欧洲现实，阐明此理想的现实意义。

1910 年胡塞尔的思想正处于从《逻辑研究》向《纯粹现象学与现象学哲学的观念》第一卷中关于现象学方法的过渡，因而该文可以作为胡塞尔前先验思考方式向先验思考方式之间的纽带。该文继续了《逻辑研究》中对自然主义与心理主义的强烈否定，显示了胡塞尔试图在一种无懈可击的合理性基础上建立严格科学的哲学的雄心壮志。

胡塞尔的科学一词是德文“Wissenschaft”，可译为“科学”，但绝非英文“Science”所对应的狭义的自然科学，而是源自古希腊科学传统的、以理性为基础的所有学术。胡塞尔的科学不是指像经济、政治这样的具体科学，而是科学之科学，一种超越了具体的、像数学那样的纯粹科学。但数学只是关于本质的科学，还不是先验的科学，数学与事实无关，只与观念相关，现象学所要建立的是既是本质的又是观念的，更是先验的科学。

“哲学从最早开始就要成为严格的科学。”①柏拉图、莱布尼兹、康德、黑格尔、费希特（Fichte，1762—1814）、谢林（Schelling，1775—1854）、马克思和罗素都有这种愿望，但是“哲学在其发展的任何时期都没有能力满足这个成为严格科学的要求”②。希腊哲学本身得以立足的基础，当然是那种无限的求知本性，希腊的那种哲学确实不是我们称为科学的东西，虽然它研究了上帝、世界、灵魂的存在这些传统形而上学的内容，又研究了数学科学、数论、三角和音乐、天文学等其他知识，并对它们建立了一种统一性，我们称为科学的东西甚至大部分没有进入希腊哲学的范围。我们今天所说的“经验科学”统统被希腊人称为生产性的知识和技术，根本称不上科学。苏格拉底和柏拉图在驳斥怀疑论时已意识到哲学严格科学化之需要。

哲学要科学化的愿望也支配了对经院哲学的反动，支配了笛卡儿的哲学革命，笛卡儿实际上是现代西方哲学的奠基者，在怀疑一切中找到一个不可再怀疑的绝对真理，作为演绎的起点。这种方法激励着 17、18 世纪的哲学，康德的理性批判和费希特的哲学探讨都表明这一点。面对科学，哲学开始为自己的合法性寻找证明，而且直到黑格尔和谢林去世的整整两个世纪中，哲学实际上是在对科

① 胡塞尔：《哲学作为严格的科学》，倪梁康译，商务印书馆，1999 年版，第 1 页。

② 胡塞尔：《哲学作为严格的科学》，倪梁康译，商务印书馆，1999 年版，第 1 页。

学的自卫中建立的。

黑格尔坚持自己方法和学说的绝对有效性，但他的系统缺乏理性之批判，而批判理性对于使哲学成为科学而言都是先决条件。黑格尔试图把自然哲学和精神哲学结合在“实在哲学”的统一体中，来完成他的目的。但黑格尔之后，反对黑格尔绝对哲学的潮流及厌恶任何绝对哲学的状况出现了。于是反对任何科学意味的哲学，像历史相对主义、世界观哲学出现了；另一种自命为科学的自然主义，将科学建立在纯粹客观的事物上，完全脱离主观的作用，它的僭越与短视，其原因与方法的谬误，也促使我们醒悟，我们仍然没有一个科学的哲学。

当然，“哲学问题的确切涵义甚至还没有从科学上澄清”①，“不搞清哲学的确切涵义，哲学就无法按照历史的目的设定严格科学的形式”。胡塞尔的意思不是说哲学还未达到完善的科学地步，而是从根本上说它还不是科学，或者说作为科学它还没开始。哲学永恒的使命应是教导人类如何从事合乎人性的事业，如何实现纯粹且绝对的知识追求。这样的教导却从未深入人心。至今为止，仅仅只有一些哲学思维，而没有哲学。哲学还没开始，但哲学要追求严格科学的努力早就开始了，只是一直没找到绝对的出发点。

在他看来，这个出发点就是通过现象学的还原和直观方式，以此获得事情的先验本质。严格的科学要求观念自身的明晰性和确定性，本质直观正好满足了这一要求。哲学的确定性是人性所必要的一种价值，也是人类文化的最高兴趣。

2. 理想的障碍

要实现严格科学的哲学理想必须克服相对主义的障碍，必须消除一切形式的怀疑论，尤其是休谟(David Hume，1711—1776)的怀疑论。胡塞尔不喜欢休谟的怀疑论，因为它否定了一切观念的绝

① 胡塞尔：《哲学作为严格的科学》，倪梁康译，商务印书馆，1999年版，第2页。

对性与客观性。哲学要成为严格的科学，就必须克服它的相对性和不确定性，就必须批判自然主义、历史主义和世界观哲学。

自然主义的自然指“按照精确的自然规律而在空间、时间的统一之意义上的自然”①。这样的自然是自然科学中的自然，并扩大到精神科学和历史的发现中。自然科学家把一切看成自然，精神科学家把一切看做是精神，看做历史的构成物。他们分别是物理的自然和心理的自然。通俗的唯物主义、感觉主义和唯能主义都是极端而彻底的自然主义，他们将意识自然化，包括把内在意识的被给予性也自然化，同时将观念、将绝对的理想和规范也自然化②。自然主义者以自然科学的方式满怀真善美的追求，在浪漫哲学（首先是黑格尔）削弱和歪曲了构建严格哲学的冲动后，试图建立一门新的科学，但它自身只是一门事实的科学，无法提供一切规范化的纯粹原则。它的素朴性将自然理解为自明的确定了的、理解为在先的被给予，同时它自身无法反思和论证自身的科学性。

心理主义是一种自然主义。心理学是自然主义的经验学说。在心理学看来，所有心灵现象都具有心理物理的自然，并通过一种确定性的规律性而得到规定。逻辑心理主义把逻辑的可靠性建立在心理上，以为心理能提供逻辑的基础，以为逻辑法则起源于心理法则，并混淆了逻辑和有规律的自然法则的界限。心理主义把逻辑仅仅看成是思想的法则，而逻辑法则成了调节人思维的自然法则。胡塞尔指出，心理主义的错误在于把理念法则转换为实在法则（如物理法则和精神法则），把规范的调节转化为因果的调节，把逻辑的必然性转化为实在的必然性③。他认为逻辑规律具有绝对的精确性，而自然规律只有或然的精确性；逻辑规律不是精神思维的原因，它调节我们的思维，但不引起我们的思维，自然规律调节自然

① 胡塞尔：《哲学作为严格的科学》，倪梁康译，商务印书馆，1999 年版，第 8 页。

② 参见胡塞尔：《哲学作为严格的科学》，倪梁康译，商务印书馆，1999 年版，第 8 ~9 页。

③ 胡塞尔：《逻辑研究》，第一卷，第 19 节，倪梁康译，上海译文出版社，1994 年版，第 45 ~48 页。

现象那样调节和支配思维的心理过程；逻辑规律不依赖于对人类本性的创造，否则，它就可能因人类理性能力的创造性而改变①。因此心理主义不可能为逻辑的必然性找到根据，不可能成为逻辑规律有效性的源泉，必然会导致怀疑主义的不确定性。

哲学要成为严格科学，不仅要反对心理主义的自然主义，也要反对历史主义和世界观哲学。自然主义把自然本身当成客观的绝对可靠的，而历史与世界观哲学则与此对立，认为不可能有普遍、必然有效的科学存在，不可能有严格科学的哲学存在。历史主义断然以为除了生成或发展之外，无不变的必然真理，认为真理随时代环境而变化②。他们以一种历史的眼光来看待人类的精神生活，认为精神的发展乃是一持续不断的生成变化过程。以狄尔泰为代表的历史主义就是这样一种看法③，他把个人的体验当成是思想和精神的根据。胡塞尔指出这种历史主义并非真正的历史，而是把实在、把真理解释为随历史发展而成为相对的企图，否认真理的普遍有效性。历史主义贯彻到底就成为极端怀疑主义的主观论，一切关于真实性、理论和科学的观念，都失去了绝对有效性。

胡塞尔对世界观哲学的批判是基于如下理由：他说“近代世界观哲学是历史主义怀疑论的孩子”④，怀疑论只承认实证科学的客观有效性，相信一切具体科学的有效性，以为自己的哲学是建立在坚实的科学上，这些哲学家们也承认把自己叫做科学的哲学，还缺

---

① 参见维克多·维拉德·梅欧：《胡塞尔》，杨富斌译，中华书局，2002 年版，第 24 ~ 25 页。

② 19 世纪末、20 世纪初出现的实用主义和过程哲学的主题就是变化，他们都否定有固定不变的真理。参见撒穆尔·伊诺克·斯通普夫，詹姆斯·菲泽：《西方哲学史》，邓晓芒等译，中华书局，2005 年版，第 577 页。

③ 胡塞尔说的历史主义指 19 世纪以来由兰克（L. V. Rank）、德罗伊森（J. Droysen）、狄尔泰等人，他们强调知识的历史性，主张用历史理性来取代纯粹理性的优先地位。参见胡塞尔：《哲学作为严格的科学》，倪梁康译，商务印书馆，1999 年版，第 46 页译注。

④ 胡塞尔：《哲学作为严格的科学》，倪梁康译，商务印书馆，1999 年版，第 53 页。

少科学的严格性所要求的论据，但他们是站在人文主义的立场上承认一切哲学为严格科学的。他们的哲学只是一种“观”——世界观、人生观、价值观或智慧。世界观哲学关心的是人的发展，而非真理是否绝对，它变得几乎与“文化”同义，它的目的仅是尽可能给某一时代的精神生活一个最好的答复。

世界观包含了人生观而因人而异，不可能有普遍性。世界观是被周围环境规定的：民族、种族、阶层、文化的发展阶段①。“哲学按其概念便是世界观哲学。哲学以理论性世界认识的方式针对着世界整体与此在之终极，针对着世界与人生的何所来、何所往、何所为”②。世界观产生于人们对世界与人的整体的思索，人们也是在占统治地位的传统的世界观中成长起来，会继承各种各样的世界观。世界观可分为自然的世界观和教化的世界观。每个世界观都产生于自然的世界观，但教化的世界观是以自身去教化人、改造人。无论世界观是否被偏见和成见规定，是否来自纯粹科学认识或经验，它都为人指明道路，由此，世界观是一种力量，但它并非理论知识，并非严格的科学。

胡塞尔认为应承认智慧和世界观的价值，但不能承认它是严格科学的哲学。世界观虽然也是一种观念，但它的目标仅只是在某一时代实现，是有限的。如果没有超越时间，超越有限的观念，严格科学的哲学就建立不起来。几千年来有许多世界观实现了，但严格科学的哲学却至今没建立。每人有每人的世界观，而严格科学的哲学则是整个人类的事业，它不可能由个人来完成。世界观既不是科学，亦不是走向严格科学的途径。

胡塞尔虽然有把柏拉图的哲学改造成了自己的精神科学的企图，但他也相信我们不能从传统或过去伟大的系统来建立严格科学。他认为不能接受任何在先的被给予，不能以过去传接过来的思

① 海德格尔：《〈现象学基本问题〉导言》，丁耘译，载于《复旦哲学评论》第一辑，上海世纪出版集团，2004 年版，第 230 页。

② 海德格尔：《〈现象学基本问题〉导言》，丁耘译，载于《复旦哲学评论》第一辑，上海世纪出版集团，2004 年版，第 230 ~ 231 页。

想为起点。传统只能作为一种启发，重要的是我们自己要自由地返回到问题本身。事物本身才是真正的起点。我们的时代既然只愿相信实在的东西，并以为科学是明显的实在，因此这时代最需要的便是作为严格科学的哲学，返回最原始起点的哲学才是彻底的科学，也是科学最后的证明。要做到这点只有在直接的直观中才能完成，这种直观不是康德意义上的感性直观，而是理性的本质直观，只有按现象学的方法才能把握先验本质，才能达到严格意义的科学。

3. 理性的重建

严格科学的哲学理想之障碍，不仅有自然主义、历史主义和世界观哲学，而且也有他晚年指出的欧洲科学与精神的危机。1935年，他在布拉格作了《哲学与欧洲人危机》的演讲。谈欧洲人的危机，一方面表明他并不是书斋式的纯粹的现象学哲学家，而且也是一思想家，关心人类普遍的前途和命运，关心人们切身的现实处境，但这点也表明哲学和思想对于现实的意义，并不是纯粹的空谈。另一方面，他强调欧洲精神必须是希腊的理性精神①，希腊的理性精神才是真正的欧洲精神，才能使欧洲成为文明的欧洲，这又和他的哲学理想的实现密切相关。因为，他认为只有重建理性，严格哲学的理想才能实现。

如果我们去掉胡塞尔这一演讲中的“欧洲”，实际上他仍然是一普遍性的关怀，可将他说的简化为：人的危机是精神的危机，也

---

① 丁耘曾这样评论：“犹太亡国已久，历来有那么些错把他乡当故乡，以为自己比希腊人还希腊的犹太人(例如，现象学家胡塞尔在纳粹上台后赌气似的拼命阐发“我们欧洲文明”里的希腊精神。”见丁耘：《文化民族主义：刺猬的抑或狐狸的？——评甘阳〈将错就错〉》，载于《读书》2003年第3期。胡塞尔说的“我们”已超出了狭隘的民族意识，他关心欧洲，但更关心希腊理性精神的再现。在欧洲再现，就是在世界再现，尽管欧洲缺乏地理的和科学的普遍性，但他说这话的重心和用意在“理性精神”，不在欧洲，也与纳粹无直接关联。当然也不是没有地域之嫌和对欧洲关怀之嫌，亦即有欧洲中心主义嫌疑。至于“赌气”，和谁？为何？我还是认为从他的哲学理想出发来理解较好。

是科学的危机，危机的根源在于柏拉图意义上的理性精神的败坏。

胡塞尔认为希腊理性是欧洲文明的开端。公元前六七世纪希腊人的哲学思考明显地体现了人类的理性化要求，中国、埃及、印度等古老文明，却没有表现出理性化的特征。希腊哲人们的理性体现在一种理论化的态度，这是一种排除了全部实用性关怀和主观情绪干扰、不带任何利益考虑的认知方式，或者说这是一种消除了具体生存中种种自然需要的对所知对象采取一种洞见性的超然态度的追求。它追问的是事情的本质，是真理的存在。通过这种理论化态度，希腊哲人们尝试着把握表象世界背后的理念世界。表象世界是变幻不定、暂时性的、无永恒性的、无确定性的世界。希腊人相信在此现象世界背后有一个永恒不变的、具有绝对确定性的理念世界，它引导人类走向完满性的存在；理性通过“理论”和“科学”的方式，可获得关于理念世界的绝对知识，它区别于主观的、只有相对确定性的意见。科学在历史上最早的意义是指理性追求理论的结果，并不是指那种建立于自我意识之上的理论建构，而是指存在物以无偏见的方式被认识。理论就是理性的洞见，就是理性直观到真理。古希腊意义上的科学就是哲学。

胡塞尔的理性具有如下四个方面的内容：第一，理性具有实践性或目的性，可以指引人发展为合理并且合乎人性的存在；第二，理性具有人所应当实现的完满的理念，包括一切形而上学中真、善、美的理念；第三，理性是一种能力，是获得和认识完满理念的正确知识的能力；第四，理性是追求无限的精神，完满的理念是无限的。

胡塞尔试图恢复希腊哲人们的这种古典理性精神，但这种精神是如何失去了呢？这种精神也是一种信念，它引导着原初的希腊人合理性的生存“实践”，也体现在对知识的无止境渴求的欧洲文明中，但自 18、19 世纪以来，欧洲启蒙主义运动使欧洲文明主导理念的古典理性，变异成为一种偏颇理性，自近代以来，随着自然科学的成功和伽利略将自然数学化而误入歧途①，只有一种狭隘的理性存在了。

---

① 请参见本书德里达一章中自然的数学化的形而上学性。

如果说古典理性指导下的希腊哲学家探讨的是“宇宙的最基本组成是什么”？希望获得的是本体世界与理念世界，那么自哥白尼、开普勒和伽利略开创自然科学以来，古典理性的求知欲便变为“宇宙是如何运作”？“是什么”变成了“如何”，以古典理性主导的欧洲文化变型为以自然科学主导的文化。作为发现的天才，伽利略用数学构造了一个理念的自然；作为掩盖的天才，伽利略又让一个真实的、活生生的自然消失了。在伽利略的自然科学理念之下，普遍的因果性都是在数学化了的公式之下才成立，只有按照公式才能解释自然。事物之间的因果联系事实上是按照数学理念编织的。欧洲人却误以为这种自然科学精神正是希腊古典理性的体现，把一个构造的穿上了理念外衣的世界误以为就是经验背后隐藏的规律世界，以为自然科学就是古典理性的延续和发展，以为自然科学可以发挥古典理性的作用，引导人们发展出一种合理性的生活，所有这一切误解，都是导致欧洲文明危机的根本原因①。

胡塞尔认为自然科学的理性是一种偏颇的、片面的理性。自然科学的实用目的，使它排除了与因果性、控制性无关的诸如信仰、美感、意义、价值等性质的世界，只研究客观事实，限制了科学的领域。自然科学也就是实证科学，是实证主义的科学观，它看不到主客体的统一关系，看不到客体的意义是主体授予的，看不到客观事实必依赖于主体才能建立，是片面的、错误的，它的泛滥产生了多方面的后果②。

第一，实证科学拒斥形而上学必然导致拒斥科学本身。形而上学是关于最高和最终问题的科学，应享有科学皇后的荣誉，它的精神决定了一切其他的科学所提供的知识的最终意义。实证科学肯定了事实的有效性，而事实的可能性与形而上学的可能性相联系，理性和事实是不可分割的，归根结底是理性确认什么是事实。

① 参见谢劲松：《胡塞尔传》，长江文艺出版社，2002 年版，第 175 页。

② 胡塞尔：《欧洲科学的危机与超越论的现象学》，王炳文译，商务印书馆，2001 年版，第 312 页。参见张庆熊：《译者的话》，载于胡塞尔：《欧洲科学的危机与超验现象学》，上海译文出版社，1988 年版，第 9 ~ 10 页。

第二，实证科学扼杀哲学。实证科学的全部假说和证明，都是建立在预先给予的世界基础之上的，或者说是在此基础上思考，但实证科学却不寻找这个基础的根据。它把哲学的这种寻找称为荒谬。哲学超越实证科学，因为所有的哲学问题，都是超越纯粹的事实世界的，哲学探讨的是理性的观念问题。

第三，实证科学抛弃哲学将丧失科学研究的内在动力。因为动力来源于目标与理想。欧洲人自古希腊起就以普遍存在作为自己进行哲学与科学研究的根本目标，欧洲哲学与科学的进步都是为实现这一目标发展起来的。近代以来，欧洲人深受实证主义影响，逐渐抛弃了哲学观念的指导性，欧洲科学研究进步的动力也消失了。

第四，抛弃理性的、普遍的哲学理念也必然导致欧洲人性的危机。在胡塞尔那里，哲学、科学、理性、人性、存在是互相统一的。哲学是普遍的科学，理性是人的真正本性，人性是在追求一个普遍的科学的观念中形成和发展起来的，而真正的存在是追求普遍科学的一个观念目标，因此一个人性的人就是用理性追求哲学观念，追求实证科学却不能实现人的人性。

自然科学要求讨论纯粹的客观性，排除了主体性，这样客观性和主体性的必然联系被切断；先验哲学摆脱了这种主客体断裂，它要求在更高维度上讨论客观性是如何在主体性中构造起来的。这里的主体性指先验的主体性，而不是人的心理的主体性。传统认识论的所有的基本错误是用心理主义的，或人本主义和生物主义的方式去说明认识的根据，用低维度科学去说明先验哲学这种高维度的科学，因此导致悖谬。不可能利用自然科学来回答认识如何可能，因此必须对所有自然科学的有效性终止判断，才能走向先验领域的道路。

胡塞尔对现代实证科学的批判包含一个严厉的责难，即科学的“自然主义”使科学没有能力妥善处理并论证绝对真理和有效性这样一些问题。胡塞尔认为，这种情况致使科学丧失其对于人的整个生活的意义，特别是丧失其对于人的生活目的的意义。胡塞尔所关心的不是科学在技术上的效用，这种效用是很明显的，无数科学的成就和技术应用的成功实现已是事实。他所关心的是科学是否有可能使生活本身变得更有意义①。在胡塞尔看来，科学由于局限于纯粹实在的事实，就不能也不愿意面对与意义有关的问题，这就正是科学危机和人类本身危机的根源。关于纯粹事实的实证科学由于它缺乏形而上的哲学论证与支持，而使自身变得残缺不全。因此，科学既不能代替哲学研究，哲学又必须具有科学的严格性。

古典理性精神的丧失和对狭隘的理性的信赖，使欧洲精神也丧失了统一的目的性，欧洲人生活在理性的腐化中，欧洲的整个学术和欧洲精神出现了危机，因此胡塞尔要拯救这种危机，而唯一的办法是要为一切学术建立绝对统一性的基础，要将各门科学纳入一个统一的规律中。这首先得找一个先于一切科学，不依靠任何别的前提，排除了一切怀疑的具有明证性的不可怀疑的绝对真理作为出发点。他找到了主体性，并追溯到主体的结构中最原始的一点，就是主体和客体相会合的原始起点，一个通过现象学还原后的先验主体，一个纯粹的先验的不可还原了的纯粹自我。他坚信只有一个纯粹先验的主体及其所具有的规律才能构成严格的科学的哲学。

胡塞尔提倡的理性是柏拉图意义上的本质(Eidos)，由于精神是自为自律的，可以用纯理性的、彻底科学的方法(本质直观)来研究，同时自然科学只有被纳入理性中才有意义，因为在科学的意义下“自然”乃是自然研究者——人的精神的产物。自然科学预设了精神科学为前提，但到这个时代为止还没有谁为科学提供纯粹逻辑建立学术的统一性。学术分裂了，科学也失去了力量。科学曾经引导人走向幸福生活，走向对自身、对世界、对上帝的理性认识，但这样的信念在逐步消失，人们完全生活在一个变得不可理解的世界中。要改变这种变质了的偏狭的科学文明，就必须解决科学的理论问题，建立真正客观的纯粹逻辑。而纯粹逻辑要有独立的绝对有

---

① 在科学的意义上，胡塞尔的立场与马克斯·韦伯的立场是很相近的，虽然原因各不相同。韦伯认为科学本质上不适于解决价值问题，因此也不适于解决个人存在的意义问题。科学所能做的，只是为我们作决定提供事实的和技术的资料，而作决定则根本是科学以外的事。韦伯一贯主张出于理智和诚实而坚守价值中立。

效性，就应回归逻辑所源自的理性，回到先验的主体性内。只有在主体性中认识律与存在律才是同一的，但要防止陷入心理学意义上的主体，认识主体不是心理主体，而是先验的纯粹意识主体。但这种纯粹逻辑还不能自证，不能自己说出自己的意义，还需要建立在先验的基础上，由先验的主体性来构成先验的逻辑学。

胡塞尔的“逻辑”不是指任何迄今为止已有的逻辑学——无论是传统的或现代的逻辑，粗浅解释是规律、规范的意思。《逻辑研究》之书名是突出逻辑在他的哲学研究中的地位，哲学研究就是逻辑研究，不是研究以事实为研究对象的各种逻辑，而是研究以观念为对象能指导一切的学术的逻辑。胡塞尔由形式逻辑溯至先验逻辑，以先验现象学勾勒出超越主体结构。在他这里形式逻辑是传统的，是实证的客观科学的基础，是不可靠的，因为形式逻辑是需要论证的，这种论证只有通过向先验逻辑的回溯才能得以进行①。与此不同，他所建立的是先验逻辑，是具有先验性的纯粹逻辑。纯粹逻辑是理念的科学，是知识的逻辑条件，具有绝对有效性。纯粹逻辑是使现象学得以建立起来的那种独特的规律性，它不需要另外的规则，自己为自己立法。按照胡塞尔的想法，逻辑是一般科学的科学和科学理论或科学论。它是规定每门科学必须具备什么条件才能称为科学并指导各门个别科学的建立，它能建立起全部学术的统一性的体系，是哲学能够成为严格科学的理由。

胡塞尔认为只有在现象学意义下先验地澄清和证实了的科学，才是彻底的科学；只有先验现象学所澄清的世界才是能彻底理解的世界；只有一个先验的逻辑才能成为彻底的科学理论，成为一个彻底的，最深刻的，最普遍的，一切科学的原理与规范的理论。所以要解除欧洲的科学危机，使哲学成为严格的科学，只有抛弃客观主义，重返主体性，以理性精神重溯先验主体中的结构和规律，彻底弄清意识，运用现象学的哲学方法才能达到目的。

---

① 参见倪梁康：《胡塞尔现象学概念通释》，生活·读书·新知三联书店，1999 年版，第 281 页。

4. 科学的整体

胡塞尔哲学研究的深刻动机在于科学的基础问题，他的哲学道路仍然是康德为科学奠基的道路，他试图建立一门先验本质的现象学，这是他认为的最高科学，而形而上学、本质心理学、经验心理学和其他自然科学都是在此之下的科学。他有一幅关于关于世界的形而上学图景，相信这一图景是根据先验现象学的方法得到的，他的现象学虽然是先验的，但不是形而上学的，而是发生的和构造的现象学①。

胡塞尔认为先验本质现象学是第一哲学，形而上学是第二哲学，但它们都是先验哲学，都是关于理念世界的科学。先验本质现象学是关于先验的本质的科学，又叫先验本体论，是任何形而上学的可能性的先决条件，即任何一门能够作为科学出现的形而上学的先决条件。形而上学是先验的事实科学。遗憾的是他并未能建立起先验本质现象学和形而上学，而只是像康德一样，仅仅提供了一门"能够作为科学出现的未来形而上学"的先决条件，而未提供这门形而上学本身，没有完成他的"真正澄清现象学与物理自然科学、与心理学和精神科学、也与所有先天科学的复杂关系"的计划。他的总体科学的理想始终未能实现，至少始终未能得到表述。

本质心理学是从本质还原到先验还原的中间阶段产生的科学，与先验本质现象学发生直接关系的只有形而上学和本质心理学。也就是说先验本质现象学只对形而上学和本质心理学发生直接影响。无论是胡塞尔本人，还是他的追随者都只强调现象学对哲学(形而上学)和心理学(本质心理学)的影响。胡塞尔认为先验本质现象学是形而上学得以建立的条件。形而上学在先验本体论建立之前是不可能的。因此先验本质现象学建立前的所谓哲学，仅仅是哲学思维，而非哲学本身。但本质心理学却可以不依赖于先验本体论而建立。其他自然科学，即关于实在世界的科学都可以不依赖先验本质

① 关于"胡塞尔的形而上学"，请参见 A. D. 史密斯：《胡塞尔与〈笛卡尔式的沉思〉》，赵玉兰译，广西师范大学出版社，2007 年版，第 232 页。

现象学而建立。这是本质还原的独立性所决定的。

但是一切独断论科学却无法独立地自身论证自身如何可能，这个最终的解释只有先验本质现象学才能可能。因此，先验本质现象学使形而上学这门绝对意义上的存在科学成为可能，也说明本质心理学和经验心理学如何可能。

先验本质现象学和形而上学的关系是本质科学与事实科学的关系，而与本质心理学的关系则是本质科学之间的关系。就本质而言，可称为第一性。胡塞尔把先验本质现象学称为第一哲学，称本质心理学为第一心理学。第一哲学对第一心理学起最终解释作用，但它们有非同一性，它们又都是关于意识(纯粹意识或人的意识)的本质科学，因而又强调其对应性。

先验本质现象学如果放弃先验观点，回到自然观点，便过渡到本质心理学，但本质心理学并不是借助先验还原便直接变为先验本质现象学，而只能说达到先验本质现象学的领域。因本质心理学经过先验还原之后保留下的只是作为先验本质现象学的对象的先验本质，而本质心理学的所有研究成果和定理，原则上都被排除。

在建立起先验本质现象学之后，胡塞尔认为可以沿两条道路往回走：或者放弃自然观点，这样立即达到本质心理学；或者用本质规律指导先验事实，建立形而上学。但胡塞尔实际只沿着一条路走了，成为先天心理学或现象学心理学的始祖，他晚年大量工作都在此。

自然科学在胡塞尔那里是个含糊的概念。凡是明确的或隐秘的设定一个客观自然存在的科学，包括本质心理学和经验心理学都是自然科学，都是先验还原的排除对象。他始终强调自然观点和哲学观点的对立。狭义地讲，胡塞尔把所有以物理自然的事实和本质为研究对象的科学，如物理、化学、数学、几何等称为自然科学。狭义的自然科学与先验本质现象学无直接联系。胡塞尔早期按方法划分，将数学、几何等本质科学和本质心理学看成是同一个层次的科学，都是采用对实体本质的本质直观法。晚期根据科学对象的性质来划分，以心理自然的本质和事实为研究对象的本质心理学与经验心理学看成比以物理自然的本质和事实为研究对象的狭义自然科学高一个层次。

这是对胡塞尔整体科学设想的大致描述。他的关于哲学的科学理想不说是一个失败和空想的话，也至少可以说至今还未实现，但他为此作出的努力却导致了20世纪哲学的一系列新成就。如果说胡塞尔早期的现象学还只是作为方法的现象学，那么他后来的工作和著作所建立的可以说是一门作为哲学的现象学了。

三、现象学的方法

胡塞尔的现象学将自身的研究严格限制在意识中。它研究现象如何显现，因此现象学可译为显现学。意向性是意识的基本特征，意识的结构可区分为意识活动和意识内容，具体可描述为：我思考某物。胡塞尔将意识结构描述为：自我——我思——所思（我思之物）。我们知道的一切都是所思之物。所思是意向的对象，自我总伴随着指向意向对象的精神活动，思维活动就是精神活动。现象学就是对意识结构（自我——我思——所思物）的研究①。现象学方法描述事物如何向我显现。它排除一切假定，只研究和描述纯粹给予物，即意识现象和思维自身。思维自身作为现象，有两种显现，一是思维对象即显现物的显现（意识对象），一是思维过程的显现（意识活动）。显现物在显现中构造自身，思维的过程就是一个意识构造自身的过程。思维对象是意向性的对象，意识的内容就是体验。实在内容具有主观性，可因人而异（如面对一件衣服有不同喜爱），意向内容则具有共性和一般性，具有客观性（如衣服的颜色、形状不管喜爱与否每个人看到的一样）。现象学的还原排除经验的主体和一切外在的客体，现象学只探讨意识体验、而探讨实际上是通过直观获得其本质。

"这种现象学仅和它所属的一般体验的纯粹现象学一样，仅仅研究那些在直观中可把握、可分析的体验的纯粹本质一般性，而不研究那些作为实体事实、作为在显现的并被设定为经验事实的世界

① 参见维克多·维拉德·梅欧：《胡塞尔》，杨富斌译，中华书局，2002年版，第56～57页。

中体验着的人或动物的体验的经验统摄后的体验。它用本质概念和有规律的本质陈述将那些在本质直观中直接被把握的本质和建立在这些本质中的本质联系描述性地、纯粹地表达出来。所有这些本质陈述都是在最确切词义上的先天陈述。”①

现象学对意识和事情本质的把握实际是通过描述而得到的，描述也就是直观(Anschauung，Intuition)。由于经过了还原，排除了经验的主体和客体，现象学的描述实际上是对显现在意识中的意识现象、显现物及其显现过程的描述。这实际上是现象学最主要的思想贡献，也是人们普遍接受的现象学方法。

现象学方法表达在胡塞尔的一系列著作中，特别表达在一些基本概念中，如表达在明证性、直观(描述)、纯粹直观、本质直观、本质还原、先验还原、悬置(加括弧、中止判断)、自然态度、纯粹自我、内在经验等等中，了解了这些术语和概念的涵义就基本知道了他的现象学方法及其思想。但他的思想极其细致，入微到小心翼翼，要有相当的耐心和细腻才能进入。

1. 基本概念

1.1 意向性

意向性(Intentionality)作为现象学的首要主题。胡塞尔的现象学是建立在主体的意识活动的描述上的。他认为主体是意识的主体，一切精神活动都具有意向性特征。意向性是主体的一个本质特征，它在严格意义上说明了意识的特性。

意向性是对意向的规定。意向意味着作为意识自我的主体朝向一个对象，它指的是意识的意向活动(Noesis)，在宽泛的意义上说，还有射中的的意思，即“不仅意味着某个意向的发出，而且意味着这个意向的充实”②。胡塞尔也称意向是感知行为，也相当于

---

① 胡塞尔：《逻辑研究》，第二卷第一部分，第 1 节，A4，倪梁康译，上海译文出版社，1994 年版，第 2 页。

② 倪梁康：《现象学概念通释》，生活·读书·新知三联书店，1999 年版，第 248 页。

笛卡儿的“我思”，是对意向行为的统称。与此相关的，意向的则指有实际内容的意指，与实在的相同，而意向性是现象学的起点概念、基本概念，它标志着意识的本性，指某物可被直接地指明和描述，所有意识都是关于某物的意识，在“广义上意指为行为与被意指之物本身之间的相互关系”①。

意向性意味着一种能动性，在先验现象学中意向性不再意味着心灵体验的主动性，而意味着纯粹意识的意向构造能力和成就。按照里科尔(Ricoeur，1913—2005)的理解，它始终是前现象学心理学和先验现象学的共同主题，它“可以在现象学还原之前和之后被描述：在还原之前时，它是一种交遇，在还原之后时，它是一种构成”②。

意向对象是意识行为的意义，意向对象存在于一切意向意识中，包括虚构的对象。孙悟空就可以是一个意向对象，意向对象不相关于外在的客观实在，也不相关于在意识中的实在内容，可以是想象的、回忆的和体验的，可分为实在对象与理念对象。意识具有实在内容和意向内容。意识的实在性包括意识活动，也包括感觉材料；意识的意向内容包括意识对象和其被给予的方式。意向的可以不必是实在的，意向的与实在的可以是相对的概念③。

---

① 倪梁康：《现象学概念通释》，生活·读书·新知三联书店，1999年版，第249页。

② 保罗·利科：《纯粹现象学和现象学哲学的观念》第一卷法译本译者导言，载于胡塞尔：《纯粹现象学通论》，李幼蒸译，商务印书馆，1992年版，第476页。

③ “意向的”与“实在的”是相对的还是相同的概念，这个译注与倪梁康自己在《胡塞尔现象学概念通释》第249页的说法是有不同的。参见胡塞尔：《现象学的观念》，倪梁康译，上海译文出版社，1986年版，第9页译注。“意向对象并不属于实项内容”，而实项内容是在所有领域都有效的内容概念在体验上的素朴运用，但胡塞尔自己也说“如果将实项内容与意向内容对置起来，那么意向内容这个词已经暗示了，它所涉及的是意向体验(或行为)本身的特性。但在这里……也常常已经以相同的方式在‘意向内容’的现象学标题之下被意指。”要细究胡塞尔的概念是越来越复杂的，但也是越来越清晰的。参见胡塞尔：《逻辑研究》第二卷第一部分，倪梁康译，上海译文出版社，1998年版，第436～437页。

胡塞尔自己说："现象学以意向性问题为开端。"意向性有意向活动和意向对象两种成分组成，意识本身被定义为"意向性经验"。他对内在于思维活动中的感性材料、意识活动、意向对象做了区分。感觉材料为意向性行为提供情感，但他既不是意向行为也不是意向对象。

作为意识与对象的关系的意向性表示了意识的基本结构。胡塞尔从哈勒转到哥廷根以后，日益关注意识的结构问题。他直接接受了他的老师布伦塔诺的思想，意识都是对某物的意识，都有一个对象，但胡塞尔指出这个意识对象不是意识行为，它可以是非存在(如独角兽)，可以是借助指向对象的意向行为而理解的感觉。如看一支红铅笔，有红的感觉，但看到的不是感觉，而是感觉之外的红的东西。感觉是在反思中直观到的。

把意向性理解为体验的特性，是说体验总是对某物的体验，意识总是"对某物的意识"①。认识体验的这种意向，是认识体验的本质，是我思与对象发生的关系。这是我思中一个令人惊异的特性，一切理论理性和形而上学的迷误都起源于此。理解了意向性，就理解了现象学是如何克服这一迷误，克服主客体对立与分离的。

体验，在胡塞尔现象学中是一个重要概念。它的范围很广，指某种心理的东西(但不等于心理学的体验)、内在的东西，所有的内在生活，它基本上相当于胡塞尔所说的现象。意识是由许许多多的体验所组成的。它的种类很多，有经验体验、认识体验，其中包括听、说、看、触摸、痛苦、快乐、爱、恨等各种体验，它们不能从外部去研究，而只能从内心去探讨。任何体验都或多或少地带有意向性，不带意向性的体验是一种抽象，现实中几乎是不存在的。我们说爱时总有一个被爱者；是有一个被爱者我才知我的爱、知我有爱的情感、知我在爱。这里也表现出意识和体验有两种意指(直观)方式：意指(直观)被爱者与意指(直观)爱的情感、观念——包括意指"爱"这个字所引起的情感和关于爱的观念。从第一种意指

① 胡塞尔：《纯粹现象学通论》，李幼蒸译，商务印书馆，1992 年版，第 210 页。

和直观到第二种意指和直观正是从感知对象的判断行为回复到了范畴直观的判断行为，这就达到了胡塞尔抗拒近代哲学自然科学化、特别是抗拒自然科学心理学的认识论的目的，因而维护了真理的客观性和普遍性。

意向对象内在于意识活动之中，虽不具有客观实际的存在，但却是客观的。既然现象能够显现存在，但认识又如何能切中它？在现象中存在和显现的本质是什么？胡塞尔认为这里涉及意向意义上的内在之物。“通过意向性这个概念，自我意识的内在性和人对世界认识的先验性之间那种独断的设定的分离，从根本上克服了。这种分离正是概念及其理论构造的基础。认识论变成了关于认识的现象学，而哲学也成了现象学。因为后者在意识完成意向性中论证了全部客观有效性的结构。”加达默尔这句话将意向性的意义说得很精辟了。胡塞尔探讨的是意识内部被给予的纯粹意识。“诸思维表现着一个绝对内在的被给予的领域，无论我们是在什么意义上说明内在。在对纯粹现象的直观中，对象不在认识之外，不在‘意识’之外并且同时在一个纯粹被直观之物的绝对自身被给予性意义上被给予。”①说胡塞尔克服了主客体的分离也不过分，但还要看到他的意向性学说中实际上是把外在于主体的客体移到了意识内部②。

意向性使传统的主客体的分离的鸿沟移到了主体内部，胡塞尔的意识对象并不是在主体之外，而是在主体之内的意向性对象。意向对象所相对应的是“纯粹自我”，意向性虽然把认识和对象统一起来，但意向是意识意指某物，这里仍然体现了主体和客体的共同存在。只不过胡塞尔将客体放到了括弧里，存而不论，出现在意识中的客体是作为意向性的客体，与意识真正对立的客体在现象学中被抛弃了，抛弃就是说它存在但不管它的存在。所不同的只是胡塞尔有采用现象学的方法，即对思维、认识进行直接的描述，直接来把握一切思维和认识。当然按照意识本身的结构（我思与我所思之

① 胡塞尔：《现象学的观念》，倪梁康译，上海译文出版社，1986年版，第39页。

② 参见谢劲松：《胡塞尔传》，长江文艺出版社，2002年版，第79页。

物，意识与意识之物），它本身就包含了对象。意识的这样一个结构仍然包含了一种我思和我所思的对立，但它并不是笛卡儿以来近代形而上学、特别是德意志唯心主义的主客体对立，而是在主体内部的“对立”，胡塞尔对意识的种种描述，对意识结构的揭示都有此对立的痕迹，他的意向性学说也一直处于演变之中。

1.2 自然态度

胡塞尔认为人面对世界和自身有三种态度，即自然态度、科学态度与哲学态度。

自然态度也是一种信仰态度。这里的信仰是不加怀疑、反思的信任和接受，自然态度是一种对直观的、经验的事物采取接受的态度。这里的直观是对周围世界和事物的直接接受，是感性直观，不是现象学的本质直观。自然态度对所处的生活世界不产生课题意识，始终生活在世界之中，但这一世界是非课题化的世界，不把这个世界当作一个可普遍探讨的课题，经验、习惯、法律解决了一切。课题化也就是问题化和主题化。自然态度面对世界没有疑问。总之，是沉湎于生活世界的自然性之中。

自然态度面对的世界是一个非课题性的、现实的世界。它把一切面对的都看做是不言自明，毋庸置疑的前提，不把它作为课题来研究。用胡塞尔的话说，“自然的生活，不论是前科学上还是科学上感兴趣的，不论是理论上还是实践上感兴趣的都是在非主题的普遍地平线之中的生活。这个地平线就其自然状态而言，正是始终作为存在者而预先给定的世界”①。这个预先给定的世界是思考和认识的背景和意义基础。他认为“世界甚至预先就有意义：它是真正存在着的现实东西的全体”②。

人们以一种自然态度生活，生活世界是一个自然世界，是一个现实的东西的全体。它是预先给予的给予方式，它的有效性在主观

① 胡塞尔：《欧洲科学的危机与超越论的现象学》，王炳文译，商务印书馆，2001 年版，第 176 页。

② 胡塞尔：《欧洲科学的危机与超越论的现象学》，王炳文译，商务印书馆，2001 年版，第 176 页。

性中的变化正是胡塞尔感兴趣的。生活世界作为一个始终是预先被给予的、始终在一切思考和认识之先就存在着的有效世界，它的有效性不是出于某个意图、某个课题研究需要，也不是根据某个普遍的目的。每个目的都以生活世界为前提，就连那种企图在科学真实性中认识生活世界的普遍目的也以生活世界为前提。

"生活和科学中自然的思维对认识可能性的问题是漠不关心的——而哲学的思维则取决于对认识可能性问题的态度。"①"自然的思维态度尚不关心认识批判。在自然的思维态度中，我们的直观和思维面对着事物。这些事物被给予我们，并且是自明的被给予。"②自然态度是一种纯粹接受的态度，它所认为的明证性，并不是真正的明证性，而是自以为是的"明证性"，是没有反思能力，不进行认识批判而认为的"明证性"，这种"明证性"恰恰是胡塞尔要排除的。

更为重要的是自然态度是先验的。"自然态度不是一个自然事件，而是一种人生体验的基本状态。这种基本状态在倒退时才会在突破(im Durchbruch)中显示出来。说得极端一点，自然态度是一个先验概念，这个概念本身就意味着自忘性，意味着主体性的被世界化过程中的自我外化。"③这就是说人们的自然态度是与生俱来的，是每个人一开始就处于其中的状态。它的先验性正表明了为什么不易意识到且对此易忘。它不是我们通过自由选择的态度，不是过段时间经过认识的提高就可以克服的。"只要我们是人，我们就在这种态度之中。"④其实，人如果不是以一种自然态度来生活，那就无法生活下去。科学态度和哲学态度是怀疑、反思和批判的态

---

① 胡塞尔：《现象学的观念》，倪梁康译，上海译文出版社，1986年版，第7页。

② 胡塞尔：《现象学的观念》，倪梁康译，上海译文出版社，1986年版，第19页。

③ 奥伊根·芬克：《对胡塞尔现象学还原的反思》，载于倪梁康编：《面对实事本身——现象学经典文选》，东方出版社，2000年版，第572页。

④ 奥伊根·芬克：《对胡塞尔现象学还原的反思》，载于倪梁康编：《面对实事本身——现象学经典文选》，东方出版社，2000年版，第577页。

度，它虽然是胡塞尔认为的人的苏醒方式，但这种苏醒主要是获得对世界和事情的真理性的知识，尽管如此，科学态度和哲学态度仍然需要以自然的生活世界为基础，不是脱离了生活世界的空洞思想。虽然哲学思维必须中断日常思维，但此中断恰恰是它能不受日常有限性的牵制，而达到对无限、先验的理解和把握，由此形成的思想又可反过来指引生活，生活需要有超越的指引。胡塞尔晚年的生活世界理论，也是某种程度上放弃学院派纯粹哲学立场，不局限于“纯粹意识”而思考生活本身的尝试，但绝不是回到自然态度。

“自然态度是理解存在的根本立场。”①人们在生活世界中经验的一切事情、人与物、历史与现实、知识与理论，等等，还包括自己，总是当做“实存的东西”接受下来。但这些接受物都是未经反思的“存在”，是直接经验中的“存在”，是没有根据证实其存在的存在，胡塞尔认为，这种“存在的信仰”缺乏有效性，要放在括弧中，要悬置，要进行现象学的还原。也就是说他想破除人们的“存在信仰”，这看起来有点荒诞，他首先是一种克制的态度，悬置这种“存在的信仰”，不对存在作判断，也不利用其存在。但“自我”真的能够克服和停止相信任何存在吗？也许对某个单个的存在信仰可以质疑和放弃，但对存在者整体中的任何一个如何都能质疑其存在呢？胡塞尔将自我区分为两个：一个是信仰存在的自我，另一个是对自己的存在信仰进行反思的自我。前一个自我是和每个人一样的生活的自然态度的自我；后一个自我是纯粹的自我、体验的自我，存在也只是纯粹意识的存在。胡塞尔的思想充满了疑团，但却是震撼性的，他“徘徊在存在之迷途上，被遗弃在世界的迷宫中，被放逐到他的有限性之内”②。

1.3　明证性

现象学要成为严格科学的哲学，就必须具有一种绝对的确定

① 奥伊根·芬克：《对胡塞尔现象学还原的反思》，载于倪梁康编：《面对实事本身——现象学经典文选》，东方出版社，2000 年版，第 577 页。

② 奥伊根·芬克：《对胡塞尔现象学还原的反思》，载于倪梁康编：《面对实事本身——现象学经典文选》，东方出版社，2000 年版，第 587 页。

性，而现象学又只关心主体性的意识分析，对意识本身之外的存在加括弧，不作判断，那么这种确定性就只能在意识分析中寻找。胡塞尔认为科学的确定性和真理来自明证性，明证性来自于绝对的被给予，那么哲学要让人相信是严格的科学，要回答真理的认识如何可能就同样要看到哲学自身的明证性，就必须研究什么是哲学中自身被绝对给予的东西。这个绝对的被给予，就是具有明证性，亦即是自明的、明晰的、显现在意识中的对象。它是现象学的一切原则之原则。

明证性(Evidenz)也译为自明性、明见性，这个概念不是心理主义感觉论所说的感觉上的清晰，而是指明晰、直接的感知本身，指对真实事态的“明察”，这个概念并不包含证明、论证的意思，因为直观是不能论证的①。明证性就是直观的、直接的自身被给予性。意识活动——知觉、想象、记忆和欲望——是在自身中被给予的——即活动主体不会怀疑这点。笛卡儿和休谟都看到了这点，但他们没有看到“我思”中的“被我思者”同样是与“我思”一样具有直接性和确定性而被给予的，胡塞尔从指出这一差别发现了意识与本质之间存在意向性而迈向先验现象学。

“我思”与作为对象的“被我思者”都具有被给予性，这种被给予性是存在现象的表现，“我思”是绝对被给予，“被我思者”是一个可证实的存在，只要在意向性中，只要被给予的活动是理性的，这个“被我思者”可作为绝对的被给予。绝对的被给予就是明证，存在及其真实性是明证性的函数。绝对不能说所有被给予之物、所有被知觉之物、被想象之物、被虚构之物和符号性的被想象之物都是明证的给予的。一个圆的四角形是可以被想象的，关于它的一个意向客体可以明证地存在，但一个这样的客体却明证地不存在，它不具有真实性，因而也不具有给予性。因此胡塞尔认为在澄清这些问题之前绝对不能说“真实的明证性伸展得有多远，被给予性也伸展得多远。”

① 参见倪梁康:《现象学概念通释》，生活·读书·新知三联书店，1999年版，第155页。

到底是什么能保证作为对象的“被我思者”具有绝对给予性？胡塞尔认为意识活动包含着它自身的明证。包含着自身的对给予性的保证。因为绝对存在一定是现象存在。这是通过意向性从本体论的角度作出的说明。“被我思者”只有在意识中才有绝对被给予性。至此，被给予性虽然具有确定性，但却是空洞的确定性，因为存在的意义仍然不清。因此胡塞尔一方面在阐述了内在性与客观性的统一之后，另一方面着重阐述意识活动所展现的本质必然性，来进一步保证认识的客观性。他一再表明现象学追求的是本质，本质是观念的，而观念是在意识中，因此现象学在意识之外不寻求也不接受任何明证，现象学的明证是呈现在意识中的像“我思”一样的明证。

现象学的目的是拯救绝对的确定性，绝对确定性最终只有一个源泉，那就是看，即直观。但直观不是外在直观，而是内在直观，即看内在的纯粹意识。因此哲学要么是一种看，要么根本不是科学①。清除考察中一切看不到的东西，就只留下在意识中构建的“存在”。作为应该启明存在的哲学，胡塞尔始终把自己的研究限制在意识内，他的明证也始终只是意识领域的明证。“现象学之所以为现象学，是因为它在意识本身提供的证明之外既不寻求也不接受任何别的明证。”②

2. 现象学还原

现象学的方法可简称为悬置(Epoché)和还原(Reduktion)的方法。悬置是对一切传统认识中视为有效性的东西质疑，是对自然态度所信仰的事情的放弃，还原则是排除一切事实与实在获得纯粹意识，最终获得先验的观念本质，它是一种无前提的原则，是走向事情自身的现象学目标的具体化。

---

① 参见 Q. 劳尔：《导言：胡塞尔的科学理想》，载于胡塞尔：《现象学与哲学的危机》，吕祥译，国际文化出版公司出版，1988 年版，第 58 页。

② Q. 劳尔：《导言：胡塞尔的科学理想》，载于胡塞尔：《现象学与哲学的危机》，吕祥译，国际文化出版公司出版，1988 年版，第 62 页。

2.1　悬置与还原

现象学的方法，就是指现象学的还原。现象学还原与现象学悬置和先验还原同义。悬置是还原的第一步。胡塞尔借用了古希腊怀疑派哲学家所使用的悬置一词，它意为中断判断或将判断悬置起来，也就是把意识中物质的东西和精神的东西统统放在括号里，存而不论，只研究纯粹意识领域。现象学用存而不论的还原方法，对主体的构造和构成做描述（直观）和分析工作，由此建立的是先验的现象学。

“还原”指从事实、个别性到本质的、普遍性的一种注意的彻底转移，是放弃对自然态度的接受和信任，转移到对先验主体性领域的直观。从事实到本质的转移将被称为“本质的还原”，从自然态度到先验的主体性的转移被称为“现象学的还原”。

传统哲学要么从物质出发解释精神现象，要么从精神出发解释物质现象，都是以某种预先的假定为前提。胡塞尔找到的哲学的出发点是纯粹意识，他排除了物质存在与精神存在是唯一绝对存在的假定，避免了二元分裂的唯物论和唯心论。同时通过对本质直观地分析，发现意识中一般性的“类”的存在，与个别的现实的具体存在对象，并没有绝对的一一对应。他发现观念的东西可以通过想象而使意向充实，不必一定要感性的真实的直观对象。这使胡塞尔找到了一条进入纯粹本质领域的道路，第一步就是把全部自然世界的存在信念、包括绝对自明的存在判断（如我自己的存在）排除掉，把关于自然世界的现实存在这一问题搁置起来。此外，包括生活世界、历史、科学知识和宗教信仰中的理论或意见，也把它们通通放在括号里悬置。

在先验论的现象学哲学中，悬置是对一切被给予之物的存在与否中止判断，也不利用一切被给予之物的有效性。它排除一切自然的观点和一切存在的有效性，包括世界本身的有效性，在反思中也对一切对象的预先给予性加括号。悬置是放弃任何已有立场，专注于现象本身，并放弃任何先见。为了先验论的现象学的科学性，胡塞尔不仅要悬置客观科学的有效性，而且也要悬置生活世界的有效性，这是他的现象学的普遍的悬置。普遍的悬置是对预先给定的世界的有效性保持克制态度。悬置生活世界是要将生活世界的预先给予性作为一个研究课题。这是一种研究态度的彻底改变，也是一种思维方式的改变。

普遍悬置打断了人们习惯的思维方式，打断了人们从一种无论是在生活中还是在科学研究中所形成的整个历史的与传统的思维态度。但它却使人从世界的预先给予性的内在束缚中解放出来，使人们获得内在的自由。因为人们对世界的意识，是主观性的构成的意识。一个已经给予了有效性的世界的存在无疑是对人的构成意识的限制。悬置作为现象学的方法，既有理论意义又有生活意义。作为理论意义，它是先验论的现象学的哲学方法，是建立普遍的本质科学之必要；作为生活意义它告诉人生活要学会放弃。

现象学的悬置依然得不到本质，还必须进行本质还原和先验还原。本质还原排除事实获得本质，如由个别红转变到红这种本质，由个别的人转变到人这种本质；先验还原排除事实获得纯粹的先验的观念，朴素意识中被给予的东西变成了“纯粹意识”中的先验现象。本质还原区分了“事实”和“本质”，先验还原区分了“现实”和“非现实”。但只有两种还原先后进行，才能获得先验现象的本质。如果不进行先验还原，任何学说，包括本质科学，都还是处在自然的观点中；只有经过还原之后，真正的哲学观点，即先验哲学的观点才可能出现。但如果只进行先验还原而不进行本质还原，所获得的仍然只是先验现象，只是从实在事实达到了观念事实，还得不到观念本质。所以仅凭先验还原方法仍不能建立一门科学，现象有赖于本质还原。

通过本质还原，实在事实成为实在本质，再先验还原，实在本质成为观念本质；也可先先验还原，实在事实成为观念事实，再本质还原，观念事实成为观念本质。观念本质是先验本质现象学的研究对象和构成材料，观念事实是形而上学的研究对象和构成材料，实在本质是实在心理学的研究对象和构成材料，实在事实是经验心理学的研究对象和构成材料。

2.2　本质还原

本质还原的方法实际上就是本质直观的方法。对现象学来说是一种最基本的方法，也是唯一具体的操作方法。本质直观有一种固有的明证性即明白性或明晰性。明证性又是一种自身被给予性，它是本质还原的方法，是获得本质(Eidos)的根据。本质是纯粹的可能性，也是本质的必然性。本质还原是个比本质直观更广泛的概念，既指本质直观，又指本质判断①。

胡塞尔认为，直观就是意义对象化的方式。直观可分为经验的感性直观和本质直观。任何意义，无论是具体的还是抽象的，是感性的还是范畴性或本质性的，它总是要对象化、现实化、要被充实起来。使意义所意向的东西直接显现的活动称为直观活动。这种直观活动可以是多步完成的综合活动或抽象活动，也可以是自由想象中通过推移交换的把握活动。

意义依充实方式不同有感性意义与范畴意义之别。如我要找自己用过的钢笔，从口袋里摸出来的恰好就是，那显现之物正是我想起之物，我的意向的实现，是通过对一个钢笔这个具体的现实存在物的直观实现的，空的意向成为真实的意向，这就是感性直观。而如果当我有一个要认识"宗教"这个概念的意向时，我面前可能会出现自己到寺院去以及和法师们交谈的经历，雄伟辉煌的建筑，某一本经书的涵义，目睹的礼仪等，所有这些都体现出宗教的意义，但所有的形象直观与"宗教"概念本身的意义只有外在关系，并没有使这个概念的意向内容对象化。虽然其意义也被充实，但仍然是抽象的充实。

西方哲学传统的感性直观是一次性的获得对对象的认识，与综合、归纳相对立，感性直观只涉及判断活动尚未开始前的意向活动，即对具体的个别事物的最简单的念及，使这种意向的充实现实化。而判断，哪怕是最简单的陈述句，也超出了感性直观的能力，必需范畴直观的参与才能完成。感性直观只能充实感性意义，范畴直观只能充实范畴意义。

本质直观不同于感性直观。胡塞尔认为感性直观是使意义充实

① 参见倪梁康：《现象学概念通释》，生活·读书·新知三联书店，1999年版，第393页。

和对象化的最基础最原初的方式，但它不稳定，不全面，因此意向性对象的意义绝不可能来自于感性直观。感性直观所构成的知识不可能是绝对有效的知识，它构成的科学不可能是绝对精密的科学，它所代表的真理也就不是绝对无误的真理。当我们说出或听到“红太阳是红的”时，感性直观只能使“太阳”和具体的红色分别显现自身。这句话的整体意义却包含了比感性意义更多的东西：“是”的意义是一个形式性的范畴性的意义。这个命题的意义的对象化是由感性直观的内容与范畴直观的内容的综合完成的。

范畴直观是对各种经验命题的具体意义的理解和现实化。范畴性就是命题的具体形式。作为范畴因素体现的那些结构词——如“并且”、“或者”、“是”的意义只是和感性对象以及感性意义的充实结合在一起时，才能作为对象被直观到、被现实化。所以范畴性对象是以感性对象为自己存在的基础，是较多层次的对象。它是判断中的一种连接方式。它把两个感性对象或其他对象组合在一起，形成一个总体，或叫综合体。将其意义综合成意义的联系。它是一种知识行为，但不是意识的心理过程本身。像“并且”这类范畴性对象，它不能离开感性对象而存在。范畴性对象不是实体的存在，而是一种结构功能性对象；另一种是感性素材任意化了的纯范畴形式(如 P 是 Q)。纯范畴形式是一种抽象。这种抽象不是舍弃具体、个别的研究对象抽出共同的属性，它不能脱离感性直观而独立存在，而是说命题中的感性对象可用任意对象来充任。范畴直观是超感性的，但不脱离感性，是建立在感性之上，把感性素材结合在一起，比原来感性的东西相加“多出来”的那个整体意义，是“这朵花是红的”①这类句子中所包含有的非感性的整体成分，这个整体意义和整体成分就是被直观对象(类)的本质。

---

① 黑格尔从判断看“这玫瑰花是红的”，称之为直接的判断，但不是质的判断，他把“红”看成“对象自身特有的诸规定”，主词与谓词的关系不是实在与概念的关系，是仅就主词直接的个体性来看的，没有与别的东西联系，不包含真理。参见黑格尔：《小逻辑》，贺麟译，商务印书馆，1986 年版，第 339～347 页。胡塞尔是把“红”当范畴来直观的，能直观到“花”这个个别物的本质。

现象学的本质直观实际上是特殊的范畴直观，即对类的直观，达到“类”存在本身。例如对“红”的直观，对一个或多个具有“红”的颜色的个体物的直观，我抓住它们的纯粹的内在，除去“红”之外还含有作为能够超越的被统摄的东西，从这个或那个“红”中直观出同一的一般之物，就是进行现象学还原而获得的本质直观。除此之外再也不能得到更多的“红”的本质。“红”的一般性，就是“红”的类，这个一般的“红”也可叫做观念(Ideal)。

胡塞尔认为“类”的存在，严格说来不是一般所谓对象，它不是感性知觉可能把握的东西，实际上是感性对象的同一性，如“红”这种颜色的“类”，只可能在想象、幻想中存在。它本身并不是具体的可感对象，它的存在是非经验性的，即不属于经验领域，但它与经验有直接的相关性，也就是说它通过经验物而显现，可以在不同的个别具体对象上具有存在的可能性，至于这个具体对象是什么是无关紧要的。类的本质主要通过想象和幻想意义化，因而本质直观主要是在幻想和想象中实现的。我们可以直观红的现象，并且又能无直观地谈论红。在符号性的空洞意向中想到红，同样会有红的感觉，这种感觉实际上是意识的意向性决定的。

不是一切“类”的存在，都像“红”那样直接体现为感性对象，比如“生物”这一“类”无论如何不能凭一块珊瑚就看出来。本质直观也不能像感性直观一样，一次就能把握对象，而必须以诸多感性直观为基础，并相互比较才能获得。但“类”的存在的比较活动不一定要通过诸多感性对象的比较来获得，也可以在想象中对诸个体的图像、幻影比较，达到本质性的名词(本质性意义)与个体关系明晰化，使二者相契合，相覆盖。在想象中对诸个体的随意变换会有一种共性保持下来，同一性的东西从一个个体转移到另一个个体，这个同一的东西就是“类”或本质性存在的直接显现，即对象化。本质直观就是在这种个体转换中对不断移动的同一东西的综合把握。

胡塞尔通过对感性直观和范畴直观的研究向现象学方法过渡，由此有关意向性、意义、认识等全部考察也获得了方法上的补充论证。在他的晚期著作《欧洲科学的危机与先验现象学》中，直观再一次成为他说得最多的词。这本书中的直观更多用于对一个前科学的、通过知觉实际地被给予的、被经验到的“直观的自然”；但他也强调这个“自然”是“通过观念化和构成才被预先地客观化的”，所以直观既是经验的、感性的、被给予的，也是观念的、本质的、构造性的被给予。这个被给予通过描述而成为现象学的对象和显现物。他晚期思想中直观与描述的不仅仅是先验的意识显现，不仅仅是范畴和本质，也是自然和素朴的原初的生活世界。他的现象学不仅是纯粹的学术思想，也成为与现实问题和时代需要相结合的学术，是试图将学术与现实相结合的努力。

2.3　先验还原

胡塞尔 1907 年在哥廷根大学的演讲稿《现象学的观念》中提出先验还原的思想。他一生都在努力对先验还原做出充足的规定。先验还原的方法成为现象学还原的同义词，先验还原是还原到纯粹主体性去。先验还原的共性在于要排除自然态度、实在世界，排除历史、知识和自我、上帝、逻辑等的有效性，而获得一个不能再排除的纯粹先验剩余物，由此进入先验领域。

这个剩余物是现象学的剩余物，是“纯粹自我”和“绝对意识”，是具有绝对内在的存在，是“实在存在”向“意向存在”的转化①。“存在首先是为我们的，其次才是自在的，后者只是‘相对于’前者才如是。”②没有离开意识的自在存在，自在存在只有依赖自我的意识才成为“存在”。这里的存在当然是一存在者，是有“内容”的存在，不可能是海德格尔的存在自身，按胡塞尔的说法是一意向性的存在。但对于“意向存在”还要排除其事实的成分，使之成为纯粹的意识，亦即要剥离它与任何感性对象的联系，成为纯粹的绝对的意识；对于自我，也要排除它的经验性，亦即剥离它自身的一切感性内容，成为一个纯粹的先验的自我。

① 参见胡塞尔：《纯粹现象学通论》，李幼蒸译，商务印书馆，1992 年版，第 133～135 页。

② 胡塞尔：《纯粹现象学通论》，李幼蒸译，商务印书馆，1992 年版，第 135 页。

先验还原从意向心理学道路开始，排除世界的存在而只对主体进行分析，它行走在笛卡儿和康德的道路上，但又没有真正走出。笛卡儿认为一切客观性都不具有明证性，都对认识无效，进行怀疑和否定之后，只剩下“我思”；康德则排除用自然科学的有效性作论证，指出自然科学来论证哲学必然会产生背谬。总之，他们都是排除实体之物，归结到非实体之物上。实体之物主要是指自然的世界，和对这个世界及自我的设定。排除实体之物并不是像诡辩论者那样否认这个“世界”，也不像怀疑论者那样怀疑它的存在，而只是一种悬置，即停止对任何时空中的存在作判断。这为的是排除自然实体世界，而转向先验主体，转向先验纯粹的一般意识得以可能的方法和手段，这是先验还原的根本实质。

胡塞尔接受了笛卡儿的怀疑方法，但不是他的普遍怀疑。认识批判不能把任何东西作为预定的前提，对任何被给予性，包括自身的给予性、认识对象的有效性需要置疑，整个世界、物理和心理的自然、最后还有人自身的自我以及所有与上述这些对象有关的科学都必须打上可疑的标记。它们的存在，它们的有效性始终是被悬置的。这点笛卡儿是对的，但“坚持普通怀疑就会导致背谬”①，也不能由“我思”推出上帝、世界的存在。笛卡儿的问题是没有对“我思”再纯粹化和先验化。一个客观时间中的人，只有排除这个经验自我和作为实体的人，思维才不再是实体的思维和心理现象的思维，才会是纯粹的思维。任何实体之物被排除了，留下的就是纯而又纯的非实体之物，也就可称之为先验之物，由此才能达到先验领域。

康德不怀疑科学知识的客观真理性，但想回答这客观的真理性如何可能。认识能切中客观事物，胡塞尔和康德都把这点当成是清楚明白的。问题是我们拥有的客观真理并不能证明我们如何会拥有客观真理，只要我们反思“认识如何可能”的问题，我们就会面临怀疑主义的危机。“认识如何可能”的问题与主体有关，它超越了

---

① 胡塞尔：《现象学的观念》，倪梁康译，上海译文出版社，1986年版，第29页。

自然认识这个维度，必须由先验哲学的认识来解答。康德走了先验的道路，但没有走本质的道路，没有达到观念的本质，只达到观念事实。

先验还原是通向先验主体的道路，是在现象学悬置彻底化之后进行的，它不同于本质还原，不是一种具体的操作方法。胡塞尔把先验主体性看做一切意义的来源，它是先验本质现象学建立的起点。

先验还原意味着一种观点的改变，在人们的日常观念上，无论怎样怀疑和摈弃自然世界的存在，尽管常常对自然的认识有错误，或者尽管我不理解，我为什么会超出自己之外而设定自然世界的存在？无论如何我们仍默默相信它存在着。而先验的还原就是对这种自然观点进行彻底的放弃。人们生活在实证中，现在通过先验的还原将放弃它的有效性，生活经验成为绝对陌生的，在可能性和现实性上都变得难以理解。

在胡塞尔晚年的《笛卡儿的沉思》的第一沉思“通向先验自我的道路”中，他说：“先验悬置这一现象学的基本方法——如果它引回到存在的先验基础的话——就称之为先验现象学的还原。”①所谓先验悬置就是排除了一切存在的有效性，是对客观世界的“加括号”，而存在的先验基础不是在客观世界，而是在先验自我的纯粹主体之中。这个纯粹的主体通过悬置中止了对世界的存在信仰，也把自己纯粹地把握为自我，即自我是一种纯粹的意识生活。客观世界的存在是为我的存在，“一切现实之物，一切时空存在，都是为我存在——这就是说，是对我有效的，而且之所以如此，是因为我经验它，感知它，回忆它，以某种方式思考它，判断它，评价它，渴望它”②。如此等等的一切作为“为我存在”，其存在的基础都是在“纯粹自我”、“先验自我”的“我思”的基础上发生的，不可能有

① 胡塞尔：《笛卡尔式的沉思》，张廷国译，中国城市出版社，2002 年版，第 29 页。

② 胡塞尔：《笛卡尔式的沉思》，张廷国译，中国城市出版社，2002 年版，第 28 页。

所谓离开自我意识的独立的客观存在和客观实在。这一唯心主义立场不仅肯定存在的先验基础，而且把这一先验的基础引向了纯粹自我及其思维活动。

“现象学还原首先是十分简单，几乎不可能引人注目的思想。它几乎是笛卡儿怀疑方法的重复。但随着还原方法的进行，发生的事情越来越多，它使起始状态瓦解，使整个过程的意义重新得到解释，它把意识改变提高为对一切存在的看法的富有成效的颠覆。”①

四、生活世界

生活世界(Lebenswelt)一词早在胡塞尔1917年的手稿和1919年手稿、1924年、1925年的出版物中就出现了。作为一个专门的论题则出现在1936年发表的《欧洲科学的危机与先验现象学》中，可以认为生活世界这个概念是胡塞尔晚期思想和现象学历史中一个最富创造力的概念②。

1. 生活世界的涵义

胡塞尔的生活世界具有多方面的涵义。它的基本涵义是指我们每个人和各个社会团体生活于其中的现实而又具体的环境，是先于科学、思想和认识的一个被给予的世界。它先于任何意识行为而给予我们，它不是科学研究的直接对象，但是科学的基础领域，为科学奠基。

生活世界是一个可直观的世界。胡塞尔把生活世界称为原则上可以直观到的事物的总体。直观在这里的涵义是对已给予的事物的

① 奥伊根·芬克：《对胡塞尔现象学还原的反思》，载于倪梁康编：《面对实事本身——现象学经典文选》，东方出版社，2000年版，第571～572页。

② 不过施皮格柏格认为这个概念在胡塞尔后期哲学中只占有限的地位，只起很有限的作用。因为胡塞尔把它主要看作是通向超越现象学的两条新道路之一；另一条道路是通过批判地评价经验心理学达到超越现象学。参见[美]赫伯特·施皮格伯格：《现象学运动》，王丙文，张金言译，商务印书馆，1995年版，第215页。

看。一个已给予的可直观的事物是日常的、可触及的、非抽象、非概念化也非想象和逻辑思考的事物。

生活世界是一个原初的明证性的领域①。明证性是无需逻辑、认识、反思而具有直接的明白性。它是一个自身无所遮蔽和隐藏的领域，仅靠直观就发现的领域。它在经验中是直接显现于意识之前的。一切逻辑的证明与经验的归纳都必须回归到这个明证性，一切的真理也同样要回归到这个明证性才能被理解。生活世界的明证性作为一种原初的权力为一切客观的科学和理论奠基。它比客观的、逻辑的明证性具有更高的地位和作用，因为它的这一明证性是预先给定的具有原初性的明证性，是一切科学、理论的源泉。科学是逻辑的构造物，要理解逻辑的构造物只有在具有原初的明证性的生活世界中才有可能。

生活世界是一个日常的人们生活的周围世界。日常的世界是朴素的、无问题意识的、自然的世界。日常世界的朴素性是指它是一个原初的领域，具有最直接经验特性。它没有任何反思和判断，是一种自然的生活态度。日常世界的自然性，是指这个世界中的一切都是平常的，被给予的，非创造的和非理想的。在这个自然的世界中生活的人们不会有任何惊异。他们就是生活在这个日常的世界中。他们经验到这个世界，感觉到这个世界，但并不问为什么有这样的感觉，并不问这个可以看见的世界为何是如此这般的世界。也就是说日常世界中以自然态度生活的人是没有问题意识的人。

生活世界是与科学的世界对立的世界。这一对立在形而上学中表现为科学的世界是一个理念的、真实的世界，现实世界是一个虚幻的世界。生活世界是现实的，但胡塞尔决不认为它是虚幻的。他认为科学世界是一个关于理念与真的世界，而生活世界是科学世界的基础和前提。科学世界依赖生活世界被给予的直观性才能理解。科学世界的成果都会追加到生活世界中去。在科学活动中，“后面

① 胡塞尔：《欧洲科学的危机与超越论的现象学》，王炳文译，商务印书馆，2001 年版，第 154 页。

的活动总是以前面的活动之成果为前提。所有这些理论成果都具有对生活世界有效性的性质，作为这样的东西，他们不断地被追加到生活世界本身的库存中去，并且甚至预先就作为生成着的科学之可能成就的地平线而属于生活世界”①。

作为主观的构成物的客观的科学，包括理论的、逻辑的、实践的构成物，都是生活世界的完满的具体物。生活世界是一切科学世界的前提，是一个奠基性的世界。这个奠基性体现在它是前反思、前哲学、前科学的意义基础。生活世界之所以能作为奠基性的领域，仍然是因为生活世界的明证性，因为它的原初的直观性和素朴性是科学的先验基础和前提。

生活世界是通向先验现象学之道路的起点。胡塞尔清楚地知道自己的策略：一种成功的现象学在开始时只能是唯我论的，而只有在建立起唯我论基础之后才能逐步达到主体间性。通过一种高于生活的素朴性的反思，确立“自我”的立场，然后再向前于反思的生活的素朴性回归，就是胡塞尔先验论的现象学与生活世界之间的联系；而所谓客观世界，只不过是在我们自身中发展起来的我们自己生活的构造，哲学说到底就是要讲清楚如何才能达到对这一构造起来的客观世界的本质直观。

现象学的先验哲学是唯我论的。胡塞尔的生活世界之所以能够作为一条通向先验论哲学的道路，是在于他把生活世界看成是一个主观、相对的世界。每个人的生活世界各不相同，因而生活世界的真理是相对于每个个体而言的真理。它伴随着自我主观视域的运动而发生。“我们当中的每一个人都有它的生活世界。”②每一个人与他人交往时，都将各自的意向性延伸到对方，彼此将自己存在的有效性以一致和不一致的方式结合在一起，对这个共同的世界起意识作用。对同一事物，一个人是这样理解，另一个人则作另外的理

① 胡塞尔：《欧洲科学的危机与超越论的现象学》，王炳文译，商务印书馆，2001年版，第159页。

② 胡塞尔：《欧洲科学的危机与超越论的现象学》，王炳文译，商务印书馆，2001年版，第304页。

解①。世界中的一切存在者的显现都是在纯粹主观性中的显现，也是主观的经验。生活世界是世界存在的当下化和直接化，是世界的普遍给予方式的原初的、最直观的显现。一切现象都是显现，而显现只能在主观性中显现。离开了主观性就不会有现象学。生活世界也是主观性的构造。

由此可见生活世界这一概念可以理解为是一个明证性的、直观性的、奠基性的、非课题性的和主观的世界。

2. 生活世界的主观性

从生活世界出发，胡塞尔找到了一条实现他的彻底的先验论哲学的道路。他不再把生活世界当作自明的前提和事实，而是从生活世界出发回溯到主观性，将生活世界看成是主观性的构造。一个由主观性构造的生活世界，是排除了外在事实和外在经验的、纯粹的、内在的、超越的经验世界。主观性构造的生活世界是经过先验还原之后的生活世界，是在主观中经验到的，是对经验的经验，即对经验自身的经验。

胡塞尔认为生活世界的形式结构一方面是事物与世界，另一方面是对事物的意识②。世界是唯一的，而事物是多种多样的。世界不是一个复数，也不是如存在物那样存在的存在物。对世界的意识是通过对世界上的事物的意识而意识的，而对某物和某对象的意识也总是在世界整体的地平线上意识到的世界中的某物。生活世界是空间时间中的事物的世界。事物，就是石头、动物、植物还有人以及人的产物，但生活世界中的物体是现实的物体而非物理学的物体。物理学的物体被认为是独立于主观性的对象，而现实的物体是显现在人的主观性中的物体。前者是外在经验到的，后者是内在经验到的。

---

① 胡塞尔：《欧洲科学的危机与超越论的现象学》，王炳文译，商务印书馆，2001 年版，第 303～304 页。

② 胡塞尔：《欧洲科学的危机与超越论的现象学》，王炳文译，商务印书馆，2001 年版，第 171 页。

胡塞尔认为作为人的我们一方面是科学—文化的经验着的对象，“另一方面，对于世界来说，我们又是主观”①。我们对周围世界进行经验、思考、评价，从而赋予周围世界的存在意义。我们大家共同生活于这个世界。“这个世界正是由于这种‘共同生活’而是我们的世界，是在意识上为我们存在的有效性的世界。我们作为生活于对世界的清醒意识之中的人，在被动的具有的世界之上，经常是能动的。”②这种对世界意识的能动性正是主观性的构造能力。

生活世界相对于客观的科学世界来说是预先给予的，但在先验论哲学中却失去了被给予的存在的有效性。如果不是直接知觉到的存在的有效性，都应经过经验证明，但经验证明本身需要证明。“经验是通过继续经验，通过经验的主动继续进行而被证明的，并且是通过经验的在经验之中被附带意指和被先前意指的东西在进展中继续被证明的。”胡塞尔强调的经验证明，不同于实证主义的科学态度，因为他还强调经验“如果带有尚未进行经验的附带的意见成分，哪怕是一种熟悉的方式带有这种成分”，经验本身就需要证明。经验中意指的东西，是科学之外的生活世界中的东西。因为科学是一种理念构成，不可能被直接经验，而意指的东西是在主观性中自身给予自身的。无论在直接的知觉中或是在回忆中，都有一个自身“直接的形象”呈现在意识中。“真正的经验是对被意指的存在起证明作用的东西。”③证明就是对先前“单纯被意指的”存在以现实的和真正的存在性格，赋予它以“是真的”的证明。这种被意指的存在以及它的现实感和真实感就进入到经验者的认识中，并作为实际存在而起支配作用。对意指的存在的证明，并不一定就是确信它的存在，相反会否定经验，中断证明。这是由于生活的经常性及其运动变化，而经验到某种与先前意指的东西不一致的东西，经验

① 胡塞尔：《欧洲科学的危机与超越论的现象学》，王炳文译，商务印书馆，2001年版，第127页。

② 胡塞尔：《欧洲科学的危机与超越论的现象学》，王炳文译，商务印书馆，2001年版，第131～132页。

③ 胡塞尔：《欧洲科学的危机与超越论的现象学》，王炳文译，商务印书馆，2001年版，第562页。

到一种与要证明的经验相矛盾的意指，因而经验的证明遭到否证。这样一种否证正是世界作为预先存在而具有的一种校正认识和存在有效性的功能。

世界虽然无言，但有它自明的给予方式，每一个人都能接受这个明证性。胡塞尔发现了经验主义对于生活世界的肯定的意义。这里的经验主义指在他之前洛克(Locke，1632—1704)与休谟的经验主义。经验主义认为普遍的认识是以经验为前提的，它的深刻动机是反形而上学。它与理性主义的分歧在于普遍知识的根据到底在经验中还是在理性中。理性主义与经验主义的对立并不在于理性主义反对经验对于获得普遍知识的必要性，而只是不像经验主义那样认为普遍知识的根据在经验中。经验是生活世界中的经验。胡塞尔认为"在经验主义之中，只是存在一种发现生活世界的趋向"①。这就是说经验主义一方面肯定生活世界是科学的基础和出发点，另一方面又要考察这个作为科学的基础和出发点的生活世界，使这一基础变成是自明的。这一考察"即要从科学上发现虽然日常熟悉但没有从科学上认识的生活世界"②。经验主义是要在理论上阐明科学成就的意义及其有效范围。经验主义的态度将直观到的，真正被经验到的和可能经验到的周围世界当成出发点和主题，并且询问和思考人的心智活动是如何从周围世界出发延伸到被经验的东西和可能经验的东西之外的。经验主义发现了这一思路其实是不可能的，但他们也不能接受理性主义的天赋原则和先验根据。经验主义自身阻止了通向先验论的思想道路，但胡塞尔从中却把握了它的真正的问题和意义。

胡塞尔认为"康德所理解的休谟并不是真正的休谟"③。休谟的怀疑论的哲学动机是要动摇物理学的那种客观主义，是要将他的理

① 胡塞尔：《欧洲科学的危机与超越论的现象学》，王炳文译，商务印书馆，2001 年版，第 542 页。

② 胡塞尔：《欧洲科学的危机与超越论的现象学》，王炳文译，商务印书馆，2001 年版，第 541 页。

③ 胡塞尔：《欧洲科学的危机与超越论的现象学》，王炳文译，商务印书馆，2001 年版，第 119 页。

论还原到他的问题。休谟的问题是我们如何能够确信这个我们生活中的日常世界，如何能够确信建立在这个日常世界基础上的科学理论？世界的存在在朴素的意义上是不言而喻的，但这种不言而喻性如何能是可理解的？休谟是作为最彻底的主观主义者来解决这个问题的。对于休谟来说，世界、客观世界，客观上真的存在和客观的科学都是在主观性中才获得其有效性的。休谟将世界、存在和科学理论主观化了。科学理论是科学家在生活世界基础上的构成物，但是研究自然或研究整个世界的科学家看不到他们所获得的一切客观真理和作为公式的基础的客观世界本身是在他们自身中发展起来的、他们自己活动的构成物①。不能考虑到是主观性构成了客观性，这是一种客观主义者的朴素观点。休谟的怀疑论动摇了这种离开主观的客观论。因此自然科学之所以可能，一方面是有生活世界的基础，另一方面又是因为有主观性的构造。这是两条道路，正是胡塞尔现象学的两个理论起点和思想源泉。

作为一个理论主题的生活世界包含了一切对于存在和真理都有意义的问题。这些问题在生活世界中，也在前科学的和科学以外的生活中，既有认识的问题，也有客观科学的问题。说到底包含了一切理性问题，导致了一种关于生活世界的普遍的科学。客观的真理，客观认识的理念，“一开始是由它与科学以外的生活的真理和认识的理念的对比规定的。这种科学以外的生活，以其存在的有效性和普遍开放的地平线，表明我们首先遇到的生活世界的概念特征。被经验证明的东西，在生活中，因此在世界中，被看做‘是实际’存在的”②。被看做实际存在的东西，是具有存在有效性的东西，也是经验中的东西。这个经验中的生活世界的存在有效性是自然科学具有“客观真理性”的根据，但同时也使以“客观真理”为主题的自然科学具有“主观”和“相对”的痕迹，因为自然科学毕竟是

① 胡塞尔：《欧洲科学的危机与超越论的现象学》，王炳文译，商务印书馆，2001 年版，第 120 页。

② 胡塞尔：《欧洲科学的危机与超越论的现象学》，王炳文译，商务印书馆，2001 年版，第 561 页。

某些人主观构造出来的。自然科学家试图以逻辑的与数学的以及经验的证明来克服其相对性与主观性，但当科学家们以这种方式来对客观性感兴趣时，正表明“主观”与“相对”对他的作用，正表明生活世界中一切存在着的现实的东西都是有效的，都是客观性的保证和前提。但是自然科学，包括数学和逻辑学都不具备足够的明证性，因为他们是有前提条件的，这些前提条件不具备真正的明证性，而只是当作“不言而喻”的事实。但这些前提的明证性都有不可理解性。现象学的明证性通过反思澄清了自身①。胡塞尔的先验论的现象学就是要通过回溯到主观性的方式对任何前提加以反思，消除一切虚假的明证性。自然科学的成就不是虚假的，但对它的理解却是困难的。自然科学本身没有提供理解的道路。这里的理解不是说自然科学的推论、演算、结论有问题，而是说这些理论的原初依据不是清楚明白的，科学理论在生活世界中的真正意义不是清楚明白的。比如科学中的客观性，科学总是要提供和保证客观性，人们对于客观性的理解也是与主观性对立起来，以为越客观的理论就越是远离主观性，但这是误解。先验论的哲学和现象学就是要消除这种误解，就是要阐明客观性是在主观性内部的客观性。理解只能是人的理解，而人的理解则是主观的构造。

从休谟与康德以来的近代哲学是两种哲学理念的斗争，作为客观主义的哲学理念是建立在预先给予的世界存在之上的，如客观科学、实证主义，与此相反的理念是建立在绝对先验的主观之上的。但胡塞尔认为在他之前的任何一种科学和哲学都没有真正把主观性当成一个研究主题，因而不能真正实现先验论哲学理想，不能给客观科学的客观性提供根据。胡塞尔相信不同文化的生活世界本身是从一个观念，也即理念而来，这种观念是先验主观性的产物。现象学就是要去描述这个先验的主观性。尽管各种形式的观念论试图将主观性当主观性来把握，把世界看成是有特殊经验内容的主观相对有效的世界而呈现给主观和主观共同体的，但它们都没有摆脱隐蔽

① 胡塞尔：《欧洲科学的危机与超越论的现象学》，王炳文译，商务印书馆，2001 年版，第 229 页。

的客观主义前提，因而没有真正克服自然主义的客观主义。他们都把生活世界的存在看成是不言而喻的事实不加澄清地利用。但这样的事实作为事实是在主观性之中才有的事实。这一不言而喻的事实被康德理所当然地接受为事实和前提，但对胡塞尔来说，恰恰是要对这一事实前提进行追问，也就是说生活世界何以能作为生活世界？先验哲学是要回溯到一个绝对的主观性。从生活世界回溯到主观性是通过对“不言而喻”的生活世界的悬置而实现的。

3. 生活世界的悖论

生活世界理论的多重涵义也有它自身的悖论。这就是一个奠基性的、自明的、可直观的已给予的世界竟然又是主观性的构造。胡塞尔意识到了这一悖论。他把它称为“主观性的悖论：对世界来说是主观的东西，同时又是世界中客观东西”①。客观的东西同时又是主观的东西，之所以如此是现象学的悬置使之显现的。悬置只是方法，而这一方法自身没有谬误。方法只是手段。在原初的意义上，方法只是沿道而行。它遵循道。道就是本源性的存在。

现象学的还原是对客观存在的有效性的悬置。先验论的现象学是通过还原来保证自身的严格科学性的，但“悬置方法使所有客观的东西都变成了主观的东西”②。为了保证现象学的先验论哲学的严格科学性，任何未加检验的前提的存在有效性都是失效的，这就是悬置。生活世界的有效性在客观科学中是有效的前提，在康德的先验论中也是不言而喻的前提，但在现象学的先验论中则不能作为有效的前提。它虽然为科学奠基，但不能为先验论的现象学奠基。客观科学和康德的先验论没有用悬置的方法，它们因而不是严格的科学和哲学。“作为普遍的客观的科学的哲学——一切古代传统的哲学都是这样的东西——以及所以客观的科学，根本就不是普遍的

① 胡塞尔：《欧洲科学的危机与超越论的现象学》，王炳文译，商务印书馆，2001年版，第216页。

② 胡塞尔：《欧洲科学的危机与超越论的现象学》，王炳文译，商务印书馆，2001年版，第216页。

科学。"①现象学的先验论实行彻底的悬置。在悬置中任何有关世界的现实性和非现实性的兴趣都克服和消失了。悬置感兴趣的是在主观性中出现的东西，即作为现象的显现物。悬置是一种纯粹的科学的哲学态度。在此态度中与主观关联的世界，"即客观的东西，本身变成了一种特殊的主观的东西。在这种态度中，'主观的东西'甚至还以背理的方式，即以下面的方式被相对化了。"②世界一开始只是当作主观的显现，并获得它自身的意义。但是如果从世界，从一个已经有了意义统一体的单纯存在方式的世界向有关这个世界的"显现"的本质形式进行追溯，那么此"显现"就被认为是"这个世界"的"主观的给予方式"。在每一次的反思和追溯中，自我和一切自我的东西便变成了本质研究的主题，这些东西在现象学的本质科学意义上就被称作世界及其显现方式的主观的东西。生活世界的悖论在现象学的先验论哲学中通过悬置使一个原本是已给予的、具有存在有效性的直观的世界变成了在主观中的给予和直观，实际上它是对这个给予的直观的定位，将它定位于主观意识中的给予，而排除离开了主观的客观，排除与主观对立的客观。

主观的东西如何具有普遍性？也就是说主观间的共同性如何可能？人类是一个主观间的共同体，是世界的组成部分，"世界的人的主观性如何能构成世界"③？世界是一个由意向上有所成就的主观性的普遍关联形成的、总是已经生成并且继续生成的构成物，而整个主观又是这整个成就的部分构成物，这怎么可能呢？"世界的这种主观的部分，可以说吞食了这整个的世界，因此也吞食了它本身。"④胡塞尔认为这是一个可以合理解决的，甚至是必然的悖论。

① 胡塞尔：《欧洲科学的危机与超越论的现象学》，王炳文译，商务印书馆，2001 年版，第 213 页。

② 胡塞尔：《欧洲科学的危机与超越论的现象学》，王炳文译，商务印书馆，2001 年版，第 217 页。

③ 胡塞尔：《欧洲科学的危机与超越论的现象学》，王炳文译，商务印书馆，2001 年版，第 217 页。

④ 胡塞尔：《欧洲科学的危机与超越论的现象学》，王炳文译，商务印书馆，2001 年版，第 218 页。

这个悖论是自然的客观态度的力量与与之对立的“冷漠的观察者”态度的紧张中产生的悖论。现象学的态度是“冷漠的观察者态度”。这种态度的实行也不是可以立即进行的，因为世界作为一个预先给定的不言而喻的整体，现象学并不是一开始就悬置的。作为生活在一个主观性悖论中的现象学家，首先还只能对这个世界整体中不言而喻的东西看做是可疑的，难以理解的，然后他将设法使这一难以理解的东西转变为可理解的。如果悖论是不能解决的，那么真正彻底的实行悬置也是不可能的。这个悖论的解决就是如何理解“在世界之中的主观性作为客观”如何同时又是“对于世界来说的意识主观”。悬置提供了一种指向先验论的主观—客观关联态度，这种态度超出于共同属于世界的主观—客观相关联的态度。先验论的主观—客观态度将我们存在的世界就其存在方式和存在而言转化为了一个先验的世界。

但悬置并不把先验性和逻辑等一切过去作为证明依据的东西当作依据，它把这些古老的依据看成是素朴性的。它不再证明什么东西。它从一个毫无基础的地方出发，它所进行的工作是一种独创性的自身反思。这种反思处在一个不被注意的悖论之中，把握住已变为现象的素朴的世界，对朴素的明证性进行体验和反思，从而为自身创造基础。悖论在不知不觉中起作用，使种种思考暂时显现为不可理解的东西。

不可理解的东西莫过于对明证性的理解，然而一个理解的过程就是一个消除悖论的过程。悖论的消除和理解的关键在于如何理解自我，如何理解客观性。一个构成了世界的同时又属于世界，这是悖论性的。自身构成自身这是悖论，但这个悖论是人类自身的悖论。人自身构成自身，自己生成自己。作为原初的肉身是父母给予的，但作为一个具有精神和创造性的人则是自己生成自身的。世界是人类与万物的整体。万物只是在主观中才有意义，才可能被理解。人类是人的整体。人是主观性的人，是主观性悖论中最值得追问和理解的。在现象学的先验论中，人就是超越的主观，但对世界的构成发挥功能的主观不是那个现实的人，这个现实的人通过现象学的悬置变成了“现象”。这个现象中的人就是“自我”。悬置使人成为“自我”的现象，也就是说“自我”将自身作为现象构造出来。这看起来是悖论性的，但深思起来却是奇迹性的。通过悬置，一个发挥构造功能的主观性的自我，不仅将目光指向生活、指向意向的形成物和最终的构成物的整体时，并没有什么人的东西呈现出来，这一切都只是属于现象，属于被构成的世界。但到此仍然停留于悖论中。因为到底是谁在进行悬置还没有反思和追问。我在进行悬置，但悬置同时又把我悬置。“在我的悬置中，所有其他的人连同他们的整个活动——生活也都包含到世界—现象之中，而这种世界—现象在我的悬置中只是我的世界—现象。”①“我就是实行悬置的我，我就是询问作为现象的世界连同所有世界上的人类的我；因此这个我，超越于所有对我有意义的自然的此在之上……这个我，包含所有这一切。”②我是孤立的我，但又在一个大家的世界中。在先验论的悬置中我又作为其他人的一个先验论的我。每一个我都是一个这样的超越的我，都是独一无二的原初的我。“真正原初的‘我’则是当前在场的‘我’。”③一个在场的我构成一个在场的世界。这个在场的世界是大家的世界。大家的世界就是一个先验论的主观间的共同的世界。主观间的共同性的我必然是世界中的人被构成的，因此每一个人都在自身中有一个我，这个我不是实体性的和身体性的我，而是现象的我，但这个先验论的现象的“我”又能通过现象学的反思将自身客观化，因为这个进行悬置的自我在开始时就确定无疑地被给予了。通过现象学的回溯和意向性的分析又能将他揭示和表达出来，由此“我们才第一次获得了世界与在人类中客观化了的先验论的主观性之间的相互联系”④。

① 胡塞尔：《欧洲科学的危机与超越论的现象学》，王炳文译，商务印书馆，2001 年版，第 223 页。

② 胡塞尔：《欧洲科学的危机与超越论的现象学》，王炳文译，商务印书馆，2001 年版，第 224 页。

③ 胡塞尔：《欧洲科学的危机与超越论的现象学》，王炳文译，商务印书馆，2001 年版，第 225 页。

④ 胡塞尔：《欧洲科学的危机与超越论的现象学》，王炳文译，商务印书馆，2001 年版，第 227 页。

对于客观性来说，胡塞尔认为“问题并不在于保证客观性，而在于理解客观性。人们终究一定会认识到，没有一种客观的科学（不管它多么精密）真正阐明了什么东西……唯一真正的阐明就是：使它成为可以按照先验论理解的。一切客观的东西都服从于可理解性的要求”。先验论的哲学并不是要悬置人的全部自然兴趣，不是去证实所有客观的东西，包括记忆与被记忆的东西，悬置是要回到具有最终目标指向的主观性。只有主观性才能理解客观性。一切明证性也只有在主观性中才能被真正理解。一切自然的明证性、一切客观科学所认为的自明的东西，在先验论的哲学中都不是自明的，这些所谓的明证性都有不可理解的背景。“现象学把每一种明证性都当作一个有必要反思的题目，只有现象学的明证性不是，因为他通过反思澄清了自身，并证明自身是最后的明证性。”①

现象学的先验论的哲学揭示了主观性的悖论，又通过自我反思消除了这一悖论。生活世界的悖论的揭示和消除，使人类的精神摆脱了实证科学的客观性的压抑，使主观的真理得以可能。如果主观的真理没有可能，我们就不能理解人类文化的多样性，就不会有足够的宽容。胡塞尔以严肃的科学态度进行的研究，不仅具有知识论的意义，而且也具有思想的意义。他的生活世界的理论，他的科学危机与理性危机的提出，都表明了他完成了从一个哲学家向思想家的转向。

生活世界是在一切科学之前的已经存在的世界，生活世界先于科学世界。胡塞尔认为只有通过生活世界才能真正认识和理解科学世界。生活世界是相对于科学世界提出来的，它既为科学世界奠基又与之对立，同时也是主观的、相对的世界。然而科学是理性的事业，理性是希腊精神的产物，它追求永恒、无限的事物。但自近代以来这种古典的理性已沦丧为狭隘的自然科学理性，一种实证主义的哲学观阻挡了先验论的哲学观。理性的危机导致了科学的、哲学的危机和人的危机。恢复这种古典的理性精神有助于克服危机，而

---

① 胡塞尔：《欧洲科学的危机与超越论的现象学》，王炳文译，商务印书馆，2001 年版，第 229 页。

生活世界是科学世界的出发点，也是先验论哲学的起点，而先验论的现象学哲学是胡塞尔以古典理性精神建立的严格科学的哲学，是理性的自我实现。生活世界与理性精神具有内在的一致性。生活世界理论、欧洲科学、哲学与理性的危机的提出也表明他从一个学者和哲学家转向了一个思想家。生活世界的多重涵义包含着悖论，现象学的先验论的哲学揭示了这是主观性的悖论，又通过自我反思消除了这一悖论。

五、先验现象学

1. 先验的彻底化

所谓先验论①的哲学是笛卡儿和康德曾经尝试建立的哲学，但笛卡儿和康德的先验论哲学并不彻底。先验论哲学的一般形式是这样一种哲学，“这种哲学与前科学的以及科学的客观主义相反，回溯到作为一切客观的意义构成和存在有效性的原初所在地的进行认识的主观性，并试图将存在着的世界理解为意义的和有效性的构成物，并试图以这种方式将一种全新的科学态度和一种全新的哲学态度引上轨道”②。胡塞尔的先验论哲学与笛卡儿、康德一样是在主观性中来寻求客观性的根据，因此先验论哲学的实质是主观性。

① 这里的“先验”译自“transzendental”，王炳文译为“超越”，还有译“超验的”，指的是本质的普遍的，非经验的，这个词在王炳文译的《欧洲科学的危机与超越论的现象学》一书中关于生活世界的现象学理论用超越的，也有先验、超验的意思。该书中胡塞尔提到“transzendental Erfahrung”，译为“超越的经验”，也可译成“先验的经验”，它是经过了先验还原的客观世界或先验还原了的纯粹心理学经验；这是一种新的经验方式，即区别和对比于“自然的”、“朴素的”、“日常的”、“世间的”独有的经验领域。这种新的经验方式采取超越自然的存在与自然世界、超越生活和科学的自然的实证性的研究态度。先验论的态度不是与经验论的态度相对立和相对比，而是与实证性的态度相对比和相区分。

② 胡塞尔：《欧洲科学的危机与超越论的现象学》，王炳文译，商务印书馆，2001 年版，第 123 页。

笛卡儿自我反思的怀疑主义和休谟怀疑论的经验主义给胡塞尔的先验哲学提供了最积极的影响和准备，但胡塞尔看到了他们的先验论的不彻底性。他虽然认为近代哲学的发展方向是指向先验论哲学的，也尽管休谟的怀疑打破了康德的独断论的迷梦，但他认为康德并没有真正理解休谟的哲学。康德的先验论只是找到了认识世界的可能性的主观条件，而没有揭示和描述这个主观性领域。胡塞尔的先验论哲学是现象学的。现象学的先验论哲学不接受任何自明的前提，要回溯到一个彻底的、绝对的、纯粹的主观性，因而是它之前的先验论哲学的彻底化，也使它成为真正的先验论哲学。

现象学的“先验论哲学是由对意识主观性的反思中产生出来的”，是“一种对于世界精神的考察”①，它按照精神的意向性把握精神的根本性质。现象学的先验论哲学的主观性是“意义”与“有效性”的真正根据，主观性就是一个认识的“原初的所在地”，这个“所在地”的原初处就是生活世界。现象学的先验论哲学实现了从自然的思维态度向非自然思维态度的转变。这种转变是思维方式与哲学的哥白尼式的革命。它是关于世界的预先给予性的给予方式的科学，从而为客观科学提供客观性的根据。它反对客观科学的实证主义立场，不依靠任何已有的前提，从自我、主观中建立客观性的基础和根据。它将世界的普遍给予方式作为研究主题，这个主题具体说来就是世界的显现过程本身。它不是研究显现的内容，而是研究显现的变化方式。这一显现是在主观中的显现，是精神现象，同时也是在主观性中的经验。主观性经过所有的自由改变而剩下的不变的本质结构是主观性的先验东西，这个先验的东西是真正能提供客观性根据的，是化解一切谜的谜中之谜。现象学的先验论哲学因此是一门本质的先验的科学。

从生活世界出发，将主观性的先验的东西揭示出来，乃是通过现象学的描述与还原实现的。一切世界的存在者的显现都是在纯粹主观性中的显现，也是主观的经验。生活世界是世界存在的当下化

① 胡塞尔：《欧洲科学的危机与超越论的现象学》，王炳文译，商务印书馆，2001年版，第242页。

和直接化，是世界的普遍给予方式的原初的、最直观的显现。

生活世界的朴素性理解是科学之前的世界，即是一个没有被科学认识的世界。它不是科学的对象，但是科学的背景和地平线。前科学的态度是一种自然态度，是不思考、无问题、无反思和判断、无认识意识的自然而然的态度。这种态度之所以不是先验论的科学与哲学态度，是因为它将生活世界仅仅当成是一个自然而然的、本来就提供意义的，与主观没有关联的，亦即排除了主观性的客观存在。至于客观主义的态度，也是排除了主观性对于意义与存在的有效性的作用。客观主义将意义与存在的有效性建立在外在于主观性的自然世界上。“客观的—科学的方法是建立在一种从未被询问过的，深深地隐蔽着的主观根据之上的。”①胡塞尔的先验论的现象学哲学要揭示实证科学的真正意义，从而也揭示客观世界的真正存在的意义。他实际上是想恢复形而上学的传统，特别是想恢复古希腊意义上的理性精神，他看出近代形而上学在先验论的主观主义这条道路上行走得不彻底，没有真正克服实证主义的挑战。他的哲学理想是基于理性信仰的建立在主观性上的先验的现象学哲学。这里的理性信仰是指用严格科学的方法来进行哲学思考。在此方法下研究的生活世界因此也必然的成为一门关于生活世界的科学。

2. 自我的纯粹化

“自我”概念是胡塞尔现象学中一个最基本、最重要的概念，是建立一门严格科学之哲学的基本骨架之一。“经验自我”是胡塞尔在《逻辑研究》中对“自我”的命名，“纯粹自我”是他在《纯粹现象学与现象学哲学的观念》各卷中对“自我”的命名，而“现象学的自我”用来指称“自我连同其每时每刻发展着的体验组成”②。胡塞尔所有努力无非是要实现“自我”的纯粹化和先验化，以便使先验本质现象学得以完善和可能。“自我”的纯粹化是经过排除自我的

① 胡塞尔：《欧洲科学的危机与超越论的现象学》，王炳文译，商务印书馆，2001 年版，第 123 页。

② 参见倪梁康：《现象学概念通释》相关条目。

经验性而实现的，而“自我”的先验化是通过先验悬置显现的。

在《逻辑研究》中胡塞尔说：“我们至此为止还根本没有思考过纯粹自我。”①与康德相近的研究者认为“这个纯粹自我意味着一个统一的关系点”，将所有意识内容统一在这个关系点上，所有意识内容都与之联系。自我本质包含在“主观体验”或意识内容的事实中。“意识就是与自我的关系”，但“自我与这些内容的关系与这些内容与自我的关系并不是一种同一的关系，自我并没有像内容被它所意识那样也被内容所意识到，自我仅仅在这一点上是与其他自我相同的，即他物可以被他意识到，但它却永远不能被他物所意识到”②。“我们对自我所做的任何表象都会使自我成为对象，我们也就已经不再将这个自我看做是自我了。……意识就意味着对于自我而言的对象：这个对象本身不能再成为对象。”③“我无法将这个原始自我绝对的看做是必然的关系中心。我唯一能注意到，也就是唯一能够感知到的是经验自我和它与那些本已体验或外在客体的经验关系，而在这里，无论是在‘外部，还是‘内部’，都始终留存着一些不具有与自我的关系的东西。”④

在此胡塞尔还只承认有一种作为人的躯体—心灵的“经验自我”，如果“我们将自我—躯体排斥掉，它和其他东西一样显现为物理事物，我们考察那个与这个躯体经验地联系在一起的并且显现为隶属于这个躯体的精神自我”⑤。这个“精神的自我”实际上是一个意识的自我，排除自我的躯体性是不从空间意义上看待自我，自我不是空间性的自我，但意识的自我却是时间的自我，自我是意识流。这在《笛卡儿的沉思》中有细致的描述。

---

① 胡塞尔：《逻辑研究》，第二卷第一部分，第 8 节，倪梁康译，上海译文出版社，1998 年版，第 393 页。

② 胡塞尔：《逻辑研究》，第二卷第一部分，第 8 节，倪梁康译，上海译文出版社，1998 年版，第 393～394 页。

③ 胡塞尔：《逻辑研究》，第二卷第一部分，第 8 节，$B_1$360，倪梁康译，上海译文出版社，1998 年版，第 394 页。

④⑤ 胡塞尔：《逻辑研究》，第二卷第一部分，第 8 节，倪梁康译，上海译文出版社，1998 年版，第 395 页。

“经验自我”是心灵主体意义上的现象学内容，它是经现象学还原产生的具有实在性的、自身封闭的、在时间上不断发展的“体验流”的统一。体验是从被内感知之物和被意识之物扩展成为一个意向的构造着经验自我的‘现象学自我’的概念①。如此一个精神的自我是现象学的一个被给予物，作为经验自我，它的经验性在于尚不是先验的，但也不是时空中的经验，不是躯体性的经验物，因为排除躯体的自我就是现象学的一种还原。笛卡儿把“我思”当作有限的灵魂实体，康德的“自我意识”完全与物自体无关，而黑格尔的反思是“由事物追溯到思想”②，“自我”是面对对象意识时才有的自我意识。他们的“自我”都没有完全脱离经验主义，虽然自我不再是一个感性的躯体，但仍被思维所规定，仍是有限的。胡塞尔的自我虽然也是经验的自我，但排除了笛卡儿的实体性，也克服了康德完全与物无关，以及黑格尔自我意识所依赖的主客体对立。胡塞尔经验自我经过现象学的还原已经是纯粹化的实现，但还尚未彻底的纯粹化，还需要走向先验。

现象学还原仍须排除“经验自我”，由此剩下的是不可还原的“先验自我”。一个“纯粹自我”是现象学还原后的剩余物。现象学悬置把自然设定中的整个世界，把“我，这个人”也排除了，留下的是具有自己本质的纯行为体验。这个排除不掉的是“我思”和纯粹的主体：它“本质上必然包含着‘自我’”，“而且这个自我是纯粹的自我，没有任何还原可对其施加影响”③。

“自我”在纯粹化之后，如何走向先验，如何先验化？

胡塞尔的先验自我是通过现象学悬置之后得到的。“通过现象学的悬置，我就把我这个自然人的自我和我的心灵生活——我的心理学的自身经验领域——还原到了我的先验现象学的自我，即还原

① 参见胡塞尔：《逻辑研究》，第二卷第一部分，第 8 节，$B_1$359，倪梁康译，上海译文出版社，1998 年版，第 393 页。

② 黑格尔：《小逻辑》，贺麟译，商务印书馆，1986 年版，第 230 页。

③ 胡塞尔：《纯粹现象学通论》，李幼蒸译，商务印书馆，1992 年版，第 202 页。

到了先验现象学的自身经验领域。”①胡塞尔的“自我”是还原之后的“剩余物”，不是推论出来的，也不是形而上学的事先的假定，不是心理意义的经验自我，也不是存在论意义的实体自我，是通过先验悬置、亦即还原显现出来的先验自我。还原保证了“自我”的纯粹性和先验性。“先验自我”的先验性不是先验假定，而是对自我排除一切经验性的和存在性的肯定之后，必定还有不能排除的“剩余部分”，这个“部分”是借助先验悬置才得以显现的，可以为一切确定性奠基的有效基础。

胡塞尔认为，笛卡儿普遍怀疑方法开创了通向先验主体的途径，但他的失误在于转向了对一个思维实体的自我的肯定，这使他成为“先验实在论的鼻祖”②。再具体地说，笛卡儿的失误在于对一个没有“看见”的实体的肯定，在怀疑中，亦即在“我思”中是看不到实体的，无论是什么样的实体，我思中之所见只能是直观到的“所思”，“所思”不会是“实体”，也不会是外在世界的事物，而只能是关于该“实体”和该“事物”的意识及其观念。笛卡儿的失误用胡塞尔的话说，是“在伟大的发现面前止步了”，是“没有把握住先验主体性的意义”，“没有跨过那个引向先验哲学的门槛”③。

3．主体的间性化

胡塞尔首先建立“自我”理论，再建立“他我”理论，再由“他我”建立主体间性理论。

胡塞尔的“自我”理论仍然面对两个理论困境。第一个困境是自我在走向先验化时仍然要面对其“自我同一性”的困境。从《纯粹现象学与现象学哲学的观念》到《笛卡儿的沉思》，胡塞尔认识到了作为纯粹意识的自我的矛盾性：一方面，“自我”是一流动不停的

---

① 胡塞尔：《笛卡尔式的沉思》，张廷国译，中国城市出版社，2002年版，第35页。

② 胡塞尔：《笛卡尔式的沉思》，张廷国译，中国城市出版社，2002年版，第33页。

③ 胡塞尔：《笛卡尔式的沉思》，张廷国译，中国城市出版社，2002年版，第33页。

意识流；另一方面，作为众多意识的综合者，“自我”又必须具有“自我同一”的“不变”的特质①。第二个困境是“自我”如何面对“他我”，“自我”与“他我”之间，亦即主体之间如何沟通的问题，这是一个如何克服唯我论的问题，也是一项阻止现象学失败的工作。

针对第一个问题，胡塞尔用身体来解决“自我的同一性”问题。现象学的悬置和还原将世界的一切——人与物、自我自身——都还原为“绝对意识”中的种种现象，但“自我”仍是具有身体的和具有独立人格的具体个体。现象学还原之后的“自我”，不仅仅是具有“绝对意识”的“纯粹自我”，也还保持有独立之个体的实在性，自我还是以具体的个人而显现，他仍可因身体的存在而感知超越绝对意识之外的种种事情。身体是构成自我之个体的实在性和主体间性之规律的基础，是一切感知作用的根源。胡塞尔认为身体不是意识的“表象”，而是意识中的自我构造，是建构自我之个体的实在性基础和主体间性的可能性条件②。所谓身体的实在性也只能理解为意识内容的实在性，而不能理解为离开了意识的实在性，否则，现象学悬置和还原就没有用于“身体”，一个没有进行还原的身体就只能是自然性的身体，而不是现象学的身体。“绝对意识”虽然是变化的，但身体却成为意识的构造物，“自我的同一性”也是建立在“绝对意识”上的同一性。在此意义上讲，身体仍是意识中的身体，它作为“自我”的构成基础和感知的根源，仍没有摆脱唯我论，胡塞尔认为这是必要的唯我论。在《笛卡儿的沉思》中，胡塞尔表明了自己的策略：“一种成功的现象学在开始时只能是唯我论的，而只有在建立起唯我论基础之后才能逐步达到主体间性。”

胡塞尔认为，如果要建立一个能够满足现象学作为严格科学的哲学要求的外在世界的理论，唯一的办法是将这个外在世界的理论建立在自我经验基础之上。从呈现在“自我”的直接经验中导出“他我”的存在，再以“他我”为基础、逐渐建立一个“主体间性”的世

① 谢劲松：《胡塞尔传》，长江文艺出版社，2002 年版，第 179 页。

② 参见罗丽君：《胡塞尔现象学中的单子论》，载于《复旦哲学评论》第 3 辑，上海人民出版社，2006 年版，第 123 页。

界。世界并不是我私有经验构造的，而是一种“主体间性世界”。它为每一个人而存在，人人接触得到，每个人都有自己的经验，每个人都有自己独有的世界现象，但世界对一切经验主体与这些经验主体们各自的世界现象而言，自身屹然存立在那里。胡塞尔从内在反省的思路出发，追溯到纯粹主体，再到主体间性的人与人之间的相通性。他发现了意识的构造能力，这种能力也即创造力，人能凭意识使自己丰富，这一丰富就是人性的提升。意识的构造即是构造词语、构造语句。一个人有了丰富的词语就有了丰富的内在世界。

针对第二个问题，即“自我”如何能与“他我”进行交流的问题，胡塞尔把这个问题称作“主体间性”(Intersubjecktivität，又译交互主体性)问题。“主体间性”意味着相对于“自我”而言的“他我”、“他人”，涉及“我”与“你”或“我”与“他”的关系问题，这不是传统认识论对物的认识问题，而是主体与主体间的关系问题；另一方面，“主体间性”也必须回答对“我”有效的事情为什么不一定对“我们”有效，即为什么对“他人”不一定有效，也就是被认作是对“主观性”的肯定，而又有些事情却对“我”和“他人”都有效，从而被认作是对“客观性”的肯定。“主体间性”所面对的这两方面的问题就是两个以上的主体之间的共同性和它们沟通的可能性。

胡塞尔的“自我”理论与莱布尼茨的单子论极其相似，但单子是封闭的，没有窗户的，因此，单子之间是无法交流的。胡塞尔虽然用单子论来说明“自我”理论，但他却明确指出自己的“单子”是有窗户的。“自我”因身体而有感知能力，“感知”是对“他者”的意识，共通感使“他我”在“自我”中显现和构造出来。胡塞尔接过了李普斯的同感术语，使之成为“自我”与“他我”之间实现沟通。

胡塞尔“主体间性”概念是指在各个主体之间存在着的共通性，这一主体间的共通性使得一个“客观的”世界先验地成为可能。他通过对身体经验的大量现象学分析，阐述了先验的主体间性。由此表明：在每一个“自我”中隐含着“他人”；正是因为这一隐含，客观世界的意义才被构造出来。在胡塞尔看来，主体间性研究是一种把握“原本性”的企图，即把握客观世界的“原来构造”的企图，这种把握能够为诸如“生活世界”、“客观科学世界”、“社会世界”、

“文化世界”等这样一些人类的现实存在有关的世界提供本质说明。这是胡塞尔“主体间性现象学”的目的之一。

主体间性表明先验现象学从单个的主体向复数的主体、从“唯我论的自我学”向“主体间性的现象学”扩展的意图，这一走向和意图构成了先验现象学自身最终论证的必要过程。主体间性理论的提出，使先验现象学摆脱了“唯我论”与“自我学”的假象。这是胡塞尔“主体间性现象学”的另一目的。

这两个目的性质不同。后者是理论现象学上的范畴，前者是实践(应用)现象学上的范畴。对胡塞尔来说，“主体间性”是一个先验哲学和理性批判的概念，而不是为解决生活世界的难题。如果现象学会失败的话，就在于它不能解决客观世界对所有主体来说的有效性问题，因为现象学如果不跳出“唯我论”的发展轨迹，就的确难以回答这一问题。

主体间性现象学是《笛卡儿的沉思》的主题，《胡塞尔全集》的第 13、14、15 卷都是《主体间性现象学》，可见胡塞尔为此花费了很大的心血。这是一个十分困难和复杂但又是一个十分重要的问题，不过仍有许多人认为它是一个失败的尝试，只有少数人认为是成功的①。

① 参见谢劲松:《胡塞尔传》，长江文艺出版社，2002 年版，第 195 ~ 197 页。

第三章　存在的追问

马克思、尼采和海德格尔是现代思想的伟大代表。他们的共同特征是不再以理性规定存在，而是以存在规定思想；存在不再是理性的存在，而是现实的存在，亦即人的存在。对海德格尔来说，存在问题是困惑他的根本问题。他一生所追问的就是他在给自己的全集所作序言中说的"思想的事情的规定"。他的思想是存在自身的经验，他的事情就是此在，亦即追问存在的人的存在，而规定则是林中空地，亦即作为本源的存在。此在是站立于林中空地，亦即站立于真理中的显现的人。林中空地作为光明与黑暗的聚集之地，是一既显现又遮蔽的游戏之地，它是存在的真理，是古希腊人说的无蔽，它是海德格尔思想的开端。

一、思想的道路

有三个人影响了海德格尔思想的发展，早期的胡塞尔，中期的尼采，晚期的荷尔德林（Hölderlin，1770—1843）。海德格尔思想可分为早期的此在的在世存在，中期的敞开于林中空地的存在的历史，晚期的语言的道说与沉默。他发现了存在即虚无的悖论，亦即作为存在的虚无和作为虚无的存在。

1. 生平与著作

马丁·海德格尔（Martin Heidegger，1889—1976）1889 年 9 月 26 日出生于德国巴登·符登堡州的小镇梅斯基尔斯。父亲是天主教教堂的管理人员，母亲是农妇。这个家庭曾经是世代农民。他靠教堂支助上了大学，学的是神学。入学一年就病了，读了《逻辑研究》后便改学了哲学。他先后在马堡大学(1922—1928)和弗赖堡大学(1928—1944)任教，到马堡前在弗赖堡当过三年助教，那是胡塞尔努力，教育部特批给他一人的。他和胡塞尔不是制度上的师生，有过亲密的友谊。他当过不到一年的纳粹时期的弗赖堡大学校长，这成为他人生中最大的污点，此事也成为一个思想事件。他后与纳粹不合作，1944 年便被接替他的纳粹校长免除教职，同时被纳粹政府派去修工事，还被编入人民冲锋队，极受屈辱。1945 年被盟军列入审查对象，并禁止讲课。此禁令 1951 年解除。1959 年退休之后，他一直居住在家乡梅斯基尔斯希托特瑙堡的小木屋里，像隐士一样度过了余生，直到 1976 年 5 月 26 日去世。

海德格尔年轻时就被称为哲学的无冕之王，他的全集计划出一百卷。这些包括了他的著作、论文、讲稿、演讲和笔记，还有书信、札记、思想残片等。第一至十六卷是生前出版的著作，第十七卷至六十三卷是讲座。第六十五卷生前没有发表，他认为人们可能还不能接受他的这些思想，就形式讲它是格言式的，就内容讲它是与形而上学分离的尝试。他将此文本看成是“对哲学的贡献”，表明他对这个文本是相当的自信的。如此之多的文本，最重要的有：

第二卷，《存在与时间》(1927)；

第三卷，《荷尔德林诗的诠释》(1936—1968)

第五卷，《林中路》(1935—1946)；

第六卷，《尼采》第 Ⅰ 卷(1936—1939)，《尼采》第 Ⅱ 卷(1939—1946)；

第七卷，《演讲与论文集》(1936—1953)；

第八卷，《什么召唤思?》(1951—1952)；

第九卷，《路标》(1919—1961)；

第十卷，《论根据律》(1955—1956)

第十二卷，《通往语言之途》(1950—1959)；

第十三卷，《源于思想的经验》(1910—1976)；

第十四卷，《论思想的事情》，(1962—1964)；

第二十四卷，《现象学的基本问题》(1927 年夏季学期)；

第三十四卷，《论真理的本质——关于柏拉图的洞穴譬喻和泰阿泰德篇》(1931—1932 年冬季学期)；

第四十卷，《形而上学导论》(1935 年夏季学期)；

第四十一卷，《物的追问——康德先验原理的学说》(1935—1936 年冬季学期)；

第六十五卷，《对哲学的贡献——论生成(Ereignis)》(1936—1938 年)。

如果把他的思想分为早中晚三期的话，那么其主题分别为世界、历史与语言，其代表作分别是《存在与时间》、《艺术作品的本源》、《通往语言的途中》。此外《哲学的终结与思想的任务》、《真理的本质》、《追问技术的本性》、《泰然让之》、《什么是这一哲学?》等，特别是第六十五卷《对哲学的贡献——论生成》是最独特的文本，可视为海德格尔从内容到形式克服形而上学的伟大的思想尝试，是提供一个未来思想的新方向。

海德格尔早中期创造了许多表达怪异的语词，后期句子简明，思想越来越透明。但必须承认他思想的表达是独特的、思想是丰富而令人惊异的，我们用日常的、中国人的思维很难理解他的思想，甚至西方人也难理解它。难在它超越了习惯性的思维，也超越了西方形而上学哲学的思维。海德格尔不仅反对习惯性思维，而且也蔑视它，认为它虽然正确，但没有揭示事情的本性。他的思想和构成他思想的语词是没有实证性的，除了后来关于技术的思考和批判结合了现实，他的思想不是从现实出发的，是没有结合现实实际的，是没有例子可证明的。只有仔细地、耐心地聆听他的思想及其对他思想的讲解，只有当我们的思考和言说接受了他的思想方式，踏上了他的思想道路，改变了我们思想的惯常性之后，才会从他这里获得非凡的思想启迪与洞见。也就是说，我们必须先进入到他的思想，跟着他的思路行走，必须先学习他的思想。

"我们所有的人还需要思想的教育，首先，在此之前，要对在思想的意义上受过教育和没受过教育有所认识。在这方面，亚里士多德在《形而上学》第四章(1006a)给了我们一个暗示：'……因为未曾受过教育就是不能分辨何处必须寻求证明，何处不须寻求证明。'这话需要仔细地品味。因为还不能确定的是什么方面是不需要证明而能获得的可以被经验的思想。……思想的任务的题目就不是存在与时间，而是敞开与在场性吗？但敞开来自哪里？它如何被给予？在'有'和'被给予'中什么在说？思想的任务应该是放弃以往的思想，去规定思想的事情的。"①

那规定思想的事情的是存在，海德格尔一辈子都在思考存在问题。思想家只思考一个问题，学问家才思考许多问题。然思想家的那一个问题却是所有其他所有问题的根源。学问家的问题多重知识而谈于思想，思想家的问题能指引其他问题及其解决。

2. 思想的结构

海德格尔是一个贫乏时代的思想家。我们不说贫困，也不用哲学家，而用思想家。哲学家在严格的意义上，是指形而上学家，而海德格尔是要清除和反对形而上学的。海德格尔虽然生活在一个经济贫困年代，但思想与经济状态无关。思想的贫乏在于思想尚未思考那要思考的，亦即尚未思考存在，尚未思考思想的事情的规定。不是事情而是事情的规定，亦即是什么规定了思想，这才是要思的。人们之所以不会思考，是因为我们无家可归。我们没有居住在思想生长的土壤中。这是一个技术主义的时代，无家可归是技术主义的产物，是思想和时代性的特征。

在人类思想的童年，人们惊讶思想对于存在的洞见，在中世纪人们信仰上帝，在近代康德赞美理性，在现代海德格尔不这样了。海德格尔的启示意义在于：重新思考了思想，实际上人们还不会思考，他告诉人们如何去思想。他指出：最激发思想的是我们尚不会思想。思想要与逻辑、理性告别，他给思想注入了生命力。他对存在的思考告诉我们，存在表现为虚无，虚无是对无家可归的哲学表达，他各个思想时期思想虽有变化，但都没有离开作为虚无的存在这个主题，都是这个主题的不同表达。

---

① 海德格尔：《基本著作》，克雷尔译，哈普和劳出版社，1977 年版，第 392 页。

海德格尔所属的是以存在为思想主题的现代，同时他自身思想有三种区分，即其与古典、与现代和与自身的区分。区分于古典，不再是理性哲学，特别不同于康德和黑格尔；区分于现代，不同于马克思和尼采；区分于自身有早中晚三期。早期是世界，人生在世，人生于无；中期是历史，思想的历史，亦即思想思考存在的历史，主要是存在的显现和遮蔽，如何是可显现和可遮蔽的，此历史亦即存在的真理历史；晚期是语言，具体为接受规定的诗意语言区别与作为工具的技术语言、语言自身的道说与沉默，亦即作为真理的语言的本性。

什么是海德格尔的思想？首先，他的思想不等同于理性、逻辑，最根本的是源于一种经验，关于存在的经验，所以他的思想是被存在规定的。他要思考什么呢？首先，在已思考的当中找到尚未被思考的，亦即那值得思考的。其次，什么是事情？事情即存在，亦即站立于林中空地的此在。在海德格尔的时代，这个事情就是人的无家可归。最后，海德格尔思想的规定是什么？是林中空地，亦即道说的语言，它是宁静的排钟，既沉默也道说。

3. 思想的变化

海德格尔的思想道路有转变，这一转变可分为早期、中期和晚期。它的文献根据在《海德格尔全集》第十五卷《研究班》中。

海德格尔早期思想的主题是世界，最主要在《存在与时间》中。这本书可以用人生天地间和人在生死间这两句话来概括。它描述了人生在世的情形，即世界、手前之物(自然之物)、手上之物(器具)、此在(人之存在)。他强调此在的重要性，根据此在的规定，最终此在被表述为走向死亡的存在。在此阶段，世界是此在生活的世界。《存在与时间》探讨了人生活的世界是什么样子。人生在世是什么样？情态、理解、沉沦分别描述了此在的必然性、可能性和现实性，它是此在的敞开；此在在世界中有生存之烦与畏，是此在对于虚无的经验；而作为走向死亡的此在正是世界对于此在的拒绝。此在的世界是一个拒绝此在，此在经验到此拒绝。它既是世界自身的虚无，也是此在自身的虚无，归根到底是存在自身的虚无。

他关于此在的烦恼、死亡、无聊的思想深刻地影响了整个西方的存在主义运动，但海德格尔并不是存在主义者。他的哲学是关于存在问题的哲学，既不同于雅斯贝尔斯的生存哲学，也不同于萨特的存在主义。在人道主义的信中，他对此进行了细致的说明。

中期思想的主题是历史，最主要的体现在《艺术作品的本源》中。这是他思想转变的第二个阶段，他讨论的是存在自身的历史，即存在的显现与遮蔽，亦即真理的显现和遮蔽。此阶段不再是人生在世，而是存在本身的命运，即存在自身的显现和遮蔽的历史，亦即形而上学的历史。海德格尔要找出克服形而上学的思想。这个阶段发生在20世纪三四十年代。在此阶段他通过与前苏格拉底思想家的对话，与尼采的对话，来探讨真理的显现与遮蔽。在这样的历史中，他探讨了人道主义的问题。通过人道主义问题的探讨，揭示了人道主义如何遮蔽了人的存在和人的问题，给出了关于人道主义的一个更为深刻的认识。

晚期的主题是语言。这基于对工具语言和指引性的语言的区分，指引性的语言是纯粹语言、道的语言，它自身言说，自身显明。纯粹语言对应于非纯粹的经验语言，如日常的语言、工具的和技术的语言。他区分技术语言与诗意语言，诗意语言是语言自身的言说，是纯粹的道的语言，亦即指引性的语言。他在语言维度上探讨诗意语言，从语言那里接受尺度，使能死者即人诗意地居住在大地上。此语言就是家园，就是能死者的家园。但此家园只是可能的家园，还需要死者去建筑。建筑家园，那是因为能死者还无家可归。无家可归是因为技术世界中的万物丧失了本性，技术不能保真万物，技术的去蔽本性敞开了万物，设置了万物。因此遮蔽了由于存在的遗忘和遗弃，世界处于遮蔽之中。建筑家园，就是在无家可归的经验中去经验那遮蔽的同时守藏家园。这里既远离家园又走向家园，是走在还乡的途中，如诗人一般的吟唱。

晚期关于语言的根本性的思想是：语言是存在和思想的基础和根据。语言成为根基，不仅仅如中期认为语言是存在的家园，将语言看成是存在，而是将语言看成道(Word)，不是词语(words)，作为道的语言指引人生方向。这是他思想转变的第三个阶段。

中期思想很多被晚期思想抛弃掉。比如在《艺术作品的本源》中认为希腊人的存在经验即在场，经过拉丁语的翻译，希腊思想的原初经验被遮蔽了，西方思想成为无根的思想。他认为这是语言的翻译造成了遮蔽，将希腊语翻译成拉丁语丢掉了希腊人存在的经验。在此时期的思想中，存在规定了思想、语言，但晚期抛弃了这种认识，认为语言是规定性的。如果说在翻译中丢掉了存在的经验，这仍是将语言视为工具，而不是将语言视为存在自身，即纯粹语言自身的言说，语言自身是显现和遮蔽的。但晚期思想也有其局限性，作为纯粹语言自身并没有显现，他仍处于走向纯粹语言的道路上。

二、此在与常人

1. 此在

海德格尔的此在是指人，但不等于人，而是对人的规定。此在是“Dasein”的译名，意思是在此存在，在此时此地的存在者。“Da”是“这”，“sein”是存在，相当于“Being”。“是”不足以包含“Being”的全部涵义，也就是说，存在问题不是一个系词“是”的问题，而是关于存在者的存在根据的问题。此在规定了人，此在作为人是个存在者(Das Seiende)，且是独特的站立于林中空地的存在者。在所有的存在者中，此在是唯一能够追问存在的意义的存在者，是通向存在的一个通道。

此在是存在者整体之一，但不同于其他所有存在者。它是一个独特的能够追问存在的存在者。海德格尔早期如此区分了存在者：在世界整体中，有三种存在者，即手上之物、手前之物和此在。手上之物是工具，手前之物是自然，此在是人的规定。三者构成了世界整体。他不直接说人，是因为工具、自然和人都是形而上学的概念。这一区分表明人不是一个抽象的人，不是可以找出一个人的本质，不是人的本质规定了人，无论是亚里士多德说人是政治的动物，还是人是上帝的创造者，或人是自我意识与理性，或者人是劳动的、语言的、信仰的、经济的动物，都是以形而上学的方法来规定人。此在不等于人，而是对人的规定。此在在世，人在世界中，人与世界，不存在谁在先，不管是逻辑的在先还是事实的在先。此在在此，我们存在于此，存在于世，这是一切的开始。我们不能想象一个无人的世界的在先存在，也不能想象一个没有世界只有人的思想开端。前者是唯物主义的，后者是唯心主义的。海德格尔的思想既不能被归结为唯物主义的，也不能被归结为唯心主义的，更不必说是对两者的超越。他的思考开创了一个新的思想时代，我们不能用一个传统的语词和概念来度量和判断其思想。

此在存在于世，就是此在站立于林中空地(lichtung)。林中空地是一个地方，这个地方是个光明之地，有光明就有显现，有显现也必有阴影，阴影就是黑暗，就是遮蔽。于是，林中空地是光明与黑暗，显现与遮蔽的游戏之地，游戏生成了事物与世界。林中空地不是一个概念，而是一个喻像语词。作为地方，林中空地是海德格尔思想的开端，也是世界的开端。作为世界的开端，海德格尔不接受自然的物理之光、不接受基督教的上帝之光、也不接受形而上学的理性之光作为世界的开端。因为无论是理性之光还是上帝之光，都必须接受林中空地的照亮。林中空地作为世界的开端是开创性的。在世界中存在的此在是站立于林中空地的此在，不是由自然之光照亮而看到的那个肉体的人，也不是由上帝之光照亮的那个悔罪重生的人，也不是那个为自然界立法的理性的人。此在站立于林中空地而将自身绽放出来，因而能在此时此地存在。

此在自身就是林中空地，而敞开正是虚无的表现。此在通过情态、理解和沉沦三种方式敞开自身。世界只有在人的存在中通过情态、理解才能显现出来。

首先此在敞开于情态。情态即一般讲的情绪、情调，它是此在的基本规定。情态不是心里的和情感的，而是本体论上的，是此在的存在。情绪不同于心理学上的“情绪”，心理学上的“情绪”是动物性的。海德格尔讲的“情绪”不是指个人情绪，而是使情绪成为情绪的，规定情绪的存在。此在被置于情绪之中，情绪本源性规定此在。情绪显现了此在的“此”，“此”意味着“它是”与“它必须是”，它是不可改变的。因此情态描述了此在的必然性。

其次，此在敞开于理解。为何此在被置于情绪之中？没有任何原因，这就是一种已然状态。情绪所表明的是“如其所是，如其所为”。此外，“此在作为‘在世存在’，只与自身相关”①，它没有外在于自己的目的和目标，理解对此作出解释。“只与自身相关”意味着此在是无根据的。此在是一个被抛的此在，因此，此在没有第一原因和第一根据。这就消除了形而上学上的目的论。理解敞开了此在的存在只是可能的存在。

最后，此在敞开于沉沦。如果说情态和理解敞开了此在，那么沉沦却敞开了此在之遮蔽。此在并不必然如此敞开。此在并不显现自身，而是显现为常人，世界并不揭示自身，相反却遮蔽自身，它因此而揭示了世界的世界性，正是它的遮蔽性。世界必须就此在来进行理解，即“它是”和“它必须是”，即无根据又无目的。

如此，此在敞开为此在的被抛性、在世存在和世界的世界性。被抛性敞开了此在的无根据性、无原因性和无目的性；在世存在敞开了此在与世界的整体性，敞开了自己是已被给予的、非自我设立，也敞开了世界整体之虚无。因此世界的世界性就是其虚无性。在世存在是一个整体，它反对主客体的分离和区分。此在的在世存在就是它的生存。一个活着的人是在世界整体中存在的人，他或她就在世界之中。海德格尔的此在是没有男女差异的，这为后现代的德理达批判为形而上学残迹的表现。

2. 常人

常人不是本真生存的人，而是非本真生存的人。

此在在世生存。其生存样式有三种，即共在的人、非本真的人与本真的人。人生于世，世人皆常人。人在世界中，通俗说就是人在天地间，这是从空间角度看人。从时间角度看，人在生死间。这两句话可以概括《存在与时间》对人之描述。人是走向死亡的存在。

---

① 海德格尔：《存在与时间》，143，引自彭富春：《无之无化》，上海三联书店，2000 年版，第 10 页。

只有意识到了自己的死亡，才会对当下的生存寻求意义，才会对现在的生活有不满足感，才会从一个被抛弃状态进入到主动选择自己的生活的状态，从一个非本真的人成为一个本真的人。一个对已有生活只接受、永远满足的人是一个非本真的人，这样的人与他人处于共在状态，即自己的存在就是他人的存在，自己与他人没有差别。只有意识到自己如此的生活及生存方式不是自己能够接受，要改变当下的状态，朝向未来生活，意识到未来的最终是死，才知道此时此在该如何生活，这就是一个本真的人。遗憾的是尽管本真的人是对非本真的人的超越，但终究还是和他人一样的生活，未来想成为的那个自己总是尚没有成为的人，因此非本真的人才是世界中人的常态。意识到这点，人开始烦，而烦正是此在的生存样式，是此在的存在状态。此在逃离不了烦。

本真的生存状态，指从失落于常人的境况回到此在——真实的人生存在本身，它还指能自己存在的状态。不过，若回归是真实存在的，此在自身就不可能完全从本真状态失落。就是说，此在总会或多或少地保持一点能自己存在的能力。能自己存在的能力即是自由的能力。

沉沦不是指道德上的堕落，而指从本真的能自己存在的状态脱落，有此脱落，因而才有回归。这也不是说一个人(此在)本来是一种纯洁状态，而是说人本来就是被抛于世的——来到这个世界的人都不是自己要来的，这是一个无根基的虚无的状态，要从此中脱身而出方显其本真状态。沉沦既不指堕落，也不指纯洁，而是指人的现实性。这并不是缺乏证明人之堕落与纯洁的手段，而是指沉沦发生在人的堕落与纯洁的命题之前。在存在者状态上，海德格尔认为仍无法决定“人是否沉沦于罪恶”，是否处在堕落状态还是纯洁状态，或是中间状态。

“本真”为什么不可脱离“非本真”？我们说因为人是被抛于世的人。人之被抛于世是此在处在非本真状态的直接原因。因为人之被抛于世就是事实，是在现象学意义上所作的观照。人之被抛于世一是指我们原初的肉体来到世上，并不是自己要来的，甚至，也不是我们的父母要我们来的，我们的确是不知其所以而来；另一方面，是说我们是被抛于语言之中。当我们来到这个世界时，语言已先于我们而来，我们不得不接受已有的语言，不得不照着别人的话说话，不得不跟随语言。跟随语言是人所有跟随中最自然也最不易被发觉的。因为语言这样一种跟随正是我们进入世界的入口。沉沦于世也就是沉沦于语言，与人共在也是与他人的语言共在。

本真状态(Eigentlichkeit)和非本真状态(Uneigentlichkeit)无非是说此在是作为自身存在和不作为自身存在。作为自身存在的此在不同于其他存在者的存在，其他的存在者不能领会自身的存在，不能追问和获得自身的意义，不是一个自由的存在，而此在不仅存在，而且能自由地领会自身的存在，亦即去存在。去存在既是此在的生存，也是此在与存在建立的自由关系。这一关系的建立和实现正是此在站立于林中空地才有可能。一个站立于林中空地的此在就是此在的显现，就是此在与存在的合一。此在不仅能自由地理解自己的存在，而且还能创造性地筹划自己的存在。本真的状态就是此在的敞开状态。而非本真状态就是此在的遮蔽状态。本真和非本真是此在存在的样式。

处于遮蔽状态的此在就是沉沦。“沉沦”二字没有任何消极意义，它只是意味着一个活在“此时此刻”的人就如此地生活于世界中。尽管是非本真的生存，但也仍然是此在去存在的方式。沉沦是此在沉沦于世。此世界以人的生死为界限，也以与人相关的万事万物的生成为内容。其沉沦的方式是此在与他人、它物共在。

所谓共在(Mitsein)即共同存在，共同存在即为常人状态，一个人与另一个人基本的生存状态在本质上没有差别，都一样的是烦。操劳和操心是烦的衍生样式。和物打交道是操劳，和人打交道是操心。他人怎样享乐，“我”就怎样享乐，他人读什么书，“我”就读什么书，他人唱什么歌看什么电影，“我”就唱什么歌看什么电影。他人说什么我就说什么。不断地相互重复，没有创新，这就是共在，就是沉沦。他人都是常人。常人是非本真的人。

在海德格尔看来，当代社会是一个常人(非本真的人)统治的社会。常人逃避选择，常人盲目，不见种种可能性。相反一个本真的人是一个能自己存在的人，他之所以能自己存在就在于他站立于存在的林中空地。这样的人是一个有自己的语言，能自己言说的人。在海德格尔的意义上，这样的人是作诗与能思的人，因为，海德格尔把语言理解为诗与思，诗与思是属于本性的语言，而“所有思索都是作诗，而所有的诗都是思”。海德格尔认为“本真”不可脱离“非本真”，“宁静”也只能在人世的“沉沦”和与他人的“共在”之中。这里的本真和宁静并不是存在于陶渊明式的远离人世的世外桃源中。如何能达到“本真”与“宁静”？后期的海德格尔认为只有通过思与诗的结合才能回归本真。他从荷尔德林的诗歌中找到了一个最佳典范，分析和解读了荷尔德林的许多诗篇①。

情态、理解和沉沦分别揭示了人的必然性、可能性和现实性，此三者是此在敞开的三种样式，沉沦是其中的一个样式。沉沦又敞开于“闲谈、好奇和歧义”，它是此在日常“在世存在”的敞开性。在此，“此在显现为不是自身，而是常人；世界不揭示自身，却掩盖自己；此在没有敞开，反倒遮蔽”②。如果敞开是本真的话，那么遮蔽就是非本真。

沉沦即此在的现实性。沉沦是日常生活状态，此在不再是自身，此在变成常人、中性人，即中文中的“人们”。常人统治了日常语言，如有人说、有人听见、有人看见。世界不揭示自身而是掩盖自身。此在自身没有敞开而是遮蔽。沉沦是人日常生活的基本方式，是一种非本真的生活方式。这种非本真来源于人的被抛和可能，只要此在被可能规定，本真生活与非本真的生活就都是此在的样式。非本真的生活，即人“混迹于世”，人沉沦于它的世界。

构成沉沦的三个方面闲谈、好奇和歧义，对应于说、看、模棱

---

① 张世英则从陶渊明的诗歌里找到了一个中国的典范。张先生认为陶渊明“结庐在人境，而无车马喧”一句“用诗的语言表达了一个融必然与自由、喧扰与宁静于一体的哲学思想”。一个在世之人免不了要和人和物打交道，不可能身处世外桃园，也不可能逃脱自然规律的制约。“人境”是常人状态，是每个人无法逃脱的命运，是非本真状态；而“无车马喧”是远离了非本真状态的宁静，是远距离透视事物，采取的一种超越立场，是回归了本真的状态。参见张世英：《北窗呓语》，东方出版社，1998 年版，第 35 页。

② 彭富春：《无之无化》，上海三联书店，2000 年版，第 13 页 。

两可而敞开了此在。闲谈，是谈论自己所不知道的东西，反复地无休止地谈，一切秘密的东西都公开反而遮盖了一切秘密，所有神圣的意义都在其中去掉。在闲谈当中，不可能形成理解、沟通，只不过是在消磨时间。因此闲谈是“说”，好奇是“看”，对一切在世界中发生的事物本来不知道，但又总想知道，总想看看究竟，又不认为自己无知，不知道自己其实是真未看到究竟。看绝非是洞见，而是“看看而已”，为看而看，没有看到所看到的东西，处于不安和激动中。歧义是“听”，源于“看”和“说”，看起来是这样，实际上又不是这样，似是而非，一片混乱，它区别于秩序，秩序意味着清楚，清楚之所以可能在于“混沌”，因为它从混沌中分离出来了。

总之，沉沦、操劳、操心、共在，这都是常人的生存状态，是一种非本真的生存状态。这种状态的人无独立自主可言。非本真性敞开了此在的日常性，表明了此在生存的无根，亦即虚无，“凭借于它封锁了本真”①。

3. 存在之路

古希腊的巴门尼德是哲学之父。他区分了关于人的两条道路。一条是真理之路，一条是意见之路。这是两条对立之路。真理之路也就是存在之路，意见之路是非存在之路，两者相互对立。使人在真理之路上运行的是公正，不是邪恶。存在之路是一条可以行走的道路。而非存在之路是不能行走的道路。实际上它是不存在的。对于人来说，意见之路是一条毁灭之路，因为它实际上是不存在的。存在是开始。这里的存在亦即思想的存在。思想与存在是一致的。存在是可以思想的，而非存在是不可以思想的。这就是说意见不是思想的结果。存在是能被思想的，非存在是不能被思想的。从认识论的角度看这两条道路②，则表明认识的结果有真理与意见的区分。之所以如此，这是因为存在具有绝对的普遍必然性，它是理性

① 彭富春:《无之无化》，上海三联书店，2000年版，第15页。

② 见张志伟，欧阳谦主编，《西方哲学智慧》，中国人民大学出版社，2000年版，第17页。

的知觉对象，是永恒不变的，而非存在是感觉显示给我们的，是事物创造、毁灭和变化的多样性，不是永恒的，因而感觉会导致意见和谬误①。

巴门尼德不是要为知识确立根据，虽然知识是希腊理性精神建立起来的。按照海德格尔的理解，巴门尼德是要把存在与生成对立②。海德格尔认为，在古希腊哲学的开始处，已经形成了存在与生成，存在与表象的区分与对立。海德格尔认为巴门尼德指出了人的三条道路：通向存在的道路，通向无（非存在）的道路和通向现象的道路。现象之路属于经验存在的道路。

存在与现象，不是在现实与不现实，真与不真上的对立。现象是一种无蔽境界，而真理就是无蔽，真理就是存在的本质。希腊思想中存在与真理的本质联系是："存在者作为存在者而真。真者作为真者而存在。"③存在者总要显露出来的，因而存在者是作为现象而存在，而不存在者则是从现象、从不在场中退出来了。现象并非虚无，也非不真。现象在本质上要表现自身的存在。正因为此，现象也使存在者显现为存在者本来不是的这样一个存在者，它不仅伪装了自己就其显现的这个存在者，它故意掩盖着自己，以便此时此刻能作为存在而展示自身。这使得现象具有欺骗性，也使得人有错觉和迷误。海德格尔认为人的错觉是人的一种活动方式，人的这一活动属于存在、无蔽境界与现象三者交织的世界④。在此，海德格尔一方面揭示了巴门尼德所说人为什么会走上意见与虚无之徒，另一方面又还没有说出现象为什么要以掩盖的方式来展示存在。这里的原因是：存在者要使存在显现出来，而存在者自身的显现是必然

① 策勒尔：《古系腊哲学史纲》，翁绍军译，山东人民出版社，第 52 ~ 53 页。

② 海德格尔：《形而上学导论》，马恩海姆译，耶鲁大学出版社，1959 年版，第 81 页。

③ 海德格尔：《形而上学导论》，马恩海姆译，耶鲁大学出版社，1959 年版，第 87 页。

④ 海德格尔：《形而上学导论》，马恩海姆译，耶鲁大学出版社，1959 年版，第 92 页。

的，相反，存在者中的存在则不是自然而然的显现，因此，存在者通过隐匿和伪装自身而展示存在。

海德格尔认为，人在存在、无蔽境界、现象三者交织的世界里活动，有三条道路是必然的。“人若要在存在的光明中接受此在，他就必带着存在存在。他必在现象中又要反对现象。他要使现象与存在不陷入虚无的深渊。”①第三条道路也即是面对虚无而拯救现象与存在。哲学之开端就是思此三条道路的展开与开辟。存在作为人的道路，乃是一条真理的道路。这不是在认识论的意义上，而是在存在论的意义上所作的规定。海德格尔是在这样的意义上理解巴门尼德的存在。人自身作为此在，是在存在的林中空地中才有可能。存在是光明，而此在只是光明之下的影子。存在与此在的关系便是光明与光明之影的关系。人作为存在而在，他自身就是光明与光明之影的游戏。正因为此在是存在者而非纯粹的存在，光明之影才有可能。影子是存在者被光明照耀而显现的一个表象。因此，人的存在是包含了表象的存在，是现象中的存在。但存在又要与现象区分，不仅如此，他要反对现象，反对的方式是将现象中的无蔽和伪装区分开来。其结果是存在、无蔽与现象三条道路的交织与展开。

这三条道路，仍然是思想的道路。如果巴门尼德的存在还是思想中的存在的话，海德格尔的存在便是此在生成的存在。它不是纯思的。在海德格尔这里，存在不是思想的事情，而是思想的事情的规定。存在规定思想而非思想规定存在。“思想将语言聚集到简单的道说中去，语言是存在的语言，正如云是天上的云一样。”②这是海德格尔摆脱形而上学的方式。但是，存在作为思想的规定，他仍然思考着思想的规定，也表明他思想上的形而上学性。他所开辟的人的存在的道路，走出了传统的形而上学纯思和反思，但也仍然行走在一条规定与被规定的道路上。

---

① 海德格尔：《形而上学导论》，马恩海姆译，耶鲁大学出版社，1959年版，第93页。

② 海德格尔：《关于人道主义的信》，见海德格尔：《基本著作》，克雷尔译，哈普和劳出版社，1977年版，第242页。

三、虚无的经验

1. 虚无

虚无是存在的本性。海德格尔的虚无是作为本体的虚无，即存在就是虚无，存在即虚无是一个悖论。

在形而上学历史上虚无从来没有作为主题。巴门尼德借女神之口指出存在存在，虚无虚无①。虚无作为存在的对立面而放弃了思考。形而上学一直研究存在，但存在不是作为虚无来研究，而是作为存在者整体来研究。形而上学的整体包括上帝、宇宙、灵魂。形而上学探讨的只是存在者整体，否定虚无。海德格尔发现整个形而上学历史的问题在于排斥了虚无，“它只有存在者，舍此即无，逾此即无，除此即无”②。然而形而上学在否定虚无的同时，也承认了虚无。虚无并不是一个不可见的存在者，即不是上帝、灵魂、宇宙之外的一个存在者，也不是三者之内的一个存在者。虚无是存在者自身的存在性，所谓上帝、宇宙、灵魂即世界本身就是虚无。

海德格尔如何理解虚无呢？

“因此虚无既不能理解为否定，也不能理解为褫夺。那么虚无怎样才能被规定？海德格尔的回答为：虚无虚无化。它无化，凭借于它与存在者相区分。本体论的区分已照亮了这样一种虚无与存在者相区分的意义，它意味着：存在不是存在者。在此范围内存在同样是虚无。基于同一原因，区分自身也是虚无本身。正是在此虚无与存在者的区分中，无之无化才能被经验。‘无的本性立于偏离存

① 这两条路是敞开与遮蔽之路，但不意味此在总是处于真理与非真理之中。海德格尔：《存在与时间》，第 223 页，参见英译本，中国社会科学出版社，1999 年版，第 265 页。

② 《海德格尔全集》，第九卷，第 105 页，转引自彭富春：《无之无化》，上海三联书店，2000 年版，第 17 页。

在者和远离存在者①。但是，这不是虚无的消失，而是它的启示。"②

海德格尔关于存在与存在者的区分，是他的基础本体论。这就是存在不是存在者，存在是存在者的本源。存在者是显现，存在是遮蔽，存在无法显现自身。存在和虚无的关系不是两个事情的关系，而是同一事情的不同表达。海德格尔惊天动地的发现是指出存在即虚无。存在与虚无是同一事情，存在是作为虚无的存在，而虚无在于虚无化。虚无不是佛教的空无，不是什么也没有。虚无只能虚无化。虚无化不是将存在者去掉，如褫夺，也不是对存在者的否定，而是让存在者去存在。

"虚无的启示在于，虚无让存在去存在。虚无以此拥有它具有动词化形态的表达方式。'分词形式的虚无化是重要的。这一分词表明了存在一确定的'活动'，存在者唯有借此才存在'③。作为活动，无之无化既非手前之物，亦非手上之物，更非存在者的消灭，而是理解为存在之让。此让然后是纯粹的给予。而它所给予的正是存在。在给予之中最后生成了生成。"④

虚无之让是对存在的给予。所谓给予即是规定。虚无规定了存在。此规定是让。因此，海德格尔讲的作为虚无化的虚无是任何存在者都不能规定的，只能由虚无自身显现。虚无是海德格尔思想的核心，即"思想的事情的规定"。

首先，规定表现为虚无。"Bestimmung"(规定)在德语中是定调的意思。"规定不带来任何新物，它导向古之又古、开端性的东西。"回到海德格尔思想的开端，即林中空地。林中空地作为开端，既不是绝对遮蔽的开端，如混沌、黑夜，并不是绝对的黑暗；也不同于绝对光明的开端，如澄明之境。林中空地是介于混沌与光明之

① 《海德格尔全集》，第15卷，第36页，转引自彭富春：《无之无化》，上海三联书店，2000年版。

② 彭富春：《无之无化》，导言，上海三联书店，2000年版。

③ 《海德格尔全集》第15卷，第363页，转引自彭富春：《无之无化》，上海三联书店，2000年版。

④ 彭富春：《无之无化》，导言，上海三联书店，2000年版。

间，使澄明之境得以可能。

其次，思想表现为虚无。思想不仅要思考已思考和已显现的，还要思考未思考和正遮蔽的。已思的是存在者的存在，未思的是不同于存在者的存在，即虚无。虚无正是那要思考的。

再次，事情表现为虚无。“事情(Thing)”不是物，海德格尔所讲的事情，是此在，是作为虚无的此在。此在规定了人，人是从虚无中绽出的，人是被抛于世的。此在在世是无目的、无根据的。

虚无构成了人在世界之中最原初的生存境况。处身于这一境况，人的基本情态亦即人对这一境况的基本情绪体验具体表现为孤独、恶心、沉沦、焦虑或畏。荒诞作为人与世界之间价值关系的断裂对于人而言是本源性的。这种本源性就来自于世界和人本身原初的虚无化。现代思想中，特别是在存在主义思想中，人生的焦虑源于存在的荒诞。它在萨特那里体现为自由导致意识的虚无，意识是一个无法被填充的洞穴，是永不止息的活动。意识是自由的，人的生存也是自由的，但正是自由，才有了人生选择的艰难，偶然性比必然性更使人有了多种多样的可能，人无法把握可能性，也无法把握未来，但人又要承担自己行为的后果，于是有了生存的困惑与虚无感，有了恶心与呕吐，有了焦虑。这种焦虑在加缪那里就是人生的荒诞。荒诞是反理性的。在加缪那里，人生存在的意义是虚无的，人的存在本身就是荒诞的。荒诞就是意义的虚无①。

此在生于虚无，也死于虚无。此在选择不了生，但必须面向死。生是虚无的遮蔽，死是虚无的敞开。生死之间是虚无的既遮蔽又敞开。因此人生是一场抵抗虚无的冒险。此在生于世是被抛的。此在之被抛于世，是说人来到世界是没有任何根据，没有任何前提和理由的。这里不存在上帝的作为。人来到世界只是偶然，不是必

① 如西西弗斯的神话所描述的。这个神话是说，众神为惩罚西西弗斯，让西西弗斯去推一个推上山又要掉下山来的石头，如此反复，众神以为是对西西弗斯最有力的惩罚。在外人看来，亦即以理性的观点看这是荒诞的。西西弗斯的人生是无意义的人生，因为他做的是一件永远没有结果、永远也完不成的工作。但加缪指出，西西弗斯每次下山时是轻松愉快的，众神的惩罚在这时是实效的，此时的西西弗斯可以蔑视神。

然。偶然性高于必然性。这是对传统观念的扭转。此在被抛于世，的确是无缘无故来的，谁也找不出理由。如果要找理由，则只能是虚无。此在从虚无中来。此在存在于此，存在赋予了此在存在的根据，但存在自身是虚无。存在作为虚无乃是一个悖论。这个悖论是海德格尔揭示的。生来自虚无，死又走向虚无，人生是向死而生，这不是悲观的人生态度，而是揭示了人生之真谛。这一真谛使人生活于世时则要寻找生活的理由，追问人生的意义。这是唯一能够抵抗虚无的一点希望。

在大地上，唯有"人"是自觉意识到自己"存在在那里"，并能追问存在、追问人生有何意义的存在者。唯有人以一种自觉的方式，意识到自己是以一种"存在的方式"生活在此时、此地的存在。

2. 畏惧

此在在经历了世界整体之虚无后，不仅烦，而且也畏，烦与畏是此在对于虚无的经验。

人最早的希腊神话之命名就是烦。烦与操劳、操心不同。烦(操)心是人与人的关系，而烦(操)劳是人与物的关系，但这不是烦本身。烦不是为存在者而烦，是为世界整体而烦，为无而烦。存在者整体是"无"，即"烦"。

海德格尔区分了怕和畏。关于害怕有三个维度：何所害怕、害怕自身、为何害怕。何所害怕？害怕一个存在者，害怕一个对象，这是意向性的情绪。害怕的原因在于受到伤害、威胁，害怕之物有手上之物、手前之物和此在。害怕自身，是状态性的情绪，这是威胁者自身的揭示，是威胁者的走近。为何害怕？与何所害怕是同一的，也是意向性的情绪。害怕何以可能？害怕基于畏。

畏惧有三个维度；何所畏惧、为何畏惧、畏惧自身。

何所畏惧？畏惧无任何规定，威胁是不确定的，不知何所来、何所去。无所畏惧，所畏惧为无。为何畏惧？因虚无而畏惧。畏惧自身，将"何所畏"和"为何畏"聚为一体。畏使人逃离日常生活中沉沦状态，是对在家状态的逃离，离家出走逃向虚无。虚无成为一种真正意义的非沉沦的家。在这一逃向虚无的过程中，此在才成为真正的此在，人被虚无所规定。人只有进入虚无的时候，此在的“此”才敞开。此在进入虚无的时候，它没有任何支柱。它存在于存在者的脱离之中，它只有一个无或不覆盖着我们。此在陷入虚无，坠落到虚无，脱离于存在者整体，但同时又是对存在者的超越。虚无是无底深渊，此在是虚无之地的拥有者。人与物打交道而操劳，与人打交道而烦心。由烦而畏。畏不是怕，怕知道怕什么，知道怕的对象，畏是不知为什么怕，是没有畏惧对象的恐惧。畏敞开了虚无，敞开了此在更原始、更深沉的存在形式。畏的顶点和高峰是畏死。死不是一个可以经验的对象。死是真正的虚无。死是人生与世界的边界。死的那边是一个谁也不知道的虚无。死存在，但是虚无。在此显明了存在即虚无的悖论。死是人生的终结。此在想远离死，这是自我欺骗，是非本真的，正视其死才是本真的①。

此在以无差别的共在、非本真的与本真的三种生活方式存在于世。三种方式没有道德上的高低，都是生存的真实。作为此在存在与生存的一个结构整体，三种方式共属一体。何谓人生？人生是生死的整体，是烦畏死的整体。生是被抛出，死是又回归，从虚无生出，死去又回到虚无。畏区分于怕，畏是启示虚无的，害怕与存在者有关而与虚无无关，但害怕之所以可能是基于畏。人在生死间，生后死前是显现的存在者，而生前死后则是虚无。此在独步虚无。存在者存在，所有的存在者都在存在中，更准确地说，存在者是存在。存在者存在，但存在者不是存在自身，存在者不是不存在，存在是存在者的本源。这是奥秘。这奥秘是真理。存在是虚无也是真理。

如同线段的两端都是虚无的射线，射线的远方是无限，无限而虚无，虚无而无限。人唯一能把握的是作为线段的此在。在线段内部才能建立意义，此在的意义就是此在的人生，就是当下的生活。

---

① 参见海德格尔：《存在与时间》，陈嘉映，王庆节译，生活·读书·新知三联书店，1987 年版，第 140～393 页。

3. 死亡

此在生存于世，不仅世界整体是虚无的，此在自身也是虚无的，此在作为一个整体也是虚无的。因为此在还有将来，只要此在还未死，此在的整体性就永远是欠缺的。死亡构成了此在的整体性。此整体性又来自哪里？亦即此在的整体性之本源性在哪？

海德格尔认为只有此在才谈得上死，此在是能以死为死的人，是能在死者。死亡有两种：一是非本真的死，即一般人的死；一是本真的死，即此在的死。

生命是有死者的另一名字。它是存在者整体中之一。在神、人、物(动物、植物、非生物)中，神是不死者，没有生命，非生物无所谓死，如石头，它没有生命。动植物虽有生命，但没有智慧。植物有生命，但无灵性；动物有灵性，但没有理性；人有理性，但人要死；神有理性，也不死，但海德格尔的晚期思想中保留的神却不是理性的神，而是与能死的人相对应的不死者。

具体说，凡能长大的是有生命的，是有死亡的，不能长大的就是无生命，不死亡的。死亡作为事实，是可以看见的，因而可以死来判断生命。生命又是一个过程，是看得见的。

西方人说“人是理性的动物”，动物、植物、非生物是无理性的，只神和人有理性。理性使人和神与动植物、非生物区分开来。在形而上学史中，理性是对人的最高规定。但海德格尔认为，这并没有达到对人的真正规定，因为理性是不死的。能死者才是人的真正规定。人是走向死亡的存在。

人之死是本真意义的死，因为他知道自己要死，动物之死是非本真的死，因为它不知道自己要死。死是人之有限性的事实证明。死有心理的死亡(想象的死亡)、事实的死亡和存在意义的死亡。经由医生检验的大脑与心脏的死亡为事实的死亡。事实的死亡是属于他人的，一个已死的人无法谈论死亡。只有活着的人才谈论死亡。因而死亡对谈论者来说，是个超验的问题。在此意义上，事实的死亡不是超验的，并不关联于哲学。心理的死是想象的死，不是精神的死亡。人有时有觉得自己已经或正在死的感觉，这里，死亡的真实只是心理的主观真实，是人的心理经验。这两种死都不是哲学上的死。哲学意义的死是存在性的死亡。存在性的死是一个边界，是生生不息的生命的中断和一个环节。死是走向虚无，是对活、是对存在的否定。跨过死亡的边界，是另一个世界，至少不再是此世。因而，死亡正是可能性的出现，它打开了一个无限的可能性。

海德格尔强调死亡的可能性①。人的死亡虽是必然的，但死亡对每个活着的人来说，最具威胁最让人恐惧的是死亡的可能性。也就是说，每个人随时都有死亡的威胁，死亡之日是偶然的，虽然必死，但不知道何时何地会死。死亡作为现实性还没有到来。在必死性、可能性和现实性中，死亡的可能性给人带来的恐惧远远超出了死亡的必然性和现实性带来的恐惧。就经验而言，人看到他人死亡的现实会有对死亡的自我意识和恐惧，在死人那里才看到了死的事实。活人那里没有死，表面上是死人之死给人死的意识和恐惧，但在根本上死亡本身是不可经验的。即使我们见了死人，那也不是自己的死亡，而是他人的死亡。他人的死亡是一个死亡事实的发生，它之所以有死之恐惧，那是基于人的移情、想象。这就是说人把他人之死想象为自身的死亡，把对自身生命的热爱，对自我的保存意识和保护本能想象到了一种不可能的情况——即死亡。在根本上，它是人从他者的死亡中看到了自己死亡的可能性。但是，死亡意识并不是靠经验得来的，人的理性甚至可以清晰地告诉自己：他人的死亡是他人的事，自己死亡的可能性并不需要他人的死亡来确证。死之恐怖在于可能，更在于死之虚无。

死亡意识并不仅仅是意识本身，而会成为人生存的当下经验，这种经验是对存在本身的经验，因为死亡是存在的虚无化。死是存在与虚无的边界。活人存在，死人不存在。那使活与死相区分的正是死。因为死使一个活人走向虚无，走向消失，走向黑暗。死使存在转化为虚无。

---

① 参见海德格尔：《存在与时间》，第53节，陈嘉映，王庆节译，生活·读书·新知三联书店，1987年版。

存在转化为虚无，这既是奥秘，也是奇迹。说它是奥秘，那是因为人对此一无所知；说它是奇迹，那是因为由此生生不息。一个活人的死使他成为一个死人。死是人与万物的生成与剥夺、出现与离去、展示与隐藏。在此显现为存在自身的悖论——存在就是虚无。死亡是这个悖论的具体化。死亡的恐惧是人的思想对此悖论的经验。这个悖论不是语言的、也不是认识的，而是存在自身的悖论。思想经验到此悖论。思想是存在的思想，亦即对存在的经验。这个思想的经验就是对虚无的经验。思想不是经验到存在，而是经验到虚无。思想对虚无有切身的、刻骨铭心的经验。此切身和刻骨铭心是千真万确的，因而也是存在的。此存在不是物的存在，不是作为肉体的人的存在，也不是作为精神的人的存在，而是发生在人中的，能够作为人存在的存在，是人存在的根基和根据。这个存在无法显现，它的显现就是它的虚无。死亡正是此存在的显现，是存在作为虚无的虚无化。死之恐惧来自人之存在的根基的虚无，它是人对存在的虚无的经验。

畏把人从沉沦中解救出来，使人发现虚无是一切“存在者”的基础。无论是现在、过去还是未来，一切都被虚无笼罩。现在我们经验到日常生活的虚无，对“过去”我们不知道自己从何而来，觉得自己是被抛于此世的，对将来，我们唯一能确定的是“每个人都不免一死！”

死不只是虚无，死是神秘的，也是隐晦的。它从不示人以真实面目。然而宗教都有一份关于死亡之谜的答卷。在宗教那里，死是到达另一个真实世界的入口，而在海德格尔这里，死是人生的边界。边界之外不是哲学可以谈论的。海德格尔保持了对“神”和“神圣”、“上帝”的沉默，不置可否的态度正是贯彻了现象学对存在加括号的要求。

边界是人生无法逾越的界限。在边界之内才有人生和人的生活。正是边界使此在的人生成为生死共在的人生。每一瞬都可能死之将至。可能性高于现实性。人之必死性虽使他与其他动物没有两样，但人之想象力使这一必死性时时召唤到眼前。

人是可以想象死亡的存在。死使人只争朝夕。

四、真理的显现

1. 真理

形而上学的真理观来自亚里士多德的符合论。亚里士多德指出在一个句子中，主词与谓词是一致的，亦即谓词是主词的属性。主词代表了实体，实体总有属性，实体是属性的载体，两者始终是一致的。在德意志唯心主义那里，真理作为认识的结果，是认识与对象的一致。认识论的真理观是形而上学整体的一部分，因此认识与对象的符合也随着形而上学的终结而走到了自身的边界。

马克思的真理观是实践的真理观，亦即存在的真理观。实践是人的物质生产劳动。马克思指出：“人的思维是否具有客观的真理性，这并不是一个理论的问题，而是一个实践的问题。”[①]实践有一个过程，真理也是一个认识的过程。但马克思走出了理性哲学，不再从思想和原则出发，不是将对象规定和确立为在思维内部的对象，而是将对象规定为人的劳动对象。对象不再是理性认识的对象，而是感性的存在，是实践的对象。因此马克思的真理观虽然没有在根本上摆脱符合论，但已有别于传统的符合论。

在尼采看来，真理被视为存在，视为上帝，它是理性哲学靠推理和逻辑捏造出来的“理想”，是苍白无力的。它成为高于生命的价值，否定了生命本身的创造力量。因为求真与意志和禁欲相随，以为禁欲能通向真、善与神性。因此真理对抗和否定了创造力意志。创造力意志正是生命本身的创造力。尼采说：“真理是虚幻。只是人们忘记了它的虚幻。”“一切信誉、一切良知、一切真理的证据全都由感官而来。”“真理的高峰并非借逻辑的绳梯就能爬上去的。”这表明，即使真理存在，也不是用理性来认识的。

作为现代思想家的海德格尔，不同于尼采视真理为虚幻，而与

---

① 马克思：《关于费尔巴哈的提纲》，载于《马克思恩格斯选集》，第 1 卷，人民出版社，1972 年版，第 16 页。

马克思一样从存在规定思想这一立场出发，但又不同于马克思通过实践来证实观念的正确性，而是揭示了真理的本源。海德格尔指出符合论真理观虽然正确，但还没有显现其原初性，即只有在对象首先显现出来，才有认识的可能。对象的原初显现开始于存在的林中空地。显现是无蔽，无蔽来自去蔽。无蔽就是希腊词“alétheia”。罗马将“alétheia”这个词译为“veritas”（真理），英文译为“truth”①，德文为“wahrheit”。翻译以后的词义表达的是观念的正确性，但失去了无蔽的希腊原义。因为希腊词“létheia”是遮蔽，“a”是“否定”，“去掉”，它们的组合是去蔽。事物去蔽之后就是无蔽。无蔽即是真理的本义。真理是此在的基本构成和生存方式，它先于语言和判断，且是传统意义的真理的基础。这是海德格尔的存在的真理观。

在《存在与时间》的第四十四节，即“此在，敞开和真理”这节，是该书第一篇“此在的准备性的基础分析”的最后一节，他指出哲学史上一直有将存在和真理相联系的传统，从巴门尼德最先开始，到亚里士多德把他称为真理的科学，只是在认识论和判断理论上成为课题。海德格尔改变了思路，从存在论看真理，他不是要写一部关于真理的概念史，而是要敞开传统的真理概念的存在论基础，指出真理的更本源的缘起，此基础缘起于此在的敞开和显现。

海德格尔存在的真理观不仅是追问真理，而且是追问真理的本性，即那使真理成为真理的。他给出了如此一条思路：真理源于存在，存在使存在者显现，显现是无蔽，无蔽源于去蔽，去蔽敞开了存在，此敞开是让存在，让存在是自由。自由是绽出的、去蔽的让存在者存在。存在者是存在者整体。此整体自身是遮蔽的。让存在既去蔽，也遮蔽。遮蔽显现为被遮蔽者的遮蔽。去蔽的同时也是遮蔽。因此让存在同样意味着不让存在——非真理。非真理表明了真理的非本性，但这不是对真理的否定，而是说真理和非真理一样本

① 参见海德格尔：《追问技术的本性》，载于《基本著作》，克雷尔译，哈普和劳出版社，1977年版，第294页。

源。非真理既非人的错误，也非陈述的不正确，而是显现了存在的非真理现象。存在者整体的遮蔽支配着去蔽，此去蔽过程遗忘遮蔽时就将发生迷误，非真理表明了迷途而非荒谬。人的错误就基于此迷途。非真理比让存在古老。陈述之正确性的根据就开端于此迷途和非真理。追问真理的本性就到达了一本源性的存在：为了自身遮蔽的林中空地①。“只有当林中空地的话，才可能有自由作为让存在，因为林中空地即虚无，此虚无使存在者整体成为自由。”②如是，林中空地成为真理的发生之地。

再沿此思路，继续细致的思索。首先此存在的真理观已不是传统的陈述的真理观。问题在于传统真理观中陈述的正确性来自哪里？这是问题的开始。对此回答：来自于陈述对象的敞开，亦即显现。显现必须是在场者的显现，且自身给予；此外，其陈述必须切中此在场者才有可能。“此为了一约束性的直线的自身自由给予成为可能，唯有当它作为走向一敞开的敞开者的自由存在时。这种自由存在表明了迄今为止尚未把握的自由的本性。”③陈述的正确性之可能的基础在于那陈述对象自由地敞开自身，敞开源于其本原性的自由，这只有通过自身自由给予和自由存在才能经验到。但此种本原性的自由尚未把握，且不能把握，它不是人的能力不够，而是存在自身的不可把握性，因为敞开规定了自由。“如此理解的自由是真理的本性。”④此自由只能是存在的让存在。

“真理的本性作为自由揭示自身。后者是绽出的、去蔽的让存在者存在。”⑤让存在是存在自身的不受规定，不受约束。“因为自由是让存在并因此是存在的自由，所以，在此真理作为自由不相关

---

① 参见海德格尔：《论真理的本质》，第四节到第八节，《基本著作》，克雷尔译，哈普和劳出版社，1977 年版，第 126 ~ 139 页。

② 彭富春：《无之无化》，上海三联书店，2000 年版，第 54 页。

③ 《海德格尔全集》，第 9 卷，第 185 页，转引自彭富春：《无之无化》，上海三联书店，2000 年版，第 44 页。

④ 彭富春：《无之无化》，上海三联书店，2000 年版，第 44 页。

⑤ 海德格尔：《基本著作》，克雷尔译，哈普和劳出版社，1977 年版，第 130 页。

于随意和可做可不做的无约束性的方式，而是相关于存在自身，亦即那于其无蔽性中存在。‘尽管如此（‘否定的’和‘肯定的’自由），自由首先是让进入于作为其自身的存在者的去蔽之中’①。从真理作为正确性到自由作为真理的本性，有一条道路导向地方的地方性，海德格尔称之为‘无蔽’。此为本原性的真理，因此它必须为我们敞开于光天化日之下。”②

无蔽来于去蔽，去蔽是对遮蔽的敞开，因此遮蔽先于去蔽，去蔽的同时也遮蔽，去蔽后又遮蔽，它是一敞开与遮蔽的游戏，此敞开与遮蔽的游戏乃发生于林中空地。林中空地成为海德格尔思想的开端和真理的发生之地。

严格地说，海德格尔不是提出了另一种真理观，而是追问了真理的本源，亦即真理的开端，由此建立了一条走向真理之本源的思想道路。与此不同，后现代否定了真理的客观性，认为真理不是有待发现的事实，而是一种创造，一个过程，极端地说，真理只是话语符号而已。

德里达一方面指出西方思想中的形而上学是建立在二元对立的概念模式上的逻各斯中心主义，另一方面也指出了想克服形而上学的现代思想家思想中的形而上学残迹。真理概念就是逻各斯中心主义所表明的一种永恒的意义显现和在场。德里达认为没有真理，只有延异。真理就是意义，而意义不可能在一次言说中说尽，并且每一次言说的意义总会有差异。尼采“重估一切价值”预示了德里达解构哲学的策略，因为如果一切传统的价值是可靠的，无懈可击的，那就用不着重估，而解构正是要找出传统思想中一切不可靠的思想，从而动摇传统思想自以为是的稳固性。德里达提出的解构应该说是与传统思想相对的怀疑，实质是对理性中心论这一形而上学传统的攻击。理性中心论是为真理寻求一个单一的、永恒的、固定的源头。这个宣战书的先例便是尼采的

① 《海德格尔全集》，第9卷，第189页，转引自彭富春：《无之无化》，上海三联书店，2000年版。

② 彭富春：《无之无化》，上海三联书店，2000年版，第45页。

“怀疑原则”。马克思的思想中也充满了这样的怀疑。马克思、尼采和德里达都同意，历史悠久的“基本真理之梦”最终会被放弃。

对于福科来说，主体与真理的关系始终是他所思考的问题。即主体如何进入真理？他反对将主体当作实体，不接受一种在先的主体理论，然后依据这种主体理论提出认识如何可能的问题。但真理如何可能呢？真理来源于理性主体。这是自笛卡儿以来将主体看成是理智的、思想的，唯独不看成是疯癫的，因为一个正在思想的主体是不可能疯癫的，因此认为思想是真理的真正本源。福科认为“主体是在被奴役和支配中，或者通过解放和自由的实践建立起来的”①。福科通过否定一个普遍形式的理性的主体的存在，通过癫狂、性和犯罪如何变成了真理的游戏而对真理进行了颠覆。“真理无疑也是一种权力”②，真理是话语和话语的权力，亦即真理的游戏。

对于德勒兹来说，他以差异来克服理性哲学的同一性。符合论的真理观是对同一性的肯定。差异否定形而上学的理性哲学，亦即否定主体性的哲学。

后现代思想认为现代哲学仍是主体性哲学。比如现代哲学中的现象学，它描述现象的意义，描述本质，而描写的来源仍然是主体；主体因此仍然具有对于所描写的意义的鉴定力，依然是一种主体性哲学。

利奥塔(Jean-Francois Lyotard，1924—1998)认为，后现代的状况的特点就是把西方进步思想中传统的“不可辩驳的理论”打乱。真理这一概念本身已被“边缘化”。鲍得里亚(Jean Baudrillard，1929—2007)宣称现实已死，只剩下符号的真了。

总之，后现代否定理性、真理、历史，否定理性哲学，也否定

① 《福科访谈录·权力的眼睛》，包亚明主编，严峰译，上海人民出版社，1997 年版，第 19 页。

② 《福科访谈录·权力的眼睛》，包亚明主编，严峰译，上海人民出版社，1997 年版，第 32 页。

现代哲学。

2. 林中空地

在海德格尔那里，真理是无蔽(Unverborgenheit 即 alétheia，英译为 unconcealedness)①，也就是德文"Lichtung"(林中空地)，英文译成"clearing"。"Lichtung"首先并不等同于"lighting"(光明)或澄明，因为"Lichtung"包含了光明与黑暗，不是纯粹的光明，也不是纯粹的黑暗。林中空地是个喻像，不是一个概念。海德格尔不是概念思维，而是走在一条思想的道路上。

林中空地来自法语，德语的日常语词中有这个词。它相对于茂密的森林，是光明与黑暗的前提，同时也是声音与无声的前提，因而也是一切在场者和缺席的条件。海德格尔还用另一个词说明：东方的黎明。黎明时分是最黑暗的时候，也是最光明的时候。这是从语源学、语义学来分析林中空地。

作为喻像，林中空地包含了黑暗、地方和光明，作为思想的开端，它不同于思想历史上的其他开端。一切开端首先开始于混沌和黑暗，其次才是对混沌和黑暗的驱逐，从而出现有序，秩序。祛除黑暗靠光，因此光是开端。曾经有过的光有三种，第一是上帝之光，上帝自身只有光，没有黑暗；第二是理性之光，人是理性的动物，因此人自身也有光；第三是自然之光，如日光、电光。"哲学谈论理性之光，但却并不关注存在的敞开。"②海德格尔的林中空地正是对存在的关注和敞开。

海德格尔作为开端的林中空地既有光，也有黑暗，是光明与黑暗的游戏之地。首先是空，即去，才会出现林中空地，但空是有限的空，周边为树林环绕。空源于腾空，让空空出来，不等同

① 参见海德格尔：《林中路》，克莱斯特曼出版社，1950 年版，第 21 页；海德格尔：《艺术作品的本源》，载于《基本著作》，克雷尔译，哈普和劳出版社，1977 年版，第 164 页。

② 海德格尔：《基本著作》，克雷尔译，哈普和劳出版社，1977 年版，第 386 页。

于天空之空。空不是绝对的空，而是有限的空，这空处是个边界处，是空与不空，空与让空，显现与遮蔽的边界之所。边界之边界性使空显现于遮蔽，同时因光而又有显现，这是黑暗与光的关系。光明不等同于光，但又与光有关系，光照亮了林中空地。无光，林中空地就是黑暗，但黑暗比光明更本源。海德格尔思考了比光更为本源的存在，这是他所思考的开端，比其他思想开端更切近存在，更贴近真理，更为根本的地方。林中空地使光成为可能，既不是绝对黑暗，也不是绝对光明，而是光明与黑暗、显现与遮蔽的游戏。这不是思想的循环，不是思辨，而是存在自身的显现。

显现与遮蔽的游戏有三种可能的关系：①先遮蔽后显现，②先显现后遮蔽，③既显现又遮蔽。在海德格尔思想中，这三种情况都有，先显现一定要理解为先去蔽，因为自身遮蔽是本源性的。显现和遮蔽不是先后的关系，不是规定和被规定的关系，而是同时性的、平等性的关系，它是存在自身，是存在自身的生成，是虚无虚无化的方式。林中空地作为开端，在根本上就是虚无作为开端，此开端表明了虚无不是否定和褫夺，而是如此的虚无化。它一方面是林中空地自身开端性的显现，同时也是存在即虚无的悖论的显现。

显现必须设定前提：这就是光亮。光亮从何而来？传统是从黑暗中来，这不对。光亮与黑暗是相伴的。一个事情的显现必须要有光亮，也要有黑暗。但光亮源于空地，但是什么样的空？天有其空，心灵也有其空，海德格尔的空是有限的空，他把事情显现的最后可能性称之为林中空地，然后是光明与黑暗的游戏，最后是事情的显现。在此不是时间和逻辑上的先后关系，而是其在本性上林中空地是如此的使事情生成，林中空地是生成性的。事情显现于林中空地。

有了地方，有了光就有影，就有光与影的游戏，才有事情的发生，才有真理的开端。真理是林中空地，但仅此还不够，真理还要显现，同时也有遮蔽，真理又是非真理，这是源于真理自身的遮蔽，源于林中空地自身的特性，林中空地作为真理，本性是自由。

海德格尔将真理和自由结合到了一起。

林中空地不仅是显现，而且也是遮蔽，遮蔽不是否定，而是守护、庇护、保藏。遮蔽比显现更重要，但又是悖论性。显现与遮蔽的悖论表现为三个悖论：第一，让在场与让离席；第二个悖论：给予与反离；第三个悖论：生成与剥夺①。此三个悖论正是存在即虚无的悖论的展开。

真理的本性是让存在。此让是让在场，即将在场者带入无蔽。但如果仅仅是强调它的在场和所是的话，它还是形而上学的解释方式，这正是海德格尔要放弃的。在场者是一存在者而非存在。让在场必须是一方面是让，即让进入、给予，递给、派送、属于，让是存在而非存在者；另一方面不仅让在场，而且让离去，让在本性上是虚无。两者不是矛盾和排斥的关系，而是一自由的关系，让在场的同时也让离去，这才是真正的让，真正的让存在，才是真理的本性。

第二个悖论，让如果是给予，将存在者去蔽，即带入敞开，给予只是纯粹的给予，不意味着某一被给予的存在者的根据和原因，那被给予的和给予的关系也不是主体和客体的关系，没有规定和被规定，在此给予只是一自身馈赠，即反离。“一给予只给予它的馈赠，但自身却在这种给予中反离而去。当然给予的馈赠既非把握为物，亦非把握为一存在者，而是把握为虚无，在此馈赠遮蔽自身。此地唯有林中空地，它给予了自由，此自由作为馈赠但也同时作为遮蔽和反离者显示出来。”②

给予不是一个存在者的状态，存在不是存在者，而是虚无。给予返回自身，即那给予的，那纯粹馈赠的是什么呢？是生成。生成指存在自身的生成，而非任何事情的发生，不是世界的创造和人的产生。生成是生成自身，是自身的发生，它只是虚无，只是存在自身。“论生成生成了一思想的道说的对于存在的属有，且生成于存

① 参见彭富春：《无之无化》，上海三联书店，2000 年版，第 45 ~ 50 页。

② 彭富春：《无之无化》，上海三联书店，2000 年版，第 49 页。

在'之'词。"①生成是发生，发生的同时也剥夺，剥夺是让自身消失。"正如让去是让的一种样式，反离是给予的一种样式一样，在此剥夺也是生成的一种样式。"②

让与让去、给予与反离、生成与剥夺三个悖论敞开了为了自身遮蔽的林中空地。林中空地不仅去蔽而且遮蔽，"去蔽和遮蔽并非两件事情，而是真理自身"③。

在海德格尔思想的不同时期，真理的主题是不同的。在海德格尔早期，此在之此就是林中空地，此在站立于林中空地之中，由此敞开了在世的人生。林中空地是此在在此(Da)，"在这里"，这里是一个地方，这个地方是存在与虚无的边界、是光明与黑暗的游戏处，是世界的生成和事情发生之地。人在世界之中，此在是走向死亡亦即走向虚无的存在，死亡是存在与虚无的边界。早期林中空地尚未形成主题，到中期和晚期才形成了主题。中期的林中空地是真理的显现与遮蔽、历史的命运；林中空地是世界和大地的冲突，世界敞开和显现，大地保藏和隐蔽，但这并不对应于显现和遮蔽。晚期是宁静的排钟，它既是声音的聚集，又是无声。林中空地是语言呼唤的天地人神四元的聚集。

作为中期思想的《艺术作品的本源》，海德格尔从艺术作品本身出发，追问了艺术的本性，艺术与真理的关系。这篇美妙的论文是个演讲，分物与作品，作品与真理，真理与艺术三部分构成，如此三部分，就其小标题来看，是一美妙的连接和循环。在这里他以现象学的方法，将问题还原到艺术作品本身，找到本源即真理。其现象学方法可简单分为三步：第一步，艺术作品作为物，即存在者；第二步，通过还原，艺术作品不是一般的存在者，而是工具、器物，找到其与一般器物、工具的区分；第三步，回到艺术作品本身，作为艺术的艺术品是真理的发生地。艺术品是物，但物不是艺

① 《海德格尔全集》，第65卷，转引自彭富春：《无之无化》，上海三联书店，2000年版，第49~50页。

② 彭富春：《无之无化》，上海三联书店，2000年版，第50页。

③ 彭富春：《无之无化》，上海三联书店，2000年版，第50页。

术品，因为艺术品中有真理。他以梵高的《农鞋》为例表明：在一个艺术作品中，有敞开的世界和遮蔽的大地，此敞开和遮蔽相互抗争，在此抗争中，存在者整体，亦即世界和大地进入无蔽，真理自行设入作品。正是真理使艺术品成为艺术。真理是艺术作品的本性。真理自身射入作品，这一方面是海德格尔与传统的区别，即理性和存在的区别，真理发生于林中空地；另一方面也还有传统的痕迹，即认为作品中表现出意志，但意志却是主体设立客体的意志。这在他晚期思想中才被抛弃，而代之以倾听。

海德格尔后期思想的主题是语言。如果以他 1950 年作《语言》的演讲为界，在此之后，除了 1953 年作《追问技术的本性》的演讲继续探讨了真理外，他在 1938 年作《通过形而上学建立现代世界观》，1939 年、1940 年作《荷尔德林的赞美诗“正当节日的时候”》的演讲，1946 年作《诗人何为》的演讲，都是他中期思想的集中体现。这一时期的思想都是围绕存在的真理的历史的。

3. 存在的历史

什么是海德格尔的历史呢？首先，海德格尔的历史与历史学的历史相区分，其次此历史就是存在自身的历史，存在的历史是存在之真理，它发生于那为了自身遮蔽的林中空地，既遮蔽又敞开，最后此历史是存在遗弃存在者和思想遗忘存在的历史，如此，存在的历史亦即思想的历史，它开始于形而上学而终结于虚无主义。

历史学的历史是外在于本性的时空中发生的事件，它是存在者领域，是对事件和存在者的记载和解释、说明，它采用编撰学，编年史的方法，即所谓历史学方法，它解释历史，但不相关于存在和存在的本性。历史、历史性和历史学各不相同，海德格尔在早期关心的是历史的历史性，《存在与时间》第五章的标题就是时间性与历史性。历史这个词既不意指关于历史的科学也不指关于历史学的对象，而是指必然对象化了的这个存在者本身。人们总是把过去的事情领会为历史。此过去意味着不再发生、不再来到眼前，但海德格尔认为历史恰恰是过去的事仍有后效，仍当前化。希腊的神庙残迹依旧，一段过去还随此残迹显前。这表明“过去”在历史中并不具有优先性。此外，历史虽然在时间中，历史学是从历史性中生长出来的。历史性乃是此在的存在性，它是命运。"'选择'什么作为历史学的可能的对象，已经与此在实际上的生存选择的历史性相遇。在此在的历史性中历史学才有最早起源，且唯其如是。"①"历史学的真理的可能性和结构要从历史生存的真正的敞开('真理')来解释。"②

海德格尔的历史是存在的历史，指存在在思想中显现与遮蔽的历史。西方的哲学史和思想史是形而上学史。存在就是存在的历史，这种表达必须给予什么样的存在的具体的表述。

对黑格尔来说，哲学就是哲学史。然而这哲学史是什么样的哲学史？哲学又是什么样的哲学？黑格尔的存在就是绝对理念和绝对精神，哲学史就是绝对理念和绝对绝对精神的历史。黑格尔的历史是编撰学上的历史，是精神史，它是正反合的辩证法，合题综合了正题和反题。马克思的历史是历史与逻辑相结合的历史。中国是自然的历史，自然规定了思想。这样的历史只相关于存在者而不相关于存在，不相关于历史的历史性，亦即不相关于历史的真理。

存在与历史的关系，海德格尔给予了更明确的表述：所谓历史即事情的发生，不是狭隘的理解为过去发生的事，形而上学不是方法论，而是第一哲学。形而上学、物理学、伦理学是典型的对哲学结构的说法，形而上学是科学之王。

历史学对历史的态度，表现为与存在历史不同的东西。存在历史是存在自身的生成，历史学是揭示存在者的变化、发展及其规律。这是历史学对历史的设定。"作为生成的存在是历史；由此出发，历史的本性必须如此规定，即摆脱变化和发展的设想，摆脱历史学的态度和说明"③，存在历史是存在自己成为自身并实现其本性。如果说存在就是它的发生，那么存在就是它的历史。存在"是"历史和存

---

① 海德格尔：《存在与时间》，395，中国社会科学出版社，1999 年版，第 447 页。

② 海德格尔：《存在与时间》，397，中国社会科学出版社，1999 年版，第 449 页。

③ 《海德格尔全集》，第 65 卷，第 494 页，转引自彭富春：《无之无化》，上海三联书店，2000 年版，第 55 页。

在“有”历史是不同的。前者意味着同一，后者意味着差异。一个人有他的历史，意味着这人之外的已发生过的事情构成了他的历史，一个城市有它的历史，意味着城市之外的东西构成了城市的历史。这与人的历史就是人自身的生成，城市的历史就是这个城市已是的一切不同。存在就是发生，存在先于自然史、精神史，不仅比自然更本源，也比意志、行为更本源。存在就是它的历史，肯定存在与存在自身的历史的同一性；存在有它的历史，这一表述强调的是历史可有可无，历史是存在之外的东西。人类史不可说成民族史，历史也不是历史学。因此“存在不是拥有历史，存在就是其历史”①。

存在的历史就是真理的历史，就是林中空地，就是显现和遮蔽的历史。历史是本源性的真理。存在的真理即真理的存在。作为林中空地，既显现又遮蔽。遮蔽的发生成为形而上学的历史，在此存在被遮蔽，而显现为存在者。在林中空地，存在的真理作为历史的发生，存在的真理成为真理的历史，在这个历史中，存在不仅去蔽，而且也遮蔽。

遮蔽是历史的特性。历史的特性不仅是遮蔽，而且也是剥夺和遗忘。历史的遮蔽是存在自身的遮蔽，凭借于遮蔽而去蔽。而剥夺是自身剥夺，是既生成又剥夺。剥夺正是反离而去。存在的历史是生成且剥夺的历史，它成为西方人的划时代，即思想在完成自身的完整性后又中断自身。存在历史没有外在根据，它自身建立根据，因此它能自身完成自身又中断自身，与任何自身之外的存在者没有任何关系。

“如果存在的历史作为剥夺的历史被把握的话，那么它也是存在遗弃的历史。这意味着，存在遗弃了存在者，凭借于它自身反离而去。这又意味着：‘存在自身遮蔽于存在者的敞开性。存在自身在根本上规定为这一自身反离的遮蔽’②。存在的遗弃是通过存在者显现所导致的存在的遮蔽。”③

① 彭富春：《无之无化》，上海三联书店，2000 年版，第 55 页。

② 《海德格尔全集》，第 65 卷，第 111 页，转引自彭富春：《无之无化》，上海三联书店，2000 年版，第 58 页。

③ 彭富春：《无之无化》，上海三联书店，2000 年版，第 58 页。

存在遗弃存在者，存在在自身去蔽时没有将存在者作为存在者，而是将存在者作为存在，因而存在自身没有去蔽而是遮蔽，存在者敞开了而存在却没有敞开，存在反而离开了此敞开的存在者。这是从存在与存在者的本体论差异和存在自身的本性看，如此而已。如果从存在与思想的关系看，则是思想遗忘了存在。

所谓思想遗忘了存在，首先是思想遗忘了存在和存在者的区分，从而遗忘了存在自身，遗忘了林中空地是本源性的真理。其次，思想只记住了存在者，思想不认识存在，思想把握不到存在。这不是思想本身的过错，而是存在自身遮蔽。这里的遗忘有双重涵义，第一是思想遗忘了存在，第二是此遗忘被遗忘了。在第一层涵义里，遗忘在此表明思想没有思考存在问题。在第二层涵义里，不再有问题，而只有难题。所谓问题即存在问题，不再有存在自身是什么的问题，而难题是关于存在者的。问题与难题的差异在于问题是事情自身是什么？如何显现？为何遮蔽？难题则是问题已清楚，只是解决它有难度，问题属于存在，难题属于存在者。

存在的遗忘表明思想尚未思考存在的真理。此遗弃和遗忘同时也表明存在离开存在者整体和思想本身，反离它们而去。不是去向哪里，而是遗弃意味着什么？海德格尔看来，此遗弃意味着让，让离去，而不是让存在。此让离去，他命名为让制造，亦即阴谋。阴谋是对存在者的统治，它凭借技术对自然物制造。存在的遗弃因此遮蔽于阴谋中。它“自身遮蔽于计算，快速和大量的要求的增长的有效之中”①。它又通过体验消除了神秘，从而驾驭了一切。体验是人自身内在的经验，发生于人与人，人与万物的交道中。存在的遗忘因此在阴谋和体验中遗忘了。阴谋和体验摧毁了存在问题，也摧毁了“为什么存在者存在而虚无不存在”这样的问题②。

为什么存在者存在而虚无不存在，这样的提问是追问存在者存

① 《海德格尔全集》，第 65 卷，第 120 页，转引自彭富春：《无之无化》，上海三联书店，2000 年版，第 60 页。

② 海德格尔：《形而上学导论》，马恩海姆译，耶鲁大学出版社，1959 年版，第 1 页。

在的理由，同时也将虚无作为主题来思考。如此提问指出了形而上学的症结。形而上学虽然思考了存在者及其存在，但没有思考存在自身，也没有思考虚无，也没有思考作为自身遮蔽的林中空地。真理是存在的真理，存在的真理是无蔽，无蔽只能在它的遮蔽中来思考，只能置于那既遮蔽又敞开的林中空地来思考。存在的遗忘是一部形而上学的历史，如果将存在自身理解为虚无，如果存在就是虚无，且虚无虚无化的话，那么那遮蔽存在的就必然是虚无主义。形而上学和尼采都没有认识到虚无主义的本性，因为他们只是看到了存在者的虚无，而没有看到存在自身的虚无。克服虚无主义成为思想的任务。海德格尔那作为真理的为了自身遮蔽的林中空地，已是对形而上学和虚无主义的克服。

五、本性的语言

1. 语言的去蔽

语言是海德格尔晚期思想的主题。在早期和中期思想中，虽然也谈到语言，但并没有形成主题。在早期语言只是言谈，它相关于此在的敞开，揭示了世界的意义；在中期，语言作为创立，它建立了历史的真理；在晚期，语言作为思想的主题，它召唤思想。海德格尔乃是要经验语言的本性。

在此阶段重要的文本有《通往语言的途中》。该书主要是海德格尔20世纪50年代的演讲集，其中也有与日本教授的对话，共有六篇文章。它是海德格尔语言思想的集中表现。这本书之所以这样命名，表明海德格尔还在语言的途中，还没有到达他所要到达的纯粹语言，这个语言不是日常的、语言科学的语言，而是存在的语言，是纯粹的真理的语言。但他指引了一条到达纯粹语言的途径和道路。这条道路就是经由诗意的语言而到达的思想的经验，亦即存在的经验。但存在自身还尚未显现。

《语言的本性》是《通往语言的途中》的一篇，它由三个演讲组成，是海德格尔晚期最重要的著作。他将这一问题展开为语言和思想的关系。语言和思想的关系由语言和人、语言和我的关系构成。第一个演讲从诗意经验讲到思想经验，两者都相关于语言经验。思想的经验要走向诗意的经验，反过来，诗意的经验要走向思想的经验。这是这篇文章的主题。每个演讲都围绕这个主题来思索，但是从不同维度来进行。第二个演讲讲思想的经验和诗意的经验是一条道路，且自身运动，主要探讨它如何运动。这里的运动就是道路本身，亦即道路自身道路化。运动的德文词为"Bewegung"，而道路是"Weg"，英文为"Way"，运动不仅是道路的道路化，而且自身开辟道路，形成道路，诗意经验走向思想的经验，思想的经验又走向诗意的经验，这是一种亲近。此演讲也讨论了诗意与思想的近邻关系。此近邻关系是在林中空地之本源处的运动。第三个演讲就是讲要经验语言的本性，在传统意义上如何解释存在，语言的本性就是存在。语言的本性转向了本性的语言。

海德格尔讲语言的本性，转换为关于语言的经验的思索，它关涉人与语言的关系，反对语言的科学态度和哲学态度，回到诗意的语言。他讨论语言的本性主要是要经验语言，将语言作为语言带向语言，建立人与语言的关系。人和语言到底是一种怎样的关系呢？除了说话，我们还有什么途径接近语言呢？海德格尔对此采用了现象学的去蔽的方式。首先，人说话，这是事实和日常现象，但人们说的是日常语言，日常语言是工具性的语言，他言说人们的欲望和目的，而不关乎语言自身，因此必须中断日常语言才能经验语言的本性。其次，还要去掉关于语言的种种科学知识。它包括语言学的、哲学的、逻辑的、技术的"元"语言，这种语言是形而上学的语言，它们是关于语言的知识。这种语言的知识和科学不相关于语言的经验，只相关于语言之外的事情，只相关于谈论的东西，而不相关于语言自身，凭借于它们无法经验语言。语言的经验是那从语言中走向我们而来的道说。

我们经验语言，是让语言自身带向语言，让语言自身道说。但日常语言并未如此，相反我们往往要压抑自身来说话，我们说的话实际上是说某事。但奇怪的是在不经意中，当我们为某件关涉我们的事情而找不到恰当的词语的时候，我们处于窘迫、尴尬或刺激时，正是那种不能说，说不出来的瞬间，语言自身的本性却遥远似的稍纵即逝似的触及了我们①。这个时候正是语言作为语言而自身言说的时候。这样的时候正是语言的给予或限制、赠送和拒绝给予合适词语的时候。诗人最善于此。诗意的语言才有可能有对于语言的经验。语言的经验是思想的经验，思想是存在的经验。思想远离科学、方法，亲近诗意。

要获得语言的本性，只有改变思想对语言的暴力关系才有可能。首先要克服和中断日常语言。语言作为发声，那只是嘴唇的动作，是语言的自然性，它显现了语言与自然的关系，它显示的是思想与语言的自然关系，即日常的关系。嘴唇和喉咙发出的声音不是语言的本性。其次，要克服对语言的逻辑的和科学的态度，此态度将语言作为工具和对象，它只是符号化的语言，不相关于语言的本性。在中断日常态度和科学态度之后，剩下的是关于语言的诗意经验，在此经验中展开为另一种关系，即诗意与思想的关系、诗意与思想的经验以及诗意与吟唱的关系。海德格尔所用的是现象学的方法，首先是悬置，即中断，然后是显现。这一现象学的方法不是外在于语言的，而是在对语言的重新解释中经验语言。这一方法既不是本体与方法(如成中英)，也不是真理与方法(如加达默尔)，不是胡塞尔的意识现象学方法，而是解释的或经验的现象学方法。这里的经验也不是体验，体验是个体内在的经验，是个体去体验一个个体之外的存在者，它包含着思想的暴力，即个体对存在者的暴力；而经验是思想听命于存在，是此在对于存在的聆听，顺从，它没有思想的暴力，只有思想的温柔。经验语言要用思想去经验，而不是用体验去经验，是经验语言而非体验语言。

2. 思想的经验

语言的经验就是思想的经验。思想的经验来自语言的经验。海德格尔通过解读诗人斯特芬·格奥尔格的诗，细致地说明了如何经

① 参见海德格尔：《通往语言的途中》，赫茨译，哈普和劳出版社，1982年版，第59页。

验语言，从而获得思想的经验。在对诗中的词语的重新解释中，经验语言，也就是要经验词语，让词语言说道，言说思想。诗人的诗和他的解读都是美妙而温柔的。格奥尔格的诗是这样的：

语　　词

我把遥远的奇迹或梦想
带到我的疆域边缘

期待着远古女神降临
在她的渊源深处发现名称——

我于是把它掌握，严密而结实
穿越整个边界，万物欣荣生辉……

一度幸运的漫游，我达到她的领地
带着一颗珍宝，它丰富而细腻

她久久地掂量，然后向我昭示：
“于是，在渊源深处一无所有。”

那珍宝因此逸离我的双手
我的疆域再没有把珍宝赢获……

我于是哀伤地学会了弃绝
词语中断处，要无物存在①。

海德格尔引用这首诗，不是作为资料和论据，而是通过这首诗

① 参见海德格尔：《通往语言的途中》，内斯克出版社，1993 年版，第 162 ~ 163 页；海德格尔：《通往语言的途中》，孙周兴译，商务印书馆，1999 年版，第 130 页，最后一句译文有改动。

激活词语。他对诗中的每个词语都进行了重新思考，从而再激活了这首诗。如此解读，正是经验语言和经验思想。

在诗中，“我”带着珍宝到女神那里，期待她命名。命名是说出一个名字。说和命名都是说出词语，说出语言。“我”的期待是听到对珍宝的命名。“我”的珍宝是“我”珍爱的，如同客人一般对待，喜爱但没命名，没有命名就是还没有获得它自身的规定。期待命名是期待规定，也是期待着指引。说和命名的差异在于说没有规定，命名是给予一个名字，就是给予规定。说和陈述挂钩就是指引。女神没有命名，而只是说了一句：“于是，在渊源深处一无所有。”这是一句陈述，当然也是指引。她指引了虚无。女神道说，但没有为珍宝命名，珍宝因而离开了我。女神道说了虚无。万物因道说而存在，但存在是虚无。这是诗的语言经验到的存在与虚无的悖论。

女神不命名，但指引。女神对于万物之一的珍宝保持沉默。什么是沉默？沉默不同于无声，也不同于聋哑，聋哑没有听说的能力。沉默是对一个已知的东西的隐藏。诗人期待女神的命名是期待聆听女神的道说。这种期待是语言的经验，也是诗人的诗意经验，在根本上是思想的经验。诗意和思想有差异，但两者是同道的关系。

诗意和思想的经验保持各自的独特性，但只有在差异中才能保持邻居关系。诗意和思想的差异性来自哪里？诗人与语词是近邻关系。词语缺失处，就是虚无处，就是黑暗处，也是女神和诗人的沉默处。要进入黑暗，经验黑暗，亦即要经验虚无，经验道，亦即要经验存在自身。对黑暗性的无知使诗人期待命名，女神不命名是对万物的沉默，但对虚无的黑暗性也只是一指引性的提示。我们作为思想者，已与这诗意经验相遇，要再思或追思这诗意的经验。思想需要透明性、明证性，思想根本不是要这样黑暗，而是要走向光明，而是要倾听道说、倾听语言自身的允诺。在此意义上诗意与思想才显现为邻居关系。诗人的使命就是去经验语词，聆听语词。

我们说语言，但这种说经常仅仅是关于语言，实际上我们已经在诗意中经验了语言，此经验是语言自身之让，语词已从语言自身而来，我们只需聆听。在语言的经验中，我们只需让语言之本性自身向我们言说。因此我们不能中断已经开始的同诗意语言的对话。

海德格尔第一个演讲陈述思想的经验，第二个演讲讨论思想与诗意的近邻关系。从如何是近邻关系引出诗在何种意义上是歌声般的，语言在和何种程度上也是歌声般的。他通过歌唱来规定诗与歌。诗就是吟唱的歌，歌如何显现？歌声就是歌唱，在歌唱前是无歌声的。正如谓语比主语重要，动词比名词重要。海德格尔强调诗人就是歌者。海德格尔借荷尔德林的诗篇阐释了诗和歌声如何成为关联。荷尔德林的诗歌是人与神的谈话，不是人与自然的交谈，不是现代解释学所讲人与人的交谈对话。根本的是人和语言要相关联。海德格尔强调歌声和对话的亲缘关系。交谈和聆听是人神的交谈。歌声是语言，正是语言将歌声、交谈和聆听聚集到一起。语言规定了歌声和对话。但歌声和对话如何听命于语言呢？那是因为语言在宁静中也是存在的。海德格尔描述了什么叫歌唱和赞美。在诗与歌中可分为哀歌和颂歌。颂歌是赞美。赞美什么？赞美神。他引用了荷尔德林《庆祝和平》一诗。庆祝是人与神的交谈、对话，人在场，而诸神在人对他的赞美中也到场。诸神的到场使一切宁静无声，那是语言的沉默。此沉默和宁静正是和平的显现。庆祝和赞美是人与神的彼此倾听。最高的和平是人与神的和平。最高的赞美是人对神的赞美。赞美就是将自己奉献出来，是掏空自己。德文的赞美一词就有这个意思。海德格尔还引用尼采的话来表达这个意思。思想与诗歌、诗意、歌声的关系是邻居关系，思想和诗意作为语言形态被语言定调和规定。

第二演讲思考了思想与诗的近邻关系，此近邻发生在林中空地。林中空地是语言的本性之地。

语言的本性看起来和人的本性、技术的本性、存在的本性、真理的本性、历史的本性一样，但如果加上一个问号，且将标题置于问号之下，那么标题就变成了：语言的？——本性？如此改变就尝试着对语言的思想经验，这既是要追问语言自身，也要追问语言与本性的关系，也是要追问存在自身。原来文章的标题就转化了。标题的变化表明：“现在我们尝试的是准备一种关于语言的思想的经验。但由于思想首先是先于一切其他事情的倾听，是让我们自身被告知一些事情而不是追问，当思想的经验是至关重要时，我们再次删除问号，但却并不能简单地回到原来的标题，如果我们要思考本性的语言，那么语言就应该首先自身允诺于我们，或者它已经如此了。”①

海德格尔通过对标题的加问号和去问号，使我们经历了语言的奇妙。但这并不是一个符号的神奇，而是思想的奇妙。加问号是思想行为，去问号同样是思想行为。加问号是思想要区分，区分不同事情的本性；去问号是思想要回归，回归不是复原标题，而是基于聆听先于追问。在追问之前要聆听。追问事情的本性必先聆听事情自身，亦即首先要经验事情自身已经给予的。标题复原之不可能，不是在形式上的不可能，而是此过程已经是一种思想的经验。此经验已经经验到了那奇妙的，那奇妙的正是语言自身所“允诺”的。

语言的“允诺”是语言的经验，此经验是思想所经验到的。语言的变化不仅仅是语言自身的变化，不仅仅是发声的变化，不仅仅是句式的变化，而是思想的变化，是思想的发生，思想经历这一发生就获得了思想的经验。我们必须聆听语言自身的允诺，“如果我们不是处处聆听它的允诺，我们就不能使用语言的任何一个语词；由于这样的允诺语言本性化。语言的本性显现为它的言说，显现为本性的语言”②。

什么是聆听？聆听就是让语言自身言说，而不是让思想去强暴语言。思想要转向语言。让语言自身言说，这是一种关于语言的思想。只有在这样的思想中，语言才能言说。这实际是语言自身的独白。它不是孤独，语言始终在寻找同思想的关系，这一寻找始终指向人，语言自身的言说始终是指向人的言说，此言说又是允诺，实

① 参见海德格尔：《通往语言的途中》，赫茨译，哈普和劳出版社，1982年版，第76页。

② 参见海德格尔：《通往语言的途中》，内斯克出版社，1993年版，第180～181页；海德格尔：《通往语言的途中》，赫茨译，哈普和劳出版社，1971年版，第76页。此处英译本将“本性化”译成了“active”，未能准确反映原意。

际上是给人指出一条人生在世的道路。这条路是存在与虚无之路。人们聆听道说而走在存在之路，聆听谎言而走向虚无之路。

语言自身的言说作为独白又向人言说成为指引，成为智慧的箴言。语言在允诺和成为箴言时，才作为语言存在，才成为了存在的语言。我们虽然聆听了语言自身的允诺，但我们却并没有思索这一允诺。语言的言说即是它自身的允诺。语言作为言说，有言说者，言说的和尚未言说的三者。语言规定了人，而不是人规定语言①。言说者是被言说规定。人作为言说者生存于世，并作为言说者而是人。人既言说，也倾听言说。动物不言说，神也不言说，唯有人言说。但人所言说的除了欲望，还有真理，还有道。当人言说道和真理时就是道说。那所言说的规定了人是一欲望的人或是一真理的人。欲望的言说指向语言之外的人和物，而真理的言说则指向语言自身，它是指引的语言，而非欲求的工具性的语言。真理的语言指引人一条思想的道路，它不是获得物和控制人，而是指引一条道路，敞开一个世界。但人却并不是只讲真理的语言，人的嘴唇说出的也有谎言。因此，那让人说出真理、谎言或欲望的正是那尚未言说的，那处于沉默中的、黑暗中的语言。那尚未言说的“允诺”了言说。

“‘那已被言说的以多种方式源于那尚未言说的，它或者是一还没有被言说的，或者那必须不被言说的，亦即在这种意义上，它对言说已隐瞒了’②。这里不是谈论这样一种尚未言说的，它在某时也能被说出来，于是，已被言说和尚未言说被分离来思考。海德格尔意义上的尚未言说相反意味着这种，即它自身作为不可言说的沉默于已被言说之中。那尚未言说的在此范围内与已被言说的有什

① 在《关于人道主义的信》中海德格尔说过“语言是存在的家园”，在此语言规定了存在，这是海德格尔中期思想，晚期放弃了这一思想。语言规定人，是真理语言，是语言之道说规定人。海德格尔早期思想中将语言理解为言谈样式在此在中的敞开，中期理解为“存在之家”，晚期理解为“能死者的家园”。参见彭富春：《无之无化》，上海三联书店，2000 年版，第 154 页。

② 海德格尔：《通往语言的途中》，第 251 页，转引自彭富春：《无之无化》，上海三联书店，2000 年版。

么关系？此尚未言说的同时是那已被言说的本原，凭借于前者给予了后者的可能性去被言说。于是，正是在此已被言说中敞开了那尚未言说自身。那已被言说的越是大声的话，那么，那尚未言说的越是宁静。为什么那尚未言说的在此对言说隐瞒？因为它最终是语言的本性，即作为无之无化沉默着。”①

真理的言说是道说。人们言说，但不一定是道说。因为他所说并非真理。但道说是言说的本源。“道说和言说不是一样的。一个人可能言说，且无休止地言说，但是一切却没有被道说出。相反，有人沉默，他没有言说，但是在没有言说中道说许多。”②

道说是语言对于存在的经验，道说可能就是沉默，沉默却是在道说。此悖论正是语言的本性，是思想和存在的本源性关系的敞开。无言的宁静允诺了此道说，这是因为它处于林中空地才能发生的，是第二个演讲所揭示的纯粹语言所指引的思想道路。

第三个演讲重新回顾了第一、二个演讲，思想经验和诗意经验是邻里关系，都是语言言说的一种方式。语言的道说具有规定性。语言的道说就是指引，指引一个事件，它是天地人神四元合一。前两个演讲表明，诗意和道的经验，又是思想和道的经验。道的经验是语言的运动之路，海德格尔追问了这条道路是什么样的道路？这条路运行在一个地带上，这样的地带他命名为“林中空地”，它自身显现和自身遮蔽。运动就是这样一个地带的自身给予，是显现的运动。只有在这样的运动中，道路自身才作为道路。道路被林中空地规定。经验语言也就是要走在一条道路上。这与日常经验不同，不是我走在道路上，而是道路引导我们，不是去一个我们没有去过的地方，而是一个曾经去过的地方，即居住之地。

诗作和思想作为邻里关系在根本上相互同属于林中空地。诗作与思想是邻居关系，诗作与道说的关系，即诗歌与思想的邻里关系是可能的关系。诗作和思想不仅运行于道说的元素中，而且要归功

① 彭富春：《无之无化》，上海三联书店，2000年版，第114～115页。

② 海德格尔：《通往语言的途中》，第252页，转引自彭富春：《无之无化》，上海三联书店，2000年版，第115～116页。

于它，这里的归功可用“感谢”，“多谢”一词表达。语言的道说在根本上给予了诗作与思想邻里关系的可能性。海德格尔认为真正的思想是倾听，这不是说在一般意义上听懂事，而是听从，听从语言给予的命令，这不是思想的暴力，而是思想的温馨。思想是思恋、追忆那个本源性的东西，思想也是感谢、是谢恩，饮水思源。海德格尔讲的感谢不是感谢什么东西和用什么东西去感谢，而是感谢自身，就是思想能够被允许自身去感谢，这就是感谢的可能性的前提。这不能通过逻辑来证明，而需要思索和领悟。

语言的道说是思想和诗作的元素、要素和环节，道说使思想与诗作成为可能。道说不外在于诗歌和思想，只有诗歌和思想才有道说。荷尔德林的诗是诗歌中的诗歌，是纯粹语言自身，是道说的语言和语言的道说。荷尔德林是诗人中的诗人，是真正的诗人，有些“诗人”是非诗人。荷尔德林诗歌是言说的道、言说的存在，是他诗歌中言说的道使他成为真正的诗人，使他的诗歌成为诗歌中的诗歌。

诗作和思想运作于道说的元素中，它们虽然容易说出，但很难经验，现代社会经验思想很难，主要是计算性的思想，基本特色是概念性思维，它援用了传统形而上学的思想，设立、强暴、极端化地展开，概念就是展开，思想通过概念把握世界，是设定，构架的把握。在计算性思想中，经验性思想不存在，根本不可能经验经验性思想。因此，我们思考诗作和思想有困难性。摆脱这种困难有几种方式：如果我们倾听诗人的言说，特别是诗人的放弃、拒绝，实际上就已经居住于诗。

思想和诗意作为近邻，彼此居住于近处而能亲近，这样的近处就是林中空地。林中空地显明了诗意和思想的近邻性。海德格尔通过诗歌与思想的近邻性来显明诗意与思想的近邻性。诗歌与思想的近邻性是一已经存在的，并不需要我们特意寻找。但这里有一悖论式表达：诗歌与思想的近邻关系已经存在，但还需重新思考。为什么会如此呢？

从思想层面讲，在已经思考过的思想中还有许多尚未思考的，此尚未思考的又正是那将要思考的，为什么思想会出现这种情况？

那是由于存在的遗忘。思想为何遗忘存在？那是因为存在规定了思想。在已思的思想中，那尚未思考的是被存在所规定的。已思考的只是存在者，那要思考的是存在，存在尚未思考，那是存在对存在者的遗弃，也是思想对存在的遗忘。存在的遗弃是存在与存在者的分离，是存在自身的遮蔽；而存在转向存在者是存在自身的隐蔽。

3. 宁静的排钟

思想与诗意的经验就是要经验思想与诗意的邻居关系。这关系建立在思想与诗意的林中空地，在思想与语言的存在关系中，聚集在逻各斯中。但逻各斯并无真正的语言经验。逻各斯一词令人震惊之处在于：它既是存在又是语言。这是否已指示给了我们一个思想的路标？遗憾的是这是一陈述句，这个震惊的事实并无真正的语言经验。因为语言的本性拒绝作为陈述表达出来，陈述在逻辑学中是对象性的语言，在现代社会中一种陈述完全是信息化的语言。无论是陈述性还是信息化的语言都是语言本性的遮蔽。海德格尔用沉默表达。沉默是无言，但不是不知道不说的沉默，而是保持自身。海德格尔语言的拒绝，是中断和陈述的关联，如此才能保持自身。海德格尔所揭示的不是语言如何陈述，而是语言如何言说。语言自身的言说才能获得语言的经验。语言的本性不能从语言的陈述中获得。

在《面包与酒》一诗中，荷尔德林说“语词，如同绽开的花朵”，这不是对语词的科学规定。词语如同花朵，不是某种景象的破碎，而是一个宽广视野的生长，是唤醒一种语言的经验，倾听语言的涌现，同时，使语词回到它的本性的本源处。因此是回到它的开端。如果理解为一个比喻，没有体现创造性，海德格尔是强调听的能力，倾听语言的言说。花朵是自然物，它生长于大地，大地是花朵的视野和生长的背景，语词也有它的作为视野和背景的大地。那是它的本性所在处，是它的开端。只有去倾听这一本源，才能回归到语言的本性处。

将语词比喻为花朵为什么是回到了语词的开端？而且将其看成是自身开放？这不是规定，而是经验语言，是诗意的经验。花朵与嘴唇有自然的相似性，嘴唇的自然性与大地构成关联，方言源于自然，不同的方言来自不同的风景，来自不同的地域，总之是来自大地。方言是自然的另一个名字。方言生长于大地。方言不只是发声之不同，而在于人生长的大地不同。大地是方言的根基。人生活在大地上。大地是人之根基。语言与自然的亲密关系从方言得到确证。大地是语言的根基，是语言的开端。“如果我们失去了大地，当然，我们也就失去了根基。”①因此语言的本性要从作为它的根据的大地去寻找。

海德格尔通过区分“语言的本性：本性的语言”，走向了本性的林中空地。在“语言的本性”中是语言规定本性，在“本性的语言”中是本性规定语言。语言的本性只能从本性的语言中获得答案。问题是要探讨什么是这个“本性”？海德格尔强调这个“本性”不是形而上学的，要将本性理解为动词，即本性化。根据德语，本性(Wesen)由“Sein-gewesen”——一个已实现了的存在而来，本性因此理解为动词化。这样理解语言的本性就理解为本性的语言。本性的语言之“本性的”是一个限定词，限定了语言，语言属于本性化。这样的本性化的语言自身就是一个运动，它自身开辟道路，此道路通向一个本源之地，就是走向近处、走向与它亲近的近邻地带，亦即既遮蔽又敞开的林中空地。

语言的本性就是道说。道说就是指引，就是自身遮蔽和自身显现的指引。此指引被海德格尔规定为亲近。指引就是道路的道路化。指引与亲近是同一的差异。作为亲近是走向林中空地。林中空地是存在的真理的发生之地，它是一宁静之地，同时也是一使宁静之地。如此建立了语言的本性。

语言作为亲近。语言的本性是指引(Zegein)，同时又是亲近。亲近和指引在德文中是同一个词。海德格尔不再探讨其他，而只探讨亲近。亲近和遥远又是同样的。谈到远近，首先看成空间性，然后又看成时间性。海德格尔的时空既不是外在的物理时空，也不是

① 海德格尔：《通往语言的途中》，赫茨译，哈普和劳出版社，1982 年版，第 99 页。

内在的意识化的心灵时空，而是存在的时空。它是时间的时间化和空间的空间化。亲近和遥远在存在的时空中就是面对面。它们不是对立的概念，而是世界的建立。海德格尔表述为天、地、人、神四元的游戏。世界就是四元的游戏，时间的时间化和空间的空间化就是四元的大游戏。

道说“叫做指示：让显现，照亮和遮蔽的自由给予，即作为我们所说的世界的赠与。此照亮的和遮蔽的，遮住面纱的世界的赠与是道说中的本性化”①。语言的本性并不单纯是人的一种能力，而是属于世界的天地人神四元游戏——彼此照面。

四元存在是存在者整体的存在，是存在自身而非存在者，它们亲密的区分又彼此合一。四元相互“保持遥远和走向亲近是神秘至极的‘间距’。只有凭借此间距，地带化才可能照明和遮蔽，走近和去远。作为如此，这种间距是运动。‘亲近的本性化不是距离，而是世界四元的地带的相互对立超出的运动’②。这也是世界的赠与”③。

语言说出了四元，但此四元并非只是语言性的四元，而是世界性和历史性的四元。“海德格尔思想中作为四元的世界却不再意味着存在者，也不意味着存在者的存在，而是存在自身，因此是处于虚无化中的虚无。”④四元彼此照面，亦即游戏。它们的游戏是镜子般的镜戏。

但本性的语言又如何建立与人的联系？

在天地人神四元中，神是不死的，人是一要死者，他能经验死亡本身，人与语言的关系变成了能死者同语言的关系。只有道说才能赋予能死者的存在。人首先要听从语言，并对答语言，最后才是言说。死亡是聚集，如同骨灰盒，是死者之死的聚集，也是光亮与

① 海德格尔：《通往语言的途中》，内斯克出版社，1993 年版，第 214 页。

② 海德格尔：《通往语言的途中》，内斯克出版社，1993 年版，第 211 页。

③ 彭富春：《无之无化》，上海三联书店，2000 年版，第 133 页。

④ 彭富春：《无之无化》，上海三联书店，2000 年版，第 135 页。

黑暗的聚集，如果光亮是生，黑暗是死的话。死的终结又是收藏和保藏，如同语言，是奥妙之奥妙。在此意义上，语言是人之本源，死亡是生之本源。正是在此意义上，海德格尔将人规定为能死者，他能以死为死。

“我们称无声呼唤的聚集为宁静的排钟。作为聚集，道说推动了世界关系。此为本性的语言。”①聚集是宁静和使宁静，本性的语言就是宁静的排钟。排钟是许多钟的聚集（如教堂），它无声、沉默，但又能鸣奏，它“将那尚未言说的和那已被言说的聚集为一”②。当道说归于它的无声的本源之地的时候，存在开始生成自身。这样的一个无声之地是哪里？它就是林中空地，林中空地生成了自身。

林中空地是宁静的排钟，这是一个和平宁静的地方，它是纯粹的语言的地方，也是一个充满了创造力的地方。它的鸣奏发声是它的敞开，是它创造力的显现。它的敞开推动世界关系，使万物生成，而又归于宁静。人与万物因此而和平宁静。宁静是最有创造力的，宁静是天底下最大的奥秘。《圣经》中说“天上的荣耀归于神，地上的和平归于人”。人在和平宁静中才有创造力，离开了宁静就没有和谐，就没有创造力。

宁静的排钟（Geläut der Stille）是一喻象。它无声沉默，但是声音之源。它的无声是它的遮蔽和隐藏、是它对自身的保藏和收藏，也即是对声音的保藏和收藏。排钟之发声是它的敞开和显现，是它的“言说”和道说。宁静的排钟既敞开又遮蔽，在此表现为语言的悖论：“道的言说”与“道的沉默”的悖论。“宁静的排钟”是其“道说”道说出来，凭借于它使宁静；“宁静”使宁静，凭借于它鸣奏。主语与谓语自身同一，自身呈现而不由外物规定，而当它自身呈现时，刚好是一个对立面。语言的悖论与世界的、历史的悖论一样都

① 海德格尔：《通往语言的途中》，内斯克出版社，1993 年版，第 215 页；海德格尔：《通往语言的途中》，赫茨译，哈普和劳出版社，1982 年版，第 108 页。

② 彭富春：《无之无化》，上海三联书店，2000 年版，第 116 页。

是存在的悖论，亦即存在与虚无的游戏。现代思想的存在不是一般的存在，而是人的存在，即生存。“人已不是理性的人，但是他却尚未是要死者。”

宁静的排钟是林中空地，它规定了语言，也规定了此在，它是存在自身。作为林中空地的宁静的排钟聚集了声音，也聚集了语言。

六、技术的本性

在海德格尔的思想中，不仅思考诗意语言，也思考了技术语言，用诗意语言来反对技术的信息语言。技术不仅仅是信息语言，也拔掉了人们生存和居住的根，使人们在精神上丧失了家园，成为无家可归的人。海德格尔由此追问了技术的本性。

1. 科学不思想

哲学是科学的本源，科学是哲学的完成，哲学终结，科学不思。这是海德格尔晚期思想道路的一个起点。

科学起源于哲学。哲学是形而上学。形而上学是概念的科学，是系统的知识体系。今天的科学依然是概念的知识系统。但今天的科学已摆脱了今天的哲学，甚至全然不顾哲学的要求。今天的科学完全按照自身的逻辑和需要，甚至按照技术的需要而发展。科学从哲学独立出来，按照海德格尔的理解，这是哲学的完成①。海德格尔认为，“早在希腊哲学时代，哲学的一个决定性特征就已经显露出来：这就是科学在由哲学开启出来的视界内的发展。科学的发展同时即科学从哲学那里分离出来和科学的独立性的建立”。哲学的完成是形而上学的终结，也是“哲学转变为关于人的经验科学，转变为关于一切能够成为人的技术的经验对象的东西的经验科学；而人则通过技术以多种多样的制作和塑造方式来加工世界，人因此把

① 参见海德格尔：《哲学的终结与思想的任务》，载于海德格尔：《基本著作》，克雷尔译，哈普和劳出版社，1977 年版，第 375 页。

自身确立在世界中”[1]。哲学转变为了经验科学，哲学已经终结，那么哲学对于科学还有什么意义呢？

哲学的终结是形而上学的终结，是理性哲学的终结，是思想对于存在的规定的终结。哲学终结了，但思想不能终结。哲学的终结恰恰留下了思想的任务。思想的任务是要沉思存在。沉思存在就是接受存在对于思想的规定，让存在存在。思想何以能如此去思想呢？我们不会如此去思，我们思过存在者，但尚未思索存在自身。我们还不会沉思。正是这不会思成为去思的动力。海德格尔指出，“在我们这个激发思想的时代最激发思的是我们尚不会思想”[2]。他也指出“科学并不是思想”，因为科学并不追求存在的真理。

在《什么召唤思想?》中，海德格尔说：“科学不思想，这是一令人震惊的命题。就让它震惊吧，即使我们增加下述附加的陈述，它仍然震惊：科学虽然总是以它自身的方式与思想有关。然而沉思与科学的关系只要在它们的鸿沟变得清晰可见、又不可逾越之后，才显得真实可靠。从科学到沉思没有桥梁，唯有跳跃。”[3]科学与思想的关系的鸿沟就是两者的差异。这里的思想是指思索、沉思。科学不思想亦即不能以思想家的方式去思索、去沉思，这是因为它的活动方式及其手段规定了它不能思想。科学不能思想，这不是它的缺陷，而是它的长处。正是这一长处确保它有可能以研究的方式进入其对象的领域，由此才能研究对象。

海德格尔说科学不思想，这不是对科学的贬低、敌视和反对，不是搅乱科学的严肃性，也不是要败坏科学的声誉，更不是要打击科学工作者的兴致。相反这是为了要深入地思考科学的本质。为此，我们并不反对科学，而是要拥护科学。但这种拥护不是要我们跟随流俗的对于科学的观点。流俗的科学观将科学观念化，将科学

---

① 参见海德格尔：《哲学的终结与思想的任务》，载于海德格尔：《基本著作》，克雷尔译，哈普和劳出版社，1977 年版，第 376 页。

② 海德格尔：《什么召唤思想?》，载于海德格尔：《基本著作》，克雷尔译，哈普和劳出版社，1977 年版，第 347 页。

③ 海德格尔：《什么召唤思想?》，载于海德格尔：《基本著作》，克雷尔译，哈普和劳出版社，1977 年版，第 349 页。

当作各种科学结论，当作各种固定的原理、公式，当作确定的知识，当作客观的不以人的意志为转移的规律。这种流俗的科学观无疑是正确的，但尚没有揭示科学的本质。“今天的科学仍属于现代技术的本性领域，而且只是在这一本性之中。但要注意，我是说‘在技术的本性领域’，而不是简单的‘在技术之中’。”①技术不等于技术的本性，正如人的本性不是人自身，树的本性不是树，水的本性不是水②。按照海德格尔对技术的追问与思索，技术的本性是去蔽，现代技术的本性是构架。如果今日的科学，亦即现代科学的本性在技术的本性之中的话，我们暂且认为是在去蔽和构架中。不过海德格尔认为“近代科学的本性仍像一团迷雾，叫人看不透”③。这个看不透，正是那召唤我们去思的东西，正是那最激发思的。一个看不透的领域是一个未知的领域，一个未知的领域是最具有思之诱惑力的领域。那个未知的才是召唤我们去思的。然而我们如果把科学看成是那已经固定的观念和知识，科学就已经不是未知的领域了，如果我们把科学理解为即使现在未知将来一定能知的领域和事物，我们也堵塞了一个未知领域的大门。我们就没有看到那召唤思的领域，没有看到那召唤思的力量及其源泉。在此意义上来理解科学不思，就是让我们去深思科学之为科学的那个力量源泉与意义源泉。

为了理解思索之思，我们再对科学与哲学、宗教之间的联系与差异来思索他们各自的不足。思索是沉思事情的本性。

科学或自然科学是人类认识能力的产物，作为认识世界和改造世界的工具和手段，它们的对象通常是具体、有限、现实的，并且能够形成具有普遍必然性的知识。宗教所依靠的不是理性而是信仰，它产生于人类精神的终极关怀，亦即对宇宙的真实存在和终极奥秘以及包括人自己在内的所有存在物的来源、归宿和实在性的关

---

① 海德格尔：《什么召唤思想?》，载于海德格尔：《基本著作》，克雷尔译，哈普和劳出版社，1977年版，第355页。

② 海德格尔：《追问技术的本性》，载于海德格尔：《基本著作》，克雷尔译，哈普和劳出版社，1977年版，第287页。

③ 海德格尔：《什么召唤思想?》，载于海德格尔：《基本著作》，克雷尔译，哈普和劳出版社，1977年版，第355页。

怀，因而宗教的对象是具有永恒无限之特征的超验的存在，对于这样的对象是不可能通过认识来把握的，所以只能信仰。

从一种基本的特征上说，哲学介于科学与宗教之间的。一方面作为形而上学的哲学像科学一样属于理性思维，因而从根源上总是诉诸理性；另一方面它又像宗教一样起源于人类精神的终极关怀，追求和热爱的是永恒无限的智慧境界，宗教是智慧，哲学是爱智慧。宗教凭智慧直接说出对与错，是与非，亦即说出存在与虚无，哲学则说出和追求为什么对是对错是错，为什么存在存在虚无虚无。与科学和宗教相比，哲学自有哲学的优越之处，因为科学知识解决不了人类精神的终极关怀问题，而宗教由于诉诸信仰，从而缺少理性的清晰明确和普遍适用的特点。但是哲学的优越之处恰恰也是它的局限所在：哲学起源于人类精神对于永恒的追求和认识需要，它的对象就一定是永恒事物，是属于终极的和本源性的，它实际上是我们的认识能力亦即理性所难以企及的。结果哲学既缺少宗教单纯诉诸信仰的便利条件，同时又无法达到科学知识所特有的确定性，这就使哲学陷入了极为尴尬的境地。哲学试图成为科学却从来就不具备科学所应该具备的基本条件，哲学特别是形而上学的哲学提出的问题总是成为“不可能解决”的问题，“不可解决”甚至成了哲学问题的标志。在分析哲学家那里，形而上学的问题是伪问题，他们以此来瓦解形而上学。在现代技术世界，科学和技术获得了自身的独立性，科学和技术的成功不需要哲学的指引，科学和技术取代了哲学的意义，哲学也不再是它们的基础学科，在形而上学的哲学终结之后，沉思有责任深思存在的本性。

科学是计算性的思，它还没有深入到本源性的领域，还没有思考存在自身，尽管它想思考存在，但结果是把存在者当存在思考。计算性思维思不到事情的本源，唯有沉思的思维才能深入到事情的本性。沉思技术的本性就是追问存在自身，就是建立技术与存在的联系，从而建立人与自由的联系。

2. 计算与思索

思想可以分两类：一类是计算性的思想，另一类是沉思性的思索。自然科学的思想是计算性的思想，社会科学和哲学也是计算性的思想。当形而上学哲学理性去规定存在，以理性去研究存在，存在就成为存在者，因为存在是不显现的。一种计算性的思维是不能把握到存在的，它所把握的是存在者。

理性的思维不能认识存在。认识总是凭理性去认识，总是要切中对象。科学和技术的成功是理性认识对象的成功，是计算性思维的胜利。理性的计算性思维总是有对错的，思索的思维是没有对错的思维。如面对一个刚出生的婴儿，以计算性思维来看，就会判断这个婴儿是健康的还是非健康的，是正常的还是非正常的，是该生还是不该生，等等；以思索的思维来看，就超出了这样的判断，而是一种喜悦、一种对生命的敬畏与惊奇，一种对婴儿本身的关切。思索的思维由此还要想生命的奥秘到底是什么？人之所来之处和所归之处是什么？在哪里？思索的思维是没有善恶对错的。日常事物有善恶对错，但日常思维仅在善恶对错的判断中，只有思索才超越了善恶对错。尼采的思索超越了善恶，海德格尔的思索超越了对错。

但也不是说对哲学的兴趣或哲学式的思就是思索的思。这只是一种假象。对某物或某事的兴趣始终是在事物之中、之间，或中心，或停留于事物。哲学式的思不同于科学的思，是追问事情的本源的思。但思索还不止于此。思索的思始终听从思的召唤。那召唤思想的是存在，而存在又是虚无。思就是倾听虚无化的存在的呼唤。思索因此不是对象性的思，而是朝向一个无限未知的虚无的经验，是虔诚般的冥想，因此亦是虔诚的思。

计算性的思是表象之思，思索是本性之思。自然科学是寻求表象的规律，这种规律是建立在因果原则之下的。因果原则的结果是表象，原因是另一表象。因果始终不能脱离表象，表象始终不能进入和揭示本质。任何表象都是对显现的把握，表象把握不了遮蔽，那个遮蔽的恰恰不在表象之下。那个遮蔽的要靠去蔽才能显现。而去蔽靠的是人的思索与冥想，是人对于那个召唤思的未知领域的关注与苦思冥想。思索与冥想是一种期待，期待遮蔽的显现，期待表象在一个虚无的黑暗中表露自身，期待一个神秘之物的虚怀敞开，一个自身隐匿的在思索与冥想中渐渐地将自身展示出来。因此表象之为表象乃是从虚无与遮蔽中生长出来的。也因此可以说，计算性的思维依靠冥想性的思索。思索是人的本性。但在计算性思维的流行和功利化的现实面前，人思索的本性被计算性思维取代了。当我们只看到计算性思维的力量与意义时，我们实际上没有看到计算性思维的来源和根基。如果只剩下了计算性之思，我们就被各种表象所控制了。表象总是外在于人的，我们因此而会遗忘人自身。遗忘人自身的意义、目的，遗忘生命本身的价值。我们就会处在各种表象的因果性建立的世界秩序中，人内在的自身的秩序就会被外在的秩序所控制，人因此而焦虑、无法安宁，人的危险就由此而来。相反，如果我们始终处在思索中，我们就处在泰然让之中。

计算性的思以它的精确性赢得了人们的信任，而思索以它的缓慢而显得不合时宜。精确性一度成为近代自然科学的根本特征，也因此成为可以信任的根据。精确性以不可动摇的计算法则得到保证。然而精确性终究只是表明了数量上的确定性和精细性。它没有也不可能揭示事物的本性。精确性便于掌握，利于实用。人们设计产品、建立厂房，甚至是生活的衣食住行，都离不开精确的算计。精打细算是人们的生存之道。精确性与效率是一致的。效率成为现代价值。然而效率乃是行为的效果性。它与行为的目的与手段相一致。以最小的成本获得最大的利益，以必要的手段实现最佳的目的。在效率至上的价值观念指导下，目的是根本的，手段是次要的，或者说手段始终服务于目的。这种计算性之思导致人们丧失了对于自身目的的反思，丧失了对于目的的意义思索，也导致了人对于自身生活意义的反思与寻求。人自身的意义只有在思索中才会思考到的。计算性的思永远达不到思索。因此计算性之思也永远意识不到思索之思的意义，也始终认为思索之思是不合时宜的。人们以为沉思无益于日常事物，人们的普遍理智达不到沉思。沉思和思索也需要培养。

计算性思维和思索的思维都不是自发的，都是要经过学习和训练的。两者相比，思索思维还要付出更高的努力，需要更长时间的入门训练。它更需要精益求精。它也更需要耐心等待，要耐心得像农夫守候种子的发芽与成熟一样①。

思索的思维对于人是必要的。人是思想的人，是思索的生命。但由于受流俗观念的影响，盲目地追求表象，盲目地迫于各种外在需要而丧失了思索的品性。我们急于追问结果，急于获得外在的给予。外在的给予不可能是自身把握得了的，因此我们焦虑，急不可耐。因此我们不可能处于泰然让之中。只有沉思性的思索才可使我们处于泰然让之中。泰然让之使我们享受到人之为人的最高境界。在此意义上，科学之思不可能使人处于泰然让之中，唯有思想，唯有基于思索的思想才有可能。

3. 去蔽

技术与技术的本性是两个不同的事情。技术是存在者，而技术的本性乃存在自身，这是一本体论的区分。

技术有各种表现形式，有各种技术类型。机械技术，电力技术，计算机技术，生物技术，等等。甚至我们生活中用钥匙开门，用杯子喝水也是技术。海德格尔首先指出流行的关于技术的规定：技术是实现目的的工具、手段，也可说，技术是人类的行为。这一规定也可说技术的人类学规定②。这一规定也是流行的对于技术的看法。它虽然是正确的，但它并没有揭示技术的本性。技术的本性却不是技术自身。技术的本性是那使技术成为技术的东西。人通过手段实现目的，目的是人类行为的动力。人的行为会导致某种结果，但某种结果的出现，引起它出现的原因在古希腊的亚里士多德看来至少有四个：目的因、质料因、形式因和动力因。仅有目的因不能引起某个结果，比如一个产品，一个器皿，一个杯子的出现就包含了这四个要素。目的因在这个器皿制作前就产生了，就是要用它来做什么，这早就有想法，是喝酒、喝茶，还是用于祭祀，这在

---

① 海德格尔：《泰然任之》，载于《海德格尔选集》，孙周兴编，上海三联书店，1996年版，第1233页。

② 海德格尔：《追问技术的本性》，载于海德格尔：《基本著作》，克雷尔译，哈普和劳出版社，1977年版，第288页。

杯子这个器皿制作前就有的目的，依此目的，选什么材料，不管选材时有多少种考虑因素，但总得有材料，杯子总是用某种材料做成的杯子。同时，杯子总有某种外形，如或方或圆等，最后杯子成为杯子而出现，始终有朝向杯子的完成，让杯子这个器皿出现、存在于世而有的力量，这个力量就是动力因。动力因就是让存在者存在。四因都在器皿自身中。器皿是工匠制作的，但工匠不是动力因，工匠是对一个正在完成的和已完成的器皿起作用的力量，是一个外在于器皿的原因。对于海德格尔来说，问题不是为何只四因而不是五因，而是这四因为何统一在杯子——一个产品中。也就是说，一个器皿何以聚集了四因，是什么使四因得以聚集？

器皿和杯子的出现无疑是技术行为，然而这技术行为是什么使之出现？那引起技术行为并使技术得以进行的是什么？通俗地说技术的原因是什么？对此，海德格尔作了词源学的探究。原因就是起因，就是引起，就是导致。四因之所以能同时聚集于器皿中乃是导致方式在四因中的一致。四因意味着有四种各不相同的导致方式，但四因又都导致着器皿的出现与完成，因此四种导致方式又是统一在一起，聚集于一体的。

如果继续问导致又导致了什么？导致使产品出现，一个器皿由此得以显露自身，得以表现自身。器皿从非器皿中生产出来，也是从一个遮蔽的领域走向了一个显现的领域，亦即走向了一个无蔽的领域。器皿的完工就是它自身的彻底显现。器皿的出现就是它的去蔽。由此看来，技术就不仅是手段，不仅是工具，而是一种去蔽的方式了。到此海德格尔得出了他思索的结论：技术的本性是去蔽。

去蔽摆脱了技术的人类学的和工具性的规定。“技术的本性也不再属于人，而是属于本源性的真理。”①技术与技术的本性有了明确的区分：技术是人的行为，是工具和手段，技术的本性是去蔽。两者是完全不同的。哲学的思索是要揭示技术的本性。去蔽作为技术的本性不是技术自身，而是技术这一人类行为的意义和真理性，是技术之所以可能的可能性根源。这一根源是真理，是存在本身。

---

① 彭富春：《无之无化》，上海三联书店，2000 年版，第 145 页。

技术的本性不属于人，因为人仍是一存在者。人可以创造、使用技术，但人却不能改变技术的本性。人只能听从技术的本性，听从技术的本性对于技术的召唤。这就是任何技术都是去蔽了的显现，技术总是技术现象。但还要看到的是去蔽的同时也是遮蔽，去蔽与遮蔽是同时的。技术的本性是去蔽，去蔽的同时又遮蔽。那遮蔽的就是那尚未显现的。这也就是技术为何总是不断发展的的原因。技术自身存在的遮蔽性成为召唤去蔽的力量。那已去蔽的正是遮蔽的敞开和显现，而敞开和显现自身恰恰遮蔽了那不是自身的东西，可显现的和尚没有显现的又同属一体。因此去蔽与遮蔽总是同时发生。

4. 构架

构架是海德格尔关于现代技术本性的规定。此乃强制去蔽。

技术的本性是去蔽，这是从一般技术的思索中得出的规定。一般技术，是那最简单的技术。古老的技术是一般的技术。一个器皿，如一个杯子的制作这在古代技术中就能生产的产品。现代技术与古代技术相比却有了古代技术所不具备的特征。那么现代技术有何特殊性呢？海德格尔认为现代技术具有古代技术所不具备的特征：这就是强制、逼迫、能量的储备、运转、设置与设定。如将莱茵河筑坝发电，将地下的煤与石油用机器来开采挖掘，即使是停在跑道上的飞机，也是随时等待着起飞的命令的。“现代技术中存在的去蔽是一采掘，它提出无礼要求，要自然输出能源，此能源自身能够被采掘并被贮存。”①逼迫、采掘与贮藏归根结底是人对物的设置和设定，是按照人的需要对事与物的控制。现代技术的基础是控制论。“控制论这门科学是与人之被规定为行动着的社会存在者这一回事情相吻合的。因为它是关于人类活动的可能计划和设置的控制学说。”②控制论这门科学的根本特征乃是它的技术特性，而技术

① 海德格尔：《演讲与论文》，第 18 页，引自彭富春：《无之无化》，上海三联书店，2000 年版，第 145 页。

② 海德格尔：《基本著作》，克雷尔译，哈普和劳出版社，1977 年版，第 376 页。

更加明确地铸造和操纵着世界整体的现象和人在其中的地位①。

现代技术世界将万物按照技术的目的设定为材料。材料不同于原料。原料是尚没有人工作为，没有人工痕迹的自然物。材料是人加工改造过的可供使用的物品。甚至材料是现代新技术的最高体现，如光纤材料、纳米材料。材料是物，且是一人工物。人工物亦即是工具。工具乃是技术自身或技术的对象。因此现代技术将万物设定为材料的同时也将万物工具化了。万物失去了自身的物性，也失去了自身的本性。在技术世界里，树木不是自然生长的自然界中的馈赠，而是人工种植的，为了快长，用化肥催助。树木不是美景，而是可以换钱的资源。木材用来做家具，也用来造纸。纸张用来印书，也用来做报纸登载各种广告，广告刺激欲望，欲望刺激消费，消费又刺激生产，生产和消费带动 GDP 数值增长。如此反复不已，社会被认为在进步、在发展。技术成了灵丹妙药。技术整合了社会，也整合了万物。

现代技术的根本特征是设定，现代技术的去蔽就是如此的强制去蔽。海德格尔给现代技术的这种去蔽命名为构架。现代技术的本性是构架。构架是对于设定的聚集。设定是属于现代技术，而构架是属于现代技术的本性。两者的差别是存在者与存在的差别。构架是本性、存在，真理，它使设定成为可能。构架也将人送上一条去蔽的道路。“无蔽之无蔽状态已经发生了，它随时要求人受迫于各种去蔽方式。”②在现代技术中，人表面看好像是技术的控制者，好像是人在操纵技术，但实际上是技术将人设定到技术的去蔽中去，人服从技术的需要，不是人在去蔽，而是技术自身去蔽，不是人在强制和逼迫自然与物，而是构架的力量要求人去执行各种设定的完成，将人送上去蔽的道路。去蔽的道路不是人自身的选择，而是作为现代技术之本性让人如此，是人在现代技术社会中的存在方式。

① 参见海德格尔：《基本著作》，克雷尔译，哈普和劳出版社，1977 年版，第 376 页。

② 海德格尔：《基本著作》，克雷尔译，哈普和劳出版社，1977 年版，第 300 页。

人的存在不能脱离技术本性的规定。无蔽领域的发生乃是现代技术的作为，人置身于世界中，而世界是因技术而导致的无蔽领域。

现代世界处于现代技术的支配下，亦即处于技术主义的支配下。技术主义之特征是将人与世界置于技术的设置中。为了技术的实现，人自身必须技术化。人必须学会与某一技术相关的技术，必须掌握技术整体的各个环节的技术，更为迫切的是，尽管每一个人掌握的技术是有限的，但由于技术的整体依赖性会迫使每一个人有追求技术的紧迫感和危机感。认为掌握的技术越多、越安全、越可靠，越能在社会生活中有竞争力，从而生活也越有保证。在技术社会中，技术直接提供给人们安全、财富，给社会提供发展、文明。知识兴家，技术兴国。知识就是力量的口号，进一步明确为技术知识，或者说是科学技术，或者更通俗的词汇是高科技。力量的新名词就是生产力。在人们的心理意识和常规理解中，技术与个人、家庭、社会的成功与兴旺直接关联。由此技术具有一种魔力，也可以说具有一种神力。这种“力”使人崇拜技术。如果说由于对技术不了解而畏惧技术的话，那么对技术的崇拜则是出自对技术的有限性的无知。对于技术的畏惧与崇拜，都表明人被技术所设置和限制，人不是掌握技术，而是被技术所掌握。

技术不仅设置人，也设置世界。世界在人的技术化活动中被切割成了碎片。世界不再是一个整体化的世界，不再是由语言、理性、思想描述的世界，而是一个由机器的轰鸣声与各种生产能力的吆喝声以及怀着各种目的的狂奔者的相互交织。机器的轰鸣是不连续的、无规则的，生产的吆喝是无计划的、不由自主的、被客户左右的，为利益而狂奔的人的目的都是为了满足自己的欲望，相互之间是没有一致性的。它们构成的技术世界的图谱是片段的、分散的，不可能有统一性的。技术世界是一个构架。构架作为现代技术世界的本性是一种聚集。聚集不是对于碎片化的否定，而恰恰是说这个世界正是碎片的聚集，而不是一个完整的整体化的世界。一个完整的整体化的世界是符合理性的功能和结构的原则的，是有中心的，相互之间有紧密联系的，处在关系之中的整体。而一个碎片构成的世界是不可能符合理性规则的，不可能建立起相互间稳定的关系。碎片与碎片之间的差异是不明显的，任何一个碎片都可以将另一个碎片置换下来。如技术世界的产品要有通用性，以便达到普及，越普及就越能占领市场，就越能赢利。

构架聚集了世界。“这样一个世界表现了一种聚集的特性，它就是马克思所说的商品的汇集，尼采所谓的永恒轮回和海德格尔所阐释的技术的系统构架。”①商品是技术产品，凝聚着物质生产劳动的价值。马克思的世界是利润与利益驱使的技术化世界。在此世界中商品凝聚着一切秘密。商品是一把万能的钥匙，只要透过对商品的分析，就能揭示资本家剥削工人的秘密。尼采的永恒轮回是权力意志的创造与生命冲动，它是并不指向一个目的“力”。这个力就是创造力。权力意志就是创造意志。永恒轮回是权力意志的外在表达，它们是同一的。轮回是回归，回归到自身，创造不是为了一个外在目的，创造是存在自身的本性。永恒轮回就是回归到人自身的本性。永恒轮回否定了外在的目的。权力意志是尼采对于存在的表达，而永恒轮回是尼采对于存在的历史的表达。永恒轮回聚集的是存在的历史。存在历史是有差异的历史。它强调的是差异和创新。技术作为创造，是存在的外在历史的具体体现，而技术自身的创造性又可看做权力意志的表现。海德格尔用构架来诠释技术的本性，表明世界是一个技术形态的世界。海德格尔所谈的技术已不是古老的技术，而是现代技术。现代技术是以控制论和信息论为基础的技术，它的本性不再是让显现和让带出来，而是一种强制、挑战、定做，“定做在自身是普遍的。它将设定的一切可能的方式和它们的连接的一切样式聚集于自身。”②“海德格尔给定做的设定的聚集命名为‘构架’，在此它不是器具和骨架。这种聚集自身是世界整体的特征。”③世界整体乃技术形态的世界。

---

① 彭富春：《走出后现代话语》，载于《哲学与美学问题》，武汉大学出版社，2005 年版，第 220 页。

② 《海德格尔全集》，第 79 卷，第 32 页。转引自彭富春：《无之无化》，上海三联书店，2000 年版，第 148 页。

③ 彭富春：《无之无化》，上海三联书店，2000 年版，第 148 页。

一个技术形态的世界是技术统治的世界，技术渗透到各个领域，人们无时无刻不与技术相遇。在这个世界里，技术不仅由人的手段成为人的目的，甚至人自身由于技术而具有一种独特的价值。一个掌握了技术的技术化的人，是一个有神奇力量的人，他不仅能创造世界（如克隆），而且可以毁灭世界（如原子武器）①。技术化的人似乎也演变成另外一个上帝。技术主义也渗透到政治和管理中，技术能力也成为一个砝码。如技术官僚的大量出现，便是技术主义的当代形态。它是人们盲目相信技术的结果。人们相信技术能创造物质奇迹，也能创造人间奇迹。技术主义者忽视了技术在带给人享受的同时，也带给人不安与恐惧，技术也给人带来了危机。这个危机就是技术取代了真理、取代了信仰、取代了理性，就是人的技术化和技术的无限化。

5. 危险

这个无蔽的领域是一个危险的领域。这里的危险乃是神秘的破除、最高存在者的消失，乃是一切置于因果原则下的理所当然。无蔽领域是一个显现出来的领域。显现使一切显现者成为在场者。甚至上帝，那一切遥远的也将在场。无蔽领域的显现，都是根据因果性来描述显现，建立现象之间的联系。在无蔽领域的一切，包括上帝这样的最高的存在者，也用因果关系来描述。这样，一切神圣、崇高、神秘都消失在因果描述之下，上帝或成为众多原因中之一个原因，或成为哲学家的理性的上帝②。这就是技术的无蔽本性带来的危险。在计算性的思维视野下，这种危险性是看不见的。计算性思维是因果关系的表象思维，这种危险处于它的遮蔽之中，只有思索的思维的思才会正视这种危险。

---

① 有人问爱因斯坦第三次世界大战会用生命武器，爱因斯坦回答说："第三次世界大战用什么武器我不知道，但我知道第四次世界大战的武器是用石头。"

② 海德格尔：《基本著作》，克雷尔译，哈普和劳出版社，1977 年版，第 307～308 页。

思索的思维虽然看到和正视这种危险，但并不把危险看成是毁灭和死亡的前兆，相反能从危险中看到自身拯救的力量。海德格尔借用诗人荷尔德林的诗句说明了这点："哪里有危险，哪里就有拯救。"①拯救意味着：救渡。使之自由，保护，守护，保真。"拯救最后是那作为本源性真理的林中空地，因为真理自身就是使之自由和开端性的自由。"②拯救的力量来自于危险自身。危险自身是无蔽、是敞开、是光明，但也是隐藏，隐藏了黑暗，隐藏了克服危险的要素。林中空地是存在真理的发生地，是光明与黑暗的游戏之所，是思想的开端，是自由的本源。由此人与存在的自由关系，在技术的本性追问中，人建立了与存在的自由关系。这种对于技术本性的追问乃思之虔诚。唯有这种虔诚才是对于危险的克服，才是危险转化为拯救的转折。

技术的本性是去蔽③，去蔽的结果是无蔽。技术的危险发生于无蔽。无蔽之无蔽状态使一切成为显现，并使一切显现之表象都置于因果关系和原则之下。于是诸神沉默，神性离席，神圣之名空缺。于是神秘不再有意义，崇高不再有价值，最高价值贬值和废黜。用尼采的话说是上帝已死，一切价值要重估。一个虚无的时代来临了。技术的危险正是虚无。虚无毁灭了意义和价值，也毁灭了人类曾有的家园。因此人类步入了一个无家可归的时代。

在技术世界里，大地瓦解。大地不再是诸神规定和控制的大地，不再是神的创造物，也不再是神秘的令人畏惧的、有魔咒附着的自然，不再是人游山玩水和居住的自然，而是探索、研究与发现的自然，是改造与征服的对象，是人的本质力量展开的图景，是挖掘宝藏的工地，是追逐利益的加工厂，即使是无人居住的戈壁荒滩也正好是核实验的实验场，或者是火箭的发射场。总之，大地是可

---

① 海德格尔：《基本著作》，克雷尔译，哈普和劳出版社，1977 年版，第 310 页。

② 彭富春：《无之无化》，上海三联书店，2000 年版，第 162 页。

③ 海德格尔：《基本著作》，克雷尔译，哈普和劳出版社，1977 年版，第 294～295 页。

以任人研究、改造和利用的大地。大地瓦解，如此迅速，又如此自然。此自然是自然而然，即随着技术的无所不为与无所不能而自然发生了。

在技术世界里，天空也不再是诸神所在和上帝所在的天空，不再是天人感应的、可以呼喊与回应的天，而是任凭飞机航行，任凭航空器飞行的场所，是无线电波欢歌笑语的交换站；技术世界里的天空，不是玉皇大帝的龙华会所，也不再有皇母娘娘的蟠桃盛会，不再有孙悟空的大闹天宫，也不会有嫦娥奔月和牛郎织女。一个技术的天空只是人造卫星的天堂，不再是人想象的天堂，任何想象与神话都成了嘲笑的笑料，堪舆学与星象学一类文化在未经学习和理解之前早已宣布为伪科学。地球人不仅在登陆月球，也在梦想移民太空。地球人是在以国家的力量，不惜代价的争先恐后去进行航天事业①。昂贵代价换来的是月球上的几张照片，或者载人绕地球几圈。这是人的胜利，是人对于天空的征服。与此同时这也将地球连根拔起了②。地球如同一个小小的篮球般尽收人的眼底了。大地已不是过去那个坚实的足已承担人类的地球了。当人造卫星成为各种电信号的中转站，成为地球自身的观测台时，这种连根拔起的恐惧感决不是计算性思维能够感受得到的。

---

① 参见玻恩：《我的一生与我的观点》，李宝恒译，商务印书馆，1979年版，第78～83页；吴国盛主编：《大学科学读本》，广西师范大学出版社，2004年版，第321～322页。玻恩在《宇宙航行的祸福》说了这样的话："现在所谓的宇宙航行，在我看来，不是真正的科学。甚至连这个名称也是一种欺骗。这件事与无边无际的宇宙空间无关。这是绕地球的超大气层环行和向月球以最近的行星冲刺的问题；总之是对地球邻居的探索。"他也说到这事花了老百姓的巨额税款，对老百姓并无利。他还说从各国所做的宇宙航行中看不出有任何福音。他说"它是大国竞争的标志，冷战的武器，民族虚荣心的象征，力量的示威。"

② 1966年海德格尔在接受《明镜》周刊记者采访时说："技术越来越把人从地球上脱离开来而且连根拔起。当我看到从月球发回的地球照片时，我是惊慌失措了。我们根本不需要原子弹，现在人已经连根拔起。"参见海德格尔：《唯有一神能救我们》，载于《海德格尔选集》，孙周兴编，上海三联书店，1996年版，第1035页。

在技术世界里，技术成了全球的通行证。技术没有国界，尽管知识有产权保护，但这只是对利益的保护与限制，它不能限制技术的流行。在技术世界里，人使用技术，将实现自己目的技术作为手段和工具。不仅如此，人与万物也成了技术的手段和工具，因为人自身也技术化了。人的技术化既是人生存的需要，也是人不可避免的命运。一个技术化的人是一个欲望的人。目的即欲望。欲望推动了技术的发展，技术发展又扩大了欲望的空间，又进一步刺激了欲望的发展。一个欲望的人只知寻求欲望的满足，而不能反思欲望本身的合理性及其边界。一个只有欲望而无智慧的人只能被认为是非人。技术使自然破坏、大地污染、诸神逃逸、人受伤害①。如此洞见并非排斥技术，亦非悲观主义的技术观，当然也不是以此抵制技术的乐观主义，而是要正视技术给思想带来的难题：在技术世界意义和价值是如何丧失的？最高的价值丧失意义之后用什么来抵抗虚无？人的无家可归如何克服？

这里的问题不是说技术自身不具有意义，不是说技术没有价值，而是说技术的意义只是实现技术的目的，技术的目的总是短暂的，而且不具有终极性，即技术的价值和意义不究竟，不能中止意义和价值的再追求。技术改造了世界，提高了人的生活水平与文明程度，为何人类反而步入了虚无与无家可归？技术有价值和意义，也改造了自然与世界，改善了人的物质生活水平，提高人类的文明程度，但是技术的意义和价值也就是在于对自然的改造，对物质的转化，对文明的提升，也就是在于实现人设定的目的。技术自身不能提出目的，在目的面前它始终是工具和手段。技术也不能反思人的目的，不能深思目的的本源。技术实现的目的也始终是物质世界的目的，始终是外在于人的目的，目的始终是在存在者的领域，不

① 艾里克·勒梅、瞻尼弗·皮茨：《海德格尔入门》，东方出版社，1998 年版，第 113 页。正如海德格尔论现代世界所言："世界正值夜半，诸神逃逸，大地瓦解，人成为大众，一切自由与创造之物遭到怀疑与敌视，殃及整个大地，而那些幼稚的范畴诸如悲观主义、乐观主义等等，早已成为荒谬之物了。"

可能进入存在的领域。目的的本源在存在中，在此在站立的林中空地上。

技术的目的其实质是人的欲望，是人的欲望设定的目的。人的欲望的实现始终依靠外在的其他事物，始终依靠外在的工具和手段。欲望的出现源于人自身的需要、需要源于匮乏，源于对匮乏的意识。匮乏源于虚无且就是虚无，匮乏乃是人的本性，同样虚无亦是人的本性。无家可归乃是人对于虚无的经验。

技术的危险并不是指原子弹这样的技术可以将人类毁灭的危险，虽然这的确是一危险，技术的危险是指技术的本性的无蔽自身是危险。无蔽的危险虽然是危险但自身也具有拯救的力量。这在荷尔德林“哪里有危险，哪里就有拯救的力量成长”的诗句中道说出来了。无蔽的拯救力量在对技术的思索中，以思索的沉思思至虔诚，以此克服计算性之思的不足，虔诚地思计算性思维之不思。如此将获得克服危险的力量。以佛教的智慧来说这就是定能生慧。冥想的思索，虔诚地沉思就是定，就是泰然让之。技术的危险不是要拒斥技术，而是要正视技术。去蔽与遮蔽是一同游戏的。去蔽发生的同时遮蔽也发生了。危险发生的同时，解决危险的道路也将敞开。①

七、人的居住

海德格尔探讨了技术与人的居住的关系。人居住于家园，但技术社会毁灭了思想曾有的家园，无家可归成为现代人对于虚无的经

---

① 巴基斯坦有了自己的核武器后，亦不再惧怕印度核武器，原来边境冲突不止的情况反而得到了抑制。2008 年—2009 年因孟买爆炸案而导致印巴军事集结与对抗，由于双方都有核武器，也使战争打不起来。核武器是危险，但也具有消除和缓解危险的作用，当然核能也可和平利用。关于核武器对印巴关系的影响可参见陈晓律：《台海问题潜在的巨大风险》，《历史月刊》（台湾），2004 年第七期。但朝鲜的核试爆却带来了周边和世界新的不安。核武器也是一多米诺骨牌效果，目前已有 9 个国家拥有核武器，30 个国家短期内可制造出核武器。核武器有威胁性也有抑制威胁性。

验。唯有诗意的居住才是对于无家可归和虚无主义的克服。

居住乃人之本性。人居住于世，居住于家园。家园是家宅、是建筑物、是田园、故乡，也是各人的宗教信仰与文化信念，如西方的上帝与中国的天道。家园是那离我们最近、能为我们遮风挡雨，庇护并指引我们生存的地方。那最近于我们的是语言，那能庇护并指引我们生存的是智慧的语言。因此在技术世界里，真正能成为家园的是智慧的语言。然而在西方思想中上帝死了，在中国思想中天人分离了。技术无情地摧毁了我们曾经拥有的家园。技术在本性上的去蔽性使世界敞开了一切：未知之物不未知了，神秘之物不神秘了，崇高之物也不崇高了。在技术的世界里，诸神逃逸、大地瓦解、天空崩塌，人无家可归。

1. 无家可归

独在异乡为异客。
每逢思家不是家。
家非家，道非道。
虚无虚无。
泰然让之。
大地的异乡者。
诗意的居住。

无家可归是技术世界的现代人的命运。

居住于大地，却是大地的异乡人。大地已瓦解，自然已破坏。大地不再是家园。人居住在家里，却被电视广播和网络带到了家外，带到了一个陌生的想象的或虚拟的世界。人们被媒体愚弄，被各种消息扰乱或影响，焦虑、无聊，在希望和失望中左右摇摆。从相信技术到崇拜技术、到走向反面拒斥技术，都是无家可归的症状，都是虚无的体现，是虚无的虚无化。如果西方的诸神、上帝、神性与理性都曾是西方人的精神家园，那么中国的儒、道、禅（佛），天人合一的天道观与人道观也一直是中国人的精神家园。

然而技术世界中上帝死了，天也塌了，中西思想曾有的家园已被毁灭，那能够成为家园的只有道与智慧的语言、只有思索的独白，只有思想的漫游，只有时刻的警醒。

在西方思想中，各时代的智慧形成了各时代的精神家园。古希腊的诸神、中世纪的上帝，近代的神性，这是神在形而上学时代以不同的语言形态成为家园。形而上学时代的智慧确立了三个时代的不同原则分别是正义、恩惠和自由，确立了人的规定分别是英雄、圣人和公民。这是形而上学建立的家园。现代思想虽然瓦解形而上学，但马克思仍有共产主义社会理想，尼采仍将超人作为未来人的形象，海德格尔晚期思想中仍将天地人神四元共在作为居住的家园。后现代不再寻找家园，它解构了家园。人不再有任何规定和理想，人成为一个漫游者。

一个已有的家园之毁灭不是哪个人的过错，而是哲学终结之必然后果，是科学走向技术，技术走向设定，并带来了无蔽的必然结果，是虚无之虚无化体现。无家可归与虚无是同时到来的。虚无使人无家可归，并寻找各种替代的家园。在技术世界，人们以为技术世界所带来的一切成果与文明就是人理想的家园，是人安居之所。然而技术世界的成果都是物质，人的生存要有物质基础，但人却不只是一个物质的人，人还有情绪、情感、思想、想象，有美的需要，有浪漫与幽默的需要。人也是精神的人，但作为精神的人，人不再是一个理性的主体，也不只是一个感性的人，人就是人自身，就是人的存在。海德格尔将人规定为此在。在此在的深处，不再有人的本质，如善如恶。此在深处有的只是虚无。此在诧异于虚无，如同诧异于存在。存在者存在，我们不诧异，如地球存在于此，我与他存在于此，我们不诧异；然而如果地球竟然不存在了，我与他不存在了，我们才诧异。亦即地球与他人的消失、虚无化才是令人诧异的。正如他人活着我们不在意，他人的死我们才会惊异。因此那最让我们惊异的是虚无。

无家可归是现代思想对于虚无的经验。技术的无蔽本性敞开了这一经验。技术对万物加工改造，设定储备，在它永不停息的作为下，掩盖了它对于自身本性的思考，人在技术的忙碌中遗忘了对于自身作为的意义的思考。无家可归是现代人的命运，而对无家可归的遗忘则是无家可归的真实写照，是虚无自身的显现。遗忘无家可归，拒绝思考无家可归，正是虚无直面此在，此在无法拒绝和回避虚无。

独在异乡为异客。异乡感与异客感是人对于家园的向往，是人远离家园，尚未安居于家中。技术所建立的技术世界只能是一个物质的家园。技术既不叫人思考家园，也不描绘已有的与尚未有但将有的家园，技术只是生产与征服。技术自身试图扮演成家园。对于有思想能力的思想者来说，此家园不是家园。人(此在)越是寻找真正的家园，就越能发现技术世界的非家性，越能发现此在自身的无家可归性。在这里家非家，道非道，唯虚无虚无。这是技术世界的真实。作为此在的人是大地的异乡者。异乡者渴望回家，渴望回归家乡，还乡的思念与渴望就是乡愁。然而还乡有可能吗？还乡的乡愁在技术世界中能抵抗虚无吗？异乡者的还乡只是一种可能性。这种可能性在于对自身存在的深切把握，在于实现诗意的居住和面对技术世界能泰然让之。异乡者在海德格尔的思想中首先是此在，其次是天地人神中的一元。此在对于虚无的经验而经验到自己是异乡人，对于还乡的渴望、思念和喜悦，乡愁的持续与保藏是技术世界的人的本真的生存与诗意的居住，是作为能死者的此在的泰然让之。

人是大地上的要死者，居住是人生存在于世的方式。人居住于家园。此家园是一个在此获得休养与庇护的地方。此地方不只是一空间概念，而是一个正在生成并不断生成的地方，此生成与此在一同完成。此完成乃是家园的建成。居住作为居住，只能居住于家园。居住于家园是人的本性。

在技术世界中，作为此在的人以多种方式经验到虚无。人的焦虑、无聊、羞耻、盲信与不信、绝望与拒绝都是虚无的经验，而无家可归则是一切虚无经验的根本。“技术世界遭遇的困境不仅应该理解为无家可归，而且必须首先理解为这一无家可归的遗忘。”①一

① 彭富春：《无之无化》，上海三联书店，2000 年版，第 15 页。

个已经意识到无家可归的人，是在盼望着家园，试图克服虚无的人，而一个遗忘了无家可归的人则是一个遗忘了虚无的人，或者是找到了家园的替代物的人。在技术时代技术一度成为家园的替代物。对于技术的盲信与崇拜就是将技术当家园。

技术时代人们不信诸神，也不信上帝，唯信技术。相信技术能改变一切，不仅能改变世界，也能改变自身的命运。我们熟悉“科学救国”、“科技兴国”、“科学技术就是生产力”、“知识改变命运”这样的口号。这样的口号没有什么不对，但过于相信了科学与技术的力量，在突出科学与技术的意义时没有看到那导致科学与技术的理性力量，其次这样的口号掩盖了科学与技术的危险。科学与技术的背后依靠的是理性，理性是知识之所以成为知识的根据。这是近代思想的产物。在近代思想中理性既是认识主体的本质规定性，又是推进认识过程的主要力量，也是最后确定认识结果的原则，因而它必然也是认识活动得以可能的先决前提。因此只有去培育人的健全的理性才能使科学与技术得以实现，并健康与合理的发展，实现其功能与社会价值。只有让理性成为人的自觉的需要，科学与技术才自然的发生并改变世界。与其说是科学与技术改变了世界，不如说是人的理性改变了世界；与其说知识改变命运，不如说理性规定了自己的命运。命运之为命运，总是被理解为人生必经的过程或某一必然发生的事件，或是那规定人生的必然性力量。在现代思想中，形而上学中那具有规定性和必然性的力量被瓦解了，命运只能是那条人生走过的道路本身。命运无所谓改变，无所谓不改变。与其说知识改变命运，不如说知识就是命运。我们学习、发现和创造知识就是使自己成为人，成为一个合乎理性的人，成为一个顺应理性成长的人。

科学技术不仅被认为是生产力，而且认为是第一生产力，为什么？“第一”无非是强调科学技术在生产力中的基础地位。但什么是生产力？生产力被规定为人类改造自然的实际程度和实际能力的哲学范畴。它由劳动对象、劳动资料和劳动者构成。劳动资料即劳动手段和工具。科学技术是智能性要素。科学是知识，技术是方法、能力和手段。它既是属于劳动资料，也是劳动者的构成要素。

劳动者的科学技术水平越高，他改造自然的实际程度和实际能力就越高。科学技术的成就，如理论发现、技术发明直接导致劳动资料的发展与变革，直接导致了劳动力认识世界与改造世界的能力的提高，甚至也使劳动对象发生转变。总之它直接改造了外在的自然世界，所以说科学技术是第一生产力。但问题是世界作为一个整体不能不包括人自身，改变外在的自然世界并不就是改变了人自身，作为人自身的心灵的改变、提升，科学技术是无能为力的。如果世界是要改变的，那心灵也同样要改变。因为人的心灵是世界的一个部分。心灵的改变就是寻找精神的家园。科学技术改造世界只是对自然的改造。这一改造也直接地破坏了传统的自然观。它毁灭了中国人历史性的天地人的自然世界和西方人天地人神共在的神性世界。这两个世界曾经是中西思想的精神家园。

2. 诗意的居住

人的居住有诗意的与非诗意的两种。诗意的居住是居住于家园，非诗意的居住是尚没有家园的居住，是人的无家可归。无家可归是人的非诗意的居住。诗意的居住与非诗意的居住都是居住的可能性，诗意的居住属于居住的本性，非诗意的居住则不属于居住的本性，正是诗意的居住才使非诗意的居住有了可能，非诗意的居住凭借于诗意的居住而成其为居住。“在技术世界里，越是存在着非诗意的，也越是存在着诗意的。因此技术世界的人的居住也是诗意的，凭借于他非诗意地居住。”①诗意的居住之所以可能是因为诗意的居住源自于存在。

诗意的居住是让存在存在，接受存在对于思想的规定，接受存在给予思想与居住的尺度。这样的存在是不从人自身的意志、需要、欲望、情感出发的，是深入到存在者之中去，倾听存在的呼声，聆听存在的奥秘。让存在存在，就是让存在者自身成为自身，如同让物成为物，让树成为树，让人成为人。这也就是不把物和人当工具，特别是不把他人当工具。不把物当工具就是以诗意的态度

① 彭富春：《无之无化》，上海三联书店，2000 年版，第 157 页。

看待物，接受物的物性，接受物的本性；不把物当工具，就是不利用物，而是与物建立一种伙伴关系，与物相互游戏，人与物没有彼此剥夺和占有，也没有自身的消耗。这不是浪漫的理想，而是天地人神的和谐共处。这里的神不是上帝，而是一个与人对应的超验维度，它让人意识到自己的必死性，是作为能死者的人的必要限制。如果没有一个超验的不死的神，人就必然是人类中心主义的。诗意的居住也是让居住成为居住，它是天地人神的和谐共处，而不是天地人神的彼此规定与相互限制，这种和谐共处是游戏式的，不是相互占有与被占有，利用与被利用，主体与客体的关系，而是相互的亲密与共同的欢乐。

诗意的居住是居住于家园。家园是诗意的，是对于存在的接受，那么无家园则是非诗意的，是对于存在的拒绝。那非诗意的既不给予亦不接受，既不给予尺度亦不接受尺度，既不亲近存在亦不聆听存在。那非诗意的遗忘了存在，但凭诗意的而仍然成为居住的可能性。诗意的规定了非诗意的。"因为一居住能够是非诗意的，只有当居住在本性上是诗意的。"①居住的本性不是居住，居住的本性使居住成为居住，它规定了居住。诗意的居住规定了非诗意的居住。居住可以是非诗意的，居住的本性却是诗意的。居住的非诗意在于无家可归，无家可归而使居住者经验到虚无，尤其是经验到家园的虚无。家园的虚无通过无家而显现出来，虚无只是显示了无家。家园的意义正好敞开于无家可归之中。诗意的居住正好敞开于非诗意的居住，亦即非诗意的居住遮蔽着诗意的居住。敞开与遮蔽不是独立的，而是相互游戏的。诗意的居住不是非诗意的居住，非诗意的居住亦不是诗意的居住，两者都是居住，唯诗意的居住是居住的本性。诗意的居住与非诗意的居住亦不是对立的，而是相互依从的，若无非诗意的居住，存在的遗忘就不会敞开和显现，若无诗意的居住，非诗意的居住就无可能，技术世界的无家可归就不可能成为一种居住。技术世界的无家可归乃是非

① 海德格尔：《演讲与论文》，引自彭富春：《无之无化》，上海三联书店，2000年版，第157页。

诗意的居住。非诗意的居住的显现与敞开促使人去追问居住的本性，促使人回归到诗意的居住。诗意的居住成为居住的本性，也成为人的家园。人要经验家园的本性，并要建筑家园，且居住其间。

然而，生活在现代世界的人，即是生活在技术的世界里，技术规定了人，人受技术的支配和制约。但危险同时也是拯救。海德格尔从技术的古老涵义中找到了根据。技术的希腊词义也是技艺，技艺也是艺术。技术是物的改造，艺术则是非物质的创造。改造与创造都是诗意的。技术改造的诗意在于给予尺度，如技术生产加工一物，使其物从无走向有，加工的每一工序都必须接受设计者给与的尺度；而艺术创造的诗意在于接受尺度，让物如其所是，不从改造而从接受角度看物，物是物自身，让物成为它自身。由此技术的危险在艺术的诗意的态度中得到了扭转和克服。

在诸神存在的古希腊，人们接受诸神对于人的命运的规定，人无需对自己的命运担忧，也不去抗拒命运，不去改变自己的命运。俄狄浦斯的悲剧乃是对人对抗神试图改变自己命运的告诫，西西弗斯的神话也是以另一方式告诫人不可对抗神，否则会遭到神的惩罚。在这样的时代人把自己交付给诸神，人有诸神的守护，人不可能经验到虚无。在中世纪，那是上帝存在的世界，上帝以她的全智全能全善行使公义，人们在信望爱的实践中凝望着彼岸世界，此岸的苦难得到了缓解和消除，此生此世的罪恶得到了根治，肉体生命的终结在灵性生命的重生中得到了拯救。在这样的时代，人再痛苦，也相信有美好的未来，也永远不会走向如临深渊的虚无。近代是理性的时代，也是神性依存的时代。人们相信理性，相信理性可以保证美好生活，相信理性能控制这个感性的世界，也能建立一个合符理性的世界，不仅理想世界是可能的，现实世界也就是理性的。黑格尔“凡是现实的都是合理的，凡是合理的都是现实的”就是对于理性与现实之必然性关系的充分信任。在这样的时代，人自身就是理性，虚无不仅是不可能的，而且也决不会进入到人的生命的真实经验中。这个时代依然保持了人的神性，神性与理性是统一的。只有到了现代，成为一个技术的时代。诸神、上帝、神性都退场了，或沉默或离席，任凭技术作为，也任凭人的作为。人没有神的守护了，也不再畏惧一个全智全能的神会始终凝望着自己，在自己死亡的时刻来审判。斯特林堡笔下的一个人物曾自言自语地说：如果神始终看着我们，难道她不要打瞌睡吗？难道她连眼也不眨一下吗？这样的说法正是用人的理性来思考神，以一种消极的怀疑来对待熟悉的观念与传统。消极的怀疑也可理解为幽默，它没有怀疑的目的，不直接导致一个思维的成果。然而即使是幽默也有着超乎想象的否定效果，这种否定是不能通过理性的论证来肯定，来弥补其瓦解力量的。神打不打瞌睡？一个神的信仰者没有这样问题和困惑，即使被问到也一定有十分肯定的答案来否定和排除这样的问题。神学家和哲学家也能提出多种多样的答案，但对一个生活中的人，甚至一个信仰尚不坚定或正在追求信仰的人来说，这样的问题是从他的内心生出的，或者即使是听到的，却将这一怀疑转化为了自身真切的怀疑，转化成了自己的真实的问题，那神学家与哲学家的理论论证不一定能消除这一问题。有了这样的问题存在，一个万能的神就不万能了。这样的问题听起来开心，它的确比千篇一律的话语更能打动人。这样的话语表明，人能自由地想象，而这自由正是人的理性的自由。相比于斯特林堡的委婉，同时代的尼采则说得更直接了，尽管尼采是借疯子的口说出的“上帝死了”。

一个上帝死了的时代，也是人什么都敢做的时代。陀思妥耶夫斯基在《卡拉玛佐夫兄弟》中深刻地指出了这点。上帝死了，技术生了。技术世界的出现源于对自然的去魅。马克斯·韦伯(Max Weber，1864—1920)称之为世界的去魅化，去魅也是去魔咒化。一个曾经是神创的世界，有神灵出没的、布满魔咒的世界不再有神、神灵的任何痕迹，神及神所布的魔咒无效了。人开始了狂欢。自然世界成为人的对象世界，可以改造利用的征服的纯粹物质世界。随着两次工业革命的实现，人对世界的改造达到了前所未有的程度。第一次工业革命是对人的双手的解放，手工技术改变为机械技术，第二次工业革命是由机械技术导向了自动化，控制论成为基础科学。机械技术将对象技术化，自动化则是人自身的技术化。自动化解放了整个人。现在开始了第三次工业革命，即信息技术革命。由电子信息走向了生物信息。这是一场整个社会的革命，更是一场观念的革命。与其说是革命，不如说是挑战。从克隆羊到克隆人，科学与技术已不知道自己的禁区。人们熟悉和认同“科学无禁区”。由于现代科学与技术的一体性，技术自然也无禁区。且不说这是与否，这一观念和说法正是什么都敢做在科学与技术领域的表现。由于什么都敢做，人们不顾行为的后果，或者只顾实现一个想象得到的目的，凡想不到的后果是不必畏惧的，甚至为了获得一个可能的事实，不惜一切一试。

在一个技术世界中，技术是冒险。那导致冒险的是利益、好奇、求真。冒险之为冒险是全不知其危险，或者是对危险的遗忘。人冒险的冲动与勇气、对危险的遗忘乃是对于虚无的盲目，而不顾危险乃是对于虚无的抗拒。危险感、危机感正是对虚无的经验。危险之为危险，是担心和意识到某物的即将失去和毁灭，试图抵抗这种失去和毁灭但又无能为力。危机则即是危险又是机遇。危机在危险的同时隐藏了机遇，隐藏着改变或扭转危险的力量。

人生的根本是居住。那能居住的是家园。家园是田园、住宅、故乡，也可以是文化的思想的，如西方的上帝之道或中国天人合一的儒道禅，但这只是历史上家园的各种形态，那居住的作为家园的家园，是那离我们最近，能庇护我们的。离我们最近的是我们的语言。语言有欲望的、工具的与道的，能作为家园的语言只能是道的语言①。此在居住，居住在道的语言中，居住在智慧的和真理的语言中。道与智慧的、真理的语言是诗意的语言，此诗意的语言不是文学的作为创造的语言，也不是给予尺度，而是接受尺度，亦即接受存在对于思想的规定②。道与智慧的、真理的语言是思想。思想

① 参见彭富春：《人的家园》，载于《哲学与美学问题》，武汉大学出版社，2005 年版，第 304 页。

② 参见彭富春：《无之无化》，上海三联书店，2000 年版，第 177 ~ 179 页；彭富春：《庄子、海德格尔与我们的对话》，载于《哲学与美学问题》，武汉大学出版社，2005 年版，第 293 页。

接受存在规定就是让，让思想思想，让存在存在。

3. 克服技术主义

海德格尔技术的思想和诗意的居住给予我们一条克服技术主义的思想道路，这条道路同时也是克服虚无主义的道路。

享受着技术文明的人是不可能回到技术文明之前的生活状况的。人一方面是接受享受，另一方面也要批判，批判是不使享受遗忘了人自身的目的，不要遗忘了人性。批判不是要放弃技术的可享受的成果。舒适的享受有上瘾的一面，易把享受当成人生的目标。一旦体验过坐汽车胜过走路，安步当车只能在短暂的闭庭信步中。要一个民族和国家保持过去艰苦的生活为什么难以响应？甚至艰苦年代中的过来人恐怕也只是心理上和精神上的恋旧，要把过去的记忆唤醒，也只是一种话语而已，而难有自我行动。技术创造了视野的全球化。人们可以从电视、书报和互联网中迅速了解他国的情景。西方现代文明国家的生活方式，可以很直观地了解到。它是一种强烈的诱惑，成为人们未来的生活目标。它逼迫着人们去认同和追赶发达国家的技术文明。如果不愿处于落后，任何民族和国家的追赶都是必然的。但无论怎样追赶，差距总是存在的，即使差距永远不能消失，也仍然要追赶、要引进。技术引进了，文明依然引进不了。因为文明不仅仅是在技术中，它是一个民族的素质、传统、文化相互渗透的结晶。技术文明是物质化的文明，是技术的运用导致了人们整个生活方式的更新与发展，导致了人们的更多的自由时间、更轻松的工作、更理想的环境，但技术不能提高人的人性。技术文明并不就是人的文明。文明不能代替人性。技术主义对技术的盲目相信与崇拜，是颠倒了技术的手段性与人的目的性的关系。人作为目的应该始终引导着手段的运用。人凭借于自身的智慧和理性，应该能够克服技术主义。

技术主义的出现和产生，源于理性的终结。这一终结也是形而上学的终结，即理性不再规定存在，思想不再决定存在和现实，理性和思想不再能成为根据了。它与古希腊到近代以来哲学的终结、形而上学的克服是一致的。哲学的终结与形而上学的克服导致了虚无主义的产生。虚无主义将存在理解为虚无，因此没有根据，没有目的、没有理想。虚无主义成为我们时代精神状态的基本特征。技术主义是与虚无主义伴生而来的。虚无主义毁灭了我们的历史家园和文化传统，而技术主义则逐步使人变成物。因此如何克服虚无主义与技术主义，成为我们时代的思想任务。

由于技术主义与虚无主义的伴生性，要克服技术主义首先要克服虚无主义。虚无主义是最高价值的去值，即最高价值没有意义了。对于尼采来说是通过重估一切价值来克服虚无主义，而生命自身的价值，即权力意志则是根本的价值。对海德格尔来说，虚无的历史就是存在遗忘的历史，重新追问存在的意义是他早期思想的目标，他得出存在就是虚无。这是一个悖论。既然他们走出了形而上学，揭示了形而上学的虚无性，肯定了人的此在与生命的意义，克服虚无主义的途径则是肯定人的生命与生活本身的意义，不管这生命和生活是处于一个什么状态，不对它的高下优劣作判断和选择，不设定任何外在的理想和崇高的目标，因为各种虚伪的崇高论和理想主义实际上是虚无的填充物，由此它们也是虚无主义的表现形态。因此肯定自己的存在，肯定活着的意义就是对虚无主义的克服。活着就有意义，人生本身就是意义。这是一切意义的意义之源。

与此相关，克服技术主义便是正视技术对于人的控制和压抑，看到技术对于人的破坏性，看到现代技术的强迫性和挑战性而使人与技术的关系变成了一种紧张的危险的关系。也要看到技术的诗意只是在技术的原初意义上才具有。技术在运用中因为明确的实用目的掩盖和偏离了技术的诗意本性。因此恢复技术的诗意与人的诗意，是克服技术主义的一个途径。这一恢复的诗意不再是给予尺度，而是接受尺度，即思想接受存在的规定。存在是现实的存在，是技术世界的存在。技术世界的存在本性就是构架。思想则由此而是技术的思想，是对技术的本性、对技术与人的关系的思想。这一思想敞开的将是人与存在的关系，它是真正自由的关系。技术的诗意本性和人性的诗意本性将阻止人的物化(机器化)和实现物(机器)的人化，将单纯的人与技术、人与自然的人与物的关系转变为人与人、人与自我的精神关系。人与人、人与自己的心灵交往和精神价值寻求成为人生活着的一项日常活动。这一活动的完成将依靠诗。诗将是技术主义的解毒剂，使人对技术世界的诱惑具有免疫力。诗是语言呼唤的世界。依此语言我们冷静地与技术交友，与技术交流，我们倾听技术的存在本性，保持对它的敏锐的知觉，懂得它的各种可能性和有限性，同时我们也与自身交友，与自身的有限性和必死性交友。冷静将是一个克服虚无主义与技术主义的一个方法。在冷静中我们将懂得："人类真正的财富是包含在他的自觉自愿的贫困的。"①自觉自愿的贫困可以消解技术的神话与魔力，可以消除技术的诱惑力。在冷静中我们还将懂得：冷静带给我们自由，冷静带给我们智慧。通过冷静，世界将作为家园向人真正敞开。

八、纳粹事件②

如果不算和胡塞尔友谊的破裂，和雅斯贝尔斯的疏远，海德格尔一生有两点被人诟病，一是与学生阿伦特的一段恋情，一是与纳粹的一段合作。前者不涉及他的思想，后者不纯粹是政治事件，而是一个思想事件。这一事件表明：海德格尔尽管是一个伟大的思想家，并非时时是诗意的居住，有时也居住于洞穴中。在纳粹事件上，我们也可说有一个处于洞穴中的海德格尔。不过伟大的思想者也有伟大的迷误。

比梅尔在他关于海德格尔的著作与思想的传记性著作《海德格尔》中说："我们不能通过他的生平来理解他的作品，他的作品就是他的生平。"③在这个意义上说，海德格尔与纳粹的合作同一个当

① 格·施密特：《人性与超验》，载《哲学与人》，张世英，朱正琳编，商务印书馆，1993年版，第80页。

② 这部分曾以《洞穴中的海德格尔》发表于《开放时代》2000年第7期，这里增加了一个相关于海德格尔寻求的共产主义与资本主义之外的第三条道路的一个注释和一段引文。

③ 比梅尔：《海德格尔》，刘鑫，刘英译，商务印书馆，1996年版，第1页。

时的普通人与纳粹的合作没有什么不同，正如作为哲学家的海德格尔与他的女学生阿伦特的感情生活与肉体关系也只是表明他也是一个世俗的人而已。他也一样地吃饭穿衣，生儿育女。让我们吃惊的是他的话语，他的思想，而不是他的某一行为。正如卢梭的思想和话语对近代世界的影响与他的个人行为的巨大反差让人吃惊一样，海德格尔与纳粹合作的行为与他思想的巨大影响也形成一种反差，也让许多人吃惊。不过，这吃惊依然如故，是因为对此迷惑。

迷惑是看不清楚一个问题，不知道这个问题的答案。但是，一个问题如果没有答案，那这个问题就是一个虚假的问题。因为任何问题，都应该是有答案的，问题的答案就包含在问题的提问中。

海德格尔与纳粹的合作让人迷惑的到底是什么？是他为什么要与纳粹合作？是他的思想与纳粹的合作到底有什么关联？一个如此伟大的思想家难道也是一时糊涂才与纳粹合作？

1. 政治理念

海德格尔在1933年5月27日接受了弗赖堡大学校长一职，到1934年2月就辞职了。海德格尔对自己与纳粹的9个月合作从未直接检讨和否定，与《明镜周刊》记者的答问也未直接为自己辩护。我们当然可以找出许多他“不该”这样“合作”的理由，他自己也可以这样，甚至可以编出许多这样的理由来辩护，但是，有没有一件理由在今天看来也还是合理的呢？只要有一件理由，对于人的行为来说，就是足够的。

海德格尔的理由是什么？我们可以在两个维度来寻找。一是政治与生存的维度，二是思想与哲学的维度。这两个维度有关联，对于作为思想家的海德格尔来说，只能是思想与哲学规定了他的政治与生存。

生存是属于个人的，人要保持自己的生命和尽可能地过体面、稳定而安全地生活，这是每一个人生存最低的也是最自然的要求。这一要求不可能成为他与纳粹合作的理由。因为他当时不但没有生存的威胁，相反倒是有很高的学术荣誉。

政治是属于人群的，是对群体的生存进行规划，包括了强制性规划。这一规划源于一个权力中心的理念。这一理念相关于思想与哲学。理念的产生可以是一瞬间的念头，但理念是否可以实施，在何种意义上具有意义，则与思想相关，如何使这一理念的合理性得到阐明，则与哲学相关。不过这里的两个相关，只是在那些具备理性的个人和社会那里才有可能，对于还不具备理性能力的人和社会这一相关之相关度是极其有限的。

政治又可以区分为两个层面，一是理念，二是行动。行动就是对理念的实施，就是为自己的理念而直接与他人去共同规划群体的生存方式。当然，也可以是为了自己的某一目的，如荣誉、声望、利益等而行动。

对于海德格尔而言，有意义的是他的理念，他的直接参与，掌管一个大学的权力，成为纳粹政权整体中之一，如果不是出自他的理念，而仅仅是出自“偶然”，出于“校长空缺”，出于教授们的共同意愿，仅仅只是被动地当上了校长，那么他与纳粹的“合作”事件的确没有必要做过多的思考。当然，海德格尔当校长，也没有充足的理由说他是出于主动。他当上了，并且试图履行他的校长职责，在这一履行当中来实现他的政治理念。

就校长一职之政治性而言，其政治理念只能是“在精神上领导德国的大学”。德国大学需要什么样的精神领导？我们可以从他给女友布洛赫曼的通信中来弄清这一问题。

海德格尔在1930年的信中说：“目前碰巧发生的各种企图重新着手大学改革的宣传鼓动，只会在某种明确的方面，更有希望进一步揭露我们的困境。”①大学要改革，其理由是遇到了困境，这一困境在于“对科学的盲目崇拜”，“把科学看成是生存可能性的全部”，但是，克服这一困境也决不能靠对科学的敌视。海德格尔说“教育学院除了仿效综合性大学外，还必须使自己远离对科学的盲目崇拜，但同时也要远离对科学的敌视。”（第25封信）不过海德

① 《海德格尔致布洛赫曼的信》，第25封。载于纽约社会新校《研究院哲学期刊》，第14卷第2期—第15卷第1期。以下所引信件均出自该刊，只注明第几封信。

格尔说："我也并不因此而支持'中庸之道'，而是支持整个民族及其后裔，去找到一条返回到它自己源头和力量的道路。"(第 25 封信)

在这里，海德格尔否定了"中庸之道"。但这一否定是在对科学的盲目崇拜与敌视之间有某种可能的否定，而并不意味着是在科学——技术与共产主义或是基督教之间之中间道路的否定。虽然他也不对俄国的共产主义和传统的基督教抱有幻想，但它对"一条返回到源头和力量的道路"是持肯定态度的，这也是他自己的思想与哲学的核心所在。即具体为早期对于一个遗失的存在的追寻和晚期对一个无家可归之"家"的确信。在此，也看出他反形而上学中仍然保持的形而上学残迹。这一残迹是对于一个理性设定的超验之物之肯定与确信。尽管海德格尔并不是在理性的维度来思考超验，也不把超验作为规定与根据来思考，但无意中却保留了"超验"的残迹，只是在通达这一"超验"时所走的是一条从此在到存在(早期)、从历史到真理(中期)、从语言到家园(晚期)的思想之道。

在 1976 年与《明镜》周刊的记者谈话中海德格尔说："使我决定就任校长的动机，早在 1929 年我接任讲座开的课《形而上学是什么?》中已经讲到了：'各种科学的领域差异十分大。对各种科学的对象处理方法根本不同。这些学科的纷然杂陈如今只还靠各大学和学系的技术组织来维系在一起，并靠各专业的实践目标维系在一种意义中。反之，各种科学在其本质深处生的根却已枯萎了。'我只是为了大学的利益而准备接任校长。"①在 1932—1933 年冬季学期，海德格尔在谈论时局和大学局势时，表达过"只还有一种可能性，就是和确实还有生气的有建设能力的人物一起来试图掌握未来的发展过程"②。

---

① 《海德格尔选集》，孙周兴译，上海三联书店，1996 年版，第 1291 页。

② 《海德格尔选集》，孙周兴译，上海三联书店，1996 年版，第 1290 页。

在1933年3月30日与布海赫曼的信中说："大学已有很长一段时间不是一个真正集积极强大的影响力和领导作用于一身的世界了。"（第46封信）

以上的话语表明，海德格尔在就任校长一职前，是已经感受到大学已经没有起到它应有的作用，没有积极强大的影响力，也起不了领导作用了，但对他这个有思想的人来说，他知道问题在哪里。这一问题，他虽然没用"科学危机"一词来表达，但与科学的无根性直接相关。因为科学其实是被技术所规定，各专业靠各自的"实践目标"来获得意义的规定性。这样，大学所谓必不可少的学术精神便沦落为"生存需要"，不是精神规定生存，而成了生存规定精神。这一时期的海德格尔，正处在一个思想转变的时期，而从早期转向中期，他看到了精神对于生存，对于大学之未来发展的规定性，但这个精神到底是有什么样的实质内涵，还不是十分明确。这表明他一方面要在思想上领导大学，另一方面他当时又还没有想清这思想的具体内容与具体道路。

总之，海德格尔的政治理念是一个尚未敞开的领地。已经向我们敞开的是他要在精神上领导德国的大学，要把握未来，要走一条既不是共产主义的（俄国）也不是技术加民主（美国）的道路。可以认为海德格尔这一政治和思想的理念是他就任校长一职的理由之一。

2. 道路而非政治

就思想的维度而言，他要去领导大学的"精神"肯定排除了俄国式的共产主义和美国式的技术主义。尽管"精神"尚不明确，但海德格尔却有一种很自然的责任感和天生的激情领悟到了有"一项伟大的任务"。

他对布洛赫曼说："对我来说，目前的形式——正是因为有太多的仍处于黑暗和不受约束之中的事情——有一种不寻常的力量。它加强了意志和行动的必然性去为一个伟大的任务服务，去分享为了人民而建设的那个世界。目前，很有一些时候了，'文化'变得苍白和阴暗，对我来说，已降到毫无价值的程度，使我要去寻找

‘此在’的新基础，只要我们在西方的历史中，用一种新的态度和方式向存在自身敞开我们自己，我们就既能发现这个新基础，又能使它作为德国人的使命。”(第46封信)

这一“伟大的任务”虽然不是希特勒向他下达的，却是海德格尔自己感觉到的，它根源于德国民族的现实处境。但海德格尔仍然没有找到它的新基础。科学无根，文化苍白，价值阴暗是海德格尔正视到的“现实”。对于一位有能力思想的伟大的思想家来说，必须在思想上找到这一伟大任务的基础。这时的海德格尔还是坚信在“此在”中可以找到这一基础，但已有了一个“历史”的维度和方向，要在“历史”的维度中向“存在”敞开自身。这里的“历史”虽然晦暗不明，但却是具有持续性的，甚至可以是来自于未来的。那来自于未来的只是可能的，还不是现实的。对于海德格尔来说一种可能性要高于现实性。正是这种可能性成为“一般行动的先决条件”。而持续性只是“历史”的一项基本特征。

在给布洛赫曼的信中，海德格尔表示“必须平静地容忍轻率地、鲁莽地、随大流地加入到到处出现的新事情中去：那种将自己和当下具有显著地位的事物联系起来的倾向，现在突然地将每件事都当作‘政治性的’，而没有思考那不过是第一次革命的一条道路。确实，对许多人来说它已经成为，也能够成为一条最初觉醒的道路。只要我们有决心去准备第二次，也是更深入的一次革命。”(第46封信)1933年，新事情为什么到出现？因为德国正在走一条不同于俄国与美国的道路。第一次世界大战惨败之后，又使德国出现了奇迹般的“活力”。参与“新事情”，是无经验的，无把握的，因而轻率与鲁莽、随大流是很自然的，因为一般大众只能靠日常理智行事。而日常理智是无法把握到“新事情”的真相与本性的。这里的容忍，也可以用到海德格尔自身当校长这一“轻率”与“错误”上。

在这里海德格尔区分了事情的“政治性”与“道路性”。他明确表示不要把每件事都当作“政治性的”，在他看来那不过是“一条”道路。道路而非政治。两者的差异在哪儿？政治包含理念与行动，还有强制；而道路是存在的样式，与此在的存在相关，道路本身不是目的，它自身开辟道路。人在道路上行走，且只能沿道而行。海德格尔的这一区分是在一种根本的意义上来思考“每件事”，把“每件事”归于政治没有思考到事情的本性。

“革命是道路”，这听起来是很熟悉的话语。但这里的道路却不属于政治，从而“革命”二字也不能作政治理解，而应该作思想来理解。革命是观念的彻底变更。彻底到旧观念完全否定。

这里的第一次革命到底指什么？在德国历史上，1848—1849年爆发的反对专制君主的革命运动，被称为第一次革命。革命抛弃了专制君主制，但资产阶级统治却被保留，也没有建立社会主义共和国。但使德国统一的任务则由卑斯麦通过“自上”的皇朝战争加以补充完成。在1917—1918年发生了工人大罢工而导致的废除君主，建立共和国，实现统一的联邦，争取了集会、言论、新闻的自由和普选权，被称为第二次革命①。如果第一次革命理解为卑斯麦用武力对于德国的统一，那么精神上的统一还需要第二次革命。然而革命往往是思想与观念的变化，因而还不能把“德国的统一”看成是一次革命。如果认为这第一次革命就是“纳粹革命”，那么，海德格尔说这话的时候，这“革命”还才开始。才开始，海德格尔就表示了一种含蓄的否定，要准备第二次，也是更深入的一次革命。如果真是这样，就表明海德格尔对纳粹早就是警醒的，觉悟的。

这个“第一次革命”如果就是1848—1849年德国历史上的第一次革命，那么这个第二次革命就在1918—1919年已经完成，就用不着准备第二次革命。也可以理解为海德格尔在这里只是比喻，这些出现的事物如同第一次革命一般。海德格尔认为第一次革命“它已经成为并且能够成为一条通向最初觉醒的道路”。这条道路在何种意义上又有觉醒可言？它反专制君主。但当时的人们在思想上都缺乏必要的准备和酝酿。在资产阶级民主革命意义上是成功了，但

① 参见丁建弘，陆世澄主编：《德国通史简编》，人民出版社，1991年版，第549页；孙炳辉，郑寅达编著：《德国史纲》，华东师范大学出版社，1995年版，第249页。

在社会主义革命的意义上说，还没成功。海德格尔并不主张走社会主义道路。也可说这是他认为要有更深入一次革命的原因。他要人们走向觉醒，但不是朝社会主义的觉醒。

海德格尔希望人们觉醒，这一希望的前提又在于"人们还不觉醒"。这一不觉醒与大学的困境，包括他自己思想上对觉醒的道路的不明(尚处于迷途中)相一致。但在迷途中也包含着他已清白的："如果不能成熟地同共产主义世界的敌对精神对抗(这绝不亚于同基督教的垂死精神的对抗)，同马克思主义和中央的对抗就不会有任何进展。"(第 46 封信)

这里的"中央"只能是民族社会主义党的中央，是纳粹的中央。谁要同"中央"对抗？包括了海德格尔自己吗？写这封信时，海德格尔还没有当校长，还没有加入纳粹党。如果信中所谈同"中央"的对抗包括了他自己的政治观念和思想态度，那么他后来的加入纳粹党以及同纳粹的合作就有可能是出于"理性的狡伎"，是为了"拯救大学"而采取的"理智的妥协"，并不是与海德格尔真实的政治理念相一致的。

他的政治理念只有一个，即如他自己所说，把握未来和领导大学，这一理念与纳粹的理念以及当时德国人民的心愿是一致的。

"中央"的另一理解是给布洛赫曼的第 37 封信中"作为天主教文化力量的中央"。这个中央是他所说"我从童年起就亲身经历的"。对于这个"中央"，它甚至还不如共产主义有一种"可怕的直率"。他把耶稣的教义看成是"恶魔般"的东西。作为一种现实力量，海德格尔同意卑斯麦的说法："党和议会的精神比教皇强大，这种精神是天道赋予中央的。"党和议会的精神比教皇强大，因为这不是政教合一的年代。天道直接赋予了那个政治的中央以合法性。海德格尔不信任那个教皇的中央还有什么现实的力量，对这个政治的中央，虽说也有疑虑，但是将信将疑，否则，就不会与纳粹的中央有合作可言了。

如果信中所言对"中央"的对抗，并不包括自己，那么，为什么要在这里与"马克思主义"相提并论呢？至少，海德格尔希望对二者的对抗要有进展，而进展的关键是对抗"共产主义的敌对精神”。而他是要对抗共产主义的。

共产主义与马克思主义的相关性是显然的，与“中央”有没有相关性？要了解这点，需要了解海德格尔所理解的共产主义的精神是什么？然而，不管海德格尔所理解的共产主义的精神是不是通过经济的巨大发展而使整个社会的人得到极大的物质满足，从而在精神上，人性上得到全面的解放与发展，这样一条道路与方向与民族社会主义的“中央”在目的上和效果上是有相似之处的，即都鼓舞人心，特别是鼓舞那些处在物质——经济困境中的人。20 世纪 30 年代的德国充满了困境，这困境有刚刚统一时经济的萎靡不振，政治上各种势力与党派的斗争，但这还只是大众眼中的困境。海德格尔感到的现实困境是德国人精神与人性的困境，这将规定经济与政治困境。因此，对海德格尔来说，民族社会主义党的中央，虽然具有一些克服困境，拯救德国的力量，虽然像共产主义一样，描画出了未来社会的一幅美好蓝图，但是，海德格尔无疑已经看到了他们一样的局限性，即都不是首先从精神上改造人性，不是从“此在”而通达存在，不是从存在入手，而是从存在者入手，因而在本性上说只是对于已显现的存在者的关注和改造，还没有深入到事情本身的本性中去。

如果真是这样，那么海德格尔在未与纳粹合作前，就已经看到了一些纳粹的问题所在，并非百分之百的相信“纳粹”就是德国未来的希望。但只要他不是百分之百的不相信，他当然有可能要与纳粹的合作。

3. 思想与生命

“海德格尔为何成为纳粹，并一直对这段历史保持沉默？”

欧洲文明在 20 世纪初面临危机——理性危机。与此同时，在欧洲文明危机旁边生长出两种新文明：美国主义和苏联的共产主义，美国鼓吹技术和民主，苏联鼓吹电气化和苏维埃，相同的是二者都强调技术。技术是理性最大的敌人。整个欧洲面临着美国文明和苏联文明——工具理性的威胁。作为工具的技术，一旦成为目的时，危机便开始出现。在美国，苏联之外的第三条道路是纳粹

(Nazi)，即民族社会主义。所谓民族，是生活在同一地域具有共同血液的共同体。土地和血液是自然。土地是人外在的肉体；血液是人内在生命，海德格尔以自然来反对工具理性。这种表面上反对技术走向自然使海德格尔走向迷途，成为纳粹。然而纳粹的走向自然是假象，实际上也与技术挂钩，成为一种杀人武器。“奥斯维辛之后”，上帝做什么？理性做什么？与纳粹一样，苏联也在杀人(古拉格群岛)、美国也在杀人(日本原子弹)。海德格尔在这三条道路之外无法寻找其他出路，故而保持沉默。①

海德格尔就任校长，当然有偶然的一面，但是，如果自由意志仍然可以决定一个人行为的话，海德格尔至少在当时是“愿意”的。这“愿意”包含着他对于自己思想的尝试。

在就任校长前，从他与布洛赫曼的信中可以看出他对纳粹是怀疑式的希望。他甚至看到了纳粹主义的危险。(第 37 封信)但只要有一丝希望，就要尝试让希望变为现实。校长任职的短暂表明了海德格尔意识到自己与纳粹在思想上的分歧与告别。

比梅尔说：“1933 年的政治错误为时很短。1934 年他就辞去了大学校长的职位。汉纳·阿伦特把他的这一错误和柏拉图的错误相提并论，并非毫无道理。为了贬损海德格尔而抓住他的这一错误不放是容易的。如果这一错误是他的思想所致，那么他的思想也必然和这一错误一同完结。而事实上，他的思想在 1934 年以后才真正展开。”②海德格尔与纳粹的合作是他个人生涯中的一个事件，这事件是一个事实。不管他当时的任职动机是与纳粹的思想一致还是不一致，也不管是不是被迫，按照比梅尔的观点，这一事实虽然是一个错误，但并不是他的思想直接导致的。理由有二。一：他的思想的真正展开在此事件之后，二：如果是他的思想导致了这一事件，那么，他的思想就会随着这一事件的完结而完结，但是，海德

① 参见彭富春：《哲学与美学问题》，武汉大学出版社，2005 年版，第 170 页。

② 比梅尔：《海德格尔》，刘鑫，刘英译，商务印书馆，1996 年版，第 2 页。

格尔的思想在今天不但没有完结，反而越来越受到人们的广泛重视。因此，海德格尔的思想与他的行为是分离的，不应该将他的思想与他的行为，特别是与他同纳粹的那段事情直接相连。

也就是说，我们应该重视的是海德格尔的思想，在研究和领会他的思想时，不要受到他的个别行为的干扰。除了在理解海德格尔的思想时会有迷惑外，海德格尔与纳粹的合作这一事件并不构成比梅尔的迷惑。

问题是：就算比梅尔将思想与事实区分开来是有必要的，但仍然可以这样提问：海德格尔的思想虽然是在这一事件之后的 1934 年才真正展开，但也不能说明他后来的思想与他的这段经历毫无联系。要问的是：海德格尔在 1934 年前，难道就没有思想吗？如果有，这思想与此事件有没有关联？如果有，通过这一事件，是否得到了修改？显然，说海德格尔在此事件前没有思想是说不过去的。最低限度上说，他在 1934 以后的思想成为他思想的另一开端。这就是他中期思想的开始。

如果将海德格尔的思想分为早中晚三期，那么，他与纳粹的合作与脱离，就正好是他的思想从早期转向中期的时候。早期思想的主题是揭示存在的遗忘，显现世界的本性。中期思想的主题是存在的真理的发生，从此在规定的世界性过渡到存在规定的历史性。晚期是语言的道说，世界和历史在语言的道说与沉默中敞开和遮蔽。

早期思想向中期思想的过渡，体现在 1930 年 10 月作《关于真理的本性》的演讲，1932 年又复讲，1940 年作《柏拉图的真理学说》的演讲。他中期思想的代表作是 1936 年 11 月、12 月所作题为《艺术作品的本源》。这一作品的核心思想就是：大地的遮蔽与世界的敞开，两者相互斗争，在斗争中真理自行射入艺术作品中。真理的显现就是他自身的遮蔽。真理就是去蔽。真理作为这一时期的主题，始终如存在一样，是悖论性的，即早期的存在即虚无，中期真理显现又遮蔽，晚期的语言道说而沉默。在这里，存在的悖论是根本性的，它规定了其他两个悖论。而存在的悖论又可以显现为人的生存的悖论。生存是具体的。海德格尔对于存在悖论与人生存悖论之关系的意识是朦胧的。两者有时统一，有时分离。无家可归者在还乡中可使生存的悖论得以克服。① 从存在的悖论到真理的悖论到生存的悖论，不是哲学史上思想的悖论，不是理性的悖论，这悖论是思想的矛盾，但不可能靠思想来扬弃。它对于一个现实中的人，也包括海德格尔本人来说，可以在具体的人生道路和生活抉择上体现出来，而这一体现只是在存在者意义上的体现，不是本原性的。在与纳粹的短暂合作这件事上，也体现出海德格尔的悖论性，即对纳粹是疑虑中的希望。

从思想的维度看，纳粹的"大地与鲜血"与海德格尔思想的"大地"与"自然"相关联。纳粹的"大地"是纯粹的生存空间，通过占有大地来扩展生存空间是纳粹的一个基本思想，而"鲜血"则决定着种族的优与劣。对于海德格尔来说，鲜血意味着自然，是存在者整体之一，在早期思想中，"大地"也属于自然，是存在者，是自身给予自身。在中期思想中，大地是一切显现者返身隐匿之所，它自身遮蔽和隐藏，世界则敞开，两者既相区别斗争，又相依为命。世界建基于大地，大地穿过世界而显现。"大地离不开世界的敞开领域，因为大地本身是在其自行遮蔽的被解放的涌动中显现的。"晚期的大地则与天空相对应，人居住在大地之上、天空之下、神灵之前，是天地人神四元共在一体的世界。如果说海德格尔在早期思想中，"大地"与"自然"与纳粹的"大地与鲜血"还无明显的区分，以致在政治理念、思想与行为上没有与纳粹保持距离的话，到他的中晚期思想，大地已与纳粹的生存空间的大地没有任何关联，而鲜血也不可能有任何思想意义。"鲜血"在纳粹处是生物与种族主义的，已由自然与生物主义的思想变成了"流血"和杀戮的事实。到他晚年答《明镜周刊》记者问时说"唯有一神能拯救我们"，大地已不具有独立意义，大地与神是同属于四元。可以认为，在"大地"与"鲜血"的理解及其思想的意义上他与纳粹划清了界限。

思想与生命，是两个维度，分离而又统一。在传统哲学中，思

① 关于海德格尔思想的三个时期与三个悖论可见彭富春：《海德格尔与现代西方哲学》，载于《哲学与美学问题》，武汉大学出版社，2005 年版，第 164 ~ 168 页。

想是理性的思想，理性是不死的。而有生命的人则是理性的动物。思想与理性是一体的。生命的具体性、存在性没有被思考。理性的思想看不见生命，思想与生命是分离的。在海德格尔的思想中，思想是经验而不是理性。由于神也是有理性的，因而只有把人看成是要死者才能使人与神相区分。生命则是要死者。此在的当下性、时间性被突显出来。经验属于此在。思想是要死者的经验。思想与生命是统一的。

海德格尔的思想注重了生命的维度，从此在的生死性，到天地人神四元聚集的世界，人始终不是一个理性的概念和对象，而是一个被命运所规定的思想者。这命运同时又是他自身的精神和思想，他就是他自身思想的经验。

海德格尔在纳粹时代的迷茫、失误与后来的清醒，表明了对思想的经验就是经历，这种经历如同他自己所说，是走在一条道路上。这条道路是思想的道路，它不是由目的指引，而是由道指引。它遵循道。思想之道在根本上是道说。道道说而又沉默，既是语言之道，又是无道，是悖论。沉默是能说而不言。无疑的是：海德格尔肯定有说的能力，但他对于纳粹始终无言，保持了沉默。也许，他是想掩盖自己曾经有过的迷茫与失误，也不想表明自己后来的清醒。这有他的道理：思想的迷茫和失误是避免不了的，而思想又会影响到行为，因此，行为的正确也只有靠思想自身来纠正，这对于一个思想者来说尤其如此。他不说自己的迷茫失误，也不说自己的清醒和清白，不说自己在柏拉图的洞穴中，也不说自己在洞穴外，因为，一个还在洞穴中的人，是不知道洞外的世界的，他找不到判断事情的尺度，也不能意识到自身尚在洞穴里，而一个在洞穴之外的人，虽然看得清已跳出的那个洞穴，但又凭什么能肯定自己不在一个更大的洞穴中呢？一个自以为是的清醒者本身也就是一个糊涂者。

人总会居住在各种各样的洞穴中，因而总会在事情的真相之外，意识到这个洞穴的存在、看清它，并试图从已意识到的洞穴中跳出来，这是每个人求真的本性与命运。我想海德格尔也不例外。

第四章　思想的解构

解构是后现代思想的根本特征。就思想的事情的规定来看，后现代的思想是解构，思想的事情是文本，思想的事情的规定是无规定。后现代不再寻找一个根据来规定思想，它只关心语言形成的文本研究。用德里达的话说："文本之外无它物。"解构是对形而上学瓦解。德里达是解构之父。本章主要讲述德里达的思想。

一、疯狂守护的思想

1. 生平与著作

德里达(Jacques Derrida，1930—2004)是法国哲学家，后现代哲学的伟大代表。一个生理上的德里达在 1930 年 7 月 15 日诞生了，而作为一个哲学家的德里达则是一系列作品的诞生和他自 20 世纪 60 年代以来解构哲学的声音传遍全球而诞生，生理上的德里达 2004 年 10 月 8 日离开了，但一个哲学家、思想家的德里达——他的幽灵却没有离去。

德里达出生于阿尔及尔郊外的埃尔比亚尔(El Biar)一个犹太人家庭。中学时代的德里达正值反犹浪潮兴起之时，1942 年 10 月曾被驱赶出就读的本—阿克奴中学，到专门给犹太人开的学校上学。1943 年才回到原来的学校。中学时代他主要阅读的是文学作品，包括卢梭、纪德、尼采和瓦莱里，后来也读过柏格森和萨特的作品，1947 年也曾在中学会考中失败过。1948 年中学毕业后，对哲学有巨大热情，开始阅读祁尔凯戈尔和海德格尔的作品。19 岁才到巴黎，第一次考巴黎高师时又失败了，又继续读中学。因健康不佳他又回到阿尔及尔家乡，此间结识了布迪厄等人。1952 年考入巴黎高师，在此认识任教的阿尔都塞，1953 年获索帮大学文学和哲学学位，并认识福柯。1955 年法国大中学教师考试口试成绩不佳又没通过，到 1956 年才通过考试，获教师资格，同时获到美国哈佛大学进修一年的奖学金。他服过兵役，在中学教过书，在索帮大学（1960—1964 年）和巴黎高师（1964—1984 年）任过助教。1966 年在美国约翰·霍普金斯大学的国际学术讨会上一举成名。1975 年到耶鲁大学每年定期教几星期的书，引发"解构入侵美国"的争论。1979 年由德里达、保罗·德曼、希利斯·米勒、哈罗德·布鲁姆和杰奥弗里·哈特曼五人的文章出版《解构与批评》，被认为是耶鲁学派的耶鲁宣言。

他获过哥伦比亚大学、鲁汶大学、剑桥大学等来自国外的十多个名誉博士学位和许多荣誉教授头衔，可直到 1980 年 50 岁时，由于他发表的许多著作，他才在索帮大学（巴黎第四大学）参加国家博士论文答辩，补发给他国家博士学位，而《论文字学》的博士论文在 1967 年就已出版。此前他的导师希波特利突然去世，他曾打算撰写黑格尔符号理论的博士论文计划被中断。

在德里达的一生中除了考试的三次失败，也还有教授任职申请（巴黎第十大学）被教育部长反对而告吹，后来英国剑桥大学为授予他荣誉学位进行投票时又遭到一些人反对，引起世界关注。1981 年在布拉格开办"主体的政治问题"讨论班时被查禁，并在机场被捕，指控其"制造和走私毒品"，后因法国总统密特朗和法国政府干预下才释放，虽然前后只有三天，但也是他人生历程中并不高兴的事件①。1982 年法国政府委托他创办了"国际哲学学院"，被选

① 德里达事后写道："我被那时的政权关押在布拉格的时候，我曾经怀着某种幼稚的情感相当肯定的对自己说：'这种野蛮主义有可能持续几个世纪……"德里达：《马克思的幽灵》，何一译，中国人民大学出版社，1999 年版，第 99 页。

为第一任院长①。

1983 年 6 月他访问以色列，10 月访问日本，后又访问了拉丁美洲、莫斯科。总共有三次访以色列，二次访日本。他一生中接受过许多访谈。2001 年 9 月，正是 9 · 11 事件发生前后，他应邀来华，访问了北京大学、中国社科院、三联书店《读书》杂志编辑部、南京大学、复旦大学、上海社科院、香港中文大学。

德里达的主要著作有大学毕业论文《胡塞尔哲学中的生成问题》(1990 年)，《胡塞尔的〈几何学的起源〉》(1962 年)，《声音与现象》(1967 年)，这三本书标志着德里达思想的起点，都是相关于胡塞尔和他的现象学的，后来又有《书写与差异》(1967 年)、《论文字学》(1967 年)、《播散》(1972 年)、《哲学的边缘》(1972 年)、《立场》(1972 年)、《精神：海德格尔和问题》(1987 年)、《驱动：尼采的风格》(1987 年)、《哲学的权力》(1990 年)、《赠与的伦理学》(1992 年)、《马克思的幽灵》(1993 年)、《友谊政治学》(1994 年)、《宗教》(1996 年)、《电视透视》(1996 年)、《信仰与认知》(1996 年)、《论款待》(1997 年)、《永别了、勒维纳斯》(1997 年)、《赐予死亡》(1999 年)、《盲人的记忆》(1999 年)、《论触觉》(2000 年)和《无条件的大学》(2001 年)，《无从辩解》(论文集，2002 年)，等等②，加上他的讲演、访谈、对话等，他一生出版的书将近有 70 本。

1972 年前所发表的作品就足以表明德里达作为一个独创性思想家的出现，这些作品形成了他的以解构形而上学为主题的思想，超越了当时主流的结构主义和现象学思想，奠定了他在思想界的地位，宣告了一个思想的新时代的到来。

德里达的思想有两个渊源。早期著作中的胡塞尔思想渊源，解构思想中的海德格尔渊源，也包括尼采的渊源。这既是哲学的渊

① 参见《德里达年谱》，载于德里达：《多重立场》，佘碧平译，生活 · 读书 · 新知三联书店，2004 年版。

② 参见《德里达中国演讲录 · 前言》，杜小真，张宁主编，中央编译出版社，2003 年版。

源，也有文学的渊源。他一生都在阅读并解读伟大的思想家的作品。他的解构都是针对伟大的思想家的文本进行的。这是进入他思想的复杂性所必有的准备。

解构和延异是德里达两个标志性的“非哲学性的概念”。解构的思想基础是海德格尔，同时又与延异密切相关。他的许多关键的词语，在形式或结构上都有海德格尔的痕迹，比如说延异就相关于海德格尔的基础本体论—存在与存在者的差异，虽然这联系是异质的联系，但此联系是不可否认的，也只有对海德格尔思想有根本的理解，才能更好地理解德里达。德里达后来所思考的绝境或困境，接缝、正义等重要的问题，都是从海德格尔出发的，他所有问题甚至可以归结到一个问题，就是处于边界、极限和绝境中的延异，这些不同语词看起来不同，但根本上相关于相同的问题，即延异如何能作为延异。

说德里达是法国的海德格尔，这话说对了一半，但还要看到德里达毕竟不再是海德格尔，他思考了海德格尔所思考的存在的本体论差异，但不是得出存在即虚无的悖论，而是给出了完全不同回答，或者他把这个问题变换出了无穷无尽的话题，虽然问题在根本上是同源而异质的。

2. 疯狂与理性

有人认为只有他早期关于胡塞尔的作品才是哲学的，后来的作品即使是从事哲学的一些人读起来也困难无比。这种困难来自于德里达思想的创造性和写作的“另类”，“另类”看起来不合时宜，不合一些人的阅读习惯，但并不意味着他思想的混乱；同时这也是他解构形而上学的策略，他的写作本身、文字和语句、文本的形式和语义的多样性、异质性就直接地构成对形而上学的瓦解。人们不能再用传统的思维和二元逻辑来面对和解读他的作品了，不可能再用“是”与“非”的判断逻辑，而只能用发现他者的异样的眼光来阅读。读懂他的作品当然有极大难度，甚至是哲学家中最晦涩最难读的作品一类，但一旦读懂，就会有震惊之感。在他的作品中，《论文字学》是最精彩的。他的思想是具有开创性的①，至少让我们看清了形而上学之结构，也让我们如何思考那既不能说是又不能说非的既在场又不在场，如同一个人既没睡着又没醒来的困境。

有人甚至说德里达不是哲学家②，但他一辈子都在读哲学家的书，在诠释伟大的哲学家们的作品时表达自己的思想。正如海德格尔晚期的作品打破了哲学写作的常规一样，也被有些人认为不再是哲学，但这些人没想到这正是海德格尔走出形而上学的方式；德里达也一样是在克服形而上学，他所走的比海德格尔还要彻底。但这也的确带来了理解的困难，带来了反常的指责。何况他文本中的模糊性也并不是没有指责的理由，不过在激起读者愤怒时，读者们还是需要耐心地阅读，需要提高自己的心智。德里达的思想肯定不是形而上学的哲学了。不管德里达的思考是不是哲学，但至少由于他而使哲学的领域扩大了，使哲学的话题变多了，也更有乐趣了。

有人说他思想不连贯，前后矛盾，但他说："我不认为我的思想前后不一致，我的思想前后有内在的连贯性。"③要理解这种连贯性是需要时间和功夫的。也有人会说，解构是不是不讲逻辑呢？德里达认为他的文本在其论证方面是非常逻辑的，他总是试图从古典的规范出发进行论证，但又会标识出那些超出逻辑的东西。古典逻辑当然无法接受他的思想。如果逻辑和真理也不信，难道还要相信德里达？哲学的思考难道不应该遵循逻辑？逻辑也是有局限的，

① 有人认为他的思想缺少创造性。见英格博格·布劳耶尔，彼德·洛伊施，迪特尔·默施：《法意哲学家圆桌》，华夏出版社，2004 年版，第 80 页。

② 1992 年 19 人联名写信反对剑桥授予他荣誉博士学位，说"德里达先生的工作并不符合清晰、严谨的、已被接受的标准"，说他的写作是"恶作剧"，"把自己描述为哲学家"。这种事在剑桥 30 年来没有发生过。德里达当时没有回应。投票多数人赞同授予。见《一种疯狂守护着的思想——德里达访谈录》，何佩群译，上海人民出版社，1997 年版，第 232 页。

③ 《德里达中国演讲录》，杜小真，张宁主编，中央编译出版社，2003 年版，第 147 页。

“解构，从某种角度说正是哲学的某种非哲学的思想”①。他的思想是非哲学的，非形而上学的。不看到这点就不能看到德里达思想的意义。

有人说德里达是相对主义者，一个思想的怀疑论者②，德里达自己是否定的，它的思想也的确不能贴上这样的标签。指责这一点的理由是认为德里达凭借于对在场的形而上学的否定，亦即对逻各斯中心主义的否定，拒斥理性思考，也否定和排斥了逻辑，因为形而上学通过概念把握实在，其根据正是逻辑法则(同一律和不矛盾律)。指责的理由还认为德里达取消了真理与错误的区分。德里达先提出问题：“人们假定解构主义(从它的观点看，难道它不是怀疑论的、相对论的虚无主义吗)不相信意义的真实性、稳定性或统一性……他如何能够要求人们正确的解释他自己的文本呢?”然后他对此回答道：“真理的价值(和所有那些与真理相联系的价值)从来没有在我的作品中受到驳难和毁坏，而仅仅是在更强大有力、更广阔、更层次分明的背景中被重新刻写出来。”③这个所谓更大、更有力的背景是存在自身，虽然他不是像海德格尔那样来敞开存在，让存在存在，而是解构二元逻辑和形而上学把握和描述存在、实在和事情时必然远离存在、实在和事情自身。如果用“红色”和“非红色”的二元概念就不能把握那些处于其间的既是红色又不是红色的色彩世界中的事物。如果用古典物理学的理论就不能描述量子物理学的现象，否则就会破坏空间、时间和因果关系的绝对真理的陈述。德里达只指出了逻辑系统自身的局限，而没有指出存在、实在和事情本身是荒谬的陈述。

解构不是清除符号、概念、术语，而是对它们进行新的理解，使其摆脱相对主义。摆脱相对主义不是要重归绝对主义。绝对主义

---

① 德里达：《书写与差异》，张宁译，生活·读书·新知三联书店，2001年版，第12页。

② 加里·古廷：《20世纪法国哲学》，辛迪译，江苏人民出版社，2005年版，第372页。

③ 德里达：《有限公司》，引自加里·古廷：《20世纪法国哲学》，辛迪译，江苏人民出版社，2005年版，第373页。

在不同领域中指称不同，在形而上学中是反主观主义和相对主义，认为有一终极的、永恒的和客观的原则，作为真理与价值的源泉、标准。伦理绝对主义确信理性动物有必遵守的根本性的道理原则，不管处在何种经验环境。政治绝对主义主张政府权力与权利是绝对的，在与公民或社会集团的权利、利益、需要、喜好、愿望相冲突时总是具有优先地位。相对主义与绝对主义主张相反，是讲条件性的。用相对主义来概括德里达的解构是二元逻辑思维的结论。

说德里达的思想不是理性的思想，这话没错。但理性的思想是什么意思？不是又何妨？理性的思想是形而上学的思想，是理性作为原则的能力，它给予思想，不仅给予思想，还假定了思想与存在的同一，亦即思想自身就是存在。存在、实在都在思想中。这是形而上学的基本原则。如果不是尼采最先呐喊，最先撕破这一“真实”的面纱，谁怀疑过这一假定的真实？它的根据在哪？最后的根据是无可怀疑，要么凭借于逻辑的完善、概念的圆满，要么凭借于直观的明证性。但这样的真实只是思想的真实，它没有考虑到事情自身的真实，没有考虑到思想外的存在，没有考虑到不在场的存在。胡塞尔虽然中断了意识外的存在的判断，但仍假定了存在在意识中的在场。海德格尔虽然思考了更为本原的规定事情的存在，但仍没有思考存在自身的异质性和他者性，仍只是思考了整体性，而没有考虑整体的分离，他的“规定”也是形而上学根据的残迹。

德里达的不同在于不再是依靠传统的理性来给予思想，他超越了理性和非理性，不如说是“疯狂”的思想。疯狂也守护着思想，正如疯子的话，也敞开了真理，只要用正常的理智去思索。但疯狂所守护的思想却不是疯子的言说，它打开了理智的盲区。人是有理性的，但有时也是疯狂的。正如理性是人的真实一样，疯狂也是人的真实。理性排除不了疯狂，疯狂也召唤不了理性。理性与疯狂不是对立的概念，而是存在的真实，不是相互排斥，而是相互替补。

一种疯狂守护着思想，此疯狂是不能被理性规定的，理性的人是完整的，疯狂的人是分裂的，疯狂不是精神的疾病，而是理性的补充，是理性之外的存在。疯狂也不是丧失了精神的健康，而是精神自身的显现。它守护着思想，守护着思想的差异。

二、解构

德里达的解构(Deconstruction)主要是针对西方传统的形而上学哲学，是对形而上学和本体论进行的一种质疑、批判和动摇活动，这种活动既是摧毁也非摧毁。从摧毁上讲，由于他的解构，动摇了形而上学的可靠性，亦即作为根据的存在是既在场又不在场的，他发现了形而上学自身的问题，用最通俗的说法是如同计算机里的病毒①，它存在于计算机中，但不发作时没有什么破坏性，一旦发作则可以摧毁计算机的系统，使计算机出现故障，甚至瘫痪。就非摧毁而言，解构并非是纯粹的破坏性，而是通过指出本体的差异性、异质性、延异性而动摇其确定性、坚固性。解构是策略性的，并非一门新的哲学和新的哲学方法，亦非一种新的知识和理论。“解构力图超越哲学思考，在哲学内部解构。解构不是哲学，并不是所有的思想都是哲学。”②

1. 逻各斯中心主义

逻各斯中心主义是西方形而上学的特征，它强调逻各斯的优越性，亦即理性是真理和意义的中心，并相信真理能够被理性掌握和认识，它以存在为主题，假定了逻各斯是真理的条件，聚集了同一性、连续性地以二元对立和等级序列为特征的概念系统，由此维持意义的稳定性和理性的有效性，并以此来代替复杂的世界。它聚集的是在场的存在者整体，假定了世界之所以有序的基础是在场的真实的存在。德里达认为逻各斯中心论首先表现为语音中心主义，表

① 计算机病毒、毒品、疫苗、寄生虫、传染、隐喻、药的相关性可见《一种疯狂守护着的思想——德里达访谈录》，何佩群译，上海人民出版社，1997 年版，第 206 页。

② 《德里达中国演讲录》，杜小真，张宁主编，中央编译出版社，2003 年版，第 82 页。

现为对言语而非书写的强调，逻各斯中心论是德里达解构的主要任务。

逻各斯在历史上分别意味着世界的尺度(古希腊)，上帝的话语(中世纪)和人类的理性(近代)，于是逻各斯中心论也就是整个西方的形而上学的历史。逻各斯本意为言谈，而且是在语音直接表达意义上的活动，于是逻各斯中心论也是语音中心论。同时逻各斯在词源学上与阳物相关，这样逻各斯中心论也是阳物中心论。而所有这一切又不过是在场的形而上学①。

逻各斯的一般涵义是言说(作为聚集)、道、理性。前苏格拉底时的意义主要有言说、尺度、聚集；哲学意义上是概念、原理、原则；基督教意义上说是上帝无限理智，他的全知(全能)，《约翰福音》中的"道"(The Word)，不是纯粹语言而是耶稣本身；从人类学意义上讲是人的语词。

逻各斯既是理性、话语、比例、关系，又是计算、现象和言语等，诸多涵义表明了它的聚集性。聚集聚集了聚集者。逻各斯的一个根本的也即通常的涵义是聚集。"系统观念是这种聚集的一种特殊形式。"在形而上学的概念系统之前，逻各斯就是理性和聚集的观念，也是在场及向自身显现的观念②。希腊人将被述说的语言(书面、口头)，全部意义表达的媒体(文字、绘画、身姿)中核心性的东西理解为逻各斯。在形而上学上，狭义的逻辑是形上学的基础。从词源学看，"Logos"是所有以"—ology"结尾的词的母词，在希腊语中是"一个词"或"一种理论"的意思。"Logos"是历史上最多产的词之一是毫不奇怪的，因为任何一个表示"word"的词都可能把人类生活经验的每一个特点带进词中。在早期希腊语中，"Logos"代表宇宙中固有的理性原理。对于约翰来说逻各斯是基督

① 参见彭富春：《哲学与美学问题》，武汉大学出版社，2005 年版，第 136～137 页。

② 德里达：《书写与差异》，张宁译，生活·读书·新知三联书店，2001 年版，第 10 页。

的名字，一个神圣的名字。所以英语中这个词也代表神所展示的教义①。

古希腊经历了从神话到逻各斯的转变，即从神话到哲学的形而上学的转变。这个转变是从讲故事到讲道理，从语词到抽象概念的转变。神话是想象的古老的过去之事，以想象性，情节性、生动性、活泼性来达到一种真实。神话学则是逻各斯化了的神话研究，用逻各斯来理解神话，将神话现象当成问题研究。神话学是科学，是以逻各斯为原则的知识学。

西方哲学史上逻各斯的演变，讲逻各斯要分清是哪个时代讲的。赫拉克利特将逻各斯形成了思想的主题，他的逻各斯是规律、尺度。中世纪上帝就是逻各斯，逻各斯是道，此道道成肉身。近代逻各斯是理性，现代逻各斯是聚集，后现代是反逻各斯，是非逻各斯中心主义，消解形而上学所建立的秩序。

在形而上学传统中，理性、真理和意义都源于逻各斯，德里达要清除和解构这样的看法。真理与理性必须分离，但德里达认为直到海德格尔也没有做到超越形而上学的存在—神学的本体论，因为他并没有真正切断逻各斯与语音的本质联系。

德里达认为逻各斯与语音的本质联系是这样的：逻各斯的希腊文原义是语言，这语言是意义的聚集。语音创造、接受、表示和聚集意义②。逻各斯与心灵的关系是约定的符号化(语言)关系。亚里士多德认为："言语是心境的符号，文字是言语的符号。"③言语是心境的符号——心境在先，文字是言语的符号——言语在先。言语表达心境，是一创造的符号，心境与自然是相似的。亚里士多德认为符号直接表达心境。总之言语最接近所指，最接近存在，最接近存在的意义和意义的理想性，无论此言语的所指是思想、意义还

---

① 戈德伯格：《语言的奥妙》，张梦井译，山西人民出版社，2003年版，第40页。

② 德里达：《论文字学》，汪堂家译，上海译文出版社，1999年版，第13页。

③ 参见亚里士多德：《解释篇》，方书春译，商务印书馆，1986年版，第55页，方译本中"心境"译的是心灵。

是事物本身，但相对于逻各斯，这些所指能指，尤其是文字的能指都是派生的。此派生过程正是能指概念的起源。符号概念正是逻各斯中心主义与言语中心主义。

逻各斯中心论形成了中心与边缘的对立，中心是核心，是边缘的根源，相对于它，其他是派生，犹如父与子、根与枝的关系。逻各斯中心主义，就是把逻各斯当作根据、根源、核心、一切由此派生。逻各斯中心论是形而上学的特征之一。逻各斯不仅仅意味着狭义的逻辑，概念性、合理性，而是概念化的语言。概念化语言中总是一一对应的对子，其中一个是另一个的根据，一个派生出另一个，如同金字塔，有一个作为塔尖的最高概念，那是核心的核心，基础的基础，本体论中的本体。

德里达认为言语中心论也就是语音中心论。它强调思考和声音的统一，认为语音包含了思想。作为声音的语音具有优势，从作为绝对的神的真理之声，到卢梭、康德式的良心之声，海德格尔的存在之声，现代语言学的声音学、音韵学特权，与“表音文字”相连，都贯穿着西方思考的形而上学历史。

作为言语中心论的形而上学是在场的形而上学。它将存在者的存在规定为在场。什么是在场？在场就是在此显现，在场等于显现，永久显现的在场有实体/本质/存在/主体/上帝/人/等等。意识、我思、主体性总是此刻显现的，而自我与他人，主体间性是共显的在场。

“形而上学的历史，尽管千差万别，不仅自柏拉图到黑格尔(甚至包括莱布尼兹)，而且超出这些明显的界限，自前苏格拉底到海德格尔，始终认定一般的真理源于逻各斯：真理的历史、真理的真理的历史(不同于我们将要加以解释的形而上学转向)，一直是文字的堕落以及文字‘充分’言说之外的压抑。”①在形而上学历史上，假定了声音和意义、声音和文字的天然的统一性，同时也假定了文字只是记录声音，只是心灵、观念和思想的载体。这才有文

① 德里达:《论文字学》，汪堂家译，上海译文出版社，1999 年版，第 3 页。

字的堕落和压抑，因为逻各斯中心论强调声音、贬低文字，从而肯定了在场而排除了不在场，解构则要去掉任何中心，既不是声音中心，也不是文字中心，而是要再现非中心与非规定的踪迹、延异。

德里达解构形而上学的努力是这样进行的："它首先与传统相分离，断言形而上学的理性哲学的死亡。其次与现代相分离，清除其思想中的形而上学的残余。虽然现代否定传统理性哲学，但它没有杀死形而上学的幽灵：存在的规定性，亦即人的存在对于思维和语言的决定作用。最后与它自身之外的其他思想相分离，尤其是结构主义学说。所谓结构实际上是人文科学中形而上学的基本话语，亦即一个有中心的整体。正是对于这个结构的破坏使后结构主义成为了解构主义。基于这样的立场，解构主义成为了极端的非哲学和反哲学，因此它排除了一系列的形而上学的问题。那么什么是这个以解构主义为代表的后现代的规定性？答案是：没有规定性。这包括了两个方面：一方面是反规定性，另一方面是无规定性。"①

2. 在场的形而上学

柏拉图哲学是西方形而上学的真正起源。德里达的解构是继续海德格尔对柏拉图以来的形而上学瓦解的努力。

关于形而上学，尼采称为柏拉图主义，海德格尔称为存在的遗忘，德里达称为逻各斯中心主义、声音中心主义、男性中心主义、暴力形而上学，等等。无论称为什么，首先是肯定了形而上学的中心性，即任何形而上学都有一个中心，其次此中心是在场的，对德里达来说这个在场的中心就是逻各斯。最后有中心就意味着有边缘，就形成了中心和边缘的对立，此对立表现为二元对立的概念

① 反规定就是反逻各斯中心论，即反对以根据、原因、目的、中心、基础、结构、存在、理性以及真善美、上帝和自我等作为最高和最后的原则；就是反杰姆逊所指出的四种深度模式：第一是如黑格尔哲学中的现象和本质的理性思想；第二是如弗洛伊德人格结构的本我、自我和超我的非理性思想；第三是如本真和非本真的存在主义；第四是能指和所指的结构主义。无规定性就是自身无任何规定。见彭富春：《哲学与美学问题》，武汉大学出版社，2005年版，第136～137页。

系统。

在形而上学中始终将中心看成是真实的存在，是在此的，非在彼的。所谓在场(present)，就是把任何概念和概念系统看成是真实的存在。在场就是出现，但出现不仅是显形，也包括显意，包括在意识和观念中出现的所谓具有客观实在性的事情。在场，总是与实在性、真实性相连。在场就是一“在者”之在场，“不在场”即是“非在者”，是缺席或离席，是离开，离开也不意味着是一在者之离开，也许这是一个并不存在的在者。“解构实际上是对本体论提出的问题，它的对立代表着‘不在场’。”①这个“不在场”并非是概念上的对立，而是在本体论意义上的根本不存在。但德里达没有尼采那样说它是谎言，没有像海德格尔那样指出它就是虚无。德里达提出的与此相关的描述是踪迹(trace 或译痕迹)。踪迹是既在场又不在场的，是介于在与不在两者之间的。他首先是提出书写经验的踪迹问题。书写是文字的显现，甚至可说是文迹的显现，在文字还没出现之前，就存在着“原始的文字”②。它是一切言语和狭义的文字得以可能的前提，是言语和文字的外在性痕迹，是广义的文字。它包括用一切线条、图案、人为的“痕迹”、表情、动作、手势、眼神和姿态等用来表意但还没有约定俗成的符号。原始文字比口语、文字还要在先，文迹，特别是踪迹，踪迹、足迹则是非确定性的显现。形而上学是对踪迹的还原，而解构则是对踪迹的重新释放。文字作为符号始终是能指的在场和所指的不在场。形而上学只思考了在场，排除了不在场。

德里达的逻各斯中心主义是西方形而上学传统的总称，但更指作为本体论的那种哲学。本体论即“ontology”，“on”的希腊涵义是存在，logos 指的是学问。因此本体论是一门关于存在(on，sein)的提问和学问，它涉及逻各斯和学术知识的话语，而存在就是在场。

---

① 《德里达中国演讲录》，杜小真，张宁主编，中央编译出版社，2003 年版，第 81 页。

② 参见德里达：《论文字学》，汪堂家译，上海译文出版社，1999 年版，第 79 ~80、85 ~90 页。

“‘on’即‘being’，‘ontology’则意味着对‘being’提出问题，‘being’就是‘to be present’(在场)。”“‘在场’含有一种‘当下’的意义，完全具有逻辑涵义。‘on’意为‘being present’、‘sein’。”①希腊人所说的存在不同于我们今天所说的存在。希腊人说的存在是靠理性洞见到的逻各斯，它是万事万物的最终根据，是一作为原型的在场，此在场之存在不是靠肉眼看见的。存在之在场也是一个从海德格尔那里继承来的问题。当海德格尔使用“Sein”(存在)这个词的时候，实际上是取动词“sein”的意思，相当于英文中的“to be”。德语中，作为分词的“Sein”转变成名词的“Seiende”时词形上有明显区别，但是英语中没有这一区别，所以只能以大写“Being”来呼应“Sein”，以小写“being”来指“Seiende”。这可见本体论是希腊的传统，然后是西方的传统，世界的其他地方不一定有，也没有必要一定要有这本体论②。

“我所尝试去做的，并非去摧毁本体论哲学，而是尝试去解构本体论哲学的那些主要规定。我尝试解构的因此是本体论赋予‘在场’的那些理所当然的特权。‘在场’包括空间的呈现与时间的当下两个层面。它的特权已被海德格尔质疑过，我则是以不同的方式去进行。本体论的主要规定中，‘在’作为‘在’的特权在时间上是以‘现在’体现的。如果你追寻西方哲学本体论的整个历史，你会不断地发现这种‘现在’的特权。甚至在现象学当中也不例外。我曾经通过阅读胡塞尔而受到现象学训练。我的第一本书是研究胡塞尔的，我向他学习并通过他去质疑和解构他，特别是他的‘现在’观念。”③

---

① 《德里达中国演讲录》，杜小真，张宁主编，中央编译出版社，2003年版，第156页。

② 参见《德里达中国演讲录》，杜小真，张宁主编，中央编译出版社，2003年版，第156页；陆扬：《德里达在上海》，载于《文化研究》，第四辑，中央编译出版社，2003年版；张宁：《德里达的中国之行》，载于香港《21世纪》，2001年，第12期，第80～81页。

③ 转引自张宁：《德里达的中国之行》，载于香港《21世纪》，2001年，第12期，第80页。

“本体论、现象学、形而上学等，针对的是‘在场’的东西，而我力图指出，现象学受到它自身原则的局限，即现象学所谓‘原则的原则’的限制，就是说在直观中作为在场而显现的东西。这就是胡塞尔强调的‘活的在场’。”①德里达早期是从胡塞尔现象学开始自己的哲学生涯的，而他的解构则是从海德格尔的本体论差异开始的。胡塞尔的“走向事情本身”的现象学原则所强调的“事情本身”是意识现象本身，他认为胡塞尔局限于意识经验，且认为任何意识经验都离不开给定的在场。离开了给定的在场，任何经验都不可能。一切都是在场。德里达说：“我尝试着对胡塞尔这个思想进行挑战，我要指出，如果没有某种踪迹，就不会有在场”②，在场总是伴随着“踪迹”或某些不在场的东西。某些不在场的东西总是印在一个在场中。在存在和存在者之前就存在着踪迹。

3. 写下的存在

写下的存在区别于理性哲学中理性规定的存在和现代哲学中现实的存在。写下的存在是文字，是符号，它区别于声音的存在。声音的存在，是逻各斯的存在，是具有所指，具有意义的存在，是在场的存在，是永恒的存在。写下的存在强调的是写，写不是说，说相关于逻各斯，而写则只相关于符号、语言、文字的能指，是能指的游戏。写下的存在，所形成的是文本，说出的存在，指向一个永恒存在的，没有痕迹的真实、真理、存在，记录说的文字形成的是书本。书本是形而上学的，文本则只是能指的游戏。写下的存在是对形而上学的存在的对抗和瓦解。

西方传统就是形而上学，就是逻各斯中心主义，就是声音中心主义。这一传统之形成并继续，原因在于语言符号的所指序列与能

---

① 《德里达中国演讲录》，杜小真，张宁主编，中央编译出版社，2003年版，第156页。

② 《德里达中国演讲录》，杜小真，张宁主编，中央编译出版社，2003年版，第156页。

指序列不对应，亦即所指序列与能指序列的关系是任意的。能指序列，由于能指与能指之间的差异性，构成了自身的区分，这种区分本来就可以获得能指自身的意义，即德里达说的能指间的游戏。但在形而上学传统中，则是强调了所指的确定性，即每一个能指对应的所指的确定性，即形而上学看重的是所指，能指序列构成了一个所指序列，而所指又总是指向一个意义的无痕迹的在场，即意义在场，真实的虚无，但意义只能在意识中显现，只能在对能指和能指序列的理解上显现。这种显现是无痕迹的，但却相信其存在和真实，相对于能指，这是对于"他者"的在场的相信。这导致了形而上学传统之形成。由于能指与所指的区分依然存在，故这一传统还在继续。

进一步说，是符号的异质性导致了西方传统。符号的异质性就是所指与能指不具有同一性，两者的统一是异质的统一性。统一性即任何符号都可区分为能指与所指，异质性即两者不等同。所指，在形而上学传统中被理解为意义、事物，意向对象或实体，这些都无任何痕迹。

"所指的形式本质乃是在场，它靠近作为语音的逻各斯的特权乃是在场的特权。"①"所指的形式本质"，亦即符号的形式本质，在形而上学思维中是由在场者决定的，这个在场者就是逻各斯的特权，一种思维定势决定的。所指的形式是无所指的，形式本质乃是针对实在本质来说的。德里达的意思是所指的形式本质乃是由逻各斯中心主义构造出来的，不具有实在性的，显然在逻各斯中心主义看来本质都是在场的。当人问"什么是形式本质"时，这一提问方式就已落入"什么是……"的提问模式中，就已是哲学式的，亦即形而上学的提问中。

尼采试图解构形而上学。尼采是反抗形而上学的哲学。他的具体方式是"将解释、观点、评价、差别的概念和所有'经验主义'的

① 德里达：《论文字学》，汪堂家译，上海译文出版社，1999年版，第24页。

或非哲学的动机推向极端”①。尼采说巴门尼德的存在是空洞的概念，理性是冷冰冰的，上帝已死，这是一种极端的说法。这只是相对于生命本身的真实、创造性、力量来说如此。尼采“致力于摆脱逻各斯”、“真理”，以及一切依赖于它们或由它们派生的任何所指。阅读、写作、文本都是一种源于自身生命力量的创造，而不是源于理性、上帝以及任何逻各斯。在此，德里达作了一个注释，表明尼采这一说法并不是指能指本身是第一性的，是德里达对自己用“原始”一词的限定。原始不是第一性，不是指能指先于或优越于所指。在此我用“源于自身生命力量”代替了德里达用的“原始”。但德里达认为尼采仍是在“创造意义”，只是与形而上学不同，他不是“发现或记录”意义，不是以在场来表示真理，“不是神的理智或先天必然性的逻各斯”②。

不过，海德格尔对于尼采的理解与解读，是德里达要避免的，他要从“海德格尔式”的尼采中拯救出来。具体说，不对尼采作“本体论的理解，不再认为尼采是恶意的刻毒。至少那种出于“原始真理的深刻的本体论直观”，是一切本体论的组成，是经验主义和形而上学文本的全部基础。说尼采是恶意和刻毒的，无非是颠覆形而上学的努力刺激了形而上学拥护者们的心，以动机的道德性评价来代替对尼采思想之合理性认同。德里达在此要谴责对形而上学不越雷池一步的保守思想和观念。同时，德里达又肯定了对尼采作海德格尔式解读的必要。这种必要是完全接受海德格尔式解读，直至显现尼采思想的根本问题亦是西方形而上学的根本问题：遗忘了存在。这一显现是合符海德格尔对形而上学疾病之诊断的。

尼采是如何遗忘存在的？尼采的本体论，亦即存在论是创造力意志(权力意志)，按照海德格尔的理解，创造力意志仍然是存在者，是一个已显现的在场者。德里达认为要“采取另外一种更忠实

---

① 德里达：《论文字学》，汪堂家译，上海译文出版社，1999 年版，第 24 页。

② 德里达：《论文字学》，汪堂家译，上海译文出版社，1999 年版，第 25 页。

于他人写作风格的解读方式——尼采写了他已写的东西"①。尼采的写作风格是什么？是用锤子思考。用锤子思考就是砸碎已有的一切哲学上的传统观念(形而上学)，以及道德上的基督教伦理。在德里达的意义上锤子式的思考就是尼采的解构方式。在此意义上，尼采也是解构哲学的鼻祖。尼采是用血写文字。这里的血，是心血，是血性，再具体，就是生命。尼采的文字不是来自于逻各斯和真理，而是来自于自己的生命，是生命的创造力之流露，是血性的流露。这就是为什么尼采的文字"本不从属于逻各斯和真理"。相反，在形而上学的时代，文字从属于逻各斯和真理。这种从属关系正是德里达要解构的。尼采破坏了这种从属关系，而且是独断性的破坏和颠覆。所谓独断性的破坏和颠覆，是说尼采的这种颠覆是否定逻各斯和真理的规定性，否定逻各斯与真理的本体论意义来进行的，这种推翻形而上学的努力使自身又陷入到形而上学中，成为了形而上学的俘虏。因为他否定了逻各斯与真理的规定性，但却肯定了生命本身对于文字、对于思想的规定性，肯定了文字与思想背后的创造力意志。这仍然是形而上学的。

德里达认为海德格尔与尼采不同，"海德格尔的思想不是否定"，而是重新要求将逻各斯和存在的真理作为第一所指。

4. 并非摧毁

作为一个词语的解构本意是摧毁，这个词早就存在，指对语法结构的分析和对机器的分解，只是不常用。解构作为一种思想的活动，是对语言的解构，对语词、语词在语言中的结构的撤散，对语词意义的分离。从语法角度讲，解构韵文，减弱它的韵律，使它类似散文。一部机器拆散为各种零件，使它不再有整体机器的功能。这可说是解构的语义学和机械学模式。

但德里达用的解构并不是一个否定性的贬义词，它是指把现成的、既定的结构解开，是对一个事情、词语、文本的质疑、分析和

---

① 德里达：《论文字学》，汪堂家译，上海译文出版社，1999 年版，第 25 ~ 26 页。

批判。在西方传统思想中一直有解构的思想遗产。马丁·路德也是解构的先驱，他质疑的是被传统阐释遮蔽的神学概念，他的使命就是通过质疑和批评去掉遮蔽，回到基督教神学的原初的教义上去。黑格尔用了“扬弃”(aufheben)，胡塞尔也用过“消解“(Abbau)，都是对传统的一种抛弃和摧毁。海德格尔在《存在与时间》中用了“颠覆”(destruction)一词，用来批判西方的形而上学传统，但是海德格尔并不是用“destruction”来全盘否定西方传统哲学，而是对它进行细致的分析。

解构不纯粹是否定，它的目的是找出概念的最终基础之并不可靠，最终动摇形而上学的存在论之基础。对解构作是什么和不是什么的规定都是不合适的，因为德里达指出这种二元对立式的思维和话语正是形而上学的，他要指出任何一个概念自身的局限、它所指称的对象的不在场性。解构在根本上是对在场形而上学的解构，是对存在本体论的解构，是通过延异来实现的。

德里达的解构主要针对重要的经典文本，但是并不仅仅是文学、哲学和宗教的文本，也对其他如司法、法规、计划的文体进行解构。他不仅对文本的文体感兴趣，也对社会机制、学科机制、政策本身等感兴趣，也对所有涉及文学和哲学的事物和内容有解构的兴趣。一个文学或哲学文本的诞生、流传与传播也还存在着评估、合法化、签名问题、著作权和版权等问题，这是一个复杂的过程。在这过程中发生的一系列问题，特别是习以为常了的、不再认为是问题的问题都可以发现其自身的矛盾、困境与陷阱，这些陷阱存在于一个词，一个观念、一个思维的方向的多样性中，解构是敏锐地发现并指出这一多样性。

事情的发生是过程性的，但解构并不是过程性的，不存在解构的某一阶段，如先解构再建构，先否定，再肯定，先批评，再表扬，或者与之相反。“解构首先是对原始的‘是’(oui)再确认。确认并不意味着肯定。”①这个原始的“是”是作为基础的基础，作为

① 《德里达中国演讲录》，杜小真，张宁主编，中央编译出版社，2003年版。

根据的根据，在哲学上表现为形而上学的本体，亦即存在，“再确认”不是肯定，也不是否定，而只是指出其偏狭，指出其排除了其他可能性，使复杂的事情变得简单，使多样性变成单一性，使多义性变成了唯一性。

解构与他者、与发生的事情相关。发生的事情让我们感到惊奇，解构考虑什么东西作为他者将要发生，它分析一个已给定的结构，并使一个他者在将来发生。将来的他者总是一个可能性，可能性总不是唯一的。这个将来不是如黑格尔那样建立在必然性之上的，而是一个打开了现有的结构之后事情自身向未来的敞开方式。就如最令人困惑的民主，将来的民主并非过去民主——如古希腊民主和现有民主如美国式民主的再现，正如美国民主不是希腊民主的再现一样，将来的民主是民主自身结构的敞开，此敞开是无限的，但如何敞开也必须是在民主传统和民主遗产内的开放，但相对于将来，这个已有过的“原始的”民主模式是次要的。然而将来的民主是期待性的，而且总是基于对于现有民主的解构中敞开的。“成为民主的，那就是在对‘我们永远没有生活在一个(足够)民主的社会中’的认识过程中行动。”①这个行动成为紧急的任务，不只是观念的调节，不是观念所允许的现实的远离和延迟，不是单纯的批评工作，作为解构的任务，民主成为不可思议的：不是纯粹的观念，而是不可等待的行动。

解构有自己的兴趣，但无一般意义上的终极目的。如果说兴趣是从事解构活动的动力，那么德里达的解构当然有他的兴趣。这一兴趣就包括对兴趣本身的分析。一般的解构兴趣是没有的。“只存在既定文化、历史、政治情景下的一些解构姿态。”②这些情景有哲学场域、政治场域，有传统、记忆、语言的不同，它们都在变化之

① 《德里达中国演讲录》，杜小真，张宁主编，中央编译出版社，2003年版，第212页。

② 德里达：《书写与差异》，张宁译，生活·读书·新知三联书店，2001年版，第14～15页。

中。随着情景的变化兴趣会变化。解构可以针对任何场景的任何问题。他在接受上海社科院荣誉教授的聘书时说"谢谢"。随即他也就此解构"谢谢"。说"谢谢"是礼貌的，不说是不礼貌的。这种礼貌用语人们常常说，如果仅仅是出于一种习惯、一种说话定式，一种客套，出于不说怕人家指责、而并无内心的感激，并无真诚的感动，并无对馈赠的歉疚等情感和思想的发生，那么这样的"谢谢"之语就不是真正的"谢谢"。

解构的目的如果是人们理解的某种目标、某种最终的完成、是知道去哪里、以某目的性的方式去达成、组织某种话语发生去实现那个目的，那么德里达认为他的解构是没有这样的终极目的的。设定一个最终的目的，那是形而上学的哲学。但是解构不是哲学。解构是他者的语言，是事件的如实发生，是既定结构的解放。当然标准是存在的，但是在我做决定的时候，如果我清楚自己在做什么，我就跳过标准，重新审度一切想当然的观念。解构必须重新发明规则，必须自己来重新创造规则，惟其如此，我们才能为自己的选择和行为承担起责任来。但也有人认为解构是有目的的，那就是正义①。正义不可解构，解构是正义的实现。德里达自己没说解构自身的意义。

解构是谱系学研究。解构总是针对传统和正在来临并发生的事情。这就要回顾过去，去了解我们生活的文化、习俗和传统是从哪里来的，没有无记忆的解构。特别是对还在起规范作用的、具有支配性和协同性、霸权性的文化作谱系性的研究，研究其来历。其次解构的责任是尽可能地转变场域。解构不单是理论姿态，而是一种介入伦理及政治转型姿态。解构有责任去转变一种暴力的情景。它是对非正当的教条、权威与霸权的对抗。它不是否定，而是肯定，是一种投入和承诺。对那种不能被还原成某种文化、哲学、宗教思想说是，对思想、生活和未来来说，不存在终极目的，只存在无条

① 陆扬：《德里达在上海》，载于《文化研究》，第四辑，中央编译出版社，2003 年。

件的肯定①。

解构是策略性的，而非彻底的否定和摧毁。解构也不是哲学和科学②。解构自身只是策略，只是一种批判，它甚至不能说是方法和理论，甚至也不能说是一种知识。

"我不认为解构是摧毁，是要在摧毁之后去建构什么。解构本身坚持的是一种肯定的经验活动，它不是否定的、批判的，也不是摧毁性的，它要分析原来的遗产中有哪些东西自己在解构。"③

在致日本友人的一封信中，德里达如是说：

"解构是什么？什么都是。

解构是什么？什么都不是。"④

这一表述表明对解构作规定之不可能，解构也是要超越两极对立，解构要找出比"是"与"非"还要更本原的差异。但这个差异是延异，它比形而上学确定的、唯一的本原还要更真实，它不是作为开端的本原，而是一个可以不断替补、不断延异的无限链条。如文字、踪迹、处女膜、药、切片、伪饰等，可以无限找出其相似的词与事情。德里达自己认为，解构一词并不是一个好词，并不优雅，它可以被上述替代链条上的任何一个词语替代，但也没有哪一个词能更好地替代它。这就是说，"各种'解构是X'或'解构不是X'的说法都先天不得要领，也就是没有接近最小的错误。正如你所知道

---

① 参见德里达：《书写与差异》，张宁译，生活·读书·新知三联书店，2001年版，第15~16页。

② 参见《德里达中国演讲录》，杜小真，张宁主编，中央编译出版社，2003年版，第82，92，158，210页。

③ 《德里达中国演讲录》，杜小真，张宁主编，中央编译出版社，2003年版，第147页。

④ 《德里达中国演讲录》，杜小真，张宁主编，中央编译出版社，2003年版，第234~235页。这话与佛家"空不异色，色不异空"、"非有非非有"、芝诺"飞矢不动"、黑格尔的"否定之否定"在语言形式上有相似性，但也要看到思想的差异：佛家强调的是色(物质)空不异(真空)，芝诺仍是肯定逻辑论证比直观更真，黑格尔强调的是辩证发展。但芝诺悖论提供了一个根据踪迹思考的范例，过去的点不是现在的点，但在现在留下了痕迹，只有将过去和未来的点作为运动的参照才能避免悖论。

的，在我的文本中，‘解构’被称作一个举足轻重的原则，而‘解构’恰恰是限制本体，最重要的是限制第三人称现在陈述式：S 是 P”①。

三、延异

德里达在《哲学的边缘》一书中提出延异，它是德里达解构思想的核心语词和核心思想。他还说过“没有延异，就没有结构。只要不把这一结构理解为古典形而上学的结构或结构的古典形而上学，那么它就是结构的最一般的结构。”②延异是对差异的肯定，也是对延搁的揭示。一方面海德格尔的存在和存在者的本体论差异激发了他对延异的思考和他的解构思想，另一方面也肯定了他者、差异、踪迹和替补就是延异。

1. 差异

德里达发现法语中“difference”(差异)和“différance”读音上无差别。把 e 改成 a 读音上发现不了差异的，两个词读音的差别是听不到的，但书写是有差异的。“différence”译为延异，也有人译异延和分延的。

延异的意思一是差异，二是延宕，它是一种时间化和间隔化，是一种空间的时间化和时间的空间化，是时间和空间的“原初性构造”。但它既非一个词，也非一个概念，而只能谈论它的语义。“正是延异及其‘历史’为基础，我们据说才能知道‘我们’是谁，我们在哪，一个‘时代’的界线可能是什么。”③

形而上学讲同一性，讲逻辑的同一律和不矛盾律，不讲差异。

---

① 《德里达中国演讲录》，杜小真，张宁主编，中央编译出版社，2003 年版，第 234 页。

② 德里达:《多重立场》，佘碧平译，生活·读书·新知三联书店，2004 年版，第 10 页。

③ 德里达:《延异》，汪民安译，载于《后现代的哲学话语——从福柯到赛义德》，汪民安等主编，浙江人民出版社，2000 年版，第 71 页。

形而上学不讲这样的差异：比如声音与声音的意义，有差异。声音的发出到声音被听到，是不同时的。声音和声音的意义不是同时发生的，不可能同步。声音的意义靠理解，声音的发生来自理解者之外。声音和声音的意义不是同时发生的，中间有时间差，还有一种本体论即存在论意义上的不同时。这是两个存在。意义总是晚于意义的给予。

差异表明了非同一性、他者性、可辨识性，两个他者间会产生间隔、空隙、距离，但不能涉及延搁、延宕(延期或拖延)。德里达以文字和符号为例说明延异是如何既具有延宕化，又具有间距化，并使两者联系起来。“符号通常说成是对事物本身的替代，对在场事物的替代。‘事物’在此同等的代表意义或所指，符号再现了缺席的在场者，它替代了在场者。当我们无法理解或表明事物，无法呈述在场者、在场之在时，当在场者无法呈现时，我们就通过迂回的符号表意，我们拿来或给予符号。我们用符号表意，符号是延搁的在场。”①这种延搁在场者的符号既有口头的，也有文字的，既有如货币，也有如选举代表或政治代表，符号在我们的生活中流通，它不是那个所表意的事物本身，它延搁了我们对此事物的遭遇，哪怕是瞬间的遭遇，对在场物瞬间的凝视、直觉、触摸或消费也被关于物的符号所替代，所扼杀。符号的目的就是为了占用这种被延搁的在场者，符号是传达在场者的中介活动。古典的符号理论不会质疑符号所再现的在场者，现代语言学家索绪尔(Ferdinand de Saussure，1857—1913)提出了语言的任意性和差异性原则，而且将两者看成是不可分的特性，第一次打破了词语—符号系统本身的统一性，指出了构成符号系统的是其差异性而非统一性。索绪尔的差异原则动摇了符号自身的整体性和完整性，能指不可能是所指，相反亦然。在索绪尔那里，能指是符号的物理现象—声音的—心理的踪迹，是符号自身的“物质”的“形象”，所指是符号的概念，是符号的理念意义。索绪尔指出“不论是所指还是能指，语言既没有先

① 德里达：《延异》，汪民安译，载于《后现代的哲学话语——从福柯到赛义德》，汪民安等主编，浙江人民出版社，2000年版，第73页。

于语言系统的观念，也没有先于语言系统的声音，而只有由该系统发出的概念差别和声音差别。符号所包含的观念和声音物质不如围绕着它的符号所包含的重要"①。

如同索绪尔的差异不是其他概念中的概念和其他词中的词一样，延异也不是一个词和概念。语言系统内部只有差异。作为延异的文字是一种游戏活动。语言的差异是生产出来的效应，"差异是被延异所'生产'、'延搁'的"，但"何物延搁？谁延搁？延搁什么？"这样的问题形式是以在场的存在者为基础的提问。在场的存在者有各种名字，如力量的、状态的、物的和形式的，或者是主体、谁等，这些在场的存在者，向一个自我显现为存在者时，作为意识，最终会逐渐延搁和区分：通过欲望或需要的满足所进行的推迟、逃避，亦即人们的欲望和需要从产生到满足和不能满足并不是同时完成的，其中有时间和空间的间隔，同时在场的存在者自身的自我显现也一样存在着延搁。德里达捕捉到了这一间隔和延迟，但任何在场的存在者都不是被延异构成的。

德里达又一次从索绪尔的语言思想出发，索绪尔认为由差异构成了语言，语言不是主体的功能。如此德里达认为主体是语言的一种"功能"。这意思是说主体成为主体是他的言说符合作为差异系统的语言规则，或者遵循了延异的一般规律。主体是在场者，主体凭借于言说的延异而成为自身。言说又依靠语言系统的差异而得以言说，它是语言差异的游戏的游戏。"延异不仅仅是语言内部的差异的游戏，它也是语言和言语的关系，是我为了说话而必经的迂回，是我应许下的沉默的诺言。这对普通符号学而言同样有效，它也支配着习语和图式，信息和代码等等的全部关系。"②正如索绪尔区分语言和言语一样，语言中的这种延异，语言和言语关系的延异，也禁止着言语和语言的根本分离。

---

① 索绪尔：《普通语言学教程》，高名凯译，商务印书馆，1999 年版，第 167 页。

② 德里达：《延异》，汪民安译，载于《后现代的哲学话语——从福柯到赛义德》，汪民安等主编，浙江人民出版社，2000 年版，第 81 页。

无声的思想，沉默的踪迹，都是延异。德里达从尼采、弗洛伊德(Sigmund Freud，1856—1939)、勒维纳斯(E. Levinas，1906—1996)和海德格尔那里找到了延异的最佳说明。尼采的创造力意志是他思想的核心。尼采所强调和肯定的力本身从不出场，它仅仅是差异和量的游戏。没有力和力之间的差异，就不会有普遍性的力。量本身不能和量的差异截然分开，量的差异是力的本质，是力和力之间的关系①。弗洛伊德的无意识和快乐原则在自我本能的保护下被现实原则取代都是延异的最好说明。现实取代快乐，并不意味着求乐的意图被取消和抛弃，而只意味着求乐的要求被延缓，只是临时忍受不快，不快只是通向快乐的曲折道路上的一步。无意识总让意识显现而自身不显现，意识是在场的，而无意识是不在场的，但“无意识不是一个隐蔽的、实质性的或潜在的自我的在场，它区别于自身、延搁自身，这意味着它是差异的织物，意味着它遣发代表、代理、替代者。但是代理的发送者可能没有‘存在’的机会，没有在场的机会，没有在某处成为‘它自身’的机会，甚至更没有变成意识的机会。”②无意识是个形而上学的命名，德里达当然很清楚，弗洛伊德意识到了差异的存在，意识到了一个无意识的“伪装”，意识到了一种可变性。这种可变性是以后效、延搁为标志的，意识是无意识的踪迹的踪迹，意识没有“伪装”，也没有踪迹，意识总是以它自身的显现和在场而确证自身。踪迹是不在场的。“人们不能在在场者，或在场者的在场的基础上思考踪迹。”无意识的可变性不是让我们关注一个在场的视域，而是关注某种从没有在场过的“过去”，此“过去”总向未来走来，亦即总在显现为意识和意识的显现物，但此“过去”决不是生成为在场的，更不是时空中曾经存在和发生的过去。

德里达引用了勒维纳斯“从没有在场过的过去”一语来命名“可

① 参见德里达：《延异》，并参德勒兹：《尼采与哲学》，第65页，周颖，刘玉宇译，社会科学文献出版社，2001年版。

② 德里达：《延异》，汪民安译，载于《后现代的哲学话语——从福柯到赛义德》，汪民安等主编，浙江人民出版社，2000年版，第84页。

变性的踪迹和谜团：他者”。“在这个界限内，至少从这个观点出发，延异思想暗示着勒维纳斯对经典本体论的全面批判。踪迹概念，像延异概念一样，在尼采、弗洛伊德和勒维纳斯的意义上——这些名字在此只是标志——沿着不同的踪迹和踪迹的差异之线组织了一个网络，这个网络作为在场的本体论的界定，重组和穿越了我们的‘时代’。”①“我们的时代”不再是一个本体论的形而上学的时代。延异动摇了整体性，质疑在场的本体论。它是海德格尔的存在不是存在者的基础本体论——有差异的本体论——的展开。

延异的思想发表后不久的1967年，在接受访谈时德里达再次解释了他的延异的思想，并作了如下强调：

第一，延异有它的结构，但不能理解为形而上学上的知识、思想和概念的结构。甚至不能将它理解为一个概念。既不能在结构主义的立场理解它为一稳定的结构，也不能在发生论的意义上将它看成是事情的发生。

“其次，作为产生不同事物和有所区分的延异活动，它是我们的语言特有的所有概念的对立的共同体，试举几例，比如感性/理性、直觉/意义、自然/文化，等等。作为共同的本根，延异也是预告这些对立的本身(与同一不同)的要素。

第三，如果还能这么说，延异也是这些差异和区分的产物，源自索绪尔的语言学和以它为模式的所有科学都提醒我们，这些差异是任何意义和结构的条件。”②

在此意义上说，形而上学的所有对立的概念都可看成是在延异的基础上才有可能。延异的结构支配了对立的概念。但延异不能理解为是比对立概念高一级的概念，如黑格尔式的辩证法的具有综合能力的概念，不是正—反—合中的合。德里达将延异追溯到尼采、弗洛伊德、海德格尔。他认为要将延异归功于海德格尔，正是海德格尔关于存在和存在者的本体论的差异，这至今还是一个未思的领

---

① 德里达：《延异》，汪民安译，载于《后现代的哲学话语——从福柯到赛义德》，汪民安等主编，浙江人民出版社，2000年版，第85页。

② 德里达：《多重立场》，佘碧平译，生活·读书·新知三联书店，2004年版，第10页。

域，使他能提出延异的思想。德里达发现了海德格尔文本的与众不同，它不是连续的和同质的，“到处都有最巨大的力量和其问题的所有结果”，海德格尔想消解形而上学，消解属于本体—神学的符号，亦即要消解形而上学的语言，但他又不得不借用形而上学语言的句法和词汇的资源。德里达则是从如何确定形而上学的支撑点来彻底地消解形而上学。他“将差异视为存在—本体论差异的最终规定”。他认为必须根据尼采的而不是海德格尔的思路才能达到解构形而上学的目的，因为海德格尔还是在形而上学内部来解构，而尼采是回到哲学发生之前的神话时代的古希腊，那时“西方语言尚未被规定为存在与存存者”，因此“在通向存在真理的思想的终端的过程中”，必须走向一个未被形而上学语言规定的开放的有差异的延异，但今天还只是酝酿，还不能实现，还只是“暂时用延异来命名这一差异的展开”，但这不是“存在—本体论差异的展开”①。

延异是对在场的形而上学的解构。显现总是在场者的显现，一个非在场的显现是不可能的。形而上学所肯定的都是在场的，在形而上学那里，一切能作为根据的根据总被当成是真实的，它不可能是虚无。但“延异以固定的方式封存自身，而非暴露自身”。“在每一次暴露中，延异都暴露为作为消失的消失，它在显现/消失间冒险。”②

延异不是本体论的差异的一个种类，不是任何意义上的拥有过程，既非立场，亦非否定，它只是他者。“延异既无存在也无本质。它不是来自于存在者的范畴，无论是在场的还是缺席的。……延异不仅不可化减为任何本体的或神学的—本体神学的—占有，而且，作为一种本体神学——哲学——生产其系统及历史的空间的开端，它包括了本体神学，并铭写它、无返归的超出了它。”③延异不

① 参见德里达：《多重立场》，佘碧平译，生活·读书·新知三联书店，2004 年版，第 11 ~ 12 页。

② 德里达：《延异》，汪民安译，载于《后现代的哲学话语——从福柯到赛义德》，汪民安等主编，浙江人民出版社，2000 年版，第 70 页。

③ 德里达：《延异》，载于《后现代的哲学话语——从福柯到赛义德》，汪民安等主编，浙江人民出版社，2000 年版，第 70 页。

是新的本体论，不是新的神学，但是它们的开端。所谓开端也不能理解为形而上学的根据、基础、不是在提供新的可能，而是一切形而上学思想及其开端自身是延异的。德里达再一次声明延异不是神学的。不过他承认作为名称，延异仍是形而上学的，但延异不是一个名称，它根本就没有名称。“它在一个区分和延搁的替代之链中永不停息的自我移位。”①

延异的描写都是策略性的、冒险的。“策略性的是因为呈现于文字的领域之外的超越性真理都无法神学式的控制整个领域。冒险性的是因为这种策略不单单是这个意义上的策略，即通过一个最终目标，一个目的或一个控制主题、一种主宰以及对这个领域的进展的最后占用，从而调整方案的策略。最终这是一个无终极性的策略，一个可称之为盲目的策略，如果经验主义价值本身并未同哲学义务相对的全部意义的话，它还可以被称之为漫游经验；如果在延异的踪迹中有某种漫游的话，这种漫游不再遵循哲学的逻辑话语线索，也不遵循一种对称和内在的反向的经验逻辑话语线索。嬉戏概念使自身超越了这种对立，它处在哲学的前夕且超越了哲学，它表明了无尽运算中必然和偶然的统一。”②

延异作为策略，之所以有冒险性，是不再像哲学话语那样通过原理、公论、公理定论，沿着理性的线性演绎来进行思考，它的冒险性还在于可以通过游戏的规则，将自己的主张自己推翻，从而进入延异的思维。延异的主题功能可以在某一天被恰当地替代。

延异也不是神学的。延异不是任何事情的源头，它自身不具有存在性，它只是某种过程的参与，只是纯粹的游戏活动③。

---

① 参见德里达：《延异》，汪民安译，载于《后现代的哲学话语——从福柯到赛义德》，汪民安等主编，浙江人民出版社，2000 年版，第 89 ~ 90 页。

② 德里达：《延异》，汪民安译，载于《后现代的哲学话语——从福柯到赛义德》，汪民安等主编，浙江人民出版社，2000 年版，第 71 页。

③ 参见杨大春：《文本的世界》，中国社会科学出版社，1998 年版，第 86 页。

2. 踪迹

踪迹是对差异的肯定，也是对形而上学的解构。踪迹是对在场的肯定性的动摇，它让我们在在场中看到那个不在场的。纯粹的踪迹就是延异①。

踪迹也是印迹。踪迹既不是在场也不是不在场，它既显现又遮蔽。德里达甚至在《马克思的幽灵》的开场白中用过“踪迹之踪迹之踪迹”，用此句式来理解就如同每个人都是父母的父母的父母的影子、继续一样，遗传基因中可以找到相同与相似因子。幽灵的幽灵性正是其过去的某种在场。

踪迹是可以自行消失的，不能消失的踪迹不是踪迹。因此踪迹是有限的、脆弱的、易受伤害的、必死的。踪迹如同灰烬，它是火的踪迹，是火的踪迹的踪迹。火的燃烧形成了灰烬，火的踪迹在灰烬中，在烟雾中，在各种形式的消失着的踪迹中。只有当火消失的时候，灰烬才作为踪迹出现。灰烬也不能理解为实体，而是消失了的并非还在燃烧的火的踪迹。没有灰烬就没有火的存在，没有踪迹就没有存在。这是不可能的可能性。死亡是人存在的踪迹，是生命的踪迹。死亡印证人的存在，死亡是消失，是踪迹，但也是踪迹之消失。踪迹不是实体性的，不是现在在场的，而是永恒的移变过程。

莎士比亚《哈姆雷特》第一幕第五场有这样的台词，德里达从中发现了解构的踪迹。

> 魔鬼说：
> 我是你父亲的鬼魂，
> 因为生前孽障未尽，
> 被判在晚间游行地上，

① 德里达：《论文字学》，汪堂家译，上海译文出版社，1999年版，第89页。

白昼忍受火焰的烧灼，
必须经过相当的时期，
等生前的过失被火焰净化以后，
方才可以脱罪。
若不是因为我不能违反禁令，
泄露我的狱中的秘密，
我可以告诉你一桩事……

这是地狱里的魔鬼对哈姆雷特在说话。按照魔鬼自己所说，它是哈姆雷特父亲的魔鬼，因生前孽障在地狱受罪。魔鬼对未来不是没有希望，不是不相信也有脱罪的一天。但它必须执行和遵守狱中不泄密的纪律，否则，就可对哈姆雷特说那件不能说的事。德里达发现了此话语中自我解构的踪迹："我告诉你的东西就是我不能告诉你什么，我已为它起过誓，那是我的第一罪，是我的第一坦白，一个没有坦白的坦白。"①这种坦白和发誓自身在坦白和发誓时已露出了自我否定的踪迹，"我不能违反禁令""告诉你那桩事"，这样的表达没有自我解构，但加上否定的条件假设后，就具有解构特性了。"若不是这样(不能违反禁令)，我就能说出秘密了。"这里就是自我解构。德里达没有从自欺与欺人的伦理学角度思考，而是从存在论的，事情本身的揭示来显现的，既没有如萨特那样讲自欺与欺人，也没有走加缪的思路讲荒谬，而是走的解构之路，是事情自身的现象学的描述。德里达的解构只是敞开事情和问题本身中那隐藏的否定性、异质性、分裂性，而不涉及事情之外的起源，既不是本体论的追问，也不是系谱学的连续，而是指出语言、意义、存在之非其所是。

魔鬼起誓不泄密，这是过去的事，但影响着现在。现在坦白了"想告诉你秘密——狱中之事"，但禁令又不能告诉，不能坦白，这已经是对起誓的背叛，魔鬼的话已经自我解构。告诉你不能告诉

① 德里达：《马克思的幽灵》，何一译，中国人民大学出版社，1999 年版，第 135 页。

你什么，坦白至无可坦白，发誓守誓，这都是解构的自我表白。起誓的同时就表明了不能和难以守誓，其实人的意志也好、道德也好、信仰也好都不能作为守誓的依据，正因为无所依据，无可信奉是否会守誓才要发誓的。当无可坦白了时，才是真正的坦白，这时没有任何的秘密隐藏了，但真到了这一步，坦白就是非坦白了。

宽恕是对不可宽恕的宽恕，哀悼时的欢乐①，葬礼上的赞美、婚礼上的承诺，庆典上的苦难回忆，“最亲密的陌生人”②，都是悖论，都是自我解构。柏拉图的药既是治疗药又是毒药，但不是指事物正反两重特性，而是指两重特性之边界的不确定性。它意在指出形而上学二元对立之对立的不可能性。文字既是保留记忆又是确证人的遗忘，甚至处女膜的破裂既是完婚又指处女，德里达的文本中常常会提醒我们注意类似这样的不易觉察的事实和话语中的悖论。我们一旦觉察出它的悖论，亦即相反的方面，无疑就是解构的策略之实现。这种相反，不是概念的对立，而只是事情自身包含了它的对立面，但这个对立面不是矛盾的双方，不是一个更大系统和整体中之部分，它不发展为整体，也不是整体之分解，它只是异样的存在，异质的显现，是在场中的不在场，是不在场的在场。

踪迹始终与对在场的形而上学的解构相关。

> 我想指出没有某种踪迹，或某种他指，就没有任何“不在场”的“在场”可言。也就是说某不在场物的踪迹决定着我们的在场经验。所以没有纯粹的在场。在场总是被另一个在场或别的什么，或他者之他者标识的。某种他者因而总是标识在在场之在场当中的。那就是我所称作踪迹（trace）的东西。没有什么先于踪迹，一切都始于踪迹。于存在之前就有踪迹。我试图将踪迹这个观念无限地一般化。所有的东西都是踪迹，所有的

---

① “需要哀悼时却没有哀悼”。参见德里达：《多义的记忆》，中央编译出版社，1998 年版，第 18 页。

② 德里达：《马克思的幽灵》，何一译，中国人民大学出版社，1999 年版，第 150 页。

经验结构也都是踪迹结构。从这一点开始，我试图批评并质疑声音这种假定为在场者，假定为我们的意向与意义完全在场的依凭者，它在西方文化乃至中国文化中的特权地位。我由此开始借助中国的文字来解构西方语音中心特权的来源。汉字也有表音特征，但表音特征并非其系统的压倒性特征，我借助它来转变文字的概念以抵抗西方哲学中语音中心主义、逻格斯中心主义的权威性。我所说的书写不再是写在纸上的各种形态的文字。书写是一切，姿态乃至无声的姿态，对我来说都属于书写的范畴。这个书写观念的另一个后果，是使我开始质疑"人是说话的存在，不说话的生物不属于人类"这种人性概念之局限。我试图通过对这种书写观念的空间扩展去关注这样一个事实，即书写不仅在没有文字的文化中很普遍，这是我与列维·斯特劳斯(Lévi-Strauss，1908—　)的争论，即便在社会组织中也存在着踪迹，在动物的生活中也有书写行为。在开始讨论之前，我想强调两点。一是从广义上说我刚刚定义过的书写与踪迹之间的联系与区别是很重要的。而狭义地看，文字也有多种类型，并非每种文字都是声音中心主义的。其次，对本体论或作为本体论的哲学的漫长解构工作，是由亚里士多德、柏拉图、笛卡儿、康德、黑格尔、马克思、胡塞尔与海德格尔那些具有原创性的历史时刻所标识的，在关注这些不同的历史时刻的同时，我试图分析某些稳定的假说或稳定的结构，特别是二元对立的权威。于在场与不在场之间不存在二元对立，存在的是踪迹，踪迹的特征既非在场亦非不在场。这也是为什么我对幽灵、幽灵性、对通过电子交流、现代媒体得到的那种幽灵性的直接经验有特殊的兴趣。幽灵的那种纠缠性结构既不是在场的也不是不在场的。因此，我们不只应当像黑格尔那样以一种辩证方式在二元对立中加上一个第三者。二元对立是一种等级结构。无论你在西方哲学中分析什么，你都能找到这种结构性的具有等级的二元对立，如柏拉图的理性与感性、积极与消极，而每一种二元对立的对子都意味着一种高下等级，一方高于另一方：理性高于感性，积极高于消极，阳性高于阴性等等。我不信任所谓的辩证综合可以解决这种对立，我强调对立间的某种不可决定的东西，这种策略层面不仅是针对哲学思辨的，而且也是针对实践转化的，不仅是针对理论话语层面的，也是针对制度的。我想说明的是，解构并非人们常常说的只是以思辨的、推理的、操作性的方式阅读文本，它与图书馆里的书无关，它关注一切，包括由这种对立等级支配着的各种体制、社会结构、政治制度、由阳具逻格斯中心主义标识的两性对立。解构是在各种制度中分析其等级对立的发明工作。不过从一开始，我就强调，颠覆那些对立概念的等级制度，并不是要回过头来以原来处于弱势的一方取代并压倒强势的一方，解构思考的是如何根本改变这种结构。当然首先要从弱势的一方着手，站在其一边。没有策略就没有解构。没有复杂漫长的过程、没有特殊情境下的责任也就没有解构。解构总是复数的，每一次解构都是特殊的，它与不同文化、不同语言、不同历史、不同记忆相连。每个人都有特殊的责任，解构应当有人署名。①

踪迹不仅与解构形而上学相关，人的一切活动、一切在场的事物也具有一系列踪迹。

我要概括、肯定和分析这个“trace”的概念。人的一切活动，任何事物都是一种踪迹，任何在场及其结构都是一种踪迹。由此我试图质疑声音和那些充满着在场的意义、意向的东西。我要解构这种在一切文化中都存在的声音的在场。特别是在西方文化中，这种声音的在场与学术书写活动相关，这种书写活动与某种发音的声音相关。我要解构这种表音文字，否定其声音中心主义和逻各斯中心主义。书写不再仅仅是一个印在纸上的意义系统。我们把书写这个概念的范围扩展到无书写的

① 张宁:《德里达的中国之行》，载于香港《21世纪》，2001年第12期，第81页。

> 文化中。因此我们也可以再一次审察人的局限性，因为我们习惯于把人归属于说话的人。①

书写是文字和符号的在场，但符号和文字指向一个不在场的对象、意义、存在者，在形而上学中文字只是表达意义的工具，是心灵的镜子，一个替代意义的替代物，他肯定的是逻各斯的存在，是所指的存在，是声音的意义。它没有看到正是作为能指的文字提供了所指，是能指自身的差异和不断地由其他能指的替补而使所指的意义得以可能。无书写的文化是提供意义的踪迹，文化作为踪迹，且非书写出的踪迹，它就是人的生活。人的生活比说话更广泛，说话只是人的一种特性，一种活动形式，而生活包含了人的全部。

德里达并非是说生活是人的意义之根源，而是说我们在肯定意义的时候，必须看到那个意义的相关项，看到那个不在场的在场。当我们强调在场时，要看到此在场还有一个不在场的踪迹。比如说我们拿起一本书准备看，这本书是一已给定的在场物，书是在场的，但解构却要我们看到这本书的踪迹，亦即追溯它“是”书之“是”前的一切关系，踪迹就是这“是”，它是先于书而存在的“是”，是与书相关的一切与他者的关系。书并不是一个纯粹的在场，一切事物都是在于其他事物的关系之中显示自身的存在。生活就是无穷无尽的关系。

3. 替补

替补是德里达用来实现解构的又一个语词。在卢梭的《忏悔录》中德里达发现了替补和替补的逻辑。

被卢梭自称为蠢事的是当“我”看不到亲爱的妈妈时因想念妈妈而做出的。“我”常常吻妈妈睡过的床，吻妈妈接触过的一切东西，吻妈妈走过的地板，用过的家具，当妈妈在场时也不觉得是放肆，因为这只有强烈的爱才能如此。一次，妈妈吐出一根有头发的

① 《德里达中国演讲录》，杜小真，张宁主编，中央编译出版社，2003 年版，第 156 页。

食物，“我”也抓起来吃。对这样的“蠢事”，心理学看到的是精神病的前兆，卢梭看到的是理性无法理解的状态，但德里达发现的是“危险的替补”，是随心所欲的安排性行为——手淫。华伦夫人是“妈妈”的替代。“她在我心中激起的无限柔情不允许我对其她女人发生兴趣，并阻止我对她存非分之想。”卢梭因此不断手淫并自责。它是母亲在场或缺席的游戏。德里达指出卢梭的这一次经历是一多义的结构，这一经历的“现在”不断复活和构造出来，直至卢梭“生命”和“文本”的结束。他写道：“当母亲消失时，替代才有可能和必要。”①手淫是想象缺席的美人在场而进行的，他满足自己的情欲。在卢梭的观念中，手淫是邪恶和堕落的典型。但当通过一种想象的在场满足了自己的情欲时，人们会自甘堕落，且不愿放弃这一堕落。这就像人不能抛弃语言一样。

替补亦是增补，卢梭指出，手淫是一种“非常危险的增补”。在替补之链中，书写与手淫难舍难分。它们的共同点都是危险的替补。书写是对语言的危险替补，手淫是对性本身的危险的替补。理性理解不了危险的替补。

尽管手淫是一种变态的补充，一般不会影响到正常的性行为，作为一种性的替代物，手淫不仅可以替代或更换正常的性行为，而且可以享受到同样的性的本性。我们完全可以证明，在无法占有性的欲望对象的情况下，手淫可以专注于想象中的性对象而实现性的满足，这同样是正常的性行为。替补是危险的，但卢梭认为它丝毫不会有“与女人同居那样”的危险。

替补使人们思考任何事情时都能带有人性的色彩。相对于一种全面性而言，异样的他者就是边缘性的。如相对于言语活动，书写是边缘性的，相对于正常性生活而言，变态的性行为是边缘性的。如果这种边缘性的增补能够完善全面性，增补而能使边缘完善，那么我们就是面对一种替补的逻辑。替补的逻辑是对边缘的肯定、关注和尊重，边缘相对于中心是独特的，它是对中心作出的规定。这

① 德里达：《论文字学》，汪堂家译，上海译文出版社，1999年版，第222页。

样人们想象中的全面性就被延异保留下来，延异本身就是对全面性的区别和延迟。

书写是言说的替补。但语言学家们如索绪尔就始终对书写采取拒绝态度，认为书写、文字不属于语言。其实一个手势、一个图案的表意就是原始的最初的语言，最初的书写，语言与文字之间的踪迹表明文字包含了语言。德里达认为这种态度与形而上学相信语言的优越性是一致的。

替补超出了形而上学的语言，理性无法理解其结构，它阻碍传统逻辑，只有摆脱传统的逻辑才能理解替补。“替补令人发狂，因为它既非在场也非缺席，因为它不断破坏我们的快乐和纯洁。”①人们既追求这种在场又害怕这种在场。“禁欲与享乐、快乐与智慧同样与我无缘。”②

在形而上学历史中，作为概念的语词是思维的工具，逻辑建构了不可动摇的在场的实在的知识系统，人们毫不怀疑语言把握实在的能力，文字则只是工具的工具，只是语言的替代物。实在是语言的本源，语言是文字的本源，这里实际上已有替补和踪迹的发生。语言是对实在(存在)本源的替补，是存在的踪迹，文字是语言的替补和踪迹，但现在德里达颠倒了这一点，文字是语言的起源，文字是绝对的外在性，但文字是语言的内在性。文字的外在性力量要视为言语的内在性要素。人们想到“文字的完全质变可以从外部影响活生生的言语的内在本质：使它腐败”。这表明“文字仍然标志着言语的历史”③。但人们错误地认为“将语言固定下来的文字恰恰是败坏语言的东西，它并不改变语词，而是改变语言的精髓”。然而如果真是这样，文字就不可能成为取代它物并占据它物地位的替补。文字绝不可能败坏语言的生命力。文字“只不过是虚无，但

① 德里达：《论文字学》，汪堂家译，上海译文出版社，1999 年版，第 224 页。

② 德里达：《论文字学》，汪堂家译，上海译文出版社，1999 年版，第 224 页；卢梭：《忏悔录》，黎星译，商务印书馆，1986 年版，第 11 页。

③ 德里达：《论文字学》，汪堂家译，上海译文出版社，1999 年版，第 455 页。

从效果判断，它远非虚无。替补既不是在场，也不是缺席。本体论不能思考它的作用”①。

文字对语言的替补，并不意味语言指代的复制，不意味能指对所指的替换，它不是简单的通过补充在场而构成在场。它涉及传统逻辑中不能成立的起源的原始替补，它替补衰弱的起源，但不是派生，这种替补如同机器的配件是原件的替补一样②。

文字对于语言的外在性的内在性，超越了对文字的善恶判断。它不可能在传统的同一性逻辑中、在本体论中、在在场与缺席、在肯定与否定的对立中、在辩证法的替补运动中，不是在形而上学的话语中得到的确定。这样的描述正是对形而上学话语的逃脱。但德里达不是为了逃脱而故意如此说，乃是依据解构的逻辑进行的，并且在此找到了解构的立足点。

当卢梭说“写下来的是言语而不是声音”时，“那是因为言语恰恰是根据文字得以可能的东西，即辅音和音节才能与声音区分开来，后者仅仅取代自身。代替语调的音节乃是语言的源泉，受到文字败坏的乃是原始的外在性”。卢梭渴望一种不发音的语言，与音节联在一起的辅音就是嗓音能变成的语言，这是不受文字损害的语言。德里达认为这只是虚构的僵死的语言，是言语的死亡。“言语的死亡因此成了语言的前景和源头。但这是一种并不处在其外缘的源头和前景。死亡既不是未来的现在，也不是过去的现在，它始终构成了语言的本质，成了它的痕迹，它的储备，它的内在和外在的延异：成了它的替补。”③

但卢梭仍是在形而上学的传统中来思考语言，他仍试图使替补强行进入形而上学。卢梭仍是用死与生、善与恶、能指与所指、指代与被指代、再现与在场、言语与文字的简单外在性等形而上学的

---

① 德里达：《论文字学》，汪堂家译，上海译文出版社，1999年版，第455页。

② 德里达：《论文字学》，汪堂家译，上海译文出版社，1999年版，第455页。

③ 德里达：《论文字学》，汪堂家译，上海译文出版社，1999年版，第457页。

二元对立来思考问题，因此他不可能想到这种既出现在语言之前又出现在语言之中的“文字”，不可能想到既不是能指也不是所指，既不是指代者也不是在场，既不是文字也不是言语的替补和延异。这一系列的既不是也不是德里达所说的“原始文字”，“原始书写”，“不可磨灭的文字”，它不是先验的但是本原的“非本原”，是形而上学本原之可能的但被它忽视的“结构”，它是替补和延异所揭示出来的。

四、文字

《论文字学》是讨论和解读卢梭和索绪尔思想的书，指出从柏拉图直到他们的西方思想都贬低文字，强调语言对于思想的优越性。这与形而上学传统一脉相承。“逻各斯的时代贬低文字，而文字曾被视为中介的中介，并陷入意义的外在性中。”①通过语言与文字的区分德里达尤其发展了卢梭的替补思想，并将禁锢在在场形而上学中的文字学从在场中解放出来。从语言回到文字是德里达克服逻各斯中心主义的需要，而原始文字既是语言的例证，又是他替补、延异与踪迹思想的表达。

1. 拼音文字

在西方传统思想中，文字区分为拼音文字与象形文字，除此还有图画文字。拼音文字被声音规定，象形文字被自然规定，图画文字被认为是最古老的文字。它们都用来表意。拼音文字反映言语语音，图画和象形文字表达言语内容②。文字与有声言语的差异在于文字是视觉上感知的图像和符号，言语是通过听觉感知的声音系统。拼音文字的发声与文字、字母之间有内在一致性，见字母可发

---

① 德里达：《论文字学》，汪堂家译，上海译文出版社，1999 年版，第 16 页。

② 有学者反对这样的区分。见伊斯特林：《文字的产生与发展》，左少兴译，北京大学出版社，1993 年版，第 27 页。

音，听发音可写出字母和词。

德里达将拼音文字(表音文字)看做是逻各斯中心主义的形而上学。这是因为在他看来，语音规定文字，语音具有优越性。文字的拼音化强调了声音而贬低了文字。形而上学的历史是在语言—声音优先的逻各斯为中心的原则下进行的，而象形文字，是自然规定文字，自然具有优越性，它的发音与字形之间无一致性。相对于逻各斯中心主义，汉字是异质的、他者的，也有解构的力量。

尼采指出："苏格拉底，从不写作的人。"帝王和神都不写作，但帝王和神都是一个叙说的主体，让别人记下自己的话语。苏格拉底作为哲学家，也是形而上学的开创者。他不写作，不书写，他的学生柏拉图写作。学生记录老师的话，老师是规定者，学生是被规定者，隐含着言说与书写，老师与学生的形而上学的二元对立。

《论文字学》开始于三条题记①，都表明了形而上学性和逻各斯中心主义性。

第一条肯定文字起源的神话传说实际是光与影(符号)二元对立的形而上学。"啊，塔姆斯(Thamus，太阳神)，你将阳光撒遍大地，每块土地有如楔形符号。"

文字创造神泰悟特(Theuth)要太阳神论断文字的价值。埃及发明文字的神泰悟特不能决定文字的价值，要请太阳神决定。

泰悟特："殿下，要是学习这种文字的话，埃及人的智慧就会提高，记忆也会增强。因为我发明的是记忆和智慧的秘诀(Pharmakon，药)。"

塔姆斯："不对，那不是记忆的秘诀，只不过是想起的秘诀。"

"具有高超技术之王泰悟特，具有创造技术能力的人和具有鉴别技术价值能力的人是有区别的。"②塔姆斯是万神之王，泰悟特只

---

① 德里达：《论文字学》，汪堂家译，上海译文出版社，1999年版，第3页。

② 参见柏拉图：《柏拉图文集》，第二卷，王晓朝译，人民出版社，2002年版，第199页，高桥哲哉：《德里达解构》，王欣译，河北教育出版社，2001年版，第54页。

不过是服从塔姆斯的属臣，没有决定自己发明物之价值的权力，唯帝王才是价值的根源。这是形上学特征。技术性东西其本身是无价值的，价值是主体赋予的。万神之王是最高的价值主体，其隐喻义是形而上学的开端、本体。文字是从属的，即是接受规定的，不是最高神创造的，但最高的神由于其自我具足，绝对充实，不存在写作的必要，不需文字，也没有遗忘之虑。在塔姆斯看来，文字只是智慧的载体而非智慧本身，阅读文字也只是想起智慧，只是对遗忘的克服，而并不是治疗遗忘的药，并且这记忆和想起并不是依靠人内部的力量，而是依靠人外部的力量。文字只是智慧的外表。因此文字的价值是有限的。

这里不仅有王中之王，也有属臣，有记忆—遗忘，发明文字(技术性的)与鉴定文字(赋予价值、意义)的二元等级结构。因而它是形而上学的逻各斯中心主义写照。

第二条题记来自卢梭的《论语言的起源》。“这三种书写方式与人类据此组成民族的三种不同状态完全对应。描画物体适合野蛮民族；使用符号表示字词句式适合于原始民族；使用字母适合于文明民族。”①三种书写方式对应民族等级差异，这里不仅隐含了野蛮、原始、文明的等级差异，而且也排除了字母之外的异质文字如象形文字的文明性。

第三条是黑格尔的。“拼音文字自在自为的最具智慧。”这里最直接表明拼音文字的优越性，把文字形式与智慧形式直接相连。其他文字如象形文字只能是低级智慧(自然思维)。黑格尔排除了智慧的他者。

三条题记分别代表了古希腊、近代的形而上学思维。德里达指出它们都是形上学的逻各斯中心主义，也是人类中心主义。文字拼音化掩盖了文字自身，只重音。逻各斯是语言，也是真理，形而上学史都认为真理源于逻各斯，逻各斯是真理的根据和核心，而不将真理理解为语言自身。

---

① 参见卢梭:《论语言的起源》，洪涛译，上海人民出版社，2003 年版，第 26~27 页。

在亚里士多德那里真理是认识与对象相符，是主词与谓词的一致，主词与主体同一，属性是主体的属性，主体与属性是同一的。中世纪的真理是道成内身，耶稣说“我就是道路、生命、真理”，三者同一。近代是主体（理性）对客体的把握。现代的真理是存在自身的显现和聚集。尼采将真理看做谎言。后现代不谈真理，只谈语言。

对真理的追寻即是对逻各斯的追寻，而逻各斯是语言，是道，是真理。由此，文字只是记载这一追寻的符号，只是关于真理的符号，这是文字的堕落；文字被言说的逻各斯压抑着。不仅如此，科学概念或概念的科学性，总被认为是逻辑，在形而上学史中，实际是哲学概念。概念总是语言中心的，是拼音文字的。尽管出现了非拼音化的科学，如作为书写符号的数学语言，算法规则是普遍文字符号，但只有通过语言媒介才能表达和理解其意义。拼音文字仍然支配世界，如英语成为全球用语，汉字的拼音化。但与此不合拍的是科学实践日益诉诸非拼音文字，颠覆着科学的形而上学性，如今天的各种编码，汉字的五笔输入法，是对拼音文字的文明性和优越性的颠覆。科学语言自身的自恰性及其成功表明，拼音文字不是最具智慧的，拼音文字自身也是有缺陷的。但我们的时代仍然将文字的拼音化作为科学和认识的条件，科学的非拼音化，其意义和价值并不能克服科学概念的形而上学性，不能克服逻各斯的语言中心主义。

德里达认为形而上学的逻各斯中心主义，也是人类中心主义（anthropocentrism）的。人类中心主义与形而上学也是一致的。人类中心主义是以人类事物为中心的学说。如古希腊讲“人是万物尺度”，凭什么如此？人的理性给出尺度，用此尺度度量万物，万物接受此尺度。它讲人创造现实世界，这里的人如果是从事生产劳动的人，则是马克思的唯物主义，如果是指人的精神或意志创造整个世界则是唯心主义。后现代思想认为人类中心主义夸大了人改造世界的能力，颠倒了人与自然的关系。他们反对主体性思想，反对人与自然、主体与客体的对立。

题记宣告文字学的解放，从前的文字学被钳制于形而上学、神学、隐喻，因而压制了书写。德里达提出的文字学试图克服形而上学的有中心、有优越性、追求统一性的思想。他的文字学不同于历史上的文字学，过去的文字学实际是文字史，是科学的文字学。文字学的字典涵义是“讨论文字、字母、音节划分，阅读和写作”。“今天借形形色色的科学和文字概念而追求的统一性，从原则上讲，始终是由一个历史——形而上学时代或多或少暗中决定的。”①德里达的文字学不追求优越性也不追求统一性。

2. 能指

语言问题不是一个普通问题。它过去不是全球性的研究领域，只是局部学科的问题，现在成为全球性各研究领域的研究主题；过去是形而上学的历史，是语言的逻各斯中心主义，现在又有对语言的无知，或对它充分信任，或被动屈从于它，或认为词汇是龌龊的，受邪念诱惑，挑起我们的欲望等。形而上学时代没有意识到语言自身的有限性，以为语言反映了外在的真实存在，以为语词对应着语言之外的东西。但语言与思想、存在的关系是一场游戏。在这场游戏中，形而上学通过语言夺取了存在，但德里达要让语言游戏理解存在，那个被语言夺取的存在，又要让语言通过解构将自身夺回。

从语言回到文字，这是一个对语言和文字的解构计划。语言研究的一切，将要在文字的名义下进行。文字不是语言的复制品和影子、附属品、派生物。传统将语言与文字的关系理解为文字是交往的符号，文字表示语言之间的关系，也将语言理解为交往的工具、思想的表达、涵义的载体、观念的形式，以及思维的构造，文字只是表层，以为文字的背后还有事实、客体、现实。解构要纠正这种传统思想，同时也要解构索绪尔的语言结构理论。

索绪尔认为语言—符号是概念（意义）与音响形象（词形符号）相结合的整体观念。语言具有能指（signifier）与所指（signified）的结

① 德里达：《论文字学》，汪堂家译，上海译文出版社，1999 年版，第 5 页。

构，此结构是具有同一性的两面的心理实体。能指是符号或语言的语音与音响形象。音响形象不是指纯粹物理的物质声音，而是这声音的心理踪迹，属感觉、声音表象。音响形象的心理性证明在于不动嘴唇、不动舌头，就能自言自语，默读默记。所指是它所代表的概念、观念和意义。二个术语彼此对立，并从属于整体(符号、语言)。

索绪尔提出了任意性原则和线性原则。所指和能指的联系是任意的，符号是能指和所指拟联结而产生的整体，简单说，语言符号是任意的。不同语言的存在就是证明。对任意性的限制表明符号的能指是不能自由选择的，是集体习惯和约定俗成。符号在集体中安身自立后，个人不能对它有任何改变。“它是不可论证的，即对现实中跟它没有任何自然联系的所指来说是任意的。”①如果语言符号不是任意的，那么世界上就只一种语言存在了。

德里达称线性原则为差异性原则②。能指属听觉性质，只在时间上展开，并有时间性特征。听觉的能指只有时间上的一条线，它的要素相继出现，构成一个链条。文字表达最直观了。说出的能指和写出的能指同样是线性的，在时间上呈现为序列。线性使我避免同时看到或听到一个或多个能指。同时，也表明任何一个特定的词本质上都不是独立的，任何一个词在语义和语音两方面都占有着一定的空间。从语音角度，只有确定了它的空间界限，才能对它加以定义③。

德里达修改了索绪尔。语言系统不具有某种固定不变的本质，而是在形式上变换不定。语言是一种形式，而不是一种实体。德里达认为，在形而上学的历史上，“逻各斯与语音(phone)的原始本质的联系并未割断……语音的本质直接贴近这样一种东西：它作为

① 参见索绪尔：《普通语言学教程》，商务印书馆，1980年版，第104页。

② 参见索绪尔：《普通语言学教程》，商务印书馆，1980年版，第106页。

③ 参见约翰·斯特罗克：《结构主义以来》，渠东等译，辽宁教育出版社，1998年版，第13页。

逻各斯的‘思想’中与‘意义’相关联，创造意义、接受意义、表示意义，‘收集’意义”①。这种逻各斯中心论“主张言语与存在绝对贴近，言语与存在的意义绝对贴近，言语与意义的理想性绝对贴近”②。德里达的意思是语言并不是创造意义，而仅仅是显示意义。语言的意义并不是所指提供的，能指之间的差异就可以形成意义，“能指和所指的区分最终会讲消亡”③。如果没有能指的差异也就没有意义，但意义是有差异的意义，是延异了的意义。这样就可以切断能指与所指的结构性联系，动摇索绪尔的二元对立的语言符号观。

语言学，亦即符号科学保持了能指/所指的区分，是因为没有清除逻各斯中心主义。可知统一可感，亦即是逻各斯作用的结果。中世纪逻各斯就是无限创造主体，即神，“符号的可知方面转向上帝的言语和外表”④，也就是说作为符号的神的所指，亦即神的概念只有通过它的言说来显现，它的外表也只就是耶稣。亦即道成肉身，逻各斯是上帝，圣父显现为圣子，在此逻各斯具有显现的意思，也是现象。海德格尔在《存在与时间》说的“让人看”⑤，让人知觉到存在者，在此意义上逻各斯是“理性”。

能指/所指，可知/可感等概念已存在，尽管是逻各斯中心主义的产物，但不必“拒绝”。什么是德里达的“拒绝”？拒绝就是将这些概念和传统思维方式分离。不能拒绝它们，是因为离了它们无法继续思想。

---

① 德里达：《论文字学》，汪堂家译，上海译文出版社，1999 年版，第 13 ~ 14 页。

② 德里达：《论文字学》，汪堂家译，上海译文出版社，1999 年版，第 15 页。

③ 德里达：《论文字学》，汪堂家译，上海译文出版社，1999 年版，第 30 页。

④ 德里达：《论文字学》，汪堂家译，上海译文出版社，1999 年版，第 17 页。

⑤ 参看海德格尔：《存在与时间》，陈嘉映，王庆节译，生活·读书·新知三联书店，第 40 ~ 43 页。

符号与神性同时诞生、地位同等。诸神和上帝都是一个符号，一个语词，一个能指。德里达并不拒绝这些形而上学概念，而是要解构它们。他的解构，就是指出其有效性的条件、中介、限度。他认为符号是形而上学附属物。20个世纪以来，人们总是从符号来研究和寻求意义、真理、显现、存在，但这种意义的寻求仍受着逻各斯中心主义的支配。这也使得对符号的解构工作遭误解和否认，使德里达的工作成果不被接受。

德里达要解构传统的符号观。他指出"能指的外在性是一般文字的外在性"，同时肯定"文字出现前没有语言符号"①。什么是能指的外在性？能指是心理踪迹，语言能指是声音在听者—人（主体）中的心理踪迹。文字的能指是文字形象在人心中的心理踪迹。心理踪迹相对于人是内在的，但形状与声音是外在的，此其一。其二，能指不仅是单个符号的能指，能指的差异构成了一个链条，才使能指自身成为可能，即语言是词语之间声音的差异，文字是字符形状结构的差异使能指成为能指。由于声音的外在性是不定形的，且语言的符号就是文字，故能指的外在性就是文字的外在性。

文字出现前无语言符号。如果文字出现前就有语言符号，那这语言符号是什么？符号总是可见的。问题是文字出现前有没有语言？如果这样问，答案是肯定的。有语言，但无文字。如中国的壮语、土家语，有些表意的俚语、咒语是先有声音语言，后有或尚无文字。没有符号的外在性，由概念构造的世界——一个意义世界就不会可能，亦即一个文化的世界就不可能。

由于切断了能指与所指的必然的结构联系，能指的差异构成了意义，而文字正是能指自身的固定化和显现化，也是能指与所指的二元区分这一模式的固定化和显现化。由此对语言的研究自然就转向了对文字的研究。

文字不表示为能指的复制品，"在任何意义上说，'文字'一词

① 德里达：《论文字学》，汪堂家译，上海译文出版社，1999年版，第18～19页。

都包含语言”①。有文字必有语言，有语言并不对应有文字，文字超越语言。理论数学中的文字是有形符号，且以同一性为前提(符号自身与意义同一)，但与语音的形成毫无关系，说明文字并不必然属于语言，或语言并不一定包含文字。数学文字不属表音文字，只是表意文字。

文字是语言的文字，文字包含语言，但语言并不必然的包含文字。什么叫包含？包含不是“属于”，不是父子关系。“属于”具有同一体、同一性的涵义。父子具有同一性。文字不是语言生出来的，语言不是文字的一个来源。文字也不是语言的“能指的能指”，这如同根据的根据，文字不是语言的最终根据。索绪尔把能指规定为词语的声音与物理特征，在此意义上说文字不是语言的物理特征。包含是显现、拥有。文字显现了语言，文字拥有语言。文字是语言(符号性)性的文字。不是属于关系，不是父子关系，也不是对立关系，也不是内外关系，而是隐含关系。语言隐藏在文字中，文字隐含着语言。“文字概念超出了语言范围”，不能只在语言的涵义内理解文字。

“‘能指的能指’则描述语言的运动，当然也意味着描述语言的起源……所指始终起着能指的作用。”②所指为什么起了能指作用？何种情况？所指是指语言(符号)的观念、概念、涵义，但它又会通过语言(符号)表达，即通过**其他**的语言来表达。一方面，任何观念、概念、涵义自身是文字，这一文字仅作为语言的能指，因而所指起了能指作用；另一方面，表达所指的观念、概念、涵义的其他语言，又会落入能指，因为任何语词自身都是一个能指。故必然的所指会成为能指。这是任何所指都逃不脱的。这隐含了德里达对索绪尔能指、所指区分的解构，这是他的解构计划之一。“所指最

① 德里达:《论文字学》，汪堂家译，上海译文出版社，1999 年版，第 8 页。

② 德里达:《论文字学》，汪堂家译，上海译文出版社，1999 年版，第 8 页。

终将陷入能指之手”①，这一点揭示了所指、能指的对立概念自身隐含的矛盾，宣告了所指、能指游戏将被瓦解，这一瓦解是文字的降临带来的，也就是说文字的降临使能指、所指的边界消失。与能指、所指边界消失的，是一系列边界的危机的出现：语言与言语的边界、听与说的边界、语言与文字的边界等等都将消失，或者说它们不再是对立的关系。

德里达计划之一，是站在索绪尔能指、所指区分内部来解构这一区分的。他阅读卢梭的著作是为了切断文字与语言的联系。卢梭认为文字不是语言的产物，“最初的文字不是描绘语言，而是要么像墨西哥人那样直接描述对象自身，要么像古埃及人那样以象形的方法来描述对象”②。文字艺术不依赖于言说艺术。语言不是最初的(原始)文字的伪装和矫饰。文字不是语言的替补。语言曾经通过文字来打扮自己，这不是出于历史偶然性，而是出自语音的特权——这是一个不可避免的选择，而是语言自身必然性的运动。语音在语言中有特权，即语音是文字与语言的中介，且是作为能指。

语音是对生命、历史或与自我关联的存在物的回应。语音是生命自身的声音，是历史地传递的，是与生命和生活中相关事物的言说。语音具体表现于“听—说”系统中。这个“听—说”系统通过语音支配了世界概念及其起源，这是语音的真正特权③。这是德里达的解构计划之一，他的解构计划之二就是要指出“听—说系统”有一个更为在先的本原，但不是实在性的形而上学的在场的本原，而是一个被他称为踪迹式的“原始文字”。他以“原始文字”替补在场形而上学的本原，仍是不彻底的解构。

对于拼音文字而言，语言不可能受文字的影响。将文字视为语言之工具支配世界的运动是不稳定的，短暂的成功，将文字作为语

① 德里达：《论文字学》，汪堂家译，上海译文出版社，1999 年版，第 8 页。

② 卢梭：《论语言的起源》，洪涛译，上海人民出版社，2003 年版，第 25 ~ 26 页。

③ 参见德里达：《论文字学》，汪堂家译，上海译文出版社，1999 年版，第 9 页；《声音与现象》直接讨论了此问题。

言的一种技巧和技艺只是狭隘的文字概念，技术只是工具和实现目的手段，特定文字意义和起源先于特定的技术意义和技术起源。三千年来，传统语言观与形而上学逻各斯中心主义相结合，如今无力发展了。书本文明(书籍暴增)就是事实。但图书馆书籍暴增是书本文明的假象，恰恰宣告了书本的死亡。书本的死亡即是言语的死亡，言语的死亡即是文字的开端。

书本膨胀运动，也是“文字”必然出现重视的原因。人们以手势表示行为、情绪、思想、反省、意识、无意识、经验、激情，但现在用书面文字、用铭文表示之，这不是偶然。这种表示不仅仅是能指的，而且是所指本身。不仅表示物质形态的东西，还表示可能的东西。用文字写成铭文(书面东西)，文字也包括一些外在于言语的空间上的各式各样的文字形态：电影、舞蹈、绘画、音乐、雕塑等。还有竞技文字、生物信息与控制论也与文字相关联。控制论在技术的维度内也许没有限度，试图通过控制程序控制它的对象，但它控制的领域也是文字的领域，它可以排除灵魂、生命、价值、记忆、选择等形而上学概念不在控制范围，但不能排除而且保留了文字、痕迹，书写语言或书写符号。文字、书写符号和痕迹属于不能在形而上学中确定的东西，不是一般经验或意义起源的东西，即不能作为主体对象，也不能把握为根据，但它是原始综合的因素，是“原始的文字”。

形而上学的认识与历史是恢复在场的迂回。认识是主体与客体的一致和统一，是知识与逻各斯的结合，但文字与客体毫不相干。历史是一个过去了的事件，通过语言文字记载下来复述出来，事件本身与文字无必然对应关系。认识论的客体在认识中是在场的，是真实的、实在的，但它只是在语言和文字中的在场和真实，历史事件也是通过语言文字表现为真实与实在的。

除数理方法，信息处理方式在通讯中的运用，可以不用书面语言翻译，不是所指的传递，而是能指的差异而获得通讯的可能。表音法的推广(汉语拼音法)，保留言语的一切手段的推广，是逻各斯中心主义的扩张，保留不在场的说话主体的原话的手段(录音、电视、电影)的推广，既有逻各斯中心主义倾向，又有科技信息方式的运用。它们都是文字史和人类学的结合。人类学是人的自身发展，文字史朝统一性、同一性发展（如象形文字的表音法）。这种结合虽有成功，但也是冒险，也受到了限制。特别是控制论与文字的“人文科学”的结合，导致了冒险的加剧和形而上学及语言观的动荡与瓦解。

这种种理由表明要从语言学走向文字学。这些理由是能指/所指区分的自我矛盾，能指成为支配世界的概念，文字作为工具的传统观念压制了文字，文字包含语言，但语言不必然包含文字，解构文字是语言要素论，解构拼音文字最具智慧论。总之，《论文字学》要解构言语中心论即逻各斯中心主义。

3. 隐喻

德里达为解构形而上学作出了各种努力，指出了形而上学的种种表现模式，隐喻的形而上学性也是其一。他认为“形而上学的历史就如西方的历史一样，大概就是这些隐喻及换喻的历史”①。这话告诉我们，隐喻是形而上学的模式，它的结构是典型的形而上学。这是德里达对形而上学的洞见。

我们先谈隐喻与形而上学的结构，再讲各时代隐喻中的形而上学性，最后讲文字观的形而上学性及其解构。

什么是隐喻？德里达没有给隐喻作规定，没有回答何谓隐喻。我们可以这样来理解隐喻：第一，隐喻是非字面涵义的暗示，如“婴儿是一朵花”，暗示“花”与“婴儿”的相似性；“荷叶撑成了一把小伞”，暗示“荷叶”像“小伞”。第二，隐喻有转换、变化之意，它表面上是说这一件事，实际上意指另一件事。如电灯照亮了世界，可世界依然黑暗/自然是一本打开的书本/社会是一所大学/有名万物之母/人若喝我所赐的水，就永不干渴/称领导为“头”/上帝的逻各斯等等，都是隐喻。第三，尼采曾指出过，语言自身的性质就是隐喻性的，因为语言是通过一种现实转换为另一种现实而发挥

---

① 德里达：《书写与差异》，张宁译，生活·读书·新知三联书店，2001年版，第504页。

作用。第四，语言学传统认为隐喻是修辞。这些关于隐喻的规定表明，隐喻是由语言和文字来表现的，它的涵义在文字和语言本身之外。

德里达在《论文字学》第一章“书本的终结和文字的开端”的“能指与真理”一部分最先谈到隐喻。这个小标题说明了他的思路是：在形而上学中，文字自身是能指，但他的所指是真理，也就是说文字背后有真理，文字只是真理这个能指的能指，因为“真理”也是文字，也是能指。“书本的终结”意味着形而上学的终结，而“文字的开端”意味着对形而上学解构的开始。在德里达这里，文字不再是“能指的能指”，亦即“它不再表示一般语言的特殊形式，派生形式、附属形式(不管人们把它理解为交往、关系、表达、涵义、观念，还是理解为思维的构造，等等)，它不再表示思维的表层，不再表示一种主要能指的不一致的复制品，不再表示能指的能指，文字概念开始超出语言的范围。”①“文字概念超越并包含语言概念”②。

德里达最先是这样谈到隐喻的：

首先，他谈的是文字的外在性。他说“能指的外在性是一般文字的外在性”③，“没有这种外在性，符号概念本身就会崩溃”④。这就是说没有文字，符号概念以及由符号概念建立的语言、世界、时代、历史等等也会崩溃。为了“准确理解”以及对“这些术语进行新的理解，并且首先要使它们摆脱相对主义”⑤。绝对主义是摆脱相对主义的一种方式，形而上学就是绝对主义的。

---

① 德里达：《论文字学》，汪堂家译，上海译文出版社，1999 年版，第 8 页。

② 德里达：《论文字学》，汪堂家译，上海译文出版社，1999 年版，第 10 页。

③ 德里达：《论文字学》，汪堂家译，上海译文出版社，1999 年版，第 18 页。

④ 德里达：《论文字学》，汪堂家译，上海译文出版社，1999 年版，第 18～19 页。

⑤ 德里达：《论文字学》，汪堂家译，上海译文出版社，1999 年版，第 19 页。

其次，他指出形而上学形成了二元对立的结构。形而上学时代是德里达所说的“这个时代”：“这个时代，阅读与写作、符号的创造与解释、作为符号织体的一般文本处于次要地位。真理或由逻各斯的因素并在逻各斯内构成的意义则处于优先地位。”①次要地位和优先地位形成了二元对立，亦即是读与写、创造与解释、文本与意义、能指与所指的二元对立，“所指与能指的区分深深隐含在形而上学历史所涵盖的整个漫长时代”②。在形而上学中，文字或文本的意义总是来自所指，亦即来自真理或逻各斯。这就是说假定了能指外有真理和逻各斯，真理或逻各斯是所指，是意义的提供者，它具有优先性，优越性，它是意义的根据。这个优先性是指真理或逻各斯相对于文字形成的文本而言的，它成为“逻各斯的特权”。

最后，他指出这个“逻各斯的特权”就是隐喻的所指。“即便事物、‘所指对象’并不与造物主上帝或逻各斯发生直接关系(在那里，逻各斯开始具有言语/思想的意义)，所指无任如何与一般逻各斯(有限或无限的逻各斯)直接相关，与能指，即文字的外在性间接相关。如果出现别的情形，那是因为比喻性的中介渗透到了这种关系中并且伪装成直接性：它是灵魂中的真实的文字，《斐德若篇》(278a)将这种文字与坏的文字(与‘本来的’和日常意义的文字，与‘空间中的’、‘可以感知的’文字)相对立，它也是自然之书与上帝的文字，特别是中世纪上帝的文字；这些论述中所有隐喻，确认了逻各斯的特权并且确立了给文字赋予的‘本来’意义：指称能指本身的符号也指称着永恒的真理，这种真理在接近现代逻各斯的过程中永远被思想、被言说。”③

德里达在此揭示了隐喻与逻各斯有特权关系，隐喻在结构上是形而上学的。文字的隐喻中有二元结构，逻各斯规定了文字，决定

① 德里达：《论文字学》，汪堂家译，上海译文出版社，1999年版，第19页。

② 德里达：《论文字学》，汪堂家译，上海译文出版社，1999年版，第16页。

③ 德里达：《论文字学》，汪堂家译，上海译文出版社，1999年版，第19页。

了文字的特性。文字自身是能指，在形而上学中，这个文字的能指指称着自身之外的真理和逻各斯。文字因此而成为隐喻，此隐喻之所指就是真理或逻各斯。“就像柏拉图所说的灵魂中真实的文字一样，在中世纪它仍然是一种隐喻意义上的文字，即自然的、永恒的、普遍的文字，它是被指称的真理体系，而真理的尊严已为人们所认可。”①

根据德里达的提供的思考线索，我们可以把古希腊、中世纪、近代这三个形而上学时代中文字与逻各斯的隐喻关系作如下具体的描述，德里达的文本是按照这三个时代的区分和秩序来叙述的，虽然他没有明说。我用如下描述来使之具体化，并作进一步解释：

古希腊是灵魂的文字，它具体体现在柏拉图所认为的灵魂中的文字。这种文字是真实的，是理念世界的文字，文字是灵魂的符号，文字作为能指指称着灵魂。与此对立的是日常意义的、空间中的可感知的文字。灵魂的文字感官是不可见的，只能用理智去把握和领悟。中世纪是上帝的文字。自然之书即上帝之书，因为自然是上帝的创造物。文字也是上帝的创造物，一切都是上帝所造，文字也不例外。圣经中的树是戒律的象征，牧羊人找丢失的羊。这些都是隐喻，伊甸园的“树”是善恶之树，隐含了善恶的区分，隐含了知善恶。牧羊人隐含的是神对人的拯救。近代是神性的，亦即理性的文字。当肯定灵魂中的文字、上帝的文字和神性的文字时，暗示了自然的、日常意义的文字的意义来源，不是文字自身产生的，而是来于永恒的灵魂、上帝。自然文字背后有永恒文字——指称着永恒真理。

相对于上帝的文字，人的文字只是有限的，技术性、技巧性、文化性的文字，只是手段，只是偶然降生的存在物，是造物的诡计。其目的是肯定体现永恒真理的上帝的文字是文字的起源。“当然这种隐喻难以理解并且把文字的‘字面’意义作为第一隐喻”②。

① 德里达：《论文字学》，汪堂家译，上海译文出版社，1999 年版，第 20 页。

② 德里达：《论文字学》，汪堂家译，上海译文出版社，1999 年版，第 19～20 页。

德里达认为由于文字被贬低，具体说是将文字看成了隐喻，暗示灵魂与上帝文字的优越性，使形而上学时代的阅读、写作、符号创造与解释，符号编织都成了次要，真理和逻各斯则永远处于优先地位。

德里达提醒人们“必须注意的悖论是：人们以隐喻来称呼自然的普遍的文字、可理解的永恒的文字”①。自然的普遍文字其隐喻义是可理解的永恒文字。这个悖论是文字的悖论，永恒的文字需要不永恒的文字来表达。古希腊柏拉图灵魂中的文字与可感可知的有限文字的对立，前者是永恒真理，后者有指向前者的隐喻义。中世纪仍如此，自然的文字既是普遍的又是永恒的，有被指称的真理体系的隐喻。

德里达指出：隐喻的历史始终是神灵的、自然的文字与非自然的、人类铭文相对立的历史。他说：“我们必须描述一下这种隐喻的历史，这种隐喻始终将神灵的或自然的文字与非自然的、晦涩而有限的人类铭文相对立。”②自然的文字是非人工和人为的，不是人造的文字，就如灵魂中的文字一样。人类铭文是人类写在器物上的文字，人的文字是非自然的，它们是对立的关系。隐喻之所指，都肯定了一个文字之外的真理的存在。德里达在此引用了西方不同阶段的著名人物关于“上帝之书”这一主题的不同说法，它表明了上帝之书这一隐喻贯穿了从古希腊到现代的思想变化中，也表明了这一隐喻与形而上学思想隐秘的也是直接的联系，表明了隐喻之结构与形而上学的二元对立结构的一致性。

德里达引用了从古代、近代到现代的重要代表人物关于文字与隐喻的言论。我们可以读出各时代关于文字与隐喻关系的思想差异：

---

① 德里达：《论文字学》，汪堂家译，上海译文出版社，1999 年版，第 19 页。

② 德里达：《论文字学》，汪堂家译，上海译文出版社，1999 年版，第 20 页。

埃利泽拉比说过："如果以海水为墨，芦苇当笔，天地为纸，如果人人习字，亦写不尽我学过的犹太经文，只要翰墨不涸，经文本身就无穷无尽。"

伽利略说："自然是用数学语言写成的。"

笛卡儿说："……去阅读世界这本大书……"

休谟的《对话录》中，克莱安特以自然宗教的名义说："与任何明白易懂的论述和推理相比，自然这本书是更难理解的大谜。"

博内(Bonnet)说"我觉得更有哲学意味道是，我们的世界是上帝供智者阅读的书本，这些智者远比我们优越，他们正潜心研究上帝那令人敬拜的无穷智慧。"

G. H. 冯·舒伯特说："全智的上帝在给人类的一切启示中使用的语言由图画与象形文字所构成，它再现在诗歌般的语言中，而且在现代条件下很像梦境般的隐喻表达，而不像清醒时的散文诗。我们可以追问，这种语言是否是灵界的真正语言……"

雅斯贝尔斯说："世界是他者手稿，一般的阅读难于理解，只有存在方能破译。"①

德里达挑选的这些引文很精彩，很能说明文字隐喻与形而上学在西方思想中三个时代的变化。

文字隐喻的第一个阶段是古代对自然——世界的隐喻。犹太教先知把大自然隐喻为书写器物，强调了"写"，写的是上帝之书，当然这是上帝所写。

文字隐喻的第二个阶段是近代对自然——世界的隐喻。数学语言是自然的隐喻。近代物理学开始于伽利略，他是用数学来描述物理对象，是自然的可数学化。这种断言不是一种科学命题，而是一种反对自然本身的真正的形而上学力量。笛卡儿将世界看成一本大

① 德里达：《论文字学》，汪堂家译，上海译文出版社，1999 年版，第 20～21 页。

书，他强调了“读”。自然本身比书本知识，比推论论述、比推理还难理解，他强调了自然的“读不懂”。

19世纪的博内(Bonnet)说“智者远比我们优越”，上帝比智者更智慧。世界这本书是上帝造的，上帝智慧无穷，而人没有上帝的智慧，永远读不懂，他说明了读不懂的原因是智慧有限。舒伯特则说上帝的启示是灵界语言，如梦一样并不清晰。“它是灵界的真正语言吗?”这里开始了“怀疑”。

文字隐喻的第三个阶段是现代的雅斯贝尔斯说出“世界是他者的手稿”，他者不是神，但仍是形而上学思维，虽然雅斯贝尔斯是个现代的哲学家，可见仍有形而上学思想的残迹。他也说过“世界在上帝与存在之间瞬间生存”①，上帝是超越的，在世界之外。世界不是知识的对象，不能理解和解释为部门科学提供的世界图像，而是存在的经验。“只有存在方能破译”，在他那里存在就是生存，就是人的存在。虽然雅斯贝尔斯没有彻底摆脱上帝对于世界的创造，而是在《圣经》的范围内理解世界，但他加进了一个与上帝同等的存在，亦即人的生存，因此“他者”不再仅仅是上帝，而包括了生存中的人。“手稿”就是人的生存。他的话可以变为：世界是人的生存。

以上表明了同一隐喻(世界)不同时代处理方式的区别，此区别在于强调点的不同。埃利泽强调了写，伽利略强调替代，笛卡儿强调读，休谟说“读不懂”，博内说明智慧有限而读不懂，舒伯特强调上帝启示语言的不清晰，雅斯贝尔斯强调了“他者”，用他者替换了上帝。

德里达指出：对自然界的隐喻具有关键性的分离，形成了两个理解文字的模式②。这两个模式是卢梭的文字观，即文字是工具和文字是隐喻，德里达是用卢梭的文字观来揭示文字是隐喻，文字的

---

① 雅斯贝尔斯：《智慧之路》，柯锦华，范进译，中国国际广播出版社，1988年版，第58页。

② 德里达：《论文字学》，汪堂家译，上海译文出版社，1999年版，第21~23页。

隐喻在思想的结构上是形而上学的。

第一个理解模式为“文字是工具”。古希腊埃利泽，自然界本身只是书写物，纸笔墨有限，写不完神的事，人去写神。近代伽利略的自然界是被写物，人去写自然而不是写神。人凭理性去写自然。理性是在场的意识，是自我显现。“文字是工具”也是卢梭对于文字的一个理解模式。卢梭一是重复柏拉图，认为我思中包含着神圣法则的铭文，我思是感觉的、自我显现的，与此对应，有一个隐含的、深度的神圣法则。在自我意识与神圣法则之间，形成了一种形而上学的二元对立。文字是意识的记录，是第二性的，神圣法则是第一性的。“通常意义上的文字是不受重视的东西，它是搬运尸体的工具。”①尸体是无生命的，是耗尽了生命的，是生命的剩余物，正如“不能根据尸体给人画像”，亦不能根据文本判断天才。德里达认为卢梭谴责了人工文字，使语言和文字变得软弱无力。

第二个理解模式为“文字是隐喻”。文字背后是自然，是神圣，是良知、情感。文字是工具，使文字不受重视；“另一方面，反过来说，隐喻意义上的文字，自然的、神圣的活文字受到崇拜”②，这是因为文字是隐喻，因此它才受到崇拜。崇拜文字实质是崇拜文字背后的所指。文字成为活文字。活，生命的再现，真实的再现，是把能指当成了所指本身。德里达引卢梭致韦尔纳的信，说“《圣经》是书中之王”③。《圣经》是书，基督徒视为上帝的话语，书是文字写成的，但这个文字在卢梭看来，文字和书本身没有神圣性。神圣的是“应该到人的内心深处去寻找上帝的法则”④，上帝的法则不在《圣经》的言语中，而在人的内心深处，“上帝将字写在人

① 德里达：《论文字学》，汪堂家译，上海译文出版社，1999 年版，第 22 页。

② 德里达：《论文字学》，汪堂家译，上海译文出版社，1999 年版，第 22 页。

③ 德里达：《论文字学》，汪堂家译，上海译文出版社，1999 年版，第 22 页。

④ 德里达：《论文字学》，汪堂家译，上海译文出版社，1999 年版，第 22 页。

的心中”。人是活人，《圣经》的文字及其字义，必须使聆听和阅读者当真，亦即进入到心中，《圣经》的文字才有意义，上帝的法则才真正被接受。不过，卢梭认为人的心中是本来就有“上帝的法则”。

人心中“上帝的法则”是什么？是理性，是人的理性。自然律呢？按照康德要人为自然界立法，自然律就是理性给自然立的法。但卢梭在《战争状态》中认为自然律不仅仅是理性的成果，不是外在于理性、外在于主体、外在于人和人的内心的，自然律是理性在人的内心深处向人的呼喊。人心中除了“上帝的法则”和“自然律”外，卢梭认为还有“神圣的声音。”卢梭并未直接认为文字的本性是灵性学的，尽管文字与声音、与呼吸相关，但这无关文字的本性。德里达根据卢梭的理解将文字本性规定为灵性学的。在卢梭这里，灵性学不是神秘学，不是关于外在神灵的知识，而是关于人之内心深处的真实。这种真实既是内部感官知道的，也是人自身的神性，这种神性的实质仍然是人的理性。人读文字而发声，这只是生理与物理之声，但文字的灵性本性则指向那个人内心的“神圣之声”。“神圣之声”就是人反省时，回到人自身，回到人的内心听到的“声音”。这个“声音”在卢梭看来会有这样的词句：“恪守公正，你将得福……”①这不是从哲学原理中获得的规则，而是内心自生的，是一个人宁静中的智慧和行动准则。这一准则依卢梭说是人内在的良知之声，实际仍是人们理性确定原则的能力体现。

德里达指出卢梭的文字观的形而上学性，并对它进行了解构。他认为从文字是工具，到文字是隐喻，再到文字是声音的隐喻，总之，卢梭没有脱离隐喻，也即没有脱离形而上学。传统思想认为“声音与文字的天然统一是约定俗成的”，并且认为“这是一个事实”，“原始的言语乃是文字，因为它是一种法则，一种自然律。

① 德里达：《论文字学》，汪堂家译，上海译文出版社，1999 年版，第 22 页。

最初的言语在自我显现的最深处被理解为他者的声音，被理解为命令"①。卢梭在《论语言的起源》第五章论文字中谈到了"双重约定"②。他认为"文字的最初形式并不描绘语言，而是要么直接描绘对象自身(如墨西哥人)，要么像古埃及人用象形方法来描绘对象"③。这是文字的第一种形式。第二种形式是用约定俗成的字来表示词语、命题。这种形式是语言完善后才有可能，如汉字。这一约定一定指词、句子与对象之间的约定关系，如这只动物叫作"狗"；二是词或句子与其书写形式之间的关系约定："dog"(狗)写作 d—o—g。这种双重的约定，在索绪尔的现代语言学看来，是任意的，但在卢梭和他之前的观点看来，则是一种自然律的法则。卢梭认为言语、文字是被他者的声音所规定的，他者的声音就是"命令"，就是那个规定者。由此，文字与声音就有好坏之分，有神圣与堕落之分，具体为好的文字、自然的文字，源于内心和灵魂深处的神圣性；坏的文字、人工的文字，源于外在的肉体的技巧。

将文字分为灵魂的文字和肉体的文字，卢梭区分为良知的文字和情感的文字，这是柏拉图模式的变种、是理性哲学和形而上学二元对立的模式。卢梭是以这一模式思考的。一切文字的书本都来自大自然这本大书，大自然这本书是原本的、真实的，也是优先的、优越的，是形而上学中的那个具有决定性的根据。卢梭的文字、声音的隐喻观，人工之书与自然之书的对立，都肯定了"他者"的在场。这个他者要么是"神圣法则"，要么是"良知的声音"，要么是"自然律"，它是对逻各斯中心主义的保护。

德里达将隐喻理解为能指的游戏。这一游戏瓦解了语词的单义性。"一门精确的严谨的语言应该成为完全单义的，确切的语言，即成为非隐喻性的语言。随着语言支配着形象或抹去形象，语言被

① 德里达：《论文字学》，汪堂家译，上海译文出版社，1999 年版，第 23 页。

② 卢梭：《论语言的起源》，洪涛译，上海人民出版社，2003 年版，第 26 页。

③ 卢梭：《论语言的起源》，洪涛译，上海人民出版社，2003 年版，第 25 ~ 26 页。

书写下来，并且既进步又退步。”①能指的游戏切断了在场的他者对于意义的给予。卢梭认为“最初的语言必定是象征性的”②，人最初是用象征来说话，象征是意义的转换，因此象征又直接与隐喻相关，语言原本就具有隐喻性。在卢梭看来，这隐喻性来自情感，情感是语言的母亲。“按照卢梭的看法，文字的历史乃是音节的历史。叫喊演变成语言的过程乃是言语的丰富性通过丧失自身，分解自身，表达自身而称为言语的过程。”③这种丧失和分解可以看成是文字的退步，因为它丢失了情感。丰富的元音表达了丰富的情感，但喊叫使元音的语调消失了。辅音的发音既是抹去也是替代了元音。卢梭写道：“研究语言的历史及其演化，可以发现：语音越来越单调，辅音越来越多，重音在消失，音量在趋于平缓，它们会被日益复杂的语法组合和新的音节所取代，不过，变化是缓慢的……语言的特性也在变化：它更加规范、更少激情；更观念化，而不是情感化；它诉诸人的理智，而不诉诸人心。于是重音逐渐减少，音节愈来愈多；语言更加精确明晰，但也更迟滞、更低沉、更冷漠。这一发展在我看来完全是自然的。”④然而文字的进步是理性的进步，文字是以情感的退步作为进步的，因此它既退步又进步，是危险的进步。德里达对此归纳为：“正是需要而不是情感以光代替热，以明晰性代替欲望，以精确性代替力量，以思想代替情感，以理性代替心灵，以音节代替音调。”⑤这一过程是自然的和必然的。它所描述的是语言的起源，也是文字的起源。这一起源是以替补的

① 德里达：《论文字学》，汪堂家译，上海译文出版社，1999年版，第393页。

② 卢梭：《论语言的起源》，洪涛译，上海人民出版社，2003年版，第18页。

③ 德里达：《论文字学》，汪堂家译，上海译文出版社，1999年版，第392页。

④ 卢梭：《论语言的起源》，洪涛译，上海人民出版社，2003年版，第25页。

⑤ 德里达：《论文字学》，汪堂家译，上海译文出版社，1999年版，第393页。

形式完成的。在此理性的力量发挥了比自然的力量更大的作用。

那自然的是原始的、情感的和诗意的。“诗，文学的最早样式，本质上具有隐喻性。”①卢梭安心于传统的文学描写隐喻。文学即使不摆脱隐喻，但至少可以摆脱那种非文学语言的原始的自发性。卡夫卡在《日记》中写到：“隐喻是使我对写作感到绝望的许多东西之一”，“只有写作是无助的，它不能独立生存，它既是游戏，也是绝望”②。卡夫卡是试图摆脱传统也的确摆脱了传统写作方式的现代作家，他的作品大多是隐喻性的，而且是绝妙的隐喻，但不是对于诗意和情感的隐喻，不是对于原始自然的质朴的隐喻，而是对于存在的隐喻、对于人类生存处境的隐喻。

德里达认为语言的隐喻性在于强调了原义的存在。语言是对原义的置换。“在将隐喻理解为能指的游戏之前，我们必须把它理解为观念或意义的变化过程。”③观念是语词表达的东西，也是事物的符号，是对象在人心中的表象。人的情感或激情也可间接地成为表象。此表象指称着对象并以语词的能指表示。能指的游戏是观念或意义的变化过程。卢梭认为“人们变换语词仅仅是由于他们也变换观念”④。“隐喻体现了能指与所指在观念秩序与事物秩序中的相互关系。于是，原义便体现了观念与观念所表达的情感之间的关系。”⑤关于对象的观念亦即能指自身就具有隐喻性。如把一个恐惧的人看成是一个巨人。巨人是一个虚假的指代，成了我恐惧的特有表达。这种表达具有“我思”的真理性。这是笛卡儿式的“我思”，

---

① 德里达：《论文字学》，汪堂家译，上海译文出版社，1999 年版，第 394 页。

② 德里达：《论文字学》，汪堂家译，上海译文出版社，1999 年版，第 395 页。

③ 德里达：《论文字学》，汪堂家译，上海译文出版社，1999 年版，第 400 页。

④ 卢梭：《论语言的起源》，洪涛译，上海人民出版社，2003 年版，第 18 页。

⑤ 德里达：《论文字学》，汪堂家译，上海译文出版社，1999 年版，第 401 页。

它的真理性来自于是主观性内部，正如卢梭在《爱弥尔》中说的"自然并不欺骗我们，是我们欺骗自己"一样。当整个"世界是黄色"时，"我看见黄色"并不会错，但如果只坚持"我看见黄色"的真理性，而否认"世界本身是黄色的，就会陷入主观主义的危险"①。这是德里达对卢梭的批评，他认为卢梭就是如此而没有摆脱隐喻的形而上学。

德里达认为"不存在先于隐喻的原义"②，也就是说是隐喻制造了原义。"巨人"是作为人的对象的隐喻性的符号，也是情感(恐惧)的隐喻性符号。由于人们只注重隐喻的类比性而忽视了最初的"观念"，亦即忽视了产生这一隐喻的最初"情感"或最初的"情景"，它并不是表达一个原义，而只是一个隐喻的表达而已。"巨人"在字面意义上也没有恐惧，而只能是"情感呈现给我们的观念"。它的隐喻性在于它虚假地表达了观念。"巨人"是个普通名词，普通名词由创造而来，这种创造以情感的冷却和转移为前提。只有消除了恐惧并认识到了恐惧的错误之后，人们才会以普通的名词"人"来代替"巨人"这个名词。德里达指出，卢梭和维柯一样认为名词几乎在最后产生，认为它出现在象声词、感叹词、名字、代词、冠词之后，但出现在动词之前，没有动词就不可能有名词③。名词产生于"话语的分裂"。这种分裂是一个动词变不定式、变动名词、变名词短语的过程。除了专名之外没有名称，除了不定式之外没有动词的语式，除了现在时之外没有动词的时态。语言产生的过程丢失了语言背后的活生生的情感和事物，而通过隐喻也不能完全找回和复原这些失去的东西。情感和事物并不是表达自身的符号隐喻的原义。原义是被隐喻制造出来的，"巨人"的意义是在这个词出现以后才生出来的。

---

① 德里达:《论文字学》，汪堂家译，上海译文出版社，1999年版，第401页。

② 德里达:《论文字学》，汪堂家译，上海译文出版社，1999年版，第401页。

③ 德里达:《论文字学》，汪堂家译，上海译文出版社，1999年版，第406页。

在德里达看来，卢梭关于语言的理论，却没有关于文字的理论。为什么卢梭在《爱弥尔》中说“羞于谈论文字”？德里达认为一个不容忽视的迹象是：文字在形而上学历史中的处境：它是遭到贬低、遭到边缘化、遭到压抑、遭到取代的主题。德里达试图抹去一种令人恐惧的文字，因为这种被恐惧化的文字涂改了自身在言语中的显现。

德里达将文字看成是他者，是踪迹，它既在场又不在场，既不是在场又不是不在场。由此否定了对于文字的单一的规定性。文字既没有能指与所指的二元结构，也没有所指给予文字以意义。没有高于文字自身的“他者”。德里达认为文字自身的能指的差异构成了意义，而不需一个高于文字的“他者”来给予意义。德里达将一切由“永恒在场”形成意义的文字看成是书本，将一切踢出了“永恒在场”而由能指的差异构成意义的文字看成文本。虽然书本和文本在日常语义上没有区别，但德里达是要拆毁书本。拆毁书本所写下的一切是文本，文本不对应一个“他者”的永恒在场，而是显示一个不在场的“他者”的踪迹。踪迹在场，但又显现了不在场，踪迹表明曾经在场者已离去。这在逻辑上是一个悖论式的表达，但在存在论上又是一个真实的描述。它描述了存在与虚无的边界，揭示了既非存在也非虚无，既是存在又是虚无的状态。这是一个被传统思维武断地放弃和排除的领域。对此状态和领域的思考，正是德里达解构的意义所在。

隐喻是形而上学的，形而上学是隐喻的形而上学。逻各斯中心主义，在场的形而上学，柏拉图洞穴说的光的形而上学都是隐喻。隐喻的形而上学把意义设定在文字和词语之外，语词的意义高于语词，认为语词背后有意义，背后的意义决定了这个语词，没有看到隐喻自身意义的不确定性和多义性。德里达的朋友德曼对隐喻的形而上学性也提出了很好的批判。

德里达要做的工作是通过对隐喻的形而上学性的揭示来解构形而上学。形而上学有自身稳固的结构，此结构不仅是二元对立的，而且也是中心与边缘的对立，始终有决定与被决定的关系。解构是对于结构的撤除。一个结构是一个完整的整体。如果这个结构有中心的话，那么中心就被整体规定，而不能规定整体；反之，如果中心大于整体，那么这个中心就不属于这个整体，而在此整体之外。因此作为整体的结构或作为结构的整体是不存在的。在此意义上说，德里达对结构的解构是成功的，对隐喻的形而上学结构与形而上学的隐喻结构的解构也是成功的。

文字既没有能指与所指的二元结构，也没有所指给予文字以意义。没有高于文字自身的“他者”。德里达认为文字自身的能指的差异构成了意义，而不需一个高于文字的“他者”来给予意义。德里达将一切由“永恒在场”形成意义的文字看成是书本，将一切踢出了“永恒在场”而由能指的差异构成意义的文字看成文本。虽然书本和文本在日常语义上没有区别，但德里达是要拆毁书本，拆毁书本所写下的一切，拆毁所形成的是文本，文本不对应一个“他者”的永恒在场，而是显示一个不在场的“他者”的踪迹，他要“杀死”那个在场的“他者”。如果这种摧毁是一种暴力的话，则是一种必要的暴力，是他对形而上学暴力的回应。

4. 书本

法国的思想家抓住了文本诠释的思想，将整个世界看成一个文本，并使之成为打碎形而上学偶像的呐喊。这一打碎偶像的活动首先是从结构主义开始的，他们将结构整体内部各要素之间的联系看得比整体之外的任何事物的联系更为重要。就语言而言，要理解语言的意义，就必须理解语言内部指称要素之间的联系，而不是寻找能指与所指之间的联系。

后结构主义将结构主义的论题发展到了极端，德里达严格排除了语言文本之外的一切要素，文本既不指称文本外的实在，也不将其看成文本外的作者的思想表达。能指之间的差异提供了语言文本的意义，每个读者阅读和诠释文本的方式不同，也会形成文本的意义，文本自身不会有确定的意义。

书本即书籍，是传统思想对书籍的规定。传统思想，亦即形而上学观念认为，书本是由作者用文字记录的思想，这一思想反映和揭示了存在。在此意义上，书本是工具，是传递和保存思想的媒介。说书本是工具，实际上是说，文字是工具。文字记录思想，这思想是作者的思想，作者的思想是作者说出的言语，而说是口头的语言。所以书本与作者之间，存在与思想之间，通过文字、言语而建立了一个必然联系。书本由文字构成，文字是言语的记录，言语规定了文字，作者通过文字的写作而写出书本。这既是关于书本的产生过程的自然描述，也是关于书本的意义的来源的描述。但德里达在《论文字学》中第一章的标题就却宣告了“书本的终结”。

书本的终结开始于对书本的质疑。“从《论文字学》开始，在《书写与差异》中已有痕迹显示，对拼音文字书写及整个语音书写系统的解构就伴随着一种对书写模式、书的历史模式，即某种以圣经或百科全书形式表现的可自我关闭的整体的怀疑。我将这种书的模式与另一种书写相对，这种书写我大概不会把它叫做‘片断性’的，它是一种不在自身上以书或者绝对知识的形式结集的书写。而书的绝对模式，则是黑格尔的《逻辑学》或《哲学史讲演录》”①，也就是某种以自我、以主体绝对精神或主体的自我化了的知识。《百科全书》与《圣经》是两种书的典型形式。《百科全书》是绝对知识之书，它具有整体性和完整性，代表全体知识，体现权威性。《圣经》是神圣的书，是绝对者、无限者的自我言说，亦即神的言说形成的书，它就是神的话语，就是神对人的言说。

德里达在说出“书的终结”的同时，又提出对书的拯救。这一看似矛盾的说法表明他也是在一种和解与妥协中进行文化的保存与创新，这是一种“双重约束”。那终结的书与拼音文字密切相关，与整个西方的历史密切相关。解构拼音文字的书写，也是对整个语音书写系统的解构。通过这种解构，显示书的局限性(终结)。同时其他异质的文化与此参照，以及交流技术的发展达到了不再要“书”的书写、交流、传播模式。因此无书的书写是可能的。无书的书写，不以主体为中心，不以语言为中心，不以逻各斯为中心，不求成为绝对知识。这种书写所形成的是文本。另一方面他又要支

① 德里达：《书写与差异》，张宁译，生活·读书·新知三联书店，2001 年版，第 8 页。

持通过新技术来拯救书。拯救书，保存一切与书本文化相关的东西，包括阅读的时间、耐心、阅读的个体空间性；拯救书，是抵抗威胁记忆与书文化的新技术。

书本的终结是对传统的书本观念的颠覆，也是对文字的重新肯定。“终结”有中止、结束之意，也有局限之意，作为终结，它宣告了一个思想整体，一个时代的结束，作为局限，它宣告了形而上学中轻视文字、注重语言而形成的书本自身的有限性。

首先，书本和作者之间的必然联系被切断。作者说的是口头语言，而文字虽然可以记录口头语言，更可通过书写而创造书面语言。书面语言可以脱离口头言语。如果说作者也是那个书写书面语言的人，也不能说他所书写出的语言就是记录了他的思想。思想如果说是语言的内容和意义的话，这内容和意义按照索绪尔的语言符号理论，被称为所指，书写的语言——文字自身则是能指，所指相对于能指是任意的，能指自身可以通过与其他能指的区分而获得自身的规定与意义。所指的任意性瓦解了作者的思想与书写语言之间的必然联系，而能指的差异性又为书面语言的意义提供了来源。所以，书本与作者的必然联系被切断。

其次，书本与现实存在的必然性被切断。书本是书写出来的文本，书写依靠的是书面语言，而书面语言可以依据能指的差异性而自我创造，可以脱离所指，可以脱离现实事物，脱离存在。书写并不必然地是描述现实事物，不是被所指规定的，亦不是被言语规定的，而是由能指自身自我规定的。也就是说书本不是被存在所规定的。书本认为语言描述了存在，描述了客观实在，语言和存在是对应的，但书本只是看成是符号的构成，符号的能指与所指的分离必然终结和颠覆传统的文字——语言与书本的关系。

书本终结之后，文本与意义也分离了，因而从文字、文本出发可以解构语言为中心的形而上学。德里达指出“文本之外无它物”。他坚持认为，他的文本“既不属于哲学的语型，也不属于文学的语型，因为任何最清晰、最合符逻辑论证的文本都离不开对文学的依赖。

文本是符号的整体。一篇文章、一部电影、一本小说都可视之为一个文本。文本就是文本自身，并不能作为文本之外的其他事物的根据。从文本出发，电影或文学作品与现实不应该是对应的关系。这与反映论的文艺观和荣格的心理原型、现实原型说不同。从德里达的文本观看，文本的作者与读者是分离的。作品完成之后，作者便死去，作品的内容和意义是读者自己发现和理解的，与作者无关。文本与文本的意义也是分离的。文本自身的自我显现，才是最重要的。文本与作者的关系是不重要的。

歌德说"理论是灰色的，生命之树常青"。理论是无生命的，生命是真实的。理论是一种思想的模型，可解释生活、解释事物，一定要看到两者的差异。符合数学定义的圆是理论的圆，在现实中是找不到的，但数学定义的圆有益于理解现实中的事物，也有利于解决现实中的问题。

总之，德里达的"书本的终结"就是言语中心观的终结，就是逻各斯中心主义的终结，就是形而上学的终结，同时也是文字的开端。文字的开端即是书写的开端。而书写则是无书的书写，它不被言语规定、不被声音规定、亦即不被逻各斯规定的书写，它是书写的能指的游戏。

书本与文本的差异具体为：

1）书本是以作者为主体，即以理性、以绝对精神和自我意识为中心的书写，文本是不以作者为主体，是无作者的书写，仅仅是书写自身。

2）书本形成和汇集的是绝对知识或神圣知识，而文本聚集的是能指自身或能指的能指，即纯粹能指。书本是整体性的，文本是片断性的。书本是意义的手段，文本则只是思考的片断，碎片。

3）书本有自身确定的意义，是一过去已完成了的作品，而文本则无确定的意义，文本的意义是自身不断生成的。文本的意义除了能指的相互区分，还有赖于读者的参与、理解。书本是意义的聚集，文本是符号的聚集。

4）书本承认或依据拼音文字的优越性，而文本则不遵循这一原则。书本遵循以逻各斯为原则的书写秩序，而文本则不遵循这一原则，如不以时间性为秩序的叙述与表达，如一些后现代的文学作品那样。

五、幽灵

德里达晚年思想中的一个重要事件，便是在苏联瓦解后的20世纪90年代出版了《马克思的幽灵》一书，引起世界思想界和学术界的高度关注。这不仅是德里达思想中的重要事件，也是马克思主义思想史上的重要事件。

说这是德里达思想中的重要事件，至少可以从两个方面来讲，一是德里达以马克思的思想为主题写作一本书，不是对马克思的思想进行解构，而是重新发现马克思的思想中的意义；其次，他的工作使他的解构理论遭遇到了自身的边界，这不仅仅是文本中的事情，而是解构理论如何能面对现实。它表明了德里达的解构不是狭隘的文本分析法，而是能给予现实以思想的力量和方向。“解构不是，也不应该仅仅是对话语、哲学陈述或概念以及语义学的分析；它必须向制度、向社会的和政治的结构、向最顽固的传统挑战。”①

说这是马克思主义思想史上的重要事件，是一位后现代思想的伟大代表，20世纪西方最具原创性的思想家对马克思的思想提供了最具有力度的解释，给出了新的思想的可能性，亦即回答了如何回到马克思。德里达不是在简单地肯定和否定，也不是解构和建构，而是从马克思的思想出发，进行了创造性的对话。这至少表明，马克思的思想仍然是不能轻视的；此外，他所选取的时机，虽然是马克思主义的现实实践遭遇到困境、共产主义运动进入低谷的时候，但也并不是要思想必须和立即产生现实力量，不是要克服实践的迷茫，而是要看到马克思的思想中所包含的困境同时也是它自身转化的可能性。这也是一个关于如何对待思想遗产，如何对待马克思主义遗产问题。

德里达与马克思思想的相遇，借用他自己的表达模式来说，它既非礼物也非炸弹，既非良药也非毒药，它既是也不是，既不是又

① 《一种疯狂守护着的思想——德里达访谈录》，何佩群译，上海人民出版社，1997年版，第21页。

是。这样说不是概念的玩笑和语言的形式游戏，而是德里达自身思想的展开了的新的视域，是思想自身进入到了真正的边界和极限。《马克思的幽灵》是他思想走向现实、关心社会与人类前途，对公共事件发表见解，从书斋学术走向了生活世界。

1. 幽灵性

幽灵是德里达思考的主题，尤其是在《马克思的幽灵》一书中他将幽灵主题化了①。

“说到底，这本书首先是对我长期以来关注的幽灵性这个范畴的反思。人们在我的早期研究中也可能接触到这样的思考。幽灵不仅仅是灵魂，鬼魂，回过来不合时宜地召唤我们继承遗产的东西，而且还是非死非生、非真非假、把鬼魂的维度重新引入政治的东西，它还帮助我们理解现时公众空间、媒介、交流等等的结构。这是我的论著的一个主要动机之一。这个幽灵性的范畴在书中多处可见，因此是这部论著的一条主线。”②

然而在书的最前面的《开场白》中，第一句却是要“学会生活”。这句话表明了思想和解构的目的。“某个人，您或者我，站起来说：‘最终，我们当然希望学会生活。’”③

这不是幽灵说话，而是人，您或者我说。德里达对此提出了一连串问话，谁去学？向谁学，谁能教？这话的意思是什么？为什么是“最终”？但如果没有语境，这句话还是不能理解。如果出自长

---

① 该书缘起于德里达在 1993 年 4 月 22—23 日在美国加利福尼亚大学“马克思主义向何处去”的国际学术会议上的特邀发言，在发言基础上写成此书。

② 《关于马克思主义的对话》，德里达和法国著名马克思研究专家邦塞依德 1999 年 7 月应法兰西文化电台记者斯佩尔之邀做的访谈记录，杜小真译，载于《跨文化对话》，第 10 期。

③ 德里达：《马克思的幽灵》，第 1 页。这句话是他写完这本书后想到的，见德里达：《最后的谈话：“我向我自己开战”》，发表于 2004 年 8 月 19 日的《世界报》，载于德里达：《解构与思想的未来》，夏可君编校，吉林人民出版社，2006 年版，第 4 页。

辈之口，就有强制和命令性。在说者和听者之间，可能的关系可以是父子、师徒、主奴，其内容可以是传授经验、说教、训导，即使关系是确定的，其内容也是可以游移不定的。接下来，德里达指出学会生活只能靠自己，是自己教会自己的，但又说这样的想法和说法也不对，对此他并没有用否定的句子说明这点，而是用的疑问句。疑问句不是模棱两可，而是介于肯定和否定之间，他要的是居间性。这与他解构的意图是一致的，也是与他关心和发现的延异一致的。在此，德里达要说的还是要学会与幽灵生活。

“学会生活，如果此事有待去做，也只能发生在生死之间。既不是**仅**在生中，也不是**仅**在死中。那些在两者之间发生的事，所有那‘两者’之间的某人所乐意的事，如生与死之间的事，只有和某个鬼魂一起才能**维护自身**，只能和某个鬼魂**交谈且只能谈论**某个鬼魂。因此，有必要了解幽灵。尤其是如果这东西或者说幽灵似的东西并不存在，尤其是如果那既非实体、又非本质、亦非存在的东西**决不会如此在场**。‘学会生活’的时期是一个没有守护人在场的时期，这个时期的意义——此开场白正在向我们展示——就是：学会和鬼魂一起生活。”①

德里达提出要和鬼魂和幽灵一起生活，不是在宗教和迷信的意义上，也不是在理性和非理性的意义上，而是在一种“记忆政治学、遗产政治学和生成政治学”的意义上提出的②。记忆是再现过去，遗产是文化传统的遗留和再现，生成在德里达的意义上则是事物的发生③。和幽灵生活，不是悖论，它意味着和幽灵一般的思

---

① 德里达：《马克思的幽灵》，何一译，中国人民大学出版社，1999 年版，第 2 ~ 3 页。个别译文根据纽约路特莱基（Routledge）出版社 1994 年版英文本改动，以下引用不再注明。

② 在《马克思的幽灵》出版两年后，德里达写作了《友爱政治学》，之后他的论题涉及政治领域的很多，如死刑、宽恕、恐怖主义、灾难、创伤等。

③ 德里达的生成除了表示理解为从简单到复杂的发生论意义上的，还暗指每一次发生既蕴涵着已构成之物，又包含在更大的整体中。见方向红：《生成与解构——德里达早期现象学疏论》，南京大学出版社，2006 年版，第 29 页。

想、观念、精神一起生活，但不能将它看成传统形而上学上的观念、精神和思想。这里隐含着他对形而上学的解构。幽灵或幽灵们既是也不是思想、观念和精神，它是在场的不在场者，是不在场的在场者。幽灵无显现，却有踪迹，幽灵无所指，却也不无所指。幽灵不是秘密，也不是神秘，幽灵是幽灵的幽灵化，是幽灵的幽灵性。

幽灵是一个他者。“马克思的幽灵”除了马克思自身也是一个幽灵外，还有来自马克思的思想产生的许多幽灵。这些幽灵有来自思想的，也有来自亡者的。幽灵性是那种间于在场与不在场的形态，它有三种类型的显现：幽灵、幻影与鬼魂，前二者都有可见性，都以某种形态显现，而后者不一定能看见，有无法预示、方向不定的显现特征。幽灵和踪迹一样是“无法定义的”①。德里达的幽灵可能是这样的幽灵，在这样的幽灵面前，我们谈论正义，对它们来说恰恰是非正义的，对于我们想到了这点的人来说，那也是“不可能的和不可想象的”。对这样的幽灵谈明天和未来是没有意义的，正义是不在场的。

“在那些尚未出生或已经死去的鬼魂——他们乃是战争、政治或其他各种暴力、民族主义、种族主义、殖民主义、性别歧视或其他各样灾难的牺牲品，是资本主义的帝国主义压迫或任何一种形式的极权主义压迫的受害者——面前，任何的正义——我们不要说没有法律存在，我们在此一再谈论的也不是法律——似乎都是不可能的和不可想象的。倘若没有这种与生命存在本身的非同时代性，没有能秘密地分裂生命存在的东西，没有对与那些还没有在那里存在或者那些不再有或还没有存在和生命的人相关的正义的这种责任和尊重，提出‘在哪里?’‘明日在哪里?’‘向何处去?’这样的问题又有什么意义呢?”②

---

① 见德里达:《多义的记忆》，蒋梓骅译，中央编译出版社，1999 年版，第 89 ~90 页。

② 《马克思的幽灵》，何一译，中国人民大学出版社，1999 年版，第 3 ~4 页。

“生命存在本身的非同时代性”是什么意思?① 将这句话理解为幽灵与生命存在不处于同一时间中，但幽灵又与处于时代之中的生命存在相关联。幽灵是没有生命的，本身永远也不会到场，但幽灵曾经有生命的存在，那是它们的过去，它们现在是幽灵，正处于生死之外，不处于生死之间。生命是生死之间的存在，幽灵是生死之外的非存在。非存在表明它的不在场，在场是对于生命者来说的。幽灵没有时代，它们在黑暗中，它们没有向人显现，过去作为人时的时代如今对于它们已是非时代了。“倘若没有”这个非时代性，亦即倘若没有幽灵的作为人时的过去，对幽灵的责任和尊重其实也无从谈起。对幽灵也要有“责任和尊重”，这正是我们谈论正义，谈论明天的条件，因为我们没有担保自己将来不也是一个幽灵，也是一个受害者而成为的幽灵。

马克思的《共产党宣言》，这本德里达18年前看过、写《马克思的幽灵》时又拿出来看的书的第一句就是“一个幽灵，一个共产主义的幽灵，在欧洲徘徊”②。如果说马克思所说的幽灵只是一个比喻，或并不仅仅是比喻，这个幽灵既是过去的，也是现在的和未来的③。在1847—1848年时这个幽灵是作为幽灵在场，但共产主义在那时却不在场；共产主义在那时还是将来的事情，还是将要到来的事。马克思的幽灵，是共产主义思想，在反对者的观念里，它已经是一种势力，但反对者把这种思想看成是不可能实现的神话。

---

① “布朗肖特最后命名了马克思的语言的必要断裂，它们同其自身的非时代性。”在此非时代性是语言的断裂、脱节。幽灵的非时代性就是它的不合时宜。《马克思的幽灵》，何一译，中国人民大学出版社，1999年版，第47～48页。

② 马克思，恩格斯：《共产党宣言》，载于《马克思恩格斯选集》，第1卷，人民出版社，1972年版，第250页。

③ 齐泽克：“过去150年来一直在飘荡着的最著名的幽灵，不是过去的幽灵，而是(革命性)未来的幽灵。”齐泽克首先分析了巴尔干幽灵，亦即在一个地域和文化的巴尔干，被认为是种族的自我毁灭、贪婪偏狭而当作欧洲的幽灵，此幽灵要放弃。马克思的幽灵看成是资本的幽灵。此幽灵的未来性在于对未来所具有的变革力量。参见齐泽克《易碎的绝对》，第二节，《资本的幽灵》，胡大平译，江苏人民出版社，2003年版。

"共产主义已经被欧洲的一切势力公认为一种势力；现在共产党人向全世界公开说明自己的观点、自己的目的、自己的意图并且拿自己的宣言来对抗关于共产主义幽灵的神话的时候了。"①思想作为势力，已经不是纯粹的思想和观念了，而且是具有现实的力量了，亦即一些拥有此思想的人具有行动的力量或依此思想而行动了。共产主义作为观念是人对将来社会的愿景，它并非纯粹的思想，它能聚集无产阶级，聚集它的信奉者，更能聚集它的利益相关者；但同时也当然地遭到它的利益的被剥夺者——资产阶级和一切旧势力的反对。反对者反对的理由，其实并不是理由而是文学的浪漫化或对立者的偏见——神话，才视它为幽灵。马克思、恩格斯将它命名为幽灵，并不是将它比喻为鬼魂似的虚拟物，而只是表明它对于反对者来说，恰恰是真实的，是折磨他们，威胁他们的势力和权威的存在。因此，共产主义的幽灵，在马克思那里的幽灵与德里达的幽灵不同，它恰恰是在场的、本质化的存在，包括在它的反对者那里也如此。如果是一个不在场的幽灵，对于反对者来说，就用不着去反对了。

幽灵的逻辑打破了真假、是非的二元对立。一个梦中的幽灵对梦者来说是真实的在场的，对他者来说就是不在场的非真实的。梦中的幽灵因真实性——哪怕是心理的真实，也可以使梦者恐惧，但对他者却没有恐惧可言了。思想的幽灵却能走进接受此思想的人的观念中，改造这个人，使这个人幽灵化。共产主义者因心中有这个"幽灵"而信心百倍，反对者却畏惧这个幽灵的幽灵化。此对立正是无产阶级和资产阶级的对立和斗争。

德里达的幽灵们又指什么呢？在《马克思的幽灵》中，他指出了各式各样的干预我们生活的幽灵，如金钱（货币）的幽灵性（第60～65页），传媒的幽灵性（第74，78页）、技术、军事科学、国家、权力、国际法、意识形态等等的幽灵性（第84页，151页）。幽灵无处不在，但眼睛不可见。对应于在场的生命来说，幽灵是不

① 马克思，恩格斯：《共产党宣言》，载于《马克思恩格斯选集》，第1卷，人民出版社，1972年版，第250页。

在场的，即使幽灵有所指，而幽灵的幽灵性则无所指，而只是一个能指。德里达的幽灵，一方面是回应马克思《共产党宣言》的幽灵，另一方面又是对此幽灵如何还能幽灵化作全面的思考。回应只是引子，它触动了德里达的敏感神经，使他对幽灵作为主题来探究。在德里达这里，幽灵是非实体的，它可以是死者和他的思想。在一般的意义上，幽灵是曾经有生命而现在无生命的，幽灵没有自己的时代，幽灵不能进入人的生活，但人却要学习与幽灵谈话，学会与幽灵一起生活，却要对此不在场者以在场般的责任和恭敬。对幽灵的责任和恭敬就是正义。

“正义的责任究竟是对谁担保呢?”正义是对一个生命存在而言，对这个生命承担责任，表达关怀和尊敬，但也要在任何东西面前，“无论人们说的是自然的生命还是精神的生命”面前负责。“不过反对意见似乎也是无可辩驳的。但是无可辩驳本身就表明：这个正义使生命超越了当下的生命或它在那里的实际存在，它的经验的或本体论的实在性：不是朝向死亡，而是朝向一种生命的延续，也就是说，一种生与死本身不过是一些踪迹之踪迹的踪迹，一种其可能性将提前走向分裂或打乱生命存在以及任何实在性本身的同一性的残余。因此必定存在某个精神。诸精神，而且人们必须考虑它们，人们不得不考虑它们，人们不是不能够考虑它们，那不止一个的它们：不止一个精神。”①

那个“不止一个的精神”，正是幽灵们的幽灵，它们是异质的幽灵②。如果说德里达的幽灵指的是马克思的思想，而幽灵们则是那些接受了的或误解了的马克思的思想的话，那么，德里达所论及的就不只是马克思本人的思想了。那是多个的幽灵，且是异质的幽灵。所谓异质是这些幽灵并不彼此相同，而且相异。此相异并不是

① 德里达：《马克思的幽灵》，何一译，中国人民大学出版社，1999 年版，第 5 页。

② “马克思的精神不止一种，而且它们都是异质的。”“有诸多个马克思的精神，也必须有诸多个马克思的精神”。见《马克思的幽灵》，第 21 页，第 107 页。

形而上学二元对立的概念系统中之相异而又相关的对立的异，而是一多元化之异，是无同之异。

幽灵死去了，但幽灵又仿佛在，幽灵在，却又无形；幽灵既不是纯粹地死亡，也不是纯粹地隐去，既不是现实的，也不是非现实的，幽灵无生无死，是生死之间的中介。但也不是柏拉图《会饮篇》中那个介于人神之间的精灵，精灵是人神交流的媒介，向人传递神的话语。精灵有多种多样，爱神就是其中之一，它本质上既非人也非神①。德里达的幽灵本性上不是起沟通作用，不是二元对立中的调和者。幽灵不是在一个形而上学的知识体系中发挥作用，而是有多样的差异与异质性，而不是兼有又不全有的彼此对立双方的特性。幽灵超出了生与死的二元对立。一群异质化的幽灵们是召唤未来的。幽灵没有将来，可它却影响我们的将来。我们无法把握幽灵，可幽灵却总在侵扰我们。

幽灵和幽灵们的主题化是德里达解构思想的表达和运用。这不是一个确定的概念，也不是一个比喻化的词语，而是一个影响我们生活的、影响我们走向将来的不在场的在场者，一个不同于其他生命存在的、无形的他者。自《柏拉图的药》以来，就用幽灵来形容决定不可能之物的形态，“幽灵的逻辑，事实上就是解构的逻辑”②。

如果幽灵是受害者的幽灵，那对他们来说正义是不存在的，谈论正义也是不可想象的。将来的正义是非正义的。德里达在此对正义的提出和思考，已走出了形而上学的话语。正义本来是形而上学的产物。它相关于柏拉图最高的善的理念、相关于上帝的公义和公民的天赋人权。这样的正义是由一不在场者给予的在场，它是逻各斯中心主义的。德里达的正义如何可能？肯定不能由不在场者给予，也不是由在场者给予，而是来自于开端处的裂缝的馈赠。

幽灵没有生活，而我们却要生活。

---

① 柏拉图：《会饮篇》，朱光潜译，人民文学出版社，第 259 ~ 261 页。

② 高桥哲哉：《德里达·解构》，王欣译，河北教育出版社，2001 年版，第 222 页。

2. 正义性

发表在《世界报》的《最后的谈话》中，德里达指出《马克思的幽灵》“是一部至关重要的著作，具有阶段性意义，整部著作针对未来的正义问题”①，高桥哲哉以“幽灵政治学为题”，指出“幽灵中也有正义”②。

有许多幽灵死于非正义，死于正义之不在场。正义不在场时，谈论正义是否可能？正义是可以呼唤出来的吗？那么在何种情况下谈论正义，向谁谈论正义？谁有资格谈论正义？正义何时何地何为？在场的正义与不在场的生命无关，不在场的正义对在场的生命而言是谎言。但正义来自哪里呢？

德里达区分了公正(droit)和正义(justice)。一般来说，公正是要通过法律和制度来维护的，而正义则是超越法律(公正)之上或之外的，正义在公正之上，法律上的权利保障和体现公正来自于正义。可以公正的名义对法律进行修正，每一次修正都是公正的实现，修正是一种解构，它解构的不是公正而是原有的法律。正义和公正则不可解构。法律的修正正是实现公正和向正义靠近。正义只是可能性，是不可能实现的可能性，是不能没有的可能性。没有这样的可能性，公正就不可能。

正义不能理解为形而上学的先验假设，而要理解为与他者的关系③。与他人的关系有个限度，越过此限度就是越过了正义，此限度就是正义。对勒维纳斯来说正义是对他者的处境——如悲惨、愤怒、爱情等的强烈关注而发生的，他者的死亡与被暴力所杀害同

① 德里达：《解构与思想的未来》，夏可君编校，吉林人民出版社，2006年版，第3页。

② 高桥哲哉：《德里达·解构》，王欣译，河北教育出版社，2001年版，第222页。

③ 德里达引用了勒维纳斯《整体与无限》中的话：“与他者的关系——可以说就是正义。”德里达：《马克思的幽灵》，何 译，中国人民大学出版社，1999年版，第34页。“正义是与他者的联系”，见《德里达中国演讲录》，杜小真，张宁主编，中央编译出版社，2003年版，第156页。

义，他者面对暴力发出“勿杀”的呼吁是来自正义的声音。正义不能简约为法律的原则、规范和表征。

正义的希腊词源 dikion 来自 dike，是法律诉讼；拉丁文是 justum 来自 jussum，是命令的意思。在古希腊正义是作为一种原则，它是智慧的表现，意味着存在者在整体中各得其所，而非正义则是存在者被他者所强制、侵犯。柏拉图把正义定义为灵魂和社会的不同组成部分之间的和谐。

德里达追溯了海德格尔对“阿那克西曼德之箴言”中关于 Diké 亦即正义的有争议的解读。尼采译的阿那克西曼德之箴言是：“万物由它产生，也必归于它，都是按照必然性；因为按照时间的程序，它们必受到惩罚并且为其不正义而受审判。”第尔斯的译法与此相近，只是最后一句是“为其不正义受到惩罚并相互补偿”①。海德格尔先是按字面将最后这句译为“因为根据时间的程序为不正义而赋予正义并且相互惩罚”，但最后的译法是“因为它们（在克服）混乱（Un-Fuge）中让缝相接（Fuge）从而也让牵系相互归属”②。

在音乐中有赋格曲③，美妙在乐音的和谐，在于对混乱的排除，Fuge 是接缝的意思，让缝相接，Un-Fuge 是没有接缝。Fug 是正义，UnFug 是非正义（胡闹），但海德格尔通过“语言游戏”将正义（Fug）转换成连接（Fuge），将非正义转换成脱节（UnFuge）。这实际是一种存在论的解释。海德格尔解读出的是存在之遗忘，是存在者本身没有进入到存在者整体中。在此并没有物的惩罚。存在者之显现乃是它逗留于无蔽之中而显现出来。无蔽虽不显现但仍是在场的。非正义是正义的缺席，人们译 Diké 为正义，而 a-diké 则是缺席不在，是某物处于无序的混乱中。海德格尔所思考的仍然是在

---

① 参见海德格尔：《林中路》，克莱斯特曼出版社，1980 年版，第 317，318，325 页。

② 海德格尔：《林中路》，克莱斯特曼出版社，1980 年版，第 367 页。

③ Fuge 也是古典音乐用语，指复杂而严谨的曲式，运用模仿对位法使一个简单而富有特性的主题在各声部、中部和展开部的新调中出现，直至主题回到原调，常以尾声结束。主题与原调间必有追逐与遁走，由此而有天籁之音。赋格成为巴赫的“音乐遗嘱”。

场，存在虽然处于遮蔽中，但仍是在场的，是没有显现的在场。所谓让缝相接就是合缝，就是存在者是其所是，各得其所，混乱就是不能如此。接缝(合缝)就是裂隙的连接，就是正义的，混乱就是非正义，非正义赋予了正义的正义性，使正义成为正义，因为非正义呼唤正义，如果正义已存在就不需要呼唤正义。

德里达指出，海德格尔"乃是以在场为基础的思考而言，Diké能以某种方式和谐地把连接点协调结合在一起。相反，Adikia，既是那分离的、断裂的、扭曲的东西，又是非正义的过错甚至愚蠢的过失中的不协调的东西"①。德里达看到了海德格尔将正义与非正义看作对立的两极，且是在在场的意义上来谈论的。这就不免有形而上学之嫌。在美国的维拉诺瓦圆桌讨论时，他明确地说："我不同意海德格尔对'diké'和'adike'，正义和非正义的解释。我想说明，正义也蕴涵着非聚合、离散、异质性，与自身的非同一性、无尽的不完备性、无限的超越性。所以对正义的召唤才永远、永远都不能完全得到回答。所以，没有人能够说'我是正义的'。如果有人如此说，那他或她肯定是错误的，因为正义不是理论的定义。我无法知道我是否正义。我可以知道我是否正确。"②德里达的看法打破了正义和非正义的绝对对立，在正义自身中看到了非正义，这正是正义的呼声永不能停息的原因。

"正确"只是对一个标准的对照，而不问标准自身的合理性、正当性与正义性。正义也不是一个知识问题，逻辑和理论都不可能判断，它也不可以通过计算计算出来。"正确的或合法的事，很可能是不正义的。"正是这些为解构提供了动力。

德里达将此与哈姆雷特的"脱节的时代"一起思考。他反复讲莎士比亚的一句台词："这是一个颠倒混乱的年代。"他列出了这句话的四种译法，关键在这个形容词的译法各异，如译为"乱了套

① 德里达：《马克思的幽灵》，何一译，中国人民大学出版社，1999年版，第35页。

② 德里达：《解构与思想的未来》，夏可君编校，吉林人民出版社，2006年版，第52页。

的”、“萎靡不振的”、“颠倒的”、“声名狼藉的”等，各种译法就表明对译是脱节的，无论译得多准，脱节不可避免。对译的脱节也是对译的没有“接缝”。其实这句话就表明了时代的脱节、错位、断裂，出了毛病、走投无路、精神错乱，疯狂和没有秩序。时代的这些特征表明了时代的不公正。哈姆雷特并不认为这样的脱节是正当的当然的存在，他把自己看成是为了正义而出生、存在，因此他要去匡扶正义、重整乾坤，把颠倒的时代再颠倒过来。为此采取了种种措施纠正、重建、恢复、报复、复仇、惩罚。但正义不是复仇，而是赠与。匡扶正义不就是正义，也还有将复仇当正义的可能。

“在场者中哪里有接缝呢？何处有哪怕仅只一条接缝？在场者如何能够没有接缝，即 adike，也即是在接缝之外呢?”德里达将此翻译为哈姆雷特的语言模式：“这怎么可能呢？这是怎么回事？亦即，在场者，因而还有时代怎么可能脱节呢?”①在场者逗留于去与来的短暂的来来往往中，在场者就是通过裂缝而在场。因此裂缝是必要的。裂缝给予了在场者的在场。海德格尔的思考使给予脱离了惩罚、复仇的经验，给予是赠与、赐予，同时也意味着放弃。“正义首先是、最终是，且尤其是那赠与的真正连接。这样非正义必定是裂隙或断裂。”②解构必须一开始就思考赠礼和不可解构的正义的，正义自身是不可解构的。这是如同弥撒亚的召唤一般，是一绝对的不可预知的代表正义的到来者的即将到来。“这个救世主的号召仍然是马克思遗产的一种不可磨灭的踪迹。”③这是一个脱节的时代。脱节于裂缝，脱节才有时代的区分，才有时代之新开端。此开端不能理解为形而上学意义上的作为基础和根据的开端，而要理解为对将来的允诺和赠与。唯有裂缝，才有异质性，才有他者，才能

① 德里达：《马克思的幽灵》，何一译，中国人民大学出版社，1999 年版，第 36 页。

② 德里达：《马克思的幽灵》，何一译，中国人民大学出版社，1999 年版，第 39 页。

③ 德里达：《马克思的幽灵》，何一译，中国人民大学出版社，1999 年版，第 41 页。

给出正义，才能允诺出将来。裂缝也是对形而上学的无裂缝的本体之在场的瓦解。裂缝，一种不仅不是不公正或不正义、反而是唯有它才能保有正义、允诺将来。此裂缝不是为了恢复一种限于惩罚、复原和公正处事的正义，而是为了作为赠礼的不可计算性的正义，作为打开与他者之关系的无限的不对称性的裂缝，亦即作为正义之场所的裂缝，它是本源的、肯定的，唯有它才有可能允诺出作为与他人之关系的正义，才能允诺出将来。

什么会在将来到来？将来到来，但到来什么？将来到来的不是一纯粹的时间，不是那已在场的，将来是使一不在场的成为在场。如果我们有理由和根据说将来将到来，或者我们走向将来，“如马克思主义将去往何处？我们将和它一起去往何处？那么矗立在它面前的东西也必须像它的源头一样先于它存在，亦即在它之前存在。尽管将来是它的源头，但它必须像任何源头一样绝对地和不可逆转地是过去的东西”①。那过去的是在场的，那将来的是尚不在场的而可能在场的，它来自于裂缝的赠与，来自于裂缝赠与的正义。

只要诚实地承认“地球上有如此之多的……人……在受奴役、挨饿和被灭绝”，马克思的精神就永远“在场”。由此可说“不能没有马克思，没有马克思，没有对马克思的记忆，没有马克思的遗产，也就没有将来”。

3. 回到马克思

为什么要回到马克思？如何回到？

回到马克思的理由是回到正义，因为马克思的思想中始终充满了正义的精神。这种精神表现为批判的精神。回到马克思也是因为马克思给予了未来以希望，因此，马克思的历史并不是如福山所认为的和黑格尔一样是历史的终结论者。德里达既区分了解构的方法与批判的方法的差异，又指出要从解构的思想中获得真正的历史。

《马克思的幽灵》一书起因于“关于马克思主义走向何方”的学

① 德里达：《马克思的幽灵》，何一译，中国人民大学出版社，1999年版，第4页。

术会议，德里达对此追问了马克思主义将走向何方和马克思主义被引导向何方的问题，他的答案是回到正义。正义是马克思的思想中的核心，是在任何时候也不会过时的，是解构所不能解构的；既不是回到一个同质或均质的马克思，也不是回到一个异质的马克思①，不是回到福山的马克思，也不是回到马克思的马克思，而是回到正义。这既是马克思的正义，也非马克思的正义，而是正义自身。这正义不是先验的假定，不是形而上学的本体，而是裂缝中的正义，是和幽灵一般的正义。幽灵的正义是弥撒亚的正义。弥撒亚是希望、是允诺，是一个永远有的期待，它不是最后的审判，不是死亡，更不是终结。可以认为解构本身就是对正义的渴望和追求。正义自身的不可解构就允诺了解放的希望，因而它可被看做一种没有弥撒亚的弥撒亚主义，甚至可说解构就是正义。

回到马克思有几种路径。有的人回到马克思是要“利用马克思来反对马克思”。他们要克服“马克思指令中的危险”。这种危险主要发生在文化和大学里，它成为一种时尚。他们要使马克思主义的参照非政治化，削弱马克思全集的力量，使其不流露造反的成分。他们认为指令中的危险具体说就是政治律令、就是造反。“只要造反——它首先是鼓动起义，义愤、暴动、革命契机”，“只要对马克思的指令保持沉默，不要去译解，而是去行动，使那译解变成一场‘改变世界的变革，人民就会乐意接受马克思的返回或返回到马克思。”有的“回到马克思，最终把他当做一位伟大的哲学家来阅读他的作品”②。但这种回到马克思不是德里达的回到马克思。德里

① 德里达主张马克思思想的异质性。他写完《马克思的幽灵》后说自己不幸看到了巴利巴尔的《马克思的哲学》(巴黎，1993 年)，赞赏其出类拔萃。在注释中引用了几处原话，我在此也引用一句以说明马克思思想的异质性：“根本不存在且永远也不会存在一种马克思主义哲学”，但这不应该阻碍人们去“寻求……各种马克思的各种哲学”。还提到马克思恩格斯从没有在字面上使用“辩证唯物主义”这句话。参见德里达：《马克思的幽灵》，何一译，中国人民大学出版社，1999 年版，第 109 ~ 110 页。

② 德里达：《马克思的幽灵》，何一译，中国人民大学出版社，1999 年版，第 45 ~ 46 页。

达的回到马克思是反对以上这种中立化的回到法。

回到马克思并不是我们的观点要得到马克思的同意，并非一定要继承他的观点，或把马克思当成一个榜样。马克思自己也对恩格斯也曾吐露过“我并不是一个马克思主义者”，此外，“马克思在心中曾痛苦地体验到那些指令的这种脱节，而且感到这些指令彼此之间是无法对译的”。回到马克思是要回到异质性的马克思，有裂缝的马克思。马克思的指令是一个幽灵的指令，但我们不能无视这一幽灵，相反要对此幽灵表达敬意和恭敬。

一个异质的马克思，表明了思想自身的裂缝性，此裂缝正是差异的表现。但这差异不是不同事情的差异，而是同一事情自身的差异，因此，此差异是延异。异质性和裂缝性要从延异来理解。回到一个异质性的马克思，不仅可以避免思想的暴力和霸权，而且还是思想的新生的可能性条件。一个没有异质性的思想，只能是思想自身的幻想。此异质并不是翻译或对译造成的，虽然翻译和对译不可避免地会有差异，但翻译和对译是以保持两者的同一性为目的和原则的。思想的异质性既是它自身的多样性和丰富性，更是因为它本身处于裂缝中。一个脱节的时代，是时代自身的裂缝，是裂缝的显现，它是思想自身的中断，由此有差异的思想才有可能。“没有延异是不具有相异性的，没有相异性是不具独特性的，没有独特性是不具有此时此地的。”①如果说此时此地就是现时代，虽然时代不是时间而应该理解为思想，但思想的此时此地之独特性来自于它的延异。此延异是思想自身向未来的敞开，一个不向未来敞开的思想是没有生命力，没有时代性可言的。“异延——如果它仍然是不可简约的，仍然是任何承诺的间隔的和前来向其敞开的即将到来的将来所不可简约的要求的——并不仅仅意味着（正如有的人过于经常地且如此天真的认为的）延宕，延期、延搁、推迟。此时此刻在难以抑制的延异中展开着。没有延误、没有延搁，但是也没有在场，这是一种绝对的独特性的猛然涌现，其之所以独特，是因为差异，确

① 德里达：《马克思的幽灵》，何一译，中国人民大学出版社，1999年版，第45页。

切地说或换句话说，是因为它必然急切地和迫切地想把自己和瞬间的形式结合起来：即使它会奔向就要到来的东西，那也有保证‘担保’(承诺、约定、指令以及对指令的应答等等)。”①延异不仅使思想是异质性的思想，也使思想具有未来于敞开。一个敞开的未来不会有历史的终结，历史的终结不仅取消了未来，也取消了历史。

德里达以弗朗西斯·福山(Francis Fukuyama，1952—)《历史的终结和最后的人》一书为例，说明自己并不同意马克思主义的终结。德里达认为福山的书无异于福音书，因为福音书指出了人类的终极目的是进天国，而福山的书指出人类历史是连续的，且人类的大部分将走向自由民主制度。当然，马克思主义也在这一终结之列。福山甚至根据20 世纪最后25 年人类的进化而指出了终结的日期。福山认为这是“通往全球性政治自由主义的运动”、“自由民主制度与‘自由市场’的联合，就是本世纪最后25 年的‘福音’”②。福山认为随着共产主义的死亡，资本主义已经被证明为是“历史的终结”。福山是从黑格尔的国家模式说提出历史的终结的，但这个国家不是在绝对精神的自我发展至最后所达到的最高阶段——自由国家的出现，而是在基督教意义上降临的上帝的国。德里达指出：“福山所明确主张的自由国家的模式，不只是黑格尔的那个模式，即提出为得到承认而斗争的理论的那个黑格尔，而是主张‘基督徒’眼界的那个黑格尔的模式。”这个模式认为“国家的存在乃是上帝在尘世间的降临”③。福山把战后美国和欧共体都看成是其现实的证据，对此德里达也不反对有“基督教国家”和它们的“神圣同盟”，但他不屑于“这种庸俗的‘经验’证据来反对这些预言和可以作为预言的论断”。德里达指出福山的“最后的人”就是基督徒，福山就是在“为了承认而斗争的基督教解释的名义之下，因而是在典

① 德里达：《马克思的幽灵》，何一译，中国人民大学出版社，1999 年版，第45 页。

② 参见德里达：《马克思的幽灵》，何一译，中国人民大学出版社，1999 年版，第81 ~83 页。

③ 德里达：《马克思的幽灵》，何一译，中国人民大学出版社，1999 年版，第87 页。

型的欧共体的名义之下，来批判马克思并且打算修正他的唯物主义经济绝对论”，并补充、完善马克思所缺少的“灵魂的承认或‘精神性’因素的黑格尔—基督教‘支柱’”①。德里达指出福山的“整部书都是在黑格尔《精神现象学》中主—奴辩证法的简化——而且是高度基督教式的——纲要之未经检验的公理化体系中写就的”②。

福山认为黑格尔和马克思两位思想家都是历史终结论。“对黑格尔来说，这个历史的终点就是自由国家，而在马克思看来，则是共产主义社会。”③德里达指出“这位门徒在两位师傅之间作出了他的选择，而他所选择的就是那位自由国家的思想家”。这样的选择是简单的，缺乏依据的。德里达不仅指出福山书的语无伦次，也说他好像从来没有遭遇过任何人类忧虑的难题。他的书在出版后被西方市场热捧，正是自由资本主义自身危急、脆弱、危机四伏，甚至在某些方面处于灾难之中，面临死亡威胁时掩耳盗铃式的希望，“来隐瞒马克思主义的批判精神”。但马克思的批判精神与解构也不同，解构“不再单纯是一种批判，而且它向一切批判发问”④。

在对待历史的态度上，认为“要超越有关历史的形而上学概念和历史终结，无论它是来自黑格尔还是马克思”⑤。超越的可能性可以来自解构。德里达认为解构理论的方法“一开始就存在于对这一问题——即关于历史的不仅是本体论暨神学而且是本源论暨目的论的概念的问题——的提出之中，存在于黑格尔、马克思的思想，甚或存在于海德格尔的划时代的思想之中”。因为本体的暨神学

① 德里达：《马克思的幽灵》，何一译，中国人民大学出版社，1999年版，第88页。

② 德里达：《马克思的幽灵》，何一译，中国人民大学出版社，1999年版，第88~89页。

③ 福山：《历史的终结和最后的人》前言，转引自德里达：《马克思的幽灵》，何一译，中国人民大学出版社，1999年版，第95页。

④ 参见德里达：《马克思的幽灵》，何一译，中国人民大学出版社，1999年版，第97~98页。

⑤ 德里达：《马克思的幽灵》，何一译，中国人民大学出版社，1999年版，第100页。

的、本源的暨目的论的正是形而上学的根本，黑格尔虽然是最后一个形而上学家，但在德里达看来，马克思和海德格尔思想中仍然具有形而上学的残迹。“我的意图并不是将解构的方法同历史终结论或某种非历史性对立起来，而是正好相反，为了证明这个本体论暨神学的或本源论暨目的论的禁锢、抵消从而取消了历史性。”为何如此？因为这样的“历史”不再有未来。

德里达不是要提出新的历史观，而是要思考和探索“作为历史性的事件性的另一种开端，这种历史性允诺给我们的不是放弃，而是相反，允许我们开辟通往某种关于作为允诺的弥撒亚的与解放的允诺的肯定性思想的道路”。弥撒亚主义给出了未来，允诺了一个未来，这个未来就是希望，始终希望，当然没有终结，它不是基督教的而是犹太教的①。他认为“我们不仅不能放弃解放的希望，而且有必要比以往任何时候都更加保持希望”，而且保持到底。“解构理论从来就不是马克思主义，也从来就不是非马克思主义的原因，虽然它一向忠实于马克思主义的精神，至少说，忠实于马克思主义许多精神的一种精神，而这个精神往往永远也不可能被重演复制，马克思主义的精神不止一种，而且它们都是异质的。”②

回到马克思不仅要克服中立化的回归，也要克服像福山这样的历史终结论，也要克服回到一个同质化的马克思。这种克服是驱魔，这正是《马克思的幽灵》第二章的题目：驱魔——马克思主义。此魔也是诸多幽灵之一，此驱魔是双重的驱魔，既是对马克思的驱魔，也是用马克思来驱魔。后者正是第四章的内容。一个脱节的时代，是所谓“新国际”出现的时代，或全球化的时代，德里达在第三章以“损耗殆尽”为题列举了十大坏透了的症状。“这些人即使不

---

① 德里达是犹太人，家庭虽守教规，但他认为“不是在真正的犹太教文化氛围”中长大，并“有遗憾”，因为那是“文化的空白”。他思想是否有犹太教来源呢？生活背景虽不足以成为我们判断思想家思想的根据，但有时提及也是有意义的。参见《一种疯狂守护着思想——德里达访谈录》，何佩群译，上海人民出版社，1997 年版，第 11 页。

② 德里达：《马克思的幽灵》，何一译，中国人民大学出版社，1999 年版，第 106 ~ 107 页。

再相信或者说从未相信过社会主义的马克思主义的国际和无产阶级专政，从未相信过全世界无产者联合起来的弥撒亚末世学的作用，他们也会继续受到至少一种马克思或马克思主义的精神的激励，而且为的是以一种新的、具体的和真实的方式联合起来。"①此联合尽管不是马克思提出的政党或工人国际的联合，但全球化中种种国际合作却是联合无疑。因此，回到马克思不仅是思想的，也是现实的。

4. 弥撒亚性

在《马克思的幽灵》中德里达将马克思的思想称为没有弥撒亚的弥撒亚主义，这是他对马克思的思想的共产主义理论定性，也是对马克思的思想整体的一个规定。其实，用这些词都是德里达可能不接受的，因为定性也好，规定也好，都是他要清除的词语和思想，因为他们都有形而上学之嫌。但我这样说，并不表明我用事情之外的一个存在来规定和定性，而只是便于理解他的思想才这样说。谈论他的思想，如果不是与他的思想相遇，处处是困境，从表达之用词，到思路之厘清都很艰难。

德里达从马克思的思想中听到了这样的召唤：

"这是一种对解放、民主与自由的令人绝望的弥撒亚式的召唤，这种召唤所唤出的是一种不可能的可能性，它呼唤我们在焦虑、脆弱和一无所有中等待，等待着正义、民主与解放，可这是一种怎样的等待？它是不再期待的等待，是一种死亡般的等待，是一种最终会导致行动和事变的等待。"②

这段话也强调了马克思思想的意义。在所有的等待与绝望中，对正义、民主与解放的等待与绝望是必然会到来的，因为这是人的

---

① 德里达：《马克思的幽灵》，何一译，中国人民大学出版社，1999 年版，第 121 页。

② 德里达：《马克思的幽灵》，何一译，中国人民大学出版社，1999 年版，第 82 页。此处参考了方向红的译文，载于《法国哲学研究》，人民出版社，2005 年版，第 239 页。

普适的价值追求，也是人最后的追求，最后的希望，是人觉悟后对自身权利的一种意识。这是不过分的。尽管这期待是绝望的，但也仍然要希望。只要还有希望，绝望就不可能是真正的绝望，绝望不是对希望的摧毁，而是对希望的补充；绝望不是希望的破灭和消失，而是希望自身的边界。绝望与希望不是对立的二元概念，而是同时存在于一个生命的生活中。希望不是要消除绝望，而是要知道绝望之真实。这也是对不可能之可能性的真实的理解。

弥撒亚是救世主①，是将来降临于世的救世主。弥撒亚是多元的，有犹太教的、基督教的、伊斯兰教的和佛教的。救世主降临说中的弥撒亚是个宗教性概念，是意识形态的预设，救世主在基督教中的形态是确定的。但作为宗教形态的弥撒亚是犹太教的和伊斯兰教的，也是佛教的，弥勒佛就是佛教中将来的在世佛。但降临性与降临说是两个不同的观念，降临性是个哲学预设，它涉及人与生命对未来的期待与敞开，即生命存在向未来敞开的结构，所有生命形态本质上都具有对将来的期待性，都处于这种他者降临的不可预测性的结构之中。降临性本质上是期待性。它是生命存在的本性。从救世主的角度讲是降临，从生命存在角度讲是期待。

期待不是单纯的等待，而是希望和等待的结合，它们都面向将来②。期待一个不会到来的期待，这是不可能的可能性，是德里达的解构赋予期待的本性和真实性。

---

① 弥撒亚及其来临性亦可参看莫尔特曼的《来临中的上帝》，上海三联书店，2006 年版，第 137 ~ 190 页。

② 勒维纳斯区分了等待和希望的不同。对美好事件的等待并非希望，人们等待的是一个有可靠理由显得将会实现的事件，它之所以包含着希望，是因为它尚未确定。希望恰恰就是在其不复可能之时才能被称为希望。参见勒维纳斯：《从存在到存在者》，江苏教育出版社，2006 年版，第 110 页。关于希望也可参见布洛赫的《希望原理》。维特根斯坦认为，动物没有希望，唯有讲话者才能希望。“我们可以想象一个动物生气，害怕、伤心、快乐、吃惊。但能够想象它满怀希望吗？为什么不能？一只狗相信它的主人就在门口。但它能够相信它的主人后天回来吗？”“希望的诸种现象是从这种复杂的生活形式中产生出来的某些样式。”参见维特根斯坦：《哲学研究》，陈嘉映译，上海人民出版社，2001 年版，第 273 页。

“它是不再期待的等待，是一种死亡般的等待，是一种最终会导致行动和事变的等待。”即使是死亡般的期待也仍然是期待，而不是死亡，“死亡”只是意味着绝望，但还不是真正的绝望，真正的绝望不会再有期待了，只要有期待，就不是真正的绝望。但这期待并不是可以轻易到来的，而是要经过努力、奋斗才可能到来的。这努力和奋斗是行动，影响甚至扭转历史进程的行动就是事变了。行动和事变，体现在马克思的暴力学说中，也体现在20世纪世界1/3的人的革命中。事变就字面涵义讲是发生了一件事情，导致了一些事物的变化，就马克思主义理论所发生的事情讲，事变意味着通过一些手段(甚至是暴力活动)来实现革命的目的，夺取政权。就事实来说，人会用行动来使期待不再是绝望的期待，使绝望成为有希望的、可实现的事实。

即使是死亡般的期待，也决不死亡，决不自杀。即使许多伟大的人也自杀了，但自杀并不可取。在我们还没有成为伟大的人之前，我们还是不要因绝望而自杀。宁愿接受“死亡般的等待”，也不自杀，也不主动地死亡。不再期待的等待，死亡般的等待，我们是否经历过？我们是否可以想象？这样的等待和绝望考验和磨砺一个人的人性。一个从纳粹集中营出来的人是一定会珍惜生命的，也一定不会是一个在人性上肤浅的人。正如尼采说“只有经历过痛苦的人生，才是具有深度人性的人生”。人的骄气就是不能接受挫折，不能在任何不合自己意愿的处境下去接受处境、再改变处境，或者改变自己。总之，一个人性尚不健全、完善的人就不能面对绝望。

由此看来，马克思的理论无疑是唤醒处在压迫与绝望中的人们的解放、民主与自由的意识。这里也可以看到马克思的理论永远不会过时，因为民主、自由与解放是一个尚未完成的事情，是每个人都会有的期待。

德里达说我们的时代比任何其他时代都更需要这样的幽灵——共产主义的幽灵。他列举了我们时代的十大祸害：失业、民主生活权利的大量剥夺，无情的经济战争，社会权益得不到保障，外债和相关机制的恶化，军火工业及其贸易，核武器的扩散，种族间的战争，幽灵般的国家(如黑手党、贩毒集团等)，国际法以及相关机构的非正义状态。

德里达关于马克思的没有弥撒亚的弥撒亚主义，虽然强调的是它的弥撒亚性而不是其弥撒亚主义，但也让我们警惕其弥撒亚主义倾向，这一提法也有助于理解马克思的思想中的虚无性，有助于理解马克思的思想在今天这个时代的时代意义。

马克思试图通过反形而上学、反基督教、反对一切有神论来克服虚无主义，试图通过共产主义来克服虚无主义，但是也没有成功。“反”是成功的，但“反”只是瓦解、破坏、摧毁，还不是建立。马克思的“立”体现在共产主义理论。作为最终目标的共产主义是从基督教文化中衍化出来的，是基督教天国理念的人间版。设定人类社会的发展有一个最终目标，这一黑格尔、马克思和恩格斯的历史观没有跳出基督教文化的影子。黑格尔是自由国家，马克思恩格斯是共产主义。共产主义理论是未来社会的描述，但恩格斯在晚年已放弃了早年提出的共产主义形态，他也明确表示不是历史终结论者。1893 年 5 月 11 日恩格斯 73 岁时对法国《费加罗报》记者发表谈话，否定了年轻时设计的未来社会模式。恩格斯说：“我们没有最终目标。我们是不断发展论者，我们不打算把什么最终规律强加给人类。关于未来社会组织方面的详细情况的预定看法吗？您在我们这里连它们的影子也找不到。”①

共产主义准确地说应译共生主义，指人们共同生存②。问题就是现在的人不也是共同生存着的吗？其实马克思的共产主义并不是指现在人们的生存。马克思的“现在的人”是被雇佣劳动者。他们的生存是被迫的，为获得工资、报酬而出卖劳动力，他的劳动是不自由的劳动。未来的人的劳动，亦即共产主义社会中人的劳动是自由的劳动，劳动是一种美的享受，而不是被逼迫的，也不是为了养家糊口。这样的共产主义只是一种理想。而任何理想都不能说

① 《马克思恩格斯全集》，第二十二卷，人民出版社，第 628 ~ 629 页。

② 参见彭富春：《哲学与美学问题》，武汉大学出版社，2005 年版，第 149 页。

是可靠的，有绝对根据的。所以马克思对于虚无主义的克服也不成功。

不过对于共产主义的理解，应该从人的自我区分的角度来理解。共产主义者不同于雇佣劳动者，人应该不断地自我更新，也就是说要不断地告别旧我，走向新我。告别自身被奴役、被捆绑的不自由的状态，走向一种解放的、自由的状态。马克思的学说与思想是关于人的解放与自由的学说。人的解放与自由这是一个永远不会过时的问题，所以马克思的学说也是具有永恒的意义。

共产主义是马克思关于新人的最高的描述。这样的理解就可以克服对共产主义作为一种未来理想社会的形态而期待，就不会因期待的遥遥无期而失望。这种理解可以克服共产主义的所谓渺茫论。理想相关于将来。将来是即将到来的，未来是尚未到来的。理想可以是将来的，也可以是未来的。尚未来到的可能永不会来到，而将来则即将到来。即将到来也不能单纯从时间来理解，将来是将来性，亦即降临性上来理解。它是允诺，是未来的敞开而不是封闭。

共产主义是弥撒亚性的而不是弥撒亚主义。德里达区分了弥撒亚性和弥撒亚主义的不同。弥撒亚性只是一种弥撒亚倾向，而弥撒亚主义则是宗教的和形而上学的。他们的区别在于：前者是“对未来的开放姿态，或者迎接它者来临（即正义的到来）的姿态，但不带有后者展示的视角和先知的预示”。弥撒亚性所指的是“与这种展望相关的，是对正义难以遏止的渴望。根据定义，这种先知的预示，对任何东西都是无法也不该确信的，不管它凭靠的是知识，意向，良知，可预测性，或任何这类的计划。这种抽象的‘弥撒亚倾向’从一开始就跟这类经历相关：信仰，信奉，不可简化为知识的信念，或者在见证上‘奠定’与他者一切关系的信任”①。然而，德里达也指出：“如果没有‘弥撒亚主义’，没有关于亚伯拉罕、摩西

① 德里达：《死亡的礼物》、《信仰与知识：纯粹理性限度内的宗教的两个来源》，转引自米勒德·艾里克森：《后现代主义的承诺与危险》，叶丽贤，苏欲晓译，北京大学出版社，2006 年版，第 154 页。

和耶稣的这些事迹，我们就不会意识到‘弥撒亚性’的存在。”①

弥撒亚性是普遍性的。每个人的当下没有任何经验不包含着对他者、对某个事件，对正义到来的等待。如果把弥撒亚性简化为弥撒亚主义，就会破坏弥撒亚性的普遍性，因为弥撒亚主义表现为各种宗教形态。

“‘弥撒亚性结构’赋予我们责任，此时此地就要承担的责任。‘弥撒亚’不是将来的存在，而是迫在眉睫的存在。”②结构是现在等待将来的方式。责任来自于此等待，也来自于与他者的关系。等待总是对一个不在场的他者的等待。但还有一种情况，人们等待弥撒亚，但弥撒亚不是我一直等待的那位唯一者，比如犹太教就不认为耶稣是他们等待的弥撒亚。当然，“弥撒亚性”也包含了某种我们不想等待的东西，那就是死亡。

共产主义思潮从幽灵到现实，这是不以人的意志为转移的，因为这一思潮是正义的呼声和召唤，至少它满足了人们的需要。现实的共产主义运动虽然遭遇到了困境，但并不代表共产主义理论的过时和无价值，而是表明了共产主义理论需要自身的发展和更新。共产主义敞开了一个关于未来的结构，亦即对将来的期待——这是有生命的人的共同本性。因此马克思的思想具有永不过时的特性，具有不可解构的力量。这也正是德里达所发现的马克思的思想的异质性。

① 德里达：《解构与思想的未来》，夏可君编校，吉林人民出版社，2006年版，第52页。

② 德里达：《解构与思想的未来》，夏可君编校，吉林人民出版社，2006年版，第58页。

第五章　语言的分析

分析哲学的代表人物有弗雷格（Gottlob Frege，1848—1925）、罗素（Russell，1872—1970）、维特根斯坦（Wittgenstein，1889—1951）等。19 世纪末到 20 世纪初，弗雷格、罗素、怀特海（Whitehead，1861—1947）等人开创了数理逻辑的方法，并把这种方法运用于对语言意义的分析，他们想通过分析语言来解决哲学问题，这标志着分析哲学的诞生。

分析哲学是思想的新形式。思想不能离开语言，语句是思想的唯一表达。分析句子就是分析思想，思想即分析。

一、思想渊源

分析哲学也被认为是西方哲学的“语言学转向”，但这一说法不足以表明分析哲学的特征。因为自苏格拉底以来，哲学家们始终用概念来思维，建构关于世界的知识体系。康德将语言看成感知形式和知性范畴。传统的形而上学哲学家通过概念去把握世界，以为语言自身是可靠的表达思想的工具，以为语言只是思想、心灵和实在的“外壳”，在语言的背后还有一个真实的实在、作为根据的存在。如果说形而上学是追问根据，将理性自身作为思想的对象，那么分析哲学则将语言作为思想的事情，不是将它看作工具，而是将它作事情自身。

分析哲学拒斥了语言和实在之间一一对应的关系，拒斥了一种科学的理想的语言，而注重对日常语言的分析。它超越了仅仅分析具有描述内容的陈述，肯定语言表达式只有在日常使用中才是有意义的。

语言由句法、语义和用法三个轴心构成。其中只句法被看成是属于逻辑的范围。现代逻辑加深了对语言的逻辑理解。分析哲学开始于现代新逻辑。从亚里士多德到 19 世纪，逻辑学都没有根本性的变化。19 世纪中叶出现的以布尔(George Boole)代数为标志的数理逻辑，试图扩大亚里士多德逻辑学的范围，但它的真正功臣是弗雷格等人。弗雷格引入概念符号，在命题内作了函项和自变元之间的区分，提出了量化理论。弗雷格是现代逻辑的真正创始人。

分析哲学是随着现代逻辑的发展而发展的。弗雷格、罗素和早期维特根斯坦都认为，关注和解释语言的实际使用的哲学家完全忽视了逻辑。现代标准逻辑也不允许解释语言的实际使用。罗素虽然关心语言与世界的联系，但《数学原理》中的逻辑体系实际上排除了一切语义学。逻辑的发展多样化之后，多种互不相同的逻辑被澄清，逻辑被应用于语言的句法、语义和实际使用中。

分析哲学家大致经历了三个阶段，或者说是经历三代人。第一个阶段的代表人物是逻辑主义哲学家弗雷格、罗素和早期维特根斯坦，其思想特点是对语言进行逻辑分析，其目的是用形式语言对日常语言的陈述进行清理和重新公式化；第二个阶段的代表人物是后期维特根斯坦、赖尔、斯特劳森、奥斯丁，他们致力于描述使用语言的环境、背景、场合和常识；第三个阶段的代表人物是刘易斯(C. I. Lewis，1883—1964)、奎因(Quine，1908—2000)、克里普克(Kripke，1940—　)，利用超出标准逻辑框架的逻辑体系结构，力图将通常是晦涩的理论模型强加给日常语言。这三个阶段的人物分别关注的是语言的句法、使用和语义。第一阶段注重句法，优先考虑逻辑而忽视自然语言，严格地说，他们是语言的逻辑分析，第二阶段注重语用，优先考虑日常语言而忽视逻辑；第三阶段注重语义，试图使自然语言的逻辑形式化①。这一区分虽然不是无可挑剔，但为我们了解分析哲学提供了一个必要的谱系。

① 参见让·热拉尔·罗西：《分析哲学》，姜志辉译，商务印书馆，1998 年版，第 3 ~5 页。

第一阶段的人物主要是德语哲学家，分析哲学虽然盛行于英美哲学界，但它真正起源于德语哲学家的影响。

19世纪末产生了以马赫(Ernst Mach，1838—1916)为代表的实证主义。马赫认为力是看不见的，看见的是物体的运动。马赫取消"力"而以加速度定义，因为"力"是看不见的形而上学的空洞概念，是证实不了的，要用奥卡姆剃刀剃掉。但科学如果离开了假说和前提，也不可能有自己的成果，而科学事实上的进步，也证明了马赫之说的虚妄。实证主义想对抗形而上学，但又找不到形而上学的替代品。

以石里克(Moritz Schlick，1882—1936)为中心的维也纳学派将实证主义和后来一批人对符号逻辑所得的研究成果相结合，形成了逻辑实证主义。石里克提出了至今还在争论的"可检验性原则"，他认为这一原则在我们的行为中根深蒂固，表达为哲学陈述就是一个命题的内涵是它的检验方法。卡尔纳普(Rudolf Carnap，1891—1970)也是维也纳学派的成员，为躲避纳粹而流亡到美国芝加哥，另一成员魏斯曼逃到英国牛津。逻辑实证主义因艾耶尔(Ayer，1910—1989)1936年出版的《语言、真理和逻辑》第一次引起人们的广泛关注，这本书为传播维也纳学派的经典思想起了重要作用。

逻辑实证主义的共同特征是贬低形而上学而遵从科学，他们指斥形而上学是无意义的陈述。不是维也纳成员的维特根斯坦的早期理论对逻辑实证主义的思想有很大影响。维特根斯坦还认为卡尔纳普剽窃了自己关于物理主义语言的思想又未致谢而打了官司①。逻辑实证主义后来发展出语言分析学派，认为所有哲学的困惑都是没有认真运用语言的结果，并提出哲学的"语言疗法"。这说法提出来的卡尔纳普后来也觉得有些言过其实。这种"疗法"是没有把握"病情"的药方，比如问什么是"开始"，那他们的回答是"开始就是某一事件的一种状态按时发生"。

维也纳学派明确地提出"拒斥形而上学"，他们坚持分析命题

① 参见贾可：辛卡提：《维特根斯坦》，方旭东译，中华书局，2002年版，第69页。

与综合命题的区分和意义的证实原则，认为形而上学既不是分析命题也不是综合命题，是无意义的。20 世纪最初的 20 年，还有几位黑格尔派哲学家如布拉德雷、鲍桑葵(Bernard Basanquet，1848—1923)等黑格尔主义者仍想建构唯心主义的体系，罗素、摩尔(G. E. Moore，1873—1958)怀疑他们过分使用形而上学语言，也认为形而上学语言太晦涩松散，而提出逻辑原子论。罗素是卓越的数学家，受过严格的数学训练。他们并不想拒斥形而上学，而是想使哲学的语言变得更精确、严格，想让哲学变成严格的科学。

弗雷格是分析哲学的真正起源，维特根斯坦使分析哲学真正形成。由弗雷格引起的实际是逻辑学的革命。弗雷格认为逻辑可以还原到数学，逻辑学家如果能够用逻辑符号来表达语言学的意义，逻辑所完成的任务远超出了亚里士多德的任何想象。分析哲学也被认为是后弗雷格哲学①。这一方面强调了弗雷格对分析哲学的原创性，另一方面也强调了分析哲学与弗雷格的不同。现代逻辑的发展是分析哲学发展的一条线索。

弗雷格被称为逻辑学上的康德，他的最大的贡献在于区分了命题的“涵义”和“指称”②，并且论证了只有当一个命题既有涵义又有指称时，命题才是有意义的。他还发展了一套新的符号，使量词(如“一些”、“所有”)也可用符号来表达。他希望哲学家能够用这套符号完善论证过程的逻辑形式，以便实现“使哲学成为严格的科学”的理想。

在关于晨星与暮星所指相同而涵义不同的区分中，弗雷格将涵义与指称区分开来了。晨星和暮星是同一颗星，在没有被发现是同

① 让·热拉尔·罗西：《分析哲学》，姜志辉译，商务印书馆，1998 年版，第 3 页。

② 弗雷格 1892 年发表了《论涵义与所指》(Über Sinn und Bedeutung)，王路译《意义与意谓》。德文“Sinn”和“Bedeutung”都可译意义，弗雷格用“Bedeutung”表示“记号的意义”。两种中译的前者是简单便于理解，后者考虑到了弗雷格思想的所指只出现在该文中，为便于与后来思想的细致联系且有一致性的译法。对此可参见王路：《弗雷格思想研究》，社会科学文献出版社，1996 年版，第 115、137～139 页。

一颗星之前，以为是两颗星，给予了不同的名称，两个名称有不同的意义。在发现是同一颗星后，即使名称不一，但所指相同。代数 a = a 和 a = b 都表示相等的数量关系，可以相互替换，而等式不变。两者只是在形式上有差别，前者使用的是相同的符号，后者是不同的符号。但是，当用“ = ”来表示语义上的“同一”关系时就不一样了。“a = b”当且仅当它们表示所指相同时才能成立，所指不同时，等式就不成立。如对柏拉图来说“我的老师”(a)是苏格拉底(b)，而对亚里士多德(c)来说就是柏拉图。甚至表达式有意义，不一定有对象，如“‘离地球最远的天体’这一说法，它有涵义，但它是否也有一个所指，则十分可疑”①。弗雷格这一区分影响深广，后来论语义学方面的问题，都要引用他的这一思想。

在此之后，弗雷格又写了《思想》一文，更明确地指出：句子的意义是它的思想，句子的意谓是它的真值，即真和假。这是他的一个最基本最重要的思想②。意谓(Bedeutung)也就是意义，并不是所指赋予的，并不是指称的对象赋予的。这一区分是他最为重要的思想成就。

弗雷格的思想深深地影响了罗素和维特根斯坦，也影响了他们的追随者。这一影响在于他们都将语言置于哲学的中心，他们相信哲学的任务就是研究表达思想的语言，通过清理语言的混乱来达到思想的清晰。对弗雷格来说，逻辑是哲学的核心，是不同于经验科学(如心理学)的先验科学，对维特根斯坦来说，哲学之所以不同于心理学，是因为它根本不是一种科学，既非经验的，亦非先验的，而只能是对语言“疾病”的“治疗”。

剑桥和牛津是分析哲学的中心。天才式的罗素和维特根斯坦一直都在剑桥。20 世纪 60 年代，英国的牛津大学成了分析哲学无可置疑的中心，罗素和维特根斯坦给予分析哲学家的思想馈赠被不断

---

① 转引自张庆熊等著：《二十世纪英美哲学》，人民出版社，2005 年版，第 44 页。

② 王路：《弗雷格思想研究》，社会科学文献出版社，1996 年版，第 150 页。

地挖掘。但 60 年代之后，再没有如此天才式的人物出现，两位思想家的思想也不再像过去那样被重视了。分析哲学的重心也从牛津转移到了美国。美国的哲学家们不仅将分析哲学继续发展，也把哲学理解为具有自身严格性的技术性学科，并将此理解用于对人类行为的分析。他们发展出了建立心灵模型的心灵哲学和新型的综合性的具有认知科学特征的人工智能哲学，等等。这样的哲学又回过头来影响到牛津，成为英美哲学的主流，但与分析哲学的传统有些背道而驰了，他们背离了分析哲学的共同立场。

这个被背离了的传统和立场，亦即所有的分析哲学家全接受的思想是：理解思想的方式就是对语言的思考和分析。思想只能通过语言的表达来确定和个体化，不存在独立于语言结构的思想结构。这是分析哲学的共同立场。

二、罗素

伯特兰·罗素(Bertrand Russell，1872—1970)伯爵活了 98 岁，一生出版了 70 多本书。他的祖父约翰·罗素勋爵担任过首相，他从小受到了良好的教育。1890 年他就读剑桥大学时同摩尔成为逻辑实在论者，后转向逻辑主义研究，在此基础上与维特根斯坦创立了逻辑原子论。他与老师怀特海合著了三卷本巨著《数学原理》，试图摆脱一切悖论。他创始的分析哲学成为 20 世纪最有影响的哲学思潮。《哲学问题》是他的代表作，著作涉及哲学、数学、政治、历史、教育、宗教、社会、文化诸领域；散文优美流畅。他 1920 年访问过列宁，1920 年 10 月—1921 年 7 月来华讲学。1950 年荣获诺贝尔文学奖。

他对宗教从小就产生怀疑，后来写过《为什么我不是基督教徒》的文章，但主张爱，始终以一个抽象的人道主义者来表述他的社会、伦理、政治、宗教等观点。他有强烈的民主政治思想，坚决反对战争、拥护和平，反一战时入狱。他宣称自己是一个绝对的自由主义和乐观主义的信仰者。他晚年在《自传》中说："简单而又无比强烈的三种激情主宰了我的一生：爱的渴望、知识的追求以及对人类苦难的极度同情。”罗素的学术贡献主要在20世纪30年代前，30年代后主要是其他方面的成就。他的第一本书和最后一本书都是关于政治的，他对人类命运的关注以及为此所做的努力是杰出的。他和爱因斯坦一样，具有对公共事务和人类苦难与命运的关心，是公共知识分子的典范。

罗素的声望在哲学，但真正的贡献却在数学和逻辑学方面。他写的《西方哲学史》影响广泛，读者面广，文字流畅易懂，与《西方的智慧》有点相同，只能算是西方思想的简谱。罗素从未发展出一套单一的、前后一致的哲学体系，很难研究他那数量庞大的观点。

当我们随意翻翻他的非哲学著作，不仅阅读起来并不费力，简明易懂，而且会迅速发现他的确睿智。他曾指出婚姻是习俗，人类既有一夫一妻，也有一夫多妻，一妻多夫，他们都和睦幸福。罗素得出结论“看来道德上的罪恶是地域性的”，再进一步就得出“‘罪恶’的概念是虚伪的”①。当然违背当地的婚姻习俗可能会严厉谴责或惩处，但罗素认为这是没有道理的。“爱不仅是性交的欲望；它也是避免孤寂的主要方式，因为孤寂是多数男女一生中大部分时间都会碰到的。”②“如果没有经验，那就难以区分热烈的爱和单纯的性欲。”“如果一个女孩子要保持贞节直至结婚，那她常常很容易被一时的和浅薄的性吸引所迷；而一个具有性经验的女人就很容易把它同真正的爱区别开来。”③他是一个通过事实来讲道理的思想家。他的思想不是思辨的，没有存在的深度，但有非凡的对于现象的直觉，并能对人们的思想和生活提出有实际价值的指导。

1. 思想的发展

罗素的语言哲学是分析哲学的思想来源之一，并为维特根斯坦的分析哲学开辟了道路，但称他为分析哲学的一员却并不恰当。因为分析哲学后来的发展中违背了罗素思想的初衷。他与后来的分析

---

① 罗素：《真与爱》，上海三联书店，1988年版，第148页。
② 罗素：《真与爱》，上海三联书店，1988年版，第207页。
③ 罗素：《真与爱》，上海三联书店，1988年版，第209页。

哲学家之间都相互否认彼此的思想联系。

1903 年罗素在《数学原理》中认为“关于哲学的基本问题，我的主要思想得益于摩尔”。在谈到他的早期思想时，他这样写道：

> 1898 年这一年，许多事情使我抛弃了康德和黑格尔。我读了黑格尔的《大逻辑》，认为他关于书写的一切论述都是头脑混乱的胡说。我开始不相信布莱德雷对关系的论证，也不相信一元论的逻辑基础。这些动机本来发展得会比实际上要缓慢些，但由于摩尔的影响，情况大不一样了。摩尔也曾有过一个黑格尔主义时期，但比我的这个时期要短。摩尔带头起来反叛，我带有一种解放感跟随其后。布莱德雷认为：常识相信的任何事物都只是现象，我们反过来走到了相反的一极。我们认为，在未曾受过哲学和神学影响的常识看来是真实的东西，就是真实的东西。我们有一种冲出樊篱之感，让自己去想：草是绿的，太阳和星辰在没有人感知它们时也是存在的；多元永恒的柏拉图理念世界是存在的，曾经是空洞的、逻辑的世界变得丰富多彩、充实完整了。①

如果说罗素肯定柏拉图的理念世界仍然具有唯心主义的思想特征，但他却明确地从康德、黑格尔式的唯心主义中走出来了。之所以能走出来，是因为他接受了经验常识优先性的思想。但罗素不像摩尔所认为的常识具有认识的绝对性，相反他认为常识是粗糙的、未经鉴别的科学知识形式。分析的任务就是要把科学的方法应用到哲学。也就是说，先是揭露“先验证明”之似是而非，不能解决真正的问题，然后是将一切问题置于经验基础之上，但不是传统的经验论哲学，不是将知识还原到个人感觉材料的经验上，而是寻求非纯经验的认识论。罗素虽然是数理逻辑的建立者，但他只将数理逻辑看成是数学的而非哲学的。他认为逻辑本身对哲学立场没有任何

---

① 麦克斯韦·约翰·查尔斯沃斯：《哲学的还原》，田晓春译，四川人民出版社，1987 年版，第 82～83 页。

的作用。“对于我们是采取一元论还是多元论的立场，以及是采取存在着终极关系这一事实的观点，还是采取不存在这种事实的观点来说，逻辑本身是无能为力的。我自己对多元论和诸关系的赞同是基于经验的，这是因为在此之前，我已经懂得与此矛盾的立场和观点的先验的证明是没有说服力的。”①逻辑虽然不能选择哲学立场，但还是知识的可靠的依据。

罗素的哲学思想发展大致可分为早期的康德、黑格尔式的唯心主义阶段和成熟时期的逻辑原子主义阶段。他的哲学研究遵循亲知的原则和奥卡姆剃刀加逻辑的原则。前者涉及认识论，后者涉及本体论。

所谓亲知就是直接到知识，直接知识是间接知识的基础。通过摹述表达而获得的知识或通过推论而获得的是间接知识。要先有亲知的直接知识才能加以摹状(描述、摹述)。亲知的知识是一切知识的基础。他的另一条原则是程序性的：“只要可能，就用由已知实体出发的构造来代替对未知实体的推论。”②这一原则可以看做来自奥卡姆“如无必要，切勿假定过多”的剃刀原则，它被称为“简单性原则”和“思维经济原则”。这就是说，在两个或多个理论具有同等说服力的理论中，选择假定和前提最少的理论。从本体论角度说是选用承诺最少实体的理论，从语言学角度说，是追求“最小词汇量”。理论假定越多理论越不可靠。罗素认为要以亲知的知识为根据和以逻辑构成来代替不必要的假定③。他认为逻辑和亲知都是可靠的。

罗素强调普通语言在哲学上的重要性，甚至强调普通语言的神圣不可侵犯。他提出建立理想语言是哲学的任务，正是改造普通语言，使其在语法表达形式和句法表达形式与其真正的“逻辑形式”

---

① 转引自麦克斯韦·约翰·查尔斯沃斯：《哲学的还原》，田晓春译，四川人民出版社，1987年版，第84～85页。

② 罗素：《逻辑原子主义》，转引自张庆熊等著：《二十世纪英美哲学》，人民出版社，2005年版，第60页。

③ 参见张庆熊等著：《二十世纪英美哲学》，人民出版社，2005年版，第60页。

一致，他不满普通语言句法的含混和不精确，反对将普通语言作为哲学上纯属虚构的命题的意义标准。

他指出语言对我们的迷惑在于句子的语法形式和句法形式(表面的逻辑形式)与它真正的逻辑形式并非总是对应和一致的，因此我们总是误解句子的逻辑行式。由此导致我们采用虚伪的形而上学观点来看待句子表达的事实形式或事实结构。这实际是形而上学唯心主义哲学家的共同特征。比如他们认为命题即句子，句子总是主谓式表达，每一命题都有一个主词和一个谓词，他们认为主词就是一个事实或实体，每一事实都有相应的形式，它的本质就在于实体所具有的性质。罗素认为摧毁了这一教条，就摧毁了这些哲学家的形而上学的基础。这是他区分语法形式与逻辑形式得到的第一个结论。但罗素并没有认为所有形而上学观念都产生于语法形式和逻辑形式的混淆。

罗素区分语法形式与逻辑形式得到的第二个结论是：命题并不必然是非真即假的，因为它们也可能是无意义的。① 如说“苏格拉底是同一的”。这在语法上没有错误，但是无意义的句子，这是因为混淆了语法形式和逻辑形式而产生的无意义的话。

罗素全部语言哲学的基础在于他所发现、由维特根斯坦所指出的“一个命题表面的逻辑形式与其真正的逻辑形式是不一致的”。因此必须区分语言的句法。罗素发现，两个句子可以在语法上或句法上相似，但当我们换上在第一个句子中有意义的表达时，在第二个句子中却可能是没有意义的。这就表明两个句子间的差异，绝不是语法的，而只能是逻辑的。句子的语法形式只是句子表面的语法结构，并不一定是它真正的逻辑形式②。之所以会发生这种差别，是因为两个句子的表达式属于不同的“逻辑类型”。

---

① 转引自麦克斯韦·约翰·查尔斯沃斯：《哲学的还原》，田晓春译，四川人民出版社，1987 年版，第 90 页。

② 维特根斯坦认同罗素的这一区分，并多次称赞。在《逻辑哲学论》2.18 中指出：“任何图像，不任具有什么形式，为了那够描述实在——不论描述得正确还是错误——必须以某种方式与实在有共同的东西，这就是逻辑形式，也即实在的形式。”

如果说逻辑原子论与他的理想语言和哲学思想相关联的话，那么罗素的类型论、摹状词理论则是为了解决悖论而提出的。

罗素提出的逻辑形式对维特根斯坦有重要影响，“逻辑形式”是维特根斯坦《逻辑哲学》中的重要观念，维特根斯坦所发展的，并为牛津学派所继承的普通语言理论并不同于罗素的普通语言理论，但罗素并不认同维特根斯坦的语言哲学，认为它是“自相矛盾”的。其实罗素自身的哲学理论也并不是前后一致的，况且，他的所谓哲学，即使他自己标明为哲学的也不见得真是哲学，可能并不符合纯粹哲学的标准，他的《西方哲学史》过多的加上了自己的理解，而维特根斯坦也指出：“罗素的《哲学中的科学方法》中的方法纯粹是物理学的方法的一种退化(形式)。”①

2. 逻辑原子论

逻辑原子论(Logical atomism)是以逻辑为基础的某种形而上学，提倡一种精确严格的符合事实的简单语言，能够准确表达一切可以被表述的事情。它不关注真理，而关注意义。通过逻辑原子论，罗素认为世界将对应于他所建构的逻辑语言。语言之所以有意义，就是因为它准确地代表和反映了事实，反过来，词语则被制定成命题。当一个事实属于最简单的那种事实，它就被称为原子事实。陈述原子事实的命题就称为原子命题。我们的语言如果只是由原子命题组成，它就仅仅等于一系列关于原子事实的报告。语言是由语词部分组成的，而语言在其最简单的形式上指称特殊事物及其谓词，如一枝红玫瑰。“红”不能再进一步分析，就被理解为一个简单的谓词；玫瑰也是一个简单的语词，指涉特殊的事物，不能再分析了，它是专名②。

如果说“我累了”和“我饿了”是原子命题，那么“我又累又饿”

① 维特根斯坦：《战时笔记 1914—1917 年》，韩林合编译，商务印书馆，2005 年版，第 152 页。

② 伊诺克·斯通普夫，詹姆斯·菲泽：《西方哲学史》，邓晓芒等译，中华书局，2005 年版，第 625 页。

则是分子命题(复合命题)。分子命题的真假靠原子命题真假保证，它构成了关于世界的陈述。但逻辑原子论在面对全称的分子命题时遇到了不可解决定麻烦。“苏格拉底终有一死”是原子命题，“所有人终有一死”则是分子命题。“所有的人”不是任何一个具体的人，是不可检验的。像这样具有全称的分子命题的真值是不能通过分解而得到原子命题的真值来确证自己的真值的。除非有活在过去、现在和将来的上帝，否则没有“所有人都会死”的真值条件。这样的复合命题必须改成“如果某某是人，那么他终会有一死”。

原子命题是不含范畴项的命题。在古典的标准逻辑中正是非范畴项区分了命题的构成项，如主项和谓项，使命题的构成项原则上可以在三段论的范围内相互替换。这就是说古典标准逻辑不对单称命题进行特殊处理，根据普通命题来解释单称命题。而现代逻辑则从把单称命题看成是基本的构成部分，所有命题都从单称命题建立。

与原子命题相对应的是原子事实，它是最简单的事实，不能从一个原子事实推论出另一个原子事实。原子事实指的是某个个体具有某种属性或者某些个体具有某种关系，它是通过亲知获得的最清楚、最确定的知识。罗素认为世界是由许多互相独立的原子事实的总和，每一个原子事实都可以在经验中的某个时刻识别出来，即使不是经验事实，也可以想象这个事实的存在。复杂事实是原子事实组成的。原子命题和原子事实是完全同型的：作为主词的专名与作为名称的个体相对应，形容词与属性相对应，动词与关系相对应。

原子命题构成分子命题。分子命题所陈述的是两个事实。罗素认为按照逻辑原子论，可以借助原子命题以及它们的真值函项的组合获得一切确定的知识。这正是罗素建立逻辑原子论的动机。他企图将复杂的、不可靠的知识逐步分解为一些简单的，能够被证实的原子事实和原子命题。这一点对后来的逻辑实证主义有很大影响。

罗素将逻辑原子论用于世界的构造，把世界的构造和语言中的命题相对应，也就是说把本体论、认识论和逻辑三者结合在一起来研究。他不是把语言仅仅看成一个独立的自足的领域，也反对把哲学看成仅仅是语言分析而完全排斥关于本体论的研究。但他把世界看成是静态的，把世界的事实对应于语言的句子。这点实际上并未超越亚里士多德以来将句子的主谓结构看成是物本身结构的形而上学物性观(作为属性的谓词是作为主体的主词之属性)。海德格尔在《艺术作品的本源》中指出了这是三种形而上学的物性观之一种。

3. 悖论与类型论

无意义的话有废话、悖论和自相矛盾的话。它们产生的原因在罗素看来是混淆了语法形式和逻辑形式。悖论的产生是混淆了不同的逻辑类型，一个语言表达式和关于"一个语言表达式"的表达式属不同的逻辑类型。罗素正是在此基础上发展了他的逻辑"类型论"。

"一个克里特人说所有的克里特人都是说谎者"，这是古伊比曼尼底斯悖论。这里"所有的克里特人都是说谎者"是"一个克里特人"所表达的表达式。这个表达式作为叙说语叙说了自身。必须将自身排除出这个叙说才真，如果不从所表达的表达式中排除自身这个叙说就自我矛盾。表达式与关于表达式的叙说不能同时真。罗素提出的理发师悖论也是一样的。一个理发师声称，他给所有不能给自己理发的人理发，那么他给不给自己理发？这个悖论很难回答。回答是或不是在语义学上是成立的，但在悖论的意义上就陷入了怀疑主义，并通向不可知论。

这样的悖论只是罗素悖论通俗的说法。罗素是在弗雷格素朴的集合论中发现的逻辑矛盾，亦即它是数论与集合中存在的悖论。类型论是解决这一悖论而提出的。其思路是：在一个没有严格定义和封闭的集合中，语言不能普遍到对集合中的每一个(所有)分子都做出陈述。也就是说，关于集合中的所有分子的那一个陈述，不能是这个集合的一个分子；关于全体的陈述，只能是这个全体的外延得到它的正确性。否则得到的是无意义的句子，引起恶性循环的推理和悖论。

如果假定集合有全体且该全体由许多分子组成，那么这样的集合就不能有一个全体。"任何涉及一个集合的所有分子的东西，必须不是这个集合的一个分子。”①如果按照弗雷格从数前进到数，我们必须能够不受限制的构造集的集，集的集的集，以至无穷。如定义：

0 的集是空集：没有任何元素，唯一元素是空集；

1 的集：只存在唯一空集的集，其中的集与空集相等；

2 的集：其元素数量与其元素数量为 0 和 1 的集的元素数量相同；

3 的集：其元素数量与其元素数量为 0、1、2 的集的元素数量相同；

如此定义，任何一个后继概念的定义，仅凭逻辑概念即可定义。这些逻辑概念包括同一、集、集的相等。

这是弗雷格纯粹逻辑的定义。罗素发现集本身必须是可分类的；它们必须能够作为集的元素。集本身不能作为自身的元素，如猴子的集合不是猴子，人的集合也不是人类；但集的集本身则是集，集是集自身的元素，如小猴子的集合与大猴子的集合是“猴子集合”的元素，5 岁的儿童构成的集合与 80 岁的老人构成的集合则都是“人的集合”中的元素。由此出现了两种类型的集合：不以自身为元素的集和以自身为元素的集。

对于不以自身为元素的集，如果它是自身的元素，那么既然它正是那些不以自身为成员的集的集，则必定不是自身的元素；但如果它不是自身的元素，那么它恰恰有这样的资格，使它称为不以自身为元素的那些元素，因此，它必定是自身的元素。如此它必定要么是自身的元素，要么不是，但无任我们选择了哪一个，都不得不自相矛盾，不得不发生悖论②。

罗素指出把集视为可任意归类的对象是错误的。类与个体是不同的逻辑类型，能够谈论集(类)的不能同样有意义的谈论个体(元

① 罗素：《数学原理》，第一卷，第 37～38 页，转引自涂纪亮：《分析哲学及其在美国的发展》，中国社会科学出版社，1987 年版，第 87 页。

② 参见安东尼·肯尼编：《牛津西方哲学史》，韩东晖译，中国人民大学出版社，2006 年版，第 234 页。

素），反之也一样。但如果这样避免了悖论，那么又如何能定义自然数序列呢？罗素保留了弗雷格的0的定义，即唯一元素为空集的集，而把1看做所有与这样的集相等的集的集，即元素是空集的元素，同时另加任何不是那个定义性的集的元素之对象。由此元素就能一个接一个的被定义，每一个数都是由个体组成的集的集。当然对于无限数序列还需增加无限性的公理，这就不是一个纯粹逻辑的推理。罗素通过区分类与自身成员（元素）成功地避免了悖论。当然也有人认为罗素的类型论虽然达到了它避免悖论的目的，但有些武断。①

关于类与类的成员的混淆也有其他的表现方式，如违反类型论所导致的哲学混乱。“在语词与其所代表的事物之间不只存在着一种意义关系，而是存在着多种意义关系。在语词代表的对象中有多少种逻辑类型，就有多少种意义关系。”这个事实是哲学谬误和混乱的渊源。我们不能谈论不存在的事物的关系或性质，更不能将性质描述为关系。比如属性就不是关系。我们不能说“热是（不是）亲密的”，“高是（不是）真的”等，这样的话都是混乱的无意义的句子，这是将属性表达为关系。之所以无意义是违反了类型论。这样的词有许多，包括属性、关系、复合、事实、真理、谬误、否定、说谎者、全知等。对于混乱的句子可通过翻译改写而成为有意义的，如“热恋的人是亲密的”，“那山真高”。这些句子可与事实无关。性质、关系可以用来下定义，但存在却不能用来下定义。如中世纪关于上帝的本体论证明中，用“完全”来定义“上帝”，且把存在看做是完全的必要条件。承认上帝是完全的，也就承认了上帝是存在的。在此，存在是当作性质看待的②。如果能够用存在下定义，那么按照定义，被下定义的事物就存在了。这与他的能断言摹状词存在，不能断言专名存在的道理也是相似的。

① 参见艾耶尔：《二十世纪哲学》，李步楼等译，上海译文出版社，1997年版，第38页。

② 参见金岳霖：《罗素哲学》，上海人民出版社，1988年版，第91页。

4. 摹状词理论

1905 年罗素发表了著名的论文《论指称》，第一次提出了后来被称为"摹状词"的理论，后又在《数学原理》、《逻辑原子主义的哲学》、《数理哲学导论》中扩充与完善。罗素声称它指明了解决本体论和语义学的某些哲学问题的途径。罗素的摹状词理论树立了分析哲学的典范，即通过分析语句深层的逻辑结构，来消除表层的语法结构对我们思维的迷惑，从而澄清一些传统的哲学问题。其意义是以此减少本体论的承诺。关于意义问题有三种看法，第一种是指称论，认为一个表达式的意义等同于该表达式所指称的对象或等同于与它所指之间的指称性关系；第二种可称为观念论，认为一个表达式的意义等同于与它与之相结合的观念；第三种是行为论，认为一个表达式的意义等同于引起说出这个表达式的刺激和说出这个表达式的这种行为本身引起的其他反应。

罗素在 1905 年写《论指称》时，还没有像弗雷格那样区分意义与指称，但还是可以把他的思想归到指称论一类。他说过"当我们问到是什么东西构成意义时……我们并没有问谁是语词所意指的个体，而是问什么是该语词与该个体之间的、使前者意谓后者的关系"①。在《数学原理》中，罗素认为专名必有指称的对象。他认为我们谈论和思考的一切都具有它的存在。一个名称的意义与这个名称所指称的对象是同一的。某一个对象能够被指称，是该对象能够被命名的必要条件，即使不算充分条件。逻辑专名是简单的符号，它直接指示个体，即该个体是它的指称物，此外，该符号的意义就是这个个体。即使对于不存在的事物如"独角兽"、"飞马"也适合。就如同"一个人"、"任何人"不是任一具体的人，也不是"人类"这个词所称的对象一样。② 但到 1905 年就发现这种观点很成问题，在《论指称》中改变了观点。

---

① 阿尔斯顿：《语言哲学》，生活 · 读书 · 新知三联书店，1988 年版，第 28 ~ 29 页。

② 罗素：《数学原理》，第 55 ~ 62 页，转引自涂纪亮：《分析哲学及其在美国的发展》，中国社会科学出版社，1987 年版，第 93 页。

罗素关于意义与指称的理论是这样的：两个表达式可以具有不同的意义，但却是同一指称。如“沃尔特·斯各特爵士”与“《威弗利》的作者”意义不同，但指称相同，两个表达式指的是同一个个体，但意义不同。这点和弗雷格关于意义与指称的思想有相似之处，但差异是弗雷格没有考虑摹状词的意义问题。罗素认为如果假定两个表达式意义相同，那么仅仅通过分析构成词项的意义就可得出句子的真假来。如“我唯一的伯父”，可从“我爸唯一的哥哥”中分析出句子的真来，两个表达式的指称具有相同的意义，句子之真也可从词语本身的意义分析出来。但“斯各特是《威弗利》的作者”则未必能分析出来。因为尽管在小说《威弗利》发行时，“斯各特”已是著名的诗人，但当时小说作者是保密的，是在不知道作者是谁的情况下来理解这个语句的。一般说，我们所能指称的任何东西都能够被很多根本不具有相同意义的表达式所指称。不可能仅仅由表达式指称某个对象便能给予这个表达式以它所具有的那种特定意义。

相反的现象也可证明，具有同样的意义却不具有同样的指称。如“我”、“你”，“这”等一类词项，可随着说出它们的条件的变化而改变它们指称的对象。当“张三”说出“我”时，“我”指称“张三”，当“李四”说出”我”时，则“我”指“李四”。这一事实并不意味着“我”相应于这些差异而具有不同的意义。“我”的意义实际是单一的、不变的，意谓“那个说‘我’的说话者”，变化的是“我”的指称。对于摹状词来说，意义不变指称变，相反意义变指称不变，这两种情况都成立。

罗素的摹状词是他的指称理论的一部分，相关于他的用形式语言来克服自然语言的模糊性与不确定性。摹状词(Description)也可说就是描述词，用来形容、说明或叙述的词，实际上它一般是一个短语。“摹状词可能有两种：限定的和非限定的。一个非限定的摹状词是一个这种形式的词组：‘一个某某’，一个限定的摹状词是一个这种形式的词组：‘那个某某。’”①里的“某某”如果是“人”，

① 罗素：《数理哲学导论》，晏成书译，商务印书馆，2002 年版，第 157 页。

那非限定的摹状词就是“一个人”，限定摹状词就是“那个人”，“一个人”相对于“那个人”是不具体的、不确定的，“那个人”比“一个人”更明确。当然，如果问“你昨天遇见了什么?”回答遇见了“一个人”比回答“遇见了一个鬼”要明确，但不会有“那个鬼”和“这个鬼”的区分，人相对于鬼是限定摹状词，鬼是非限定摹状词。非限定也是不确定、无确定性的。从英语语法看，非限定(不定)摹状词的表达式可以说是不含定冠词“the”的指称词组，如“一个人”，限定摹状词则是包含定冠词“the”的指称词组，如“当今的法国国王”，“《威弗利》的作者”，“那个穿红衣服的女孩”，相当于汉语的指示词“这(个)”、“那(个)”。罗素论述了这两种摹状词，但被称为“哲学的典范”的是限定摹状词理论。

限定摹状词是确认某物为具有某些属性的唯一个体的表达式，非限定的摹状词或不定的、模糊的摹状词是可以用于许多不同对象的表达式。限定的摹状词不是名称，而是一个复合的符号。关于限定摹状词的关键是唯一性。因此在语法形式上一定是带有定冠词“the”的词语，这样的词语也就是专名。它不仅指称唯一性，而且也应该是存在的，但“当今的法国国王”，这个在语法上没有错误的句子，它的指称却是不存在的，因为当今法国已经没有国王。“《威弗利》的作者”肯定是存在的，他就是斯各特。“《威弗利》的作者是斯各特”作为一个含有摹状词的命题，它有三个涵义：

第一，至少有一个人写了《威弗利》这本书；

第二，至多只有一个人写了《威弗利》这本书；

第三，谁写了《威弗利》，谁就是斯各特。

第一和第二合起来表明了《威弗利》作者的唯一性，再加上第三就是“《威弗利》的作者是斯各特”这个摹状词语句的涵义。

限定摹状词的经典分析是，一个包含限定摹状词的命题可以分解为三个部分，即一个存在条件，一个唯一性条件和一个论断。用符号公式来表达是：“这个 F 是 G”的命题，可表述为：存在一个且只有一个 F，而且它就是 G。限定摹状词是通过语境来分析的。罗素相信他的摹状词理论能够解决许多关于表面指称非存在物的语义学问题，如不存在的“当今法国国王”的语义问题。它去掉了表达式必须有对象的负担，被看成是分析哲学的核心范式。但斯特劳森批评它没有区分句子与说话者在说出这个句子时所作的陈述。罗素认为一个短语是否是一个限定摹状词，不取决于是否存在它所描述的确定的个体，而只取决于它的形式。

罗素的语言分析指出了没有差异的普通语言亦即自然语言的句法规则，其真正的逻辑形式是不同的。自然语言认为"斯各特是苏格兰人"和"《威弗利》的作者是苏格兰人"这两个句子在形式上没有任何区分，它们都是主谓表达式。但罗素的逻辑句法规则指出两个句子的逻辑形式有相当大的区别。前者是真正的主谓表达式，谓语是作为主语的名称的对象；后者则是一个伪装的存在断言：断定了有且只有一个X，X写了《威弗利》，且X是苏格兰人。这样的分析当然不是自然语言所说的，它很精确，但也很聱牙。

自然语言看不到逻辑差异，因为它把所有的名词性短语看成是逻辑同类，把名词性短语都当作指示词或名称。罗素的逻辑分析对此做了区分，把真实的指示词（专名）和不完全符号（摹状词）区分开来。由此可以避免"乔治四世想知道斯各特是斯各特"这样既不合事实也无意义的推理出的结论。

本来是"乔治四世想知道《威弗利》的作者是不是斯各特"，但用"斯各特"替换"《威弗利》的作者"，亦即用专名替换一个摹状词，就产生了"乔治四世想知道斯各特是斯各特"这个无意义的句子。发生这样的错乱，主要是因为含专名的句子不等于含这个专名等同的摹状词的句子，虽然摹状词（《威弗利》的作者）与它所表达的专名（斯各特）是等同的。当专名（斯各特）替换与它等同的摹状词（《威弗利》的作者）时，变成了"斯各特是斯各特"，这当然是真的，斯各特不是别人，正是他自己，但"《威弗利》的作者是斯各特"则是文学上的事实，两者是意义不同的句子。因此，摹状词与专名是不同的。

如果再进一步说，对于"X = X"，当代入专名时所得句子总是真的，但当代入摹状词时就未必 定真。比如说"屈原是屈原"这个句子真，但罗素认为可以断定摹状词存在，但不能断定专名存在。如"《威弗利》的作者存在"，"《离骚》的作者存在"，这是有意义的句子，但如果屈原是一个专名，就意味着一个具体的对象存在，再说“屈原存在”就是无意义的句子。也就是说，摹状词是“不完全的符号”，它还要补充才能使自己完全，而普通专名则是缩略的摹状词。专名直接指示对象，而摹状词本身没有意义，只有用到句子中才有意义。自然语言中的专名实际上不是专名，不像它看起来那样与其对象有直接的关系，而是依赖于摹状词(缩略的)。“如果说语言的意义是它所代表的对象的观点是罗素的摹状词理论的基点，而理想的逻辑体系与世界的同构则是该理论的预设，那么，逻辑专名则是摹状词理论的中心问题，也是联结逻辑学、本体论和认识论的枢纽。”①

专名是完全符号，也是一个简单符号，如“斯各特”，它直接指称某一个个体，本身具有意义；而摹状词则是具有描述功能的词语，是复合的、不完全符号。摹状词分享它所在的陈述的意义，而本身没有意义，如“当今的法国国王”不是专名而是摹状词，这个短语可以不必指称某个实体，它在孤立状态下不具有意义，只有在其他符号的上下文中才有意义。“《威弗利》的作者”如果不是在上下文中决无意义，而一个专名，如“斯各特”、“屈原”则自身就有意义。

罗素还认为，摹状词之所以被看做不完全符号，还在于我们假定摹状词所指的东西并不是命题的真实成分，即无实在对象是其所指。一个出现在命题中的摹状词，命题中没有一个成分与作为一个整体的摹状词相对应。因此，我们可以否认某种事物的存在命题(如“飞马不存在”)是有意义的和真实的一样。

罗素提出了命题中分析摹状词的方法。当命题中的语法主语用其他符号来取代，就能克服那些不真实的矛盾的事物。如“圆的方”、“当今的法国国王”只要将其改述为一个含有命题函项和变项的命题，将作为语法主语的特定摹状词改为与之相等的语句，即“一个对象 X‘既方又圆’是假的”。含摹状词的语法主语说的是具有某些属性的事物是否存在，改动后的语句说的是这些属性本身，

① 应奇：《概念图式与形而上学》，学林出版社，2000 年版，第 39 页。

原来虚假的事物不再出现了。从技术上说，那个虚假的事物变成了从这些属性中得出的一个逻辑结构①。这种改述使原句中作为谓词的“存在”这个词消失了，从而也消除了关于存在的形而上学。罗素认为名称没有存在与否的问题，而对于限定摹状词也可将关于他的“存在”的判断用“非存在”的词来改述。

名称是对“存在”个体的命名而来，对一个表达了存在事实的句子再添加“存在”这个词就多余、无意义。比如“你可以谈论‘上帝存在’这个命题，但这个命题里的‘上帝’是个摹状词而不是名称。如果上帝是名称，就不会出现任何关于存在的问题”②。而“《威弗利》的作者存在”则可以改说为“X 是《威弗利》的作者”这个命题函项中的一个值(且只有一个值)是真的”。由此“《威弗利》的作者存在”变成了命题函项中的属性。对于“金山不存在”这样的句子，也可改写为：“没有一个实体 C，使得当 X 是 C 时，‘X 是金且是山’是真的，否则它就不是真的。”有了这个定义，关于说“金山不存在”的难题就没有了。罗素得出结论：存在只能用于对摹状词下断言，而不能给专名下断言。能够说“《威弗利》的作者存在”，但是说“斯各特存在”却不合语法，准确说不合句法。这澄清了自柏拉图《泰阿泰德篇》开始的、两千年来关于“存在”的思想混乱③。这里“斯各特存在”不合句法是不合罗素的逻辑句法。断言一个个体的存在是多余，专名本身包含了存在。

罗素认为摹状词理论还可用来分析自然科学中的符号和概念。如物理学中许多概念都不是名称，如时间中的瞬间，空间中的点与线，物质中的质点，真空等是摹状词。物理学研究的一切对象不是名称所指者，而成为可以定义和推论出来的概念，按摹状词理论来处理可以排除它们存在的真实，而只研究它们的属性。

---

① 参看涂纪亮：《分析哲学及其在美国的发展》，中国社会科学出版社，1987 年版，第 96 页。

② 罗素：《逻辑原子论哲学》，转引自涂纪亮：《分析哲学及其在美国的发展》，中国社会科学出版社，1987 年版，第 97 页。

③ 参见罗素：《西方哲学史》，下卷，马元德译，商务印书馆，1986 年版，第 392 页。

关于罗素的摹状词理论，肯定的有艾耶尔、赖尔、卡尔纳普，批评的有斯特劳森。艾耶尔认为它是“哲学的典范”，卡尔纳普的逻辑实证主义致力于逻辑分析，发展了罗素的观点，斯特劳森批评罗素用命题替代了陈述，完全排除日常语言是不合适的，同时设定逻辑专名也是不必要的，等等。

三、维特根斯坦

1. 人生足迹

维特根斯坦(Ludwig Wittgenstein，1889—1951)是一个影响世界哲学的哲学家。他 1889 年 4 月 26 日生于维也纳。父亲卡尔·维特根斯坦是奥地利的钢铁工业领袖，母亲利奥泊尔第是维也纳银行家的女儿，有极深的音乐素养，并笃信罗马天主教。路德维希有四个哥哥和三个姐姐，他在家中最小。不幸的是四个兄弟中有三个自杀了。他们全家对艺术有着强烈的爱好，音乐家勃拉姆斯和马勒是家里的常客，拉威尔把《为左手而写的钢琴协奏曲》献给他的一个在一战中失去左臂的哥哥。兄弟姐妹们都有高超的艺术天赋，唯独维特根斯坦小时候却喜欢摆弄机械。他 17 岁入柏林夏洛顿堡技术学院学习机械工程，19 岁在英国曼彻斯特大学注册为研究生，学习航空学。工程学激发了他对于数学和逻辑学的兴趣，并最终将他引到了剑桥从事哲学①。

1911 年夏，他专程到德国耶拿拜访弗雷格，共同讨论了数学与逻辑的关系问题。由于弗莱格的引荐成为罗素的学生。同年秋天他来到英国剑桥大学旁听罗素的讲座。和罗素见面时，他问罗素自己是不是白痴，罗素不知其意，维特根斯坦说：“如果我是白痴，

① 关于维特根斯坦的生平，主要参考了江怡：《维特根斯坦传》，河北人民出版社，1998 年版；贾可·辛提卡：《维特根斯坦》，方旭东译，中华书局，2002 年版；巴特利：《维特根斯坦传》，杜丽燕译，东方出版中心，2000 年版。

就去开飞艇；如果不是，我将成为一个哲学家。”罗素要他写篇论文来。当罗素读了他论文的第一句时，罗素就认定了他是天才。在罗素那里，他常一言不发，长时间踱步，罗素便长时间陪他。问他：“你到底在思考什么——逻辑，还是自己的罪孽?”维特根斯坦答道：“两者都是。”

1912年他正式进入剑桥大学三一学院，注册为研究生，开始系统阅读哲学著作，但到40岁才进行博士论文答辩。1913年在《剑桥评论》上发表处女作“评柯菲的《逻辑科学》”，并向罗素口述《逻辑笔记》。他和罗素的关系在1922年出现过危机，但在很成时间里是互为师徒的朋友关系。

维特根斯坦与海德格尔同一年出生，也与希特勒仅晚六天出生，而且在奥地利林茨的里尔中学读书，1903年和希特勒同学一年，甚至有人认为希特勒在《我的奋斗》中指责的那个犹太同学就是维特根斯坦，也有人认为维特根斯坦并不认识希特勒。当然，当希特勒吞并了自己的祖国奥地利时，维特根斯坦决不做希特勒的臣民，放弃了奥地利国籍，1939年他加入了英国国籍。

维特根斯坦参加过第一次世界大战，成为奥地利军队的一名炮兵。他主动要求到战线的前列，战场上无所畏惧和出奇的镇定。由于“勇敢”，他获得了多枚勋章。第一次世界大战结束前，他与其他三万名奥地利士兵被俘于意大利军队。当时流行伤寒，战俘死伤无数。家人和朋友凯恩斯试图将他营救出来，但他拒绝在同伴得到赦免前出狱。在战争时期，他在路过的小镇买到托尔斯泰的《福音简要》，读后深受影响。

战后父亲留给他的巨额遗产，其中有一笔以匿名的形式捐给了当时穷困的艺术家，诗人里尔克(Rilke，1875—1926)曾获得了资助，第二次世界大战后又将剩余的财产给了哥哥和姐姐，自己从此一贫如洗。当问他为什么不将财产给穷人时，他说：不愿看到好好的穷人因得到这些钱而堕落，而他的亲戚们反正已很富有、已很堕落了。他不喜欢财富、名望和享乐，自愿过简朴的生活。在修道院当园丁时，甚至打算过修道的生活。但他觉得哲学是最美妙的，因此将整个生命都投入心爱的哲学研究，从事影响人类文化进程的精神创造。

青年时代的维特根斯坦喜欢到附近森林中一座破旧的樵夫小屋沉思和写作。后来，他到挪威旅游时，被淳朴的人们和简单的生活方式所吸引。于是，他就在挪威西部森林中建造了一座小木屋，隐居其中。他早期思想有许多在此形成。第一次世界大战爆发，他才离开小木屋。1936 年，已是英国剑桥大学哲学教授的维特根斯坦，十分厌倦剑桥的学术气氛，难以遏制的性需求也使他感到深深的羞愧。他再次只身来到挪威山区的小木屋，构思和写作《哲学研究》。这里几乎与世隔绝。后来，他又到爱尔兰西海岸一个荒凉的小屋居住，在大海的涛声中孤独地冥想。

维特根斯坦一生有过两次固定职业，总计十年，1920 年秋到 1926 年春，亦即 31 岁到 36 岁时从事乡村教师的工作，1939 年至 1947 年担任剑桥大学哲学教授。在剑桥任职的 1/3 时间里(1941—1944)他几乎没有授过课。而是在第二次世界大战的战时医院中从事护理与实验室助手工作。这个天才的人生大部分时间从事的是花园园丁、医生助手、看门人、军官、小学教师、短暂的机械师、建筑师、字典撰写者等平凡的工作。他终生未娶，当然他与福柯一样有同性恋之癖，另一方面他天生有点神经紧张，性格极为孤傲，不易和人相处，他总是沉浸于自己的内心世界。他宁愿隐居，也不愿和别人共处。他的朋友除罗素外，还有经济学家凯恩斯，同学大卫·品赛。品赛是一个能够让他镇静下来的人，他们情同手足，一同弹琴、出国旅游。品赛后来在第一次世界大战中死于空难，维特根斯坦将《逻辑哲学论》题献给他，以寄托哀思。

《逻辑哲学论》出版后，哲学界非常关注，公认为是逻辑哲学的经典著作。维特根斯坦认为此书的完成意味着所有哲学问题已经得到了解决，因此他立志当一名小学教师。1920 年，他任教于奥地利南部一个贫穷的小镇。他对教学严格，一丝不苟，他注重数学，使他教授的学生们的数学水平远超过同龄孩子。他还指导他们动手做引擎机，通过组合猫的骨骼来学习解剖，通过观察繁星来了解天文知识。但他也急躁，经常体罚学生，当女学生答不出问题时，他会扯她们的头发，使家长深感愤怒，以至村民们都对他怀恨在心。他转了几家学校，遭遇改变不大，这使他相当失望，幸亏一名牧师朋友的相劝才免于自杀。1926 年 4 月，一个被他殴打的男学生晕倒，使他极度恐慌，在联系医生急救前便逃离了学校。他申请辞职，法庭最后也判定他无罪。从此维特根斯坦放弃了乡村教学，到修道院当过园丁，给二姐建过房子，花去近两年时间。担任小学教师的维特根斯坦其实也并没有中断哲学研究，还对他的思想的转变到“日常语言”发生了一定的影响。

之后，维特根斯坦应拉姆塞和凯恩斯之邀，重访了剑桥和曼彻斯特。1924 年维也纳小组曾逐句研讨过《逻辑哲学论》。1927 年他与石里克首次见面，彼此留下很好的印象。他开始与维也纳小组成员接触，后又继续与他们交往，并不定期地往返于剑桥与维也纳，与他们讨论数学、逻辑、心理学、哲学等问题。

1929 年，40 岁的维特根斯坦到剑桥进行短暂访问，决定重新开始中断了 15 年的学院式哲学研究，又注册为三一学院的研究生，提交《逻辑哲学论》作为博士论文。因为在剑桥讲课必须有博士学位，虽然他已开始讲课，当时在思想界已是闻名遐迩的人物，但还是决定申请博士学位。他的答辩是简短的、形式的，摩尔邀请罗素作答辩主席，当时罗素和维特根斯坦在思想上已分道扬镳了，私人关系已有些不融洽。但罗素还是愉快地答应了。不过，答辩时罗素问了几个关于论文的简单问题，维特根斯坦却相当不客气地说：“你们永远也理解不了这本书。”答辩结束后，维特根斯坦获得了博士学位和三一学院的研究基金，并首次公开批判自己的前期哲学。

1929—1935 年被认为是维特根斯坦的思想的中期。1929 他重返剑桥，第二年完成《哲学评论》之后，开始写《哲学语法》，直到 1932 年完成，1933 年向学生口述《蓝皮书》，1934 年口述《褐皮书》直到 1936 年开始写作《哲学研究》，这是他思想发生转变的时期。此后的思想否定了早期的一些思想。他不再关注逻辑语言，而关注语言的实际使用。他不再强调简单对象和简单名称的直接对应，而是强调语言游戏的多样性。中期思想以证实原则为中心，“一个语句的意义就是它被证实的方法”。但后来又没有坚持这点。

1938 年初，维特根斯坦从挪威的小木屋居住一年后返回剑桥，

1939 年接替摩尔任剑桥大学哲学教授，再次被聘为三一学院的研究员。1944 年完成《哲学研究》第一部分，并讲授数学基础和心理哲学。第二次世界大战爆发后，他到医院当护理和实验助手去了。返回剑桥后，对学院生活极度厌烦。1947 年他辞去哲学教授职务，并推荐冯·赖特接替他，离开剑桥前往爱尔兰，住到爱尔兰西海岸的一座海滨小屋，完成《逻辑研究》第二部分。

1949 年他到了维也纳探望病危的大姐，还到都柏林、剑桥、美国。在美国与马尔康姆和康奈尔大学的哲学教员讨论了确定性问题。回英国时查出患前列腺癌。他表现出出奇的镇定，声称早就“不想活了”。然而，他还是每天记录自己的哲学思考，并与学生会面，直到 1951 年 4 月 29 日去世。他留下的遗言是：“告诉他们，我度过了美好的一生。”

维特根斯坦的一生是短暂的，只活了 62 岁，与哲学家舍勒、福科和库恩一样都逝世过早，人们认为，如果不是过早去世，他们将会留下更为重要的哲学著作，但维特根斯坦即使活得不长，也无损于他被公认为 20 世纪最伟大的哲学家之一，有人认为只有两个哲学家是最伟大的，其中一个就是维特根斯坦，另一个是海德格尔。

维特根斯坦的哲学是开创性的。他生前出版的唯一著作是《逻辑哲学论》，死后全集有十二卷之多。维特根斯坦在弟子们的眼里有两个，一个是信奉数理逻辑的早期维特根斯坦，一个是信奉日常语言的晚期维特根斯坦。当然也有人认为如果他不满意于早期的《逻辑哲学论》，也不会有后期的《哲学研究》①。也有人认为他的后期思想是对前期思想的发展和深化，二者互相补充，都有意义②。还有人认为，也许是他的直觉和坚决地反柏拉图主义的特点使他抛弃了《逻辑哲学论》的观点及其研究哲学的方法。1929 年宣

① 《何秀煌教授访谈录》，载于《哲学评论》(第一辑)，社会科学文献出版社，1993 年版，第 34 页。

② 参见麦克斯韦·约翰·查尔斯沃斯：《哲学的还原——哲学与语言分析》，石晓春译，四川人民出版社，1987 年版，第 125 页。

读的论文《关于逻辑形式的看法》放弃了研究原子命题的理想逻辑形式。他承认原子命题有不同的逻辑形式，单靠对原子事实的认识不能确定不同的逻辑形式。由此看来，他的思想是有连续性的①。

维特根斯坦的哲学虽然不是系统化、体系化的，但却是独创性的，它与哲学史没有密切关联，但却对哲学史上的形而上学问题提出了解决的途径。这一途径就是通过语言的命题分析指出其混乱和病态，他提出的是一种哲学治疗的方式。他的哲学思想包括了语言、逻辑、数学、意义、心灵、文化等多方面的内容。如果要问他的贡献到底是什么？那么，可以说他的贡献在于为哲学解困。他从生活形式来讲语言，这极大地敞开了对语言的理解。他使那种技术性的分析哲学传统转向了新的维度，有了新的视域，为弗雷格和罗素的分析哲学，也为后来的分析哲学开辟了新的思路。

维特根斯坦不是个学者型的人物，而是一个思想家型的人物。他提出的思想都相关于深刻的人生问题。他具有极深厚的文化素养，对人类生存的问题具有特殊的敏感性，在理智上又有极高的天赋，他的思想达到了一般哲学研究者难以企及的深度和高度。有人认为，“应该把维特根斯坦自己也稍微解放一下，不应该把他讲成是哲学人物，而是一般的文化人物。如果把他想成一般文化人物的话，那么他所说的很多话就不一定要直接对传统的哲学家负责。因为他反正不是要直接回应人家。但不幸的是他讲的好像都是传统哲学的问题”②。

2. 早期思想

《逻辑哲学论》是维特根斯坦早期思想的代表作。该书讨论了语言和世界的关系，认为语言是描绘世界的图像，语言的界限也是世界的界限；实证科学的命题对应于事物的存在，因而可以是真命

① 让·热拉尔·罗西：《分析哲学》，姜志辉译，商务印书馆，1998年版，第49页。

② 《何秀煌教授访谈录》，载于《哲学评论》(第一辑)，社会科学文献出版社，1993年版，第45页。

题，是有意义的；而世界之外的事物是不能用命题来言说的。哲学就是分析语言的命题，分析即语言的批判，且是语言的逻辑批判。此批判是对语言误用的纠正和治疗。哲学是治疗性的。

《逻辑哲学论》虽然受罗素逻辑原子论思想的影响，但维特根斯坦不关心罗素式的亲知和经验论断，他感兴趣的是句子的意义到底来自哪里。他认为句子的意义要么来自句子中的名称所指示的对象，要么这是一个可分析的句子，它的意义来自这个可分析的句子中出现的名称所指示的对象。分析必须终止于简单对象而不是终止于复杂对象，否则，原始句子的意义就依赖于复杂对象所具有的一切结构。他假定有意义的句子必定要么真要么假，没有第三种选择。由此他得出结论，如果原始句子的意义确实依赖于复杂对象的结构的真相，那么这个句子就没有确定的意义，必须再对该句子进行分析，直到达到简单对象，才能获得其明确意义。这就是说一个句子是否有意义，依赖于此句子是否为真，但不依赖于与句子相关的背景，而只能包含在句子实际所说的内容中。后期维特根斯坦放弃了这样的假定，把许多东西视为背景，句子正是依靠这些背景才拥有意义。他将句子看成是在语言游戏和生活方式中才获得意义，这是他后期思想的来源。

《逻辑哲学论》完成于 1918 年，出版于 1921 年。在自序中，维特根斯坦说："这本书或许只有本人即已具有此处所表示的思想——和类似的思想——的人才会理解。"的确，当时弗雷格和罗素也没有读懂。维特根斯坦是基于"对我们的语言的逻辑的误解"而提出的哲学问题，他说："本书的全部意义可概括如下：凡可以说的都可以清楚地说；而对于不可说的东西必须沉默。"①与其说这本书是给思维划界，不如说是给思想的表达式划界。如果要给思想划界，则必须思想那个界限的两边，因而必须能思那个不可思的，而那不可思的又是不可说的，因而是不可表达的。在维特根斯坦看来，给思维划界不可能，只能给思维的表达划界。这正是维特根斯

① 维特根斯坦：《逻辑哲学论》，序言，张申府译，北京大学出版社，1988 年版。

坦将哲学问题归结为语言问题的理由。

维特根斯坦所作的就是给语言划界。给语言划界就是给世界划界。世界不是事物的总和，而是事态总和，亦即发生在世界中的事情的总和。事态是思想的图像，而思想则是“事实的逻辑图像”。语言表达了思想，思想只能由语言表达。他曾说过：“我不知道我的大脑是否在思维，我只知道我的纸和笔在思维。”纸和笔记下的是确定的符号，是语言命题。我们不写，即使说，即使默默地想，在维特根斯坦看来，也无法证实我们想了什么，我们想得再多再好也保留不下来，也无法找到思想之所思的根据。思想与语言的关系，在维特根斯坦这里所具有的一致性，是通过语言的命题来表达的，他把思想看成是有意义的命题，语言是一个由所有命题组成的、封闭而且完美的结构，所有的命题可以还原为基本命题，基本命题又可还原为最简单的符号，即名称；与此对应，世界也是一个由所有事实组成的封闭而且完美的体系，所有的命题都可以还原为基本事实，基本事实由对象组成。不过在他的晚期思想中否定了这一前期的思想。《哲学研究》认为语言和世界都没有本质结构，否认命题是事态和事实的逻辑图像，认为语言是多种多样的语言游戏，且根源于生活，主张从日常语言的实际用法入手来消除哲学的混乱。

《逻辑哲学论》是一本并不厚的书，只 80 来页，共七个论题，它们是：

1. 世界是一切发生的事情。
2. 发生的事情——事实——是事态的存在。
3. 事实的逻辑图像即是思想。
4. 思想是有意义的命题①。
5. 命题是原初命题的真值函项。

① 维特根斯坦用德文写作，此处用的 Satz，按德文原义为句子，英译本译为 proposition，在逻辑意义上译为命题，在非逻辑意义上译为句子。可参见《逻辑哲学论》与《哲学研究》合编的德英对照本，中国社会科学出版社，1999 年版，第 152 页及相关处。

6. 真值函项的普遍形式：［P，ζ，N(ζ)］。这是句子的一般形式①。

7. “对于不可说的东西，必须沉默。”②

这七个论题的篇幅不一，最短的是第七个论题，就是论题本身一句话。也就是说他对此论题并没有再论证。第一个论题也只几句话，其他的最长编号到了第五级，如 6.1274。如此细分可见他试图对那些能说的要说到极致。全书按十进位数字严格编号，每一段落都有编号，体现了连续性、逻辑性和严格的数学形式，也反映了建立一套分析性的命题，让它成为理解世界的框架这一全书的总目标。编号方式也可以理解为整数代表章，带小数点的数代表节(如 6.1)，段(如 6.12)和单个命题(如 6.1274)。

七个论题可以理解为第一、二个论题是关于世界的逻辑构造，第三、四个论题是关于命题与世界关系的图像论，第五、第六是关于基本命题的真值函项理论，第七个论题是对待不可说的事物的原则。这本书他自认为“如水晶般明晰”，但多数人还是看不懂。

对于第一个关于世界的论题是如此展开的。

1. 世界是一切发生的事情(case)。

1.1 世界是事实(facts)的总和，而非事物(things)的总和。

1.11 世界为事实所规定，为其即是一切事实所规定。

1.12 因为事实的总和规定发生的事情，亦规定未发生的事情。

1.13 逻辑空间里的诸事实即是世界。

1.2 世界分成诸事实。

1.21 任何事实都可能是发生的事情或未发生的事情，而其余一切事项依然不变。

维特根斯坦先是对什么是世界和什么不是世界进行了划界，也就是通过对事实和事物的区分来确立世界的界线的，由此编织出关于世界的逻辑命题网络(从第二到第六论题都是)。在维特根斯坦

---

① P 代表一切基本命题，ζ 表示随便一组命题，N(ζ)表示对一切构成 ζ 的命题的否定。

② 维特根斯坦：《逻辑哲学论》，张申府译，北京大学出版社，1988 年版，第 88 页，以下引用该书只注编号。

看来，世界是由逻辑空间中诸事实构成的，决不是事物、实体的总体，事实是由语言建构的，世界就是有意义的语言命题。

维特根斯坦与传统观点不同，认为世界不是物质实体的总和(总体、全体)，而是事实的总和。事实是事态的复杂形式，或者说事态是构成事实的基本单位。原子事实是简单事物在时空中状态的总和。事实是发生的事情，是事态的存在(2)。存在的事态才是事实，不存在的事态不是事实。事态和事实之间的差异为事实是发生的，而事态不是发生的。所谓不是发生的，是指在时空中的事实，但是时空中事实的逻辑形式。事实是现实世界的基本单位，事态是所思的可能的世界的基本单位。存在的事态之总和就是世界(2.04)，全体实在即是世界(2.063)。

他区分了现实的世界和可能的、所思的、逻辑的世界，但也强调两者之间有一个共通的形式。此形式是由对象提供的(2.022—2.023)，而对象则是语词的对象和通过语词所表达的思想的对象。对象的形式实际上就是先天的逻辑形式。形式是结构的可能性。此形式是由世界本体规定的(2.0231)。现实的世界由事实构成，可能的世界由事态构成。

维特根斯坦的世界不仅是事实的现实的世界，而且更为重要的是逻辑的世界。逻辑所研究的是原子事实如何构成更为复杂的事实以及如何构成世界，而不是如自然科学那样对具体的事物及其规律进行研究。哲学以逻辑学为根据，研究思维与表达的一般规则与结构。所谓逻辑原子论，就是认为有一个最小的不可再分的"简单对象"，它是逻辑学中的简单构成物。这里是逻辑上的不可分，不同于自然科学上物体的无限可分。

哲学并不呈现现实实在的图像，既不说明，也不演绎，如果这样做就成为传统形而上学了。哲学家的大多数问题与命题都是由于不懂得自己的语言的逻辑而产生的(4.003)。"全部哲学既是'语言批判'(4.0031)。"命题是事实的一幅图像。思想是有意义的命题，命题的总和即是语言。语言是人的构成，语言的逻辑不能从日常语言中推出。罗素的功劳是指出句子的表面逻辑形式不必定是真实的逻辑形式。

逻辑命题是事实的一幅图像(真或假)，与事实有一共同结构，但事实的图像就是这个共通的结构，而结构自身是不能表达在语词中的，因为此结构既是语词的结构，又是语词所指的事实的结构。所以，包含在语言的表达性观念中的一切，必定始终不能表达于语言中，因而是一种完全确切意义上的不可言说者①。“事实的结构由事态的结构而成(2.034)。”这就是说现实世界的逻辑结构及其可能性和界限都是由语言的先天逻辑决定的，但没有先天为真的图像(2.225)，对象及事态的可能性不是由现实世界决定的，而是由逻辑图像决定的，这个图像就是句子本质。

除了通过语言批判揭示思想的结构，从而发现思想的界限外，图像论是《逻辑哲学论》中的一个主要论断。与罗素求助于对象的外延性亲知来获得句子的意义不同，罗素认为句子中的名称指示了对象，对象是句子意义的来源。维特根斯坦认为我们可以用词语和图像说出任何东西，而无需对象或它的外延来帮助。

维特根斯坦所探讨的世界乃是一个必然的逻辑世界，而一个语言命题就是世界的一个尺度。“逻辑研究，意即一切规律性的研究。逻辑之外，一切都是偶然的(6.3)。”逻辑规律和逻辑形式都具有先天性。比如说归纳律不是逻辑律，这是有意义的命题，但决不是一个先天的命题(6.31)。因果律不是规律，乃是某个规律的形式(6.32)，而是类名(6.321)。“人并非先天地相信有一个物质守恒定律，而是先天地晓得有一种逻辑形式的可能性(6.33)。”正如在力学中有最小作用律一样，人们在不知道其内容前，就可以猜想到有某种“最小作用律”。像充足理由律、自然连续律、自然最小消耗律等，都是对于科学命题的可能形式的先天洞见(6.341)。先天的东西被证明和理解为纯逻辑的东西、必然的东西。

写完《逻辑哲学论》，维特根斯坦认为自己解决了所有哲学问题，他放弃了哲学研究，到小学任教去了。在自序中他当然肯定了自己思想的真理性，同时写道：“哲学问题在根本上已经最后地解

① 参见罗素为《逻辑哲学论》写的引言，载于维特根斯坦：《逻辑哲学论》，张申府译，北京大学出版社，1988 年版，第 13 页。

决了。"他重新回到哲学的思考则是从对《逻辑哲学论》中的重要观点的质疑开始的。

3. 界限与神秘

《逻辑哲学论》可分为写出的部分和没写出的部分。写出的部分是可说的，没写出的部分是不可说的。不可说的是神秘事物，它只能显示不能用语言命题来谈论。关于神秘事物的思想使维特根斯坦的思想变得极为深刻，也极为迷人。在推荐给出版商时，维特根斯坦曾表示这本书的观点是"关于伦理的观点"，并称这是"了解这本书的一把钥匙"。在他这里伦理的问题不是事实问题，而是神秘的，是不可说的。所谓不可说的是那些事实之外的事情。

作为分析哲学家的维特根斯坦，他的语言分析不是分析神秘事物的，而是分析那些可说的对象，亦即关于世界的命题。但维特根斯坦并不排除有一个神秘的世界，它不是与事实的现实世界对应的逻辑的可能的世界，而是一个不能用语言来确切地说的世界之外的存在。它虽然不可说，但它是可以谈论的。"谈论"和"说"的差异他虽然没有给予明确的规定，但我在此给予一个区别就是说是对命题的语言分析，是说世界之内的事情，而谈论的则是世界之外的存在，谈论只是进入此领域的一种方式。在1915年5月28日的笔记中，他明确说过神秘的领域是事实之外的领域，是不可表达的，亦即不可通过命题表达的。"我只能谈论它们，我不能言说它们。"对维特根斯坦来说，可言说的就是有答案的，而不可言说的则是没有答案的。我们谈论神秘事实，不等于是对神秘给予的答案，而只是一种思考和理解。不可言说性正是神秘之特性。神学中就有从否定进入神的，神是人无以名之，无法言说的，是纯粹的无。

维特根斯坦的神秘主义思想在他为《逻辑哲学论》作准备的1914年至1917年的笔记中就有明确的表达。具体说，是从1915年5月下旬开始，他就在笔记中陆续写下一些关于人生、伦理、宗教与美的问题的思考，提出了不能用语言表达、在语言和世界之外的神秘东西的概念。关于神秘东西的思考在《逻辑哲学论》已有谈论，特别是最后几条(6.5—7)是关于神秘事物最为重要的几条。

维特根斯坦没有否认伦理、美学、宗教领域，而是认为这些领域是不可说的，是只可显示的，因而是神秘的。“确实存在不可说的东西，它们显示自己，它们是神秘的东西(6.522)。”神秘的东西在事实之外，亦即在世界之外。世界如何这不是神秘的，神秘的是它竟然存在。正如人如何诞生不神秘，神秘的是某一个具体的人竟然在此出现。“神秘的不是世界如何，而是其存在(6.44)。”世界如何存在，这是对于世界存在的解释，世界存在先于解释。只有惊异于世界的存在，才会对其如何存在发生兴趣，才会提出如何存在的问题。“如果一个问题可以提出，也就可以解答(6.5)。”一个可以解答的问题，也就不神秘了。世界的存在不是问题，而是令人惊异的事实。神的存在不神秘，如果神在此出现那才是神秘的。但神不在世界之中，所以神也不会在此出现。“世界如何对更高的东西是完全不相干的。神并不显现于世界中(6.432)。”

维特根斯坦并没有为超越事实世界的神秘领域和神的存在提供本体论的证明，对他来说这不是理论问题，而是个人内在的追求和内心的渴望。对人生意义和人生价值的追求必然会导致对世界外的超越存在的信念。维特根斯坦阅读过詹姆斯《各种宗教经验》和托尔斯泰的《福音书简》，也读过克尔凯戈尔等人的作品，这些人对神都有内心的信仰，都有对神秘事物的经验，他们的作品记下了他们对神的思考。其影响也体现在维特根斯坦的思想中，不仅在《逻辑哲学论》中已肯定世界外的领域，而且也体现在晚期关于宗教观念的思想中①。

“对神秘事项的渴望源自于如下事实：科学无法满足我们的愿望。我们觉得，即使所有可能的科学问题都悉数获得了解答，我们的问题还完全没有被触及到。”②“即使一切可能的科学问题得到了

① 关于维特根斯坦神秘思想与詹姆斯的关系，可参看陈启伟：《维特根斯坦与詹姆斯》，载于《哲学评论》(第一辑)，社科文献出版社，1993 年版，第 85 ~ 98 页。

② 维特根斯坦：《战时笔记：1914—1917 年》，韩林合译，商务印书馆，2005 年版，第 161 ~ 162 页。

回答，人生的问题仍然毫未触及(6.52)。”我们的问题就是人生的问题，而人生的问题不是科学的对象，也不是早期思想研究的对象。

维特根斯坦并没有沿着罗素的科学主义的思路走，他不相信可以在科学的基础上建立关于人生的确切知识。他对科学与人生进行了划界，明确指出两者的问题不同。科学的问题不等于人生的问题，科学问题的解答不等于人生问题的解答，科学不回答人生的问题。科学不回答神秘的问题，科学就是要消灭神秘，或者说科学就是要将神秘问题变得不神秘。神秘问题是无答案的，而科学问题必须给予答案。科学只涉及事实问题，而事实不涉及善恶判断和伦理价值。科学也不能提供世界的意义。“世界的意义必在世界之外。世界里边一切都各如所现，世界里边，是没有价值的——假如有价值，则价值便会是没有价值(6.41)。”对维特根斯坦来说，伦理是不可言传的，是超越的。伦理的意志是超越，是不能谈论的，心理学谈论的只能是现象的意志。“善恶的意志如改变世界，只能改变世界的界限，而不能改变事实，不能改变可为语言所表达的东西(6.43)。”

“一个不能说解答的问题也是不能言说的，谜是没有的，如一个问题可以提出，也就可以解答(6.5)。”

“我的语言的界限意谓我的世界的界限”(5.6)。

“逻辑充满世界，世界的界限也是逻辑的界限。……我们不能思我们不能思的东西；因此我们也不能说我们所不能思的东西(5.61)。”

“世界是我的世界(5.62)。我即我的世界(5.36)。主体不属于世界，乃是世界的一个界限(5.623)。没有先天的事物的秩序，人所看见的一切，可能又是别的样了。人所能摹状的一切，都可能又是别的样子。哲学的自我并不是人，不是人的身体或心理学所论人的灵魂，而是玄学的主体，它是世界的界限而非世界的一部分(5.641)。世界与人生是一回事(5.621)。死不是人生的一种事情。没有人经历过死(6.4311)。诚然有不可言传的东西。它们显示自己，此即神秘的东西(6.522)。”

《逻辑哲学论》结尾的几条是最让人惊讶和迷惑的，最后一条也是被引用最多的一条。许多人为此进行了不同的理解和辩论。

> 6.53 哲学的正当方法固应如此：除可说者之外，即除自然科学的命题外（亦即除与哲学无关的东西外）不说什么。每当别人要说些形而上学的事物时，就向他指出：他无法为他在命题中的特定的符号赋予意义。尽管对于别人这个方法是无法令他人满意的——他不会觉得这是在教他哲学——但这是唯一严格正当的方法。
>
> 6.54 我的命题由下述方式而起一种说明的作用，即理解我的人，当他以它们为梯子攀越了它们时，最后会认识到它们是毫无意义的。（可以说，在其已经爬上梯子以后，必须把梯子丢开。）
>
> 7 对不可说的东西，必须沉默。

理解这几段话首先要与维特根斯坦的世界结构相联系，亦即能说的是事实的世界，事实外的世界是不能说的，那就是神秘的事物；其次，对于已说的，自然科学说的是事物构成的现实世界，哲学所说的是可能的事实世界；最后，一旦理解本书所说，就会懂得其所说是毫无意义的。因为本书是就事实而言，而非就事物而言，事实要用综合的逻辑，事物则用分析的逻辑。分析的逻辑是亚里士多德以来的以推理原则为基础的整个逻辑体系，其中最基本的一条就是矛盾律（实际是不矛盾律）。演绎论证与分析命题是分析逻辑的两个方面。归纳论证与综合命题是综合的逻辑。两种逻辑形式是互补性的。分析逻辑获得完备的知识，综合逻辑获得有深度的洞见①。

维特根斯坦认为，以分析逻辑为基础的哲学，都必须把自己的研究限制在既成的“事实世界”内部发生的问题上。而形而上学的

① 参见庞恩奋：《知识之树》，濯鹏霄译，广西师范大学出版社，2005年版，第142页。

领域是一个神秘的领域，对此领域要沉默。他认为谈论神秘的事物不是哲学的任务。沉默是回应神秘经验的恰当方式。

对神秘领域的肯定，是不是又是形而上学的武断呢？这一方面表明维特根斯坦还试图给形而上学一个地盘，但也表明他不是纯粹知识论和认识论的立场，不是学问家，而是正视人生的思想家。学问家只关心客观的知识之准确性，而不关心知识和事实之外的事情。维特根斯坦与传统的形而上学家还是有许多严格的区分。如果说维特根斯坦的神秘领域，仍有形而上学的武断之嫌，那么，必须看到这是人生的需要，是内心的渴望，此外，这一肯定并不是像传统哲学中的形而上学家们一样，将此"肯定"作为整个思想体系的基础和根据。维特根斯坦不是在基础和根据上来肯定神秘事物之存在，他的哲学思考的严格性和严肃性不需要这一假定，这一假定不是他思想的起点和开端。同时，他的神秘之物在传统形而上学家看来也并不是"神秘"之物，因为伦理、美学、宗教在形而上学那里都是思想的对象，都不是神秘之物。因此，维特根斯坦不是形而上学家。

形而上学不能作为命题谈论，谈论形而上学的命题是无意义的。但这并不是说谈论神秘是无意义的，正如不能说人生和世界是无意义的一样。只是意义不在事物自身，正如不能说人生的意义就是人生，世界的意义就在世界之内一样。维特根斯坦通过对形而上学命题的逻辑分析，指出这类命题中的词语在世界中并无所指，因而不能断定它的真假，因而失去意义。

维特根斯坦所称之为神秘之物的东西，恰恰看出他思想的严格性来。他严格地区分了世界内和世界外。世界内不神秘，那是可以用命题来谈论的，世界外之神秘那是不能谈论的，是语言自身的边界。世界外的事物如果出现在世界内那才是神秘的。因此，界限始终是维特根斯坦思想的坐标。

我要如何对待他人？我应如何生活？这是伦理问题。传统的观点认为这些事情中的任何一件所关系到的都是一定的状态和事件等世界的一部分，有关善恶的讨论也是某人或某种行为这类世界的一部分而言的。但维特根斯坦与此不同，他认为伦理关涉整个世界而不是只关涉世界的一部分，因为伦理与作为世界的“我”相关联。“我”是世界的界限。在 1916 年 8 月 4 日的日记中，他有如下明确的表述：“善和恶只是经由主体而出现的。主体不属于世界，而是世界的一个界限。”“主体不是世界的任何一部分，而是它存在的前提，善和恶也是主体的谓词，而不是世界中的性质。”①维特根斯坦认为表象的主体是纯粹的迷信，在世界中是看不到形而上学的主体的。这与眼睛和视野的情况一样，眼睛不能看到眼睛自身，在视野中也并不能看到眼睛，从视野中的任何东西也不能推论出它自身是被眼睛看到的。如果说形而上学的主体是“眼睛”，世界是“视野”的话，从形而上学主体是推论不出世界的。这就是说世界不是形而上学建立的。世界是我的世界。我所看到的所有东西也都可以是其他样子，我们可以描述的所有东西也可以是其他样子。

维特根斯坦的思想是谜，但也迷人。说是谜，主要是迷宫一般，它的谜底很难猜，早期的《逻辑哲学论》就如此。不过，对罗素等西方分析哲学的领袖人物们来说，他晚期的思想更难理解，更难接受。这一方面表明，维特根斯坦早期思想是从分析哲学的思想源头开始的，与弗雷格、罗素所思考的问题具有相通之处，虽然与他们的思想不同，但也有许多是在接着他们的话题来说的。另一方面，也表明了分析哲学家们自身思想的狭隘，他们对于维特根斯坦思想的转向，以及对早期思想的修正所表现的创造性缺乏理解的能力，这与他们自己所局限的语言分析哲学相关，也表明分析哲学的狭隘性将使它丧失思想的能力，维特根斯坦甚至不认为自己的哲学属于分析哲学。这主要是分析哲学家们的思想不像他那样关心生活、文化、宗教等与人生相关的问题。

真正奠定维特根斯坦 20 世纪伟大哲学家地位的，除了早期关于语言为世界划界的思想外，主要是晚期的思想。如果说早期的《逻辑哲学论》还过于晦涩，过于数学化的表达，也过于强调逻辑，特别是先验的逻辑对于语言和世界的优先性与决定性，而带有先验

---

① 维特根斯坦：《战时笔记：1914—1917 年》，韩林合编译，商务印书馆，2005 年版，第 232 页。

唯我论和神秘特征(虽然这是他认为不可说的)，那么他后期的著作则改变了这一形象，尽管人们还是抱怨其晦涩。如果说早期排斥日常语言而追求理想的语言，那么晚期则主要是研究日常语言，就是用日常语言指出思想所忽视的令人震惊的“事实”，无需离开日常语言才能进行哲学思考。

4. 语言的游戏

维特根斯坦在《逻辑哲学论》中谈论神秘事物时，他就已指出了逻辑主义的局限性。20 世纪 30 年代初，哥德尔定理的提出大大地动摇了《数学原理》所捍卫的立场，也动摇了逻辑主义试图设计的理想语言的可靠基础。早在《蓝皮书》中维特根斯坦就已提出“语言游戏”之说，在《哲学研究》中他对此作了更为精确和全面的论述。维特根斯坦的后期思想彻底批判了早期的逻辑主义思想。他的语言游戏是对逻辑主义和理想语言的告别，告别把逻辑看成是先验的，把语言看成是世界性的想法和做法，是回到日常语言，回到语言的用法的一个思想范例。

语言游戏说强调了语言与人类生活的密切相关性。“语言游戏”一词的用意在于突出下列事实，即语言的述说乃是一种活动，或是一种生活形式的一个部分。游戏是人类的活动形式，且是一个特别的活动，它是无目的、有乐趣、按规则进行，甚至要多人共同参与的活动。语言游戏实际是从游戏看语言，把语言看成是游戏活动。人们说话就相当于在做游戏。但长期以来我们却没有这么来看待语言。我们不觉得说话与踢球、下棋有什么相通之处，语言游戏的游戏性并不如常见的球类、棋类等游戏的游戏性那么明显，但正如棋类和球类游戏也有差异一样，语言游戏与其他游戏的差异也是明显的，但这差异并不能排除语言作为游戏。

维特根斯坦并没有给语言游戏一个确切的规定，而是列举了各种各样不同形式的语言游戏。他这样做实际是与形而上学的研究方式区别开来，不是规定语言，给语言作判断和规定，而是从已有的语言形式来研究语言，亦即通过列举各种各样不同的语言用法，来说明这种语言的用法正是语言自身的游戏。

在《哲学研究》中，他首先引用了奥古斯丁在《忏悔录》中关于词与对象的关系的看法。奥古斯丁说，当人们称呼某个对象，同时转向某个对象时，就会通过发音来指称这个对象。当人们反复如此时，“我一再听到人们在不同句子中的特定位置上说出这些语词，从而渐渐学会了去理解这些语词指涉的是哪些对象。后来我的口舌也会自动地吐出这些音符，我也就通过这些符号来表达自己的愿望了”①。从这段话中维特根斯坦得到了人类语言的一幅图像，语言中的语词是对象的名称，句子是这些名称的联系，也就是说语言是由语句组成，语句由词组成。每个词都有涵义②，涵义与语词一一对应，涵义即语词代表的那个对象。人们借助于实物和动作表示词义。了解了各个词义，也就掌握了这种语言。

但维特根斯坦指出，奥古斯丁所描述的是语言的学习，并未讲到词类的区别。他认为语言学习首先是想到“桌子”、“面包”以及人名一类的名词，其次才会想到某些活动属性的名词及其他词类，仿佛其他词类会自动的各就各位。维特根斯坦认为奥古斯丁的语言概念只适应特殊的语言游戏，不适应所有的语言游戏，他没有考虑语言的用法，因为懂得各个名称(词)的涵义(意义)，并不等于懂得各个名称的使用方法，正如懂得各个棋子的名称，并不懂得各个棋子的下法一样③。

维特根斯坦是从词的用法开始谈论的，但实际是探讨词构成的句子。他所举出的例子都是实际中所使用的句子。他这样举例，如派人到商店买“五个红苹果”，店员凭纸条写的词，找到放“苹果”的柜子，对照“红”的色样，数出“五个”合符“红色的苹果”。这样的做法是按奥古斯丁的语言观才会发生的，但事实上不可能如此，

① 维特根斯坦：《哲学研究》Ⅰ，§1。参见《逻辑哲学论》与《哲学研究》合编的德英对照本，中国社会科学出版社，1999 年版；以及陈嘉映译本，上海人民出版社，2001 年版。以下引用同此。

② 维特根斯坦原著中“Bedeutung”用于讲词时译涵义(含义)，用于讲句子时译意义，涵义和意义在中文中有同样的意思。“Sinn”都译为意义。

③ 参见涂纪亮：《维特根斯坦后期哲学思想研究》，江苏人民出版社，2005 年版，第 20 ~ 21 页。

因为找不出“红”这个词的色样，没办法查找“红”的对象，也没办法查找“红”这个词，同样，“五”这个词的对象也找不到，“五”的涵义也不能从它的对象中得到。“五”和“红”都只能在其使用中使用，而不能确定其意义和对象。

维特根斯坦还设想了建筑师A和其助手B之间符合奥古斯丁所描述的语言交流情况。A用的各种石料中，有方石、柱石、板石等，A、B约定使用都懂其涵义的方石、柱石等语词组成的语言，当A喊出一个词时，B就把该词代表的石料递过去。维特根斯坦把这看做是一种原始的语言。哲学上的意义概念来自于这种语言作用方式的比较原始的看法①。奥古斯丁的语言观也符合对书写系统的这样一种简单看法：书写系统可看做一种用来描述声音形态的语言，人们以为其中的字母只是简单地对应一种声音，而无别的功能②。儿童的语言习得也是一种语言的原始形式，教孩子说话不是靠定义和解释，而是靠训练，靠熟练掌握语言的用法③。

石料的例子中A、B之间的全部语言还可以扩大为(亦即理解为)部落之间的语言。这种原始的语言形式在教儿童识字、说话时，往往用一种“指物识字法”，亦即在词与物之间建立一种联想。人们以为孩子听到一个词语的声音，就在心里浮现一个事物的图像，如同说出一词就在钢琴上击一个键。即使如此，那么，词语的目的却不是要唤起意象。即使有唤起意象的效果，也不能说就对词语产生了理解。在语言使用中，一方喊出一词，一方依次行动，老师教学，指着一物，学生说出一个词语(名称)，更简单的是学生重复老师的话，这是类似的语言活动。儿童母语学习的过程，是原始的语言活动，也可称之为语言游戏，是诸种语言游戏之一。

石料的例子里，词与物的联系并不是简单的对应，当A对B

---

① 维特根斯坦：《哲学研究》Ⅰ，§2，陈嘉映译，上海人民出版社，2001年版。

② 维特根斯坦：《哲学研究》Ⅰ，§4，陈嘉映译，上海人民出版社，2001年版。

③ 维特根斯坦：《哲学研究》Ⅰ，§5，陈嘉映译，上海人民出版社，2001年版。

说“板石”时，实际是“拿给我一块板石!”说出的只是一个缩略了的句子，说出的句子实际上不是句子而只是一个词。这个词是在句子中使用的词。这个“词”意谓了五个词！一个省略句，并非省略了我们说出的话所意谓的那些东西，而是因为同我们的语法的某一确定范本相比较，它是省略了的。句子的意义一样，就在于它的使用一样。

如果设想为不是拿石料，而是报告石料数目，那么报告或断言“五块板石”和命令拿“五快板石”的区别是什么？它们的区别只能在使用。区别只能在于说这些话在语言游戏里所扮演的角色不同，虽然它们的语调可能不同，但也可能并没有不同。所谓使用不同，亦即说这话的用途不同，报告或断言只是对于事实的描述，并不涉及行动，而命令则涉及行动，命令是行动的指令。一个断言可能也以问句的形式出现，如“今天天气不是很好吗?”即使命令也可能以温和的形式提出，如“你愿这样做吗?”那么到底是什么使问句有断言性和命令性呢?

维特根斯坦提到弗雷格的看法，即使断言也包含了一个假定的事实，因为断言可写成：“情况被断定是如此这般”，但维特根斯坦认为这不是一个句子，要在后面加上“是的”，问句形式的断言才是句子，如：“在下雨吗？是的。”不过弗雷格区分了整句和整句之中的句子，如果没有听到整个句子，而只听到“在下雨”，虽然这也是个句子，但维特根斯坦认为，如果不知道是否听到了首句和尾句，那就还没有实现交流，还不是交流的媒介①。这种情况就还不是语言游戏。维特根斯坦认为断言、疑问、命令都是语言游戏。使问句有断言性还是命令性也要看这个问句是如何使用。

维特根斯坦指出：“看不到语言游戏的多样性，就可能问出‘什么是问句?’这样的问题来。”②疑问形式可以用断言或描述的形

---

① 维特根斯坦：《哲学研究》I，§22，陈嘉映译，上海人民出版社，2001 年版。

② 维特根斯坦：《哲学研究》I，§24，陈嘉映译，上海人民出版社，2001 年版。

式来替代，断言句也可以转换为“我想”或“我相信”，但语句形式的转换并不能使语言游戏的多样性消失。

语句有无数种，语词的用途也有无数种，新的语言类型、新的语言游戏不断产生，而另一些变得过时并逐渐被遗忘。维特根斯坦强调了语言游戏的多样性。下命令或服从命令，描述对象或给出其度量，报告一个事件，编故事、讲故事，演戏、唱歌、解数学题，翻译，提问，祈祷，问候，致谢等都是语言游戏的形式。它们如同人走路、吃喝、游玩一样，是我们的自然史的一部分。我们意识不到所有日常语言游戏的惊人的多样性。因为我们的语言外衣使一切看起来都很相像。

“人们以为学习语言就在于叫出事物的名称。即叫出人、形状、色彩、疼痛、情绪、数字等等的名称。我们已经说过——命名就像给一件东西贴上标签。”①但命名只是使用语言前的准备而已，当使用这些语词时，哪怕就只一个词，那也不是命名而是语言游戏了。当你说出“水!”“走开!”“不!”时，我们难道仍然可以将这些语词都称作“为事物命名”吗？“我们可以说命名和它联系在一起的指物定义是一种特定的语言游戏。这其实是说：我们被教给被训练去问：‘这叫什么?’——人们接着告诉我们一个名称。还有另一种语言游戏：为某种东西发明一个名字，即先说‘这是……’然后使用一个新名称。（例如孩子就是这样给他们的玩具娃娃起名字，然后谈论它们，对它们说话。这里还可以想一想，用一个人的名字去呼叫这个人是一件多独特的事情!）”②这些说法表明：语言游戏的多样性以其各种形式渗透到了我们的生活的方方面面。

5. 家族相似

维特根斯坦的家族相似说与语言游戏说密切相关，如果说语言

① 维特根斯坦：《哲学研究》Ⅰ，§27，陈嘉映译，上海人民出版社，2001年版。

② 维特根斯坦：《哲学研究》Ⅰ，§27，陈嘉映译，上海人民出版社，2001年版。

游戏说强调了语言的意义即使用，那么家族相似则强调了语言并无共同的本质。语言游戏说、意义即使用和家族相似构成了《哲学研究》的三个主要思想。

家族相似不是推理和想出来的一个概念，而是观察到的现象，不是从共同性来解释游戏，而是从相似性来解释游戏。维特根斯坦说："例如，我们可以考察一下我们称为'游戏'的活动。我指的是棋类游戏，牌类游戏，球类游戏，角力游戏，等等。它们的共同之处是什么？——不要说：'它们一定有共同之处，否则它们不会都叫做'游戏'——而要看看所有这些究竟有没有某种共同之处——因为你睁着眼睛看，看不到所有这些活动有什么共同之处，但你会看到相似之处、亲缘关系，看到一整系列这样的东西。像上面说的：不要想，而要看！"①

不同类型的游戏不是因为共同性，而是因为相似性而称为游戏。相似性是看到的，不是想出来的。"不要想，而要看"表明了维特根斯坦不是用形而上学的方式来解决所思考的问题。他的问题来自具体的语言现象和现实例子，不是来自思想自身的语言陷阱。"想"是理性的思考，靠推理，"想"是在思想自身中找根据，而"看"则是看到事情自身，看清事情自身。维特根斯坦否定游戏之间的共同本质，也否定语言游戏自身的本质，但通过看，他看到了作为游戏活动的事情的"共同点"。这个共同点也是共同性，即诸多游戏的亲缘关系。这种共同点可能出现在一些游戏活动中，在另一些游戏活动中可能减少了一些，也可能又出现一些其他的共同点，因此共同点不是游戏的共同本质。比如说许多游戏都有输赢，但有些游戏却没有输赢，如一个人往墙上打球、一个人打陀螺、许多人击鼓传花唱歌等就可以不讲输赢。

讲游戏的相似性，讲游戏的共同点，而不讲共同性，这一方面是共同点是变化的，没有一个贯穿在所有游戏中的共同点，因而也没有共同性的存在；另一方面，它克服了传统的本质主义思想。自

① 维特根斯坦：《哲学研究》I，§66，陈嘉映译，上海人民出版社，2001 年版。

柏拉图以来，本质主义是深入到了西方思想的“骨髓”的。这种思想总认为有一个与可感的现象对立的本质的存在，它要么在遥远的理念世界，要么在不可知的本体界，要么藏在现象的背后，它绝对不能被看到，而只能被想到，亦即被认识到。本质主义是柏拉图主义和笛卡儿主义，是典型的形而上学。维特根斯坦用“看”来代替“想”，为哲学的研究和思考提供了与形而上学截然相反的研究思路。

维特根斯坦给“看到”的这种相似性命名为“家族相似性”。他说：“我想不出比‘家族相似’更好的说法来表达这些相似性的特征。因为家族成员之间的各式各样的相似性就是这样盘根错节的：身材、面相、眼睛的颜色、步态、秉性，等等，等等。——我要说：各种‘游戏’构成了一个家族。”①

维特根斯坦不认为游戏之间有一个或多个相似的共同性。但它们形成了一个家族，每一种游戏活动都是这个家族中的一个成员。每一个成员与家族都有相似性。这一概念使人们不再从共性来解释概念了。家族相似不是游戏的本质，语言游戏也不是语言的本质，语言无本质，语言游戏亦无本质。

家族相似是有差异的相似，它不是传统形而上学的同一性的共性，而是强调在一个整体中各成员具有一些共同的标志，同一家族成员的相似性不断地在家族的其他成员中出现，也不断地被其他相似性代替，如此构成了家族的相似。这种相似不是概念的相似，而是在现实情景中表现出来的相似。家族相似是对相似性的特征的描述。

语言活动的普遍形式不是它的共同性，而是它的相似性，是一种亲缘关系，由于其用法不同而不能说是共同性。各种数也构成一个家族。“我们延展数的概念，就像我们纺线把纤维同纤维拧在一起。线的强度不在于任何一根纤维贯穿了整根线，而在于很多纤维互相交缠。”②数的概念不解释为个别的、有亲缘关系的概念的逻辑

---

① 维特根斯坦：《哲学研究》I，§67，陈嘉映译，上海人民出版社，2001年版。

② 维特根斯坦：《哲学研究》I，§67，陈嘉映译，上海人民出版社，2001年版。

和(基数、有理数、实数等)，游戏的概念也不解释为相应的子概念的逻辑和。正如不能给“数”的概念划出界线一样，游戏也不能划出界线，即使划出界线，也封闭不了数和游戏。不能通过界线来确定什么样的活动是游戏或不是游戏。不划界线，并不能说就没有规则；有规则，但游戏活动却并不是处处被规则限制。网球规则也并未限制你把球打多高多重，但网球却是游戏，却有规则。

我们向别人解释游戏，只能向他描述一些游戏形式。我们不知道游戏的界线，不是因为无知，而是因为没有划出这个界线。这个界线不是不能划出，划出的话，仍然需要用到其他的词和概念，正如用不着给“一步 =75 厘米”中的“一步”再定义，不能说如果没有这个定义，“一步”就不是一个精确的长度单位。

游戏概念是一个边缘模糊的概念。正如一张模糊的照片也是某人的照片，它并不比这个人清晰的照片“坏”，那张不清晰的照片不正经常是我们需要的吗？对此维特根斯坦反对弗雷格的区域必须是清楚的，不清楚的区域就不是区域的观念。维特根斯坦说：“你就停在那边”这句话并未标出界线，但却可以是有意义的，如果设想一个人在广场上对另一个人这样说，并用手作个动作指点一下的话①。如此举例不是因为只能“间接的解释”，不是不得不如此，而是任何解释都可能有误解，并且任何语言游戏都是这样来进行的。

如此进行的语言游戏并不是不精确。我们校准钟表，把表的时间调准，那个参照的标准时间的准确度是各不相同的。各地有时间差，“报时间”也有过程，用不着相信有一个“客观”的准确的唯一的“标准时间”，我们也相信时间的准确性。“想一想实验室和天文台是怎么确定时间的，在那儿你就明白‘准确’的含义是什么了?”②说出太阳离我们的距离没有准确到一米，或告诉木匠他做的

① 维特根斯坦:《哲学研究》I，§71，陈嘉映译，上海人民出版社，2001 年版。

② 维特根斯坦:《哲学研究》I，§88，陈嘉映译，上海人民出版社，2001 年版。

桌子的宽度没有准确到千分之一毫米，就没有达到精确吗？精确是自己的设定，人们只是遵守一个设定的标准。

由此看来，既没有共同的标准，也没有唯一的规则，形而上学意义上的共同的本质是没有的。关键在于使用，如何设定规则和遵守一个设定的规则。如果说《逻辑哲学论》中的维特根斯坦给世界划界，还认为有可说的与不可说的界线，那么《哲学研究》中的维特根斯坦则不划界，他看到了划界的困境，界线是没有“标准”可言的。界线不如使用、比较、处境更符合生活的需要。我们不能准确说出单簧管的声音是什么样的，也不能说出每个人闻到的气味是什么样的，不同的腐乳的味道和气味谁描述得准确？画一张比模糊的图像更清晰的图，总可不断地画下去，两张图中总可找出更清晰的，这里的界线是不可能准确确定的。

理想的语言也引起误解。不能像自然科学处理一种自然现象那样来逻辑地处理语言、处理思想，最多可以说，我们构筑某种理想语言。但这里的理想语言并不意味着比日常交往使用的语言更好、更完善，我们说话并不是像逻辑那样按照规则演算。在哲学中常常把使用语词和具有固定规则的游戏和演算相比较，但我们不能说使用语言的人一定在做游戏，因为我们说话并不是按照规则说话。虽然说话有语言的语法规则，但语法规则却并不能限制人说话，正如打球有打球的规则，但打球时规则只是裁判在使用，而运动员只是游戏，只是实现进球的目的。游戏的目的也不一定就是输赢，正如一个人朝墙上打球，只是玩耍一样；游戏的规则也不是始终不变的，正如也有边玩边制定规则，或边玩边修改规则的游戏，这种情况也是经常的事。

语言游戏是家族相似的，各种语言游戏之间并没有共同的本质，正如没有整根线贯穿于纤维绳一样，也没有共同的本质贯穿在语言游戏中。如果有共同的本质，就不是相似而是一样，无差别，同质的了。语言游戏的多样性，语言使用的多样性，家族相似性恰恰是对共同本质的瓦解。一个语词有多种多样的用法，只有将这些用法熟练掌握，这个词的用法作为一个词的家族就出现了。词的用法只有相似性，而不可能在使用上有本质的相同。

“当哲学家使用‘知识’、‘存在’、‘对象’、‘我’、‘命题’、‘名称’之类的词——并试图把握事物的本质时，人们常问自己：这个语词在语言游戏中——语言是语词的家——实际上是以这种方法使用的吗？我们所要做的就是把这些语词从形而上学的用法重新带回到日常用法。”①

维特根斯坦认为，“逻辑哲学中谈到的命题和语词，和我们日常谈到的句子和语词，意义没有什么两样”②。我们必须使用日常语言，因此哲学也只能描述日常语言的使用。“哲学不用任何方式干涉语言的实际用法；因而它最终只能描述语言的用法。”③哲学既不要构造理想语言，也用不着为现有的语言奠基，用不着制定语言游戏的规则。哲学要是确定语言游戏的“界线”，则只会被此界线绊倒。

哲学只是把一切摆到那里，不解释也不推论。是通过语言描述而将一切摆在那里，摆在那里不需要解释，解释总还需解释，还误解。语言游戏的多样性和家族相似性就是摆在那里的关于语言的描述，它是立在那里的参照物。家族相似性以及不相似性可帮助我们领会语言是怎样一种情形，也可帮助我们反对传统的本质主义的哲学。

6. 生活形式

“2 + 2 = 4”这样的数学公式和数学系统并不是来自经验而产生的，而是度量经验世界的工具。虽然可以借助于经验世界的物理对象可以解释“2 + 2 = 4”，但“2 + 2 = 4”决不依赖于这样的物理对象而成立。早期的维特根斯坦相信自己可以依照逻辑可能性建立实在的概念，晚期的他清楚地认识到这不过是自己向语言提出的一种要

---

① 维特根斯坦：《哲学研究》I，§116，陈嘉映译，上海人民出版社，2001 年版。

② 维特根斯坦：《哲学研究》I，§108，陈嘉映译，上海人民出版社，2001 年版。

③ 维特根斯坦：《哲学研究》I，§124，陈嘉映译，上海人民出版社，2001 年版。

求，这种要求在对日常生活的理解中收效甚微。他进一步认识到像算术和数学这样的诸人工语言，也不可能简约为一种逻辑语言。这些人工语言构成了人们决定去遵循的不同尺度和不同的行为规则，正如要用“2 + 2 = 4”来解决日常生活中遇到的计算问题一样。因此，人工语言意指着它们的使用价值，并因而意指着人类的日常生活。人们的日常的、口头的语言则表达了人类日常生活形式的丰富性。

日常语言意味着语言和人类生活形式的直接接触。尽管口头语言缺乏人工的构成语言的逻辑明晰性，但却具有非常广泛的丰富性和不确定性，这恰恰能揭示那些逻辑语言不能谈论的伦理的、宗教的和美的问题。生活形式是揭开深层的、神秘的东西的钥匙，是厘清哲学困境、治疗理智疾病、走出形而上学误区的途径。

维特根斯坦认为形而上学的错误在于它将字词的用法完全脱离日常语言，批判形而上学就必须回到日常语言的日常用法。日常语言是日常生活的组成部分，语言游戏就是生活形式。“说话是活动的组成部分，或者是生活形式的组成部分。”①“我们把语词从形而上学的用法中重新带回到日常用法。”②游戏说表明语言是编织在现实中的活动，与其他的行为编织在一起。这与早期的图像说将语言看成是现实的反映，语言是世界的边界不同，语言是已经形成的，而语言游戏说则认为语言是从现实中生长出来，并不断生长。

语言形式，亦即语言游戏有无数种形式，语言是现实生活的语言，并不是想象出来的语言，想象的语言只能是构想的、逻辑的、人工的语言。维特根斯坦说过：“想象一种语言就意味着想象一种生活形式。”③这句话表明：即使是想象的语言，也只有回到生活形式才能理解。生活形式是语言的基础。生活形式的多样性正好说明

① 维特根斯坦：《哲学研究》I，§23，陈嘉映译，上海人民出版社，2001年版。

② 维特根斯坦：《哲学研究》I，§116，陈嘉映译，上海人民出版社，2001年版。

③ 维特根斯坦：《哲学研究》I，§19，陈嘉映译，上海人民出版社，2001年版。

了语言游戏的多样性。生活形式不同，人们的处境不同，即使是同一句话语也将有不同的理解。

“我看见一只动物。当别人问是什么时，我向人报道，它是‘一只兔子’。我看一片风景，忽然跑来一只兔子。我惊呼：‘一只兔子。’这报道和惊呼，两者都是知觉的表达，都是视觉经验的表达，但它们是在不同意义上的表达。惊呼是冲口而出的，它和视觉经验的关系就像喊叫和疼痛的关系。”①看见一只兔子是生活中发生的事件，和“疼痛”一样是生活的形式，报道、惊呼和喊叫都是对于生活形式的表达，它们的差异在于报道是冷静地陈述事件，惊呼和喊叫是对一个事件的切身性的表达。它们所表达的生活形式是不同的。

维特根斯坦也提出了这样的一些问题：“从未感觉过疼痛的人能够理解‘疼痛’这个词吗？”②“我疼痛”和“他疼痛”有什么不同？他也曾问过：“如何想象一块红色”？“我们为何不能描述咖啡的香味？”“我们怎么能知道狮子没有语言？”诸多问题只有从生活形式上才能获得解答。

以“疼”为例，它是一个语词，这个语词指涉了人的内在感觉。用“疼”来表达内在感觉是与原始的、自然的感觉相连的，并通过它取代了原始的、自然的感觉。人们对生活中的原始的、自然的感觉用“疼”来描述，甚至同时伴有喊叫，难受的表情，喊叫出“疼”这个词，当孩子听到，或自己受伤哭叫时，问他“疼不疼”，孩子们就学会了“疼”这个词，学会了使用“疼”的句子来表达“内在感觉”，同时也学会了一种生活的形式。“疼”的语言表达代替了哭喊而不是描述哭喊。如果说“疼”是对一种原始的“内在感觉”的命名，那么这不是用指物定义的方式命名，而建立了符号(语词)和感觉的联系。

---

① 维特根斯坦：《哲学研究》Ⅱ，十一，§28，陈嘉映译，上海人民出版社，2001 年版。

② 维特根斯坦：《哲学研究》Ⅰ，§315，陈嘉映译，上海人民出版社，2001 年版。

当然，“疼”作为内在感觉，是不是私人性的？的确只有自己知道自己的“疼”，而且即使都是自己不同时候的“牙痛”，那痛的差别和程度是有不同的。“感觉”也是一个词，但却不是私人语言中的词，而是公共语言中的词。“你一旦知道这个词，你就理解它了，你就了解它的整个用法了。”①即使记忆中忘记了疼痛所意谓的东西，但人们对“疼痛”一词的用法仍然会与疼痛的通常症候一致。“‘感觉是私有的’这个命题可以和‘单人纸牌是一个人玩的’相比较。”②单人纸牌是自己设定规则自己玩，虽然不是不可能顽下去，但由于其规则无人监督，更无对手，就不如多人的玩法有意思。维特根斯坦虽然肯定私有感觉，肯定内在意识，但他认为不可能存在一种私有的私人语言。

维特根斯坦说“可将没有别人懂而我‘好像懂’的声音称为私人语言”③。这种私人语言如同自己以特有的符号记日记，而别人都不懂。这在事实上虽然可能，但语言却一定是公共的。当用语言一词时已经假设了一个共同体的存在，人们就如何使用语词和符号达成了共同遵守的规则和一致的意见。因此“私人语言”不是语言。这不仅是出于交流的必要，更是因为人的生活形式并不是独立的。即使假定有只表达内在意识，也无需外在的、公共的、可观察的对象为参照的私人语言，那么这种私人语言也是不可能被理解的。因为一旦被理解，它就是有外在参照了。它是逻辑上的不可能。这种私人语言既谈不上检验标准，也找不到遵循规则。正如不能将钱从左手交给自己的右手一样，私人语言也只能是想象有而已，尽管一个人可以用它写下自己的内在感觉。也就是说，语言涉及内在世界与外在世界的关系，少了外在世界，少了生活形式，这样的语言活动就是不可能的。

---

① 维特根斯坦：《哲学研究》Ⅰ，§264，陈嘉映译，上海人民出版社，2001年版。

② 维特根斯坦：《哲学研究》Ⅰ，§248，陈嘉映译，上海人民出版社，2001年版。

③ 维特根斯坦：《哲学研究》Ⅰ，§269，陈嘉映译，上海人民出版社，2001年版。

《哲学研究》批判私人语言的主张，也是对近代以来主张我们的知识是基于我们自己的直接经验，这种经验可以用语言来表达，或至少可以对自己表达的批判。此外，它也能批判意义私有的看法。这种看法认为语词的意义在每一个人的心里，意义是私有的，人们交谈时只是各说各的，并不能相互听懂。维特根斯坦反对这种看法。他认为语词的意义在于使用。意义即使用维护了语言的公共性。对于私人语言的排除，也是对传统理性哲学自笛卡儿到胡塞尔以来的主体主义哲学的瓦解。笛卡儿和胡塞尔以来的传统都试图在主体内部，在思维和意识中找到一个牢不可破的，具有坚实基础的“阿基米德点”，来确保形而上学知识体系的可靠性和科学性。私人语言的不可能性证明了在主体内寻找自明性的不可能。这既是对笛卡儿“我思”和胡塞尔的现象学还原的批判，也是对他自己早期“唯我论”思路的批判①。

如果说“疼”是表达的话，则“我痛”与“他痛”有什么不一样呢？维特根斯坦认为“我痛”和“他痛”在语法形式上是一样的，但“我痛”是表达，而“他通”是描述。虽然两者都是“痛”，但这两个人的“痛”是没有同一性标准的。“我痛”是“我知道的”，“他痛”则只能是“我相信他痛”。

我们为什么不说“婴儿装痛”？那是基于我们的生活经验，为什么不说“狗在装痛”？那不是因为狗太诚实，而是缺少与狗相关的情况来证实它是真正的伪装。正如我们不知道狮子是否有语言一样，即使狮子有语言，因为我们不是狮子，因为我们不能进入狮子的生活，即使狮子在说话，我们也不知道它在说什么。

我们不说“石头痛”，那是因为“痛”是“我”的内在感觉，不能将这种感觉移植到“我”的外部；我们也不说“灵魂痛”，虽然即使假定身体有灵魂，但只有说到像人那样有行为举动的，我们才说它

① “唯我论所意谓的是完全对的，只是它不可说，而是显示其自己。世界是我的世界，这一点显示于语言（唯我论懂得的语言）的界限即意谓我的世界的界限。”见维特根斯坦：《逻辑哲学论》，5.62。

有“疼痛”，身体怎么能具有灵魂呢？如何不能认定石头和灵魂有“疼痛”的感觉呢？为什么不能将“疼痛”加到一个数字上？这种种不可能读是因为生活形式所限，这些不能有“疼痛”的东西都是因为它们没有生活形式。

能不能以自己的疼痛来想象他人的疼痛呢？当我们说“他痛”时，维特根斯坦认为这种想象并不是因为有疼痛的画面进入了想象。“‘疼痛的画面随着‘疼痛’这话进入了语言游戏’是一种误解。”①疼痛的意象不是一幅图画，它“进入了语言游戏；只不过不是作为图画”。要想象他人的疼痛必须根据我感觉到的疼痛来想象我没有感觉到的疼痛，如同把疼痛从一个部位转移到另一个部位，把手上的疼痛转移到胃上。疼痛可以指向一个部位，但遭受疼痛的人才是那个表现疼痛的人。我要疼痛过我才能想象他人的疼痛，想象他人的疼痛实际上只能是“相信他人的疼痛”。这是一个替换，用一种说法替换另一种说法，而不是在根本上回答了问题。我们其实是想象不出他人的“疼痛”的。即使一个人说：“我的头痛得要裂了!”听者的头是不会有同样的生理反应的；我们即使头痛过，也想象不出一颗钉子钉进自己脑袋时是一种怎样的痛法。只要我们没有经历，没有遭遇到这种生活形式，即使我们能想象这种生活形式，我们也想象不出这种生活形式的真实感觉。

“请描述一下咖啡的香气！——为什么不行？因为我们缺少语词吗？为什么缺少语词？认为一定能够作出这样一种描述的想法从何而来？你是否体会过这种描述的欠缺？你是否曾试图去描述咖啡的香气而未能成功?”②维特根斯坦提出了我们不曾意识到的困境。这一困境不是缺少词语，不是不可说，而是说不出来。这不是人们对事物的认识不可能，而是词语的意义不足以表达所要表达的。

---

① 维特根斯坦：《哲学研究》I，§300，陈嘉映译，上海人民出版社，2001年版。

② 维特根斯坦：《哲学研究》I，§610，陈嘉映译，上海人民出版社，2001年版。

“维特根斯坦是想说明词语的意义并不从属于词语，而是从词语进入人们的生活，进入人们的经验方式中获取其意义的。”①我们即使引用足够的词语，如果这些词语与人们的生活方式无关，如果人们不会使用这些词语，也仍然有此困境。

7. 意义即使用

维特根斯坦从生活形式和语词的用法入手，不仅与分析哲学对于语言与命题的纯技术性的逻辑分析中走出来，使他不同于他之前的弗雷格和罗素，也给后来的分析哲学家提供了更加广阔的思想空间；另一方面也为克服形而上学提供了思路。他把形而上学的问题看做是无意义的，而不说形而上学问题是假问题。因为一个假问题的反面则是真问题。但像“上帝是否能创造一个方的圆”这样的问题，是既无真也无假的，只能说是“无意义”的“胡说”，是语言的混乱与病态。

形而上学起源于对语言的逻辑误解。语言命题的“表面逻辑形式”与“真实形式”是不同的，这点罗素早就指出。但维特根斯坦更细致地解释了这个意思。比如在日常语言中，同一个词以两种不同方式表达意义，因此属于不同的符号，但命题中的表面意思是一样的。我们可以说“2＋2”是“4”或等于4，但不能说“2＋2”存在“4”。“是”作为系动词时处于系动词的位置，但作为“等于”的符号时，还表达“存在”。“存在”一词作为像“走”这样的不及物动词出现；“同一的”作为形容词，等等，就充满了全部哲学的那些最基本的混乱。“我存在”和“我走”在命题的逻辑形式上具有同样的结构，因此我们把“存在”与“走”看成相同的逻辑类型的谓词，这就有罗素在“摹状词理论”中那种关于“存在”的悖论问题。维特根斯坦早期通过逻辑分析来克服形而上学的语词混乱，晚期通过语言游戏来克服形而上学问题，这就避开了任何已有的形而上学立场给出任何先验本体论的和认识论的假说。对维特根斯坦来说，哲学不应该有

① 陈家琪，张志扬：《形而上学的巴比伦塔——论语言的空间与自我的限度》，华中理工大学出版社，1994 年版，第 112 页。

假说，只能是语言的描述；哲学不是理论，而是语言的游戏活动。

在《哲学研究》的开始，维特根斯坦就排除了一个通常的意义概念。按照通常理解，词语的意义就是这个词语所代表、命名或指称的那个对象。但这种看法只对“椅子”、“母牛”一类词有效，对“二”、“红色”、“因此”、“不”等词却无效。对于意义的错误理解还在于：我们先思考和理解，然后用适当的语言行为来表达我们的思考。维特根斯坦认为意义不独立于词语之外，意义就是我们的言语，就是我们的语言行为，就是我们使用语言的方法。“一个词语的含义就是它在语言中的使用。”①意义即使用，离开了使用，离开了使用时的语境、心灵状态和生活形式，词语的涵义和句子的意义就不可能获得。“实践产生了语词的意义。”②

定义不能获得词语的涵义。他不愿、也不能给语言下个确定性的定义。这种“不能”也如同不能给数字“二”下个定义一样。但我们却可以指着两个核桃说“这叫‘二’”。他认为这一定义是充分而准确的③。然而这个定义并不能让人知道“二”，也不能让人知道这是不是给核桃命名。指物定义具有解释的模糊性。若把“二”当数字，仍然先要定义“数字”是什么，而这个定义又如定义“颜色”和“长度”一样困难。它们总要通过别的词语来定义，这也不是说没有最后的那个“定义”（词语），如同不能说一条路上没有最后的房子一样。维特根斯坦认为，是否需要用“数字”来定义“二”取决于如果没有对“数字”的定义是否会影响对于“二”的理解，取决于是在何种情况下、谁需要这个定义，而如何使用所定义的词显示了如何去“把握”这个“定义”。

我们不能指着红色的东西定义“红”。任何定义都有被误解的可能。因此语词的使用比语词的定义更重要。我们即使知道了国际

---

① 维特根斯坦：《哲学研究》Ⅰ，§43，陈嘉映译，上海人民出版社，2001年版。

② 维特根斯坦：《文化与价值》，黄正东，唐少杰译，清华大学出版社，1987年版，第124页。

③ 维特根斯坦：《哲学研究》Ⅰ，§28，陈嘉映译，上海人民出版社，2001年版。

象棋中的“王”是什么意思，知道了“王”应该如何走，也并不能说我们已知道如何下棋，知道如何走好“王”。因此，“只有已经知道名称是干什么的人，才能有意义的问一个名称”①。真正的名称是对单纯事物的命名。一个没有对象的名称将会随着对象的消失而被真正的名称取代。名称的涵义不依赖于名称所指称的对象。“N 先生死了”，N 先生这个专名的承担者没有了，但不是说这个名称的涵义死了。假如名称没有涵义，说“N 先生死了”这句话就毫无意义②。

“红”可以命名一种元素，但“红”一词也不是描述。人们用它命名，正如指物教学法中说出的词还不是句子一样，命名和描述还不是一回事，还不在同一平面上。“命名还根本不是语言游戏中的一步——就像在棋盘上把棋子摆好并非走了一步棋。可以说，为一个事物命名，还什么都没有完成。除了在语言游戏里，事物甚至没有名称。弗雷格说：一个词只有在句子的上下文中才有含义，说的也是这个意思。”③

“红色的东西可以被毁灭，但红色是无法被毁灭的，因此‘红色’一词的含义不依赖某种红色的东西的存在。”④维特根斯坦认为，即使再没有了红色的东西存在，我们也能在心中唤起红色。要是再也记不起这种颜色，我们也忘记了具有这个名称的是何种颜色，这个名称就对我们失去了含义，我们就不能用它来做某种语言游戏了。

“如果 X 存在说的不过是：‘X’有涵义——那么它就不是关于

---

① 维特根斯坦：《哲学研究》I，§31，陈嘉映译，上海人民出版社，2001 年版。

② 维特根斯坦：《哲学研究》I，§40，陈嘉映译，上海人民出版社，2001 年版。

③ 维特根斯坦：《哲学研究》I，§49，陈嘉映译，上海人民出版社，2001 年版。

④ 维特根斯坦：《哲学研究》I，§57，陈嘉映译，上海人民出版社，2001 年版。

X的命题，而是关于我们语言使用的命题。”①说“红色存在”好像在谈论红色的本性，好像也是关于红色的形而上学命题，但它和“红色是无时间性的”一样是无意义的。因为这里的“存在”，实际上只是“涵义”，说“不存在”就是“没有涵义”，但“没有涵义”却又和“存在”矛盾。这个矛盾在于“红色存在”的命题看起来是说颜色，是在谈论“红”，实际是在说“红色”的用法。在现实中，人们习惯于说某种颜色存在，但这实际是“某种颜色的东西”存在，这种东西具有某种性质(如颜色)。两种说法同样是精确的，尤其当说“有颜色的东西”不是一个物体就更精确，亦即颜色不是物体。

维特根斯坦所谈论的“存在”，不是将“存在”作为问题来探讨，而是探讨含有“存在”一词的句子所表达的意义是什么。如此之说揭示了形而上学命题看起来是关于存在和它的属性的肯定，其实只是对于“存在”一词的使用。使用并不涉及所谓本体论的问题。这只是对本体论问题之误的一种揭示。不仅本体问题是对语言的误用和误解，认定有脱离语境的本质和本性也一样是误解。

如果要问维特根斯坦为哲学解困，反对形而上学是否成功，那么，至少可以肯定地说他的确指出了走向这一目标的途径；如果反对形而上学是通过语言的“清淤”来实现的，那么他是不是就不再肯定任何实在呢？他最后的手稿汇集的《论确实性》告诉人们：“如果你什么事实也不确知，那么你也就不能确知你所用词的意义。”②知识总是可能有怀疑和错误，而确实性则排除了怀疑和错误。

维特根斯坦对确实性的肯定不像唯理论和经验论在知识来源上所持的相反立场，不认为有先于知识的先验形式和客观事物，它们是构建知识的前提和出发点。确实性是构建全部知识的基础，是早已给予的先于知识的事实。当人们说“我知道”时，是基于有足够的确实性，他即使给出理由，哪怕给1000个理由也有，但“没有任

① 维特根斯坦：《哲学研究》Ⅰ，§58，陈嘉映译，上海人民出版社，2001年版。

② 维特根斯坦：《论确实性》§114，张金言译，广西师范大学出版社，第21页。

何一个理由同其所支持的事物一样确实”①。

我们虽然在此就维特根斯坦的一些核心思想和语词进行了“讲解”，但这并不能展示他思想的全部，甚至也不能完全展示他思想的风格。他所思考的也远不止这些问题。他的其他思想，如关于人生、宗教、文化的言说，他的只言片语所开拓的思想的新视野，其独特性和启发性也都具有持久的影响。

但他也考虑到了人们对他思想接受的困难。智慧高超的人在写作时往往不太顾及读者们的理解力。“几乎我的全部著作都是我对自己的独白。我所说的种种事情都是我与我自己的密谈。”②他还曾说过自己的思想是写给一百年后的人看的。这也许是他不太信任读者们的接受能力，对他的著作也的确有误解。想一想他博士学位论文答辩时说罗素和摩尔不懂他的思想，以及对罗素为他的《逻辑哲学论》写的序言，说罗素没有理解他，他的这一担心也不奇怪。他的著作总是以问句的形式来表达自己的思想，看起来只是提出问题，而回答显得有些不明朗。不过，他已经告诉读者们：“我的句子完全的应该慢慢来读。”

“探讨哲理的人渴望思想的平静。”读维特根斯坦的著作，如果真正被他的问题所困时，则未必会平静。但如果理解之后已解困的话，则不会不平静。其实，思想就是宁静。

“哲学家们说：‘一个永恒的国度在死亡之后开始；’或者：‘一个永恒的国度在死亡之时开始。’他们忽视了‘之后’、‘之时’、‘开始’等词的暂时意义。暂时性蕴藏于他们的文法之中。”这段看起来是针对宗教永恒学说的话，其实也适用于形而上学。形而上学始终肯定了一个永恒的、超验的存在，它是思想的开端，一切理论都是在此基础上建立起来的。尼采说巴门尼德的存在是空洞的概念，理性也是冷冰冰的，维特根斯坦说：“‘智慧是灰色的。’然而

---

① 维特根斯坦：《论确实性》§307，张金言译，广西师范大学出版社，第48页。

② 维特根斯坦：《文化与价值》，黄正东，唐少杰译，清华大学出版社，1987年版，第112页。

生活和宗教充满了色彩。"①宗教虽然表面上是对永恒的肯定，但即使维特根斯坦看出了这"永恒"所包含的自我否定，但也可以并不影响过宗教的生活。有的人是因为追求死亡后的永恒才走向宗教，但对另外的人，像维特根斯坦一样，即使看清了这"永恒"在表达上的谬误，但他同样知道，有些人的信仰并不是因为相信关于上帝存在的理性证明的结果。"生活可以教育人相信上帝。而经验也会带来这一点。我不是说视觉后感觉经验的其他形式向我们表明'这种存在物的存在'，而是指各种痛苦的体验。"②他也同样地指出，即使两个人都说相信上帝，"我是怎样知道彼此说的是一个意思呢?"

无论是对上帝的信仰，还是对维特根斯坦思想的理解与讲述，都可能会有偏差，维特根斯坦已提醒我们了。

① 维特根斯坦：《文化与价值》，黄正东，唐少杰译，清华大学出版社，1987 年版，第 91 页。

② 维特根斯坦：《文化与价值》，黄正东，唐少杰译，清华大学出版社，1987 年版，第 124 ~ 125 页。

走在完成的途中

这本书命名为《20 世纪的西方哲学》，能如此命名吗？我不愿，也觉得理由不足。

20 世纪的西方哲学，这是一个太大的题目，有太多的人物和思想应该在此题目之下。6 月 6 日，我到成都的牧马山庄，参加全国现代外国哲学学会、全国西方哲学史学会和四川大学公共管理学院组织的“历史、理性与正义”的学术会议，给陈家琪教授谈我这本书，陈老师的提问让我很惊讶，也很无奈：“为什么不写尼采？为什么不写舍勒？不写勒维那斯？还不如就写尼采、弗雷格、弗洛伊德、罗素和胡塞尔作为一本书，这五位都是与 1900 年相关的思想家……”也有人说“没有 70 万字怎么也说不清”。题目是出版社出的，字数、时间也有限制。在一些由不得我的情况下，我只得如此了。

20 世纪的哲学，当然不是不可写那些影响了 20 世纪哲学的伟大哲学家，但由于篇幅我不得不放弃，这里只限于选择时间上在 20 世纪还活着的几个最为重要的哲学家。我是从反形而上学以及思想的原创性和独特性的角度选取了这几个哲学家。罗素是编辑王军风先生指定写的。我过去没有关注过罗素的哲学思想。各章的标题，也是 2006 年 11 月在木兰山湖边我与彭富春教授散步时确定的。稿约了很久，动笔则是 2006 年 9 月 19 日，陪朋友回来的下午，接到王军风催稿的电话时才开始的。夜以继日地写了两个月，剩下胡塞尔，我不想利用过去出版了的《胡塞尔传》，想重写，一拖，却又是半年之后，到 2007 年 7 月 5 日在九宫山参加“九宫山首届道教文化座谈会”时才写完成的。

书中利用了平时已发表的一些文章和讲课记录，有自己讲课时课堂写下和备课写下的，海德格尔部分有彭富春教授讲课的思想。德里达部分也有我的讲稿，是研究生彭莉多年前打的字。在此向提到的这些人致谢，包括1986年12月最先给我寄胡塞尔《现象学的观念》的大学同学李迓庆先生①，我从学机械走入学哲学，也与他最先给我的书相关。

每写一个思想家，我不得不重新进入他们的思想，阅读大量的文本。这些思想家思想之精彩使我激动不已，特别是德里达，尽管有人觉得他的书不值一读，甚至他的确有许多写得不清楚的地方，但他“点穴”式的解构，精彩得让我不得不中断写作。我望望窗外，真想上网消遣一下，改变一下心境，摆脱一下喜悦。

这中断，有时又太久了，以至于交稿时要致歉。我有买书、读书和写作的兴奋，但很少有出版和发表的兴奋。一方面是怕误导读者，另一方面我也不再有小时候要改变世界和影响他人的豪情，我只想改变自己。清醒了的扎拉斯图拉不再寻找听众，只寻找同伴。愿书的读者中，有思想的同伴。

思想的同伴是同道。有同道，道就不会中断。哲学家们死了，他们的思想却未死。思想开始了，书写不一定开始；书写中断了，思想却在继续。对于思想和思想者来说，这是一个无休止的连续。

我不得不中断书写，但我真的还想写下去，还想再写几个我喜爱的、没有理由不写的哲学家，特别是舍勒、福柯、德勒兹、勒维那斯，还有马丁·布柏、鲁道夫·奥托和卡尔·巴特等神学家……

谢劲松

2007年7月7日晨记于家中

① 迓庆已于2008年6月12日不幸去世，在此深表怀念。